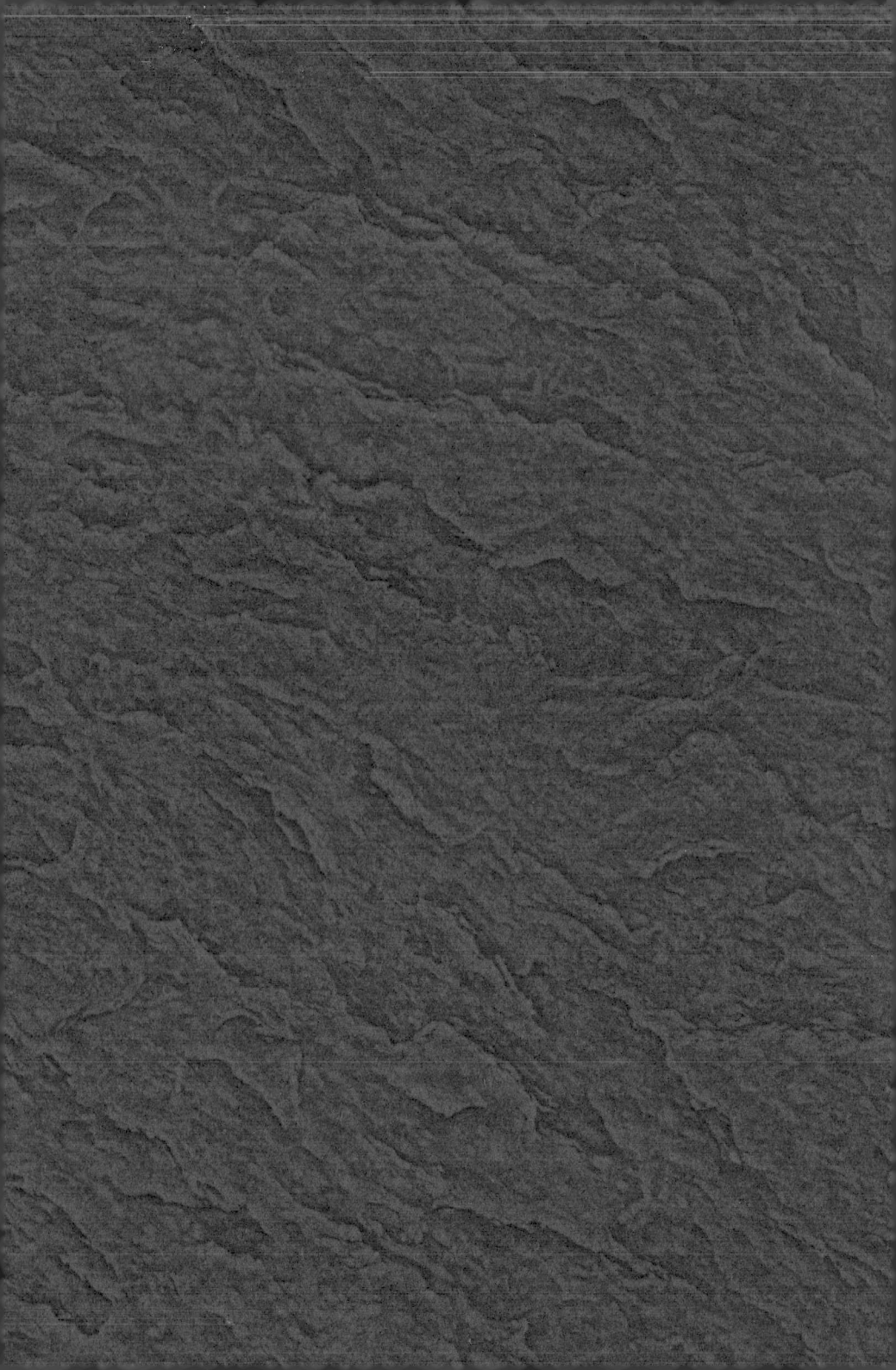

オーストリア＝ハンガリーと バルカン戦争

第一次世界大戦への道

馬場 優

法政大学出版局

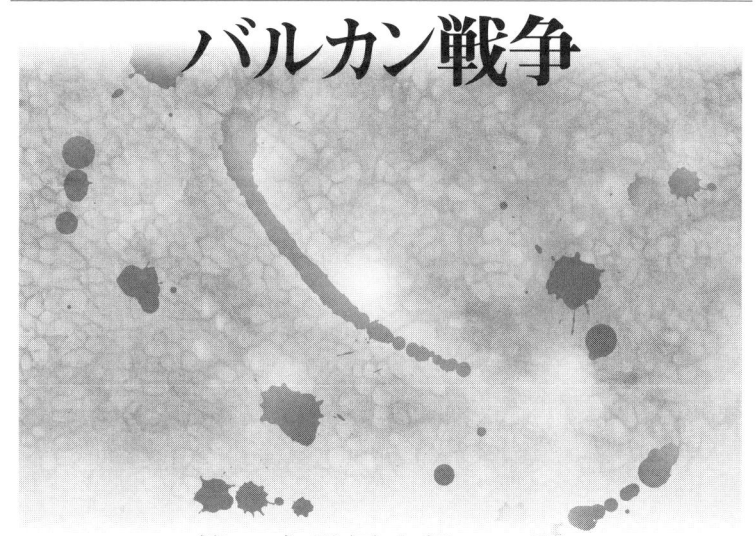

目次

序章　第一次世界大戦、バルカン戦争、ハプスブルク帝国――1
第一次世界大戦勃発をめぐる研究史／バルカン戦争をめぐる研究史／本書の構成

第1章　ハプスブルク帝国の政治制度とバルカン政策（一八六六～一九一二年）――17
一　政治制度　18
オーストリア、ハンガリー、共通事項／共通事項としての外交政策／外交政策と民族問題
二　一九世紀後半のバルカン政策　27
lesser evil としてのボスニア・ヘルツェゴヴィナ「占領」／ベルリン体制の堅持をめざして
三　患者には絶対安静を――ゴルコウスキ時代（一八九五～一九〇六年）　37
イギリスからロシアへ――墺露協定の成立／不穏なマケドニア情勢／墺露中立条約の成立

四　患者には強力な外交政策を――エーレンタール時代（一九〇六～一九一二年）　48
エーレンタールの政治姿勢／ノヴィ・パザール鉄道建設計画と青年トルコ党革命／ボスニア・ヘルツェゴヴィナ併合計画／墺露蜜月関係の終焉と「ヨーロッパ協調の帰依者」の誕生

第2章　第一次バルカン戦争とセルビアのアドリア海進出問題――59
一　戦争の勃発とハプスブルク帝国の対応　60
一〇月一六～一九日の外務省での協議／一〇月二五～三〇日の外務省での協議／セルビア側の主張
二　「海への出口」　68
セルビアの要求とロシア／ベルヒトルトの考え／ロシア内部の見解の不一致／「海への出口」問題とイギリス・フランス
三　ヨーロッパ協調による解決　78
六「大国」会議開催の模索／ロンドン大使会議開催の決定とハプスブルク帝国の立場／第一回会合

第3章　モンテネグロとアルバニア北部――87
一　スクタリ問題の発生　88
都市スクタリ／アルバニアの国境線をめぐるハプスブルク帝国とロシアの対立／北部国境

と東部国境／ジャコヴァ放棄の決定
二　激化するスクタリ問題　101
六「大国」とモンテネグロ／五「大国」共同艦隊による海上封鎖／さらなる軍事行動を模索するハプスブルク帝国
三　スクタリ占領とその後　109
スクタリ占領の背景／スクタリ上陸案をめぐる「大国」間の不一致／一九一三年五月二日の共通閣僚会議／スクタリ問題の解決

第4章　ブルガリア＝ルーマニア間の国境線問題――第二次バルカン戦争前史――　123
一　ハプスブルク帝国外交におけるブルガリアとルーマニアの位置づけ　124
ハプスブルク帝国とブルガリア／ハプスブルク帝国とルーマニア
二　中立国ルーマニアの代償要求　128
ルーマニアの国境線修正要求／ブルガリアの対応／コンラートのルーマニア派遣――ハプスブルク帝国の対応①／ルーマニアとの関税同盟案――ハプスブルク帝国の対応②
三　ブルガリアとルーマニアの直接交渉――都市シリストリア　137
ブカレスト協議／ロンドン協議／シリストリアの価値／ソフィア協議
四　ペテルスブルク大使会議――仲裁者としての六「大国」　155
六「大国」による仲裁／三国同盟内の解決案――シリストリアとサロニキ／ペテルスブルク大使会議の開催へ／三国同盟と三国協商／妥協の産物

第5章　バルカン同盟の崩壊——反ブルガリア同盟の成立　173

一　バルカン同盟諸国の不満　174
バルカン同盟条約が想定していた状況／現実との乖離／ブルガリアとセルビア・ギリシアとの対立の表面化

二　第一次バルカン戦争後のハプスブルク帝国のバルカン政策　182
ハプスブルク帝国のブルガリア論——本省と出先機関との意見の相違／ルーマニアに接近するセルビアとギリシア／改善しないブルガリア＝ルーマニア関係

三　反ブルガリア同盟の形成　189
セルビアの条約修正要求とブルガリアのゲショフ政権の崩壊／反ブルガリア同盟の成立／ブルガリアのダネフ新政権／改善しないブルガリア＝ルーマニア関係

第6章　第二次バルカン戦争　201

一　ルーマニアの参戦　202
緒戦でつまづくブルガリア／軍事介入という選択肢／ルーマニア、総動員令発令／ルーマニア軍のブルガリア侵攻

二　ブカレスト講和会議　214
講和交渉に向けて／ブカレスト講和会議／ブカレスト講和会議の結果

三　エッグダンス　222
なぜハプスブルク帝国は軍事介入しなかったか？／「エッグダンスは続く」

第7章　ハプスブルク帝国対セルビア——一九一三年「一〇月危機」　235
一　アルバニア＝セルビア間の国境問題の激化　236
撤退しないセルビア軍／セルビアの税関開設とその余波／機能しない「ヨーロッパ協調」
二　一〇月三日の共通閣僚会議　244
「断固とした行動」
三　最後通牒発令とヨーロッパの対応　249
進撃するセルビア軍／ティサ、コンラート vs. 皇位継承者フランツ・フェルディナント／一〇月一三日の協議／ベルヒトルト——「こんどは譲歩しない」／最後通牒の手交／各国の反応／撤退するセルビア軍
四　最後通牒とハプスブルク帝国＝ドイツ関係　264
足並みのそろわない諸「大国」／ドイツの「道義的支持」／セルビアが最後通牒を受諾した理由／帝国の威信
終　章　第一次世界大戦への道　273
ハプスブルク帝国とバルカン戦争／「一〇月危機」以降の外交課題／ブルガリアとルーマニアの国内状況／マチェコ覚書
注　記　287
あとがき　341

地図および図版出典一覧　(38)
参考文献　(21)
ハプスブルク帝国関連年表　(15)
人名索引　(9)
事項・地名索引　(1)

図１　バルカン戦争以前のバルカン半島

図２　バルカン戦争後のバルカン半島

図３　ハプスブルク帝国（1867-1918年）

凡例

一、資料などからの引用内で筆者による補足は〔 〕を用いた。

一、一八六七年から一九一八年までを「オーストリア＝ハンガリー帝国」というが、本書では「ハプスブルク帝国」とした。

一、地名と人名の表記は、ハプスブルク帝国外務省文書で登場するものに従った。たとえば、オスマン帝国の首都は「イスタンブール」と表記されるのが普通であるが、「コンスタンティノープル」とした。なお、人名については、Ludwig Bittner, Alfred F. Pribram, Heinrich Srbik und Hans Übersberger（hrsg.）, *Österreich-Ungarns Aussenpolitik von der Bosnischen Kriese 1908 bis zum Kriegsausbruch 1914, Bd. 9, Personalregister*（Wien: Österreichischer Bundesverlag, 1930）の表記による。

一、本文中の地図および図版の出典については、巻末にまとめて掲載した。

序章　第一次世界大戦、バルカン戦争、ハプスブルク帝国

われわれ〔ハプスブルク帝国〕が戦争を始めたのだ。ドイツでもなければ、ましてや協商諸国でもない。

――元ハプスブルク帝国外務省一等書記官レオポルト・フォン・アンドリアン・ヴェルブンクの一九一八年一二月の日記[1]

一九一四年七月二八日、ハプスブルク帝国のセルビアへの宣戦布告によって第一次世界大戦の火ぶたが切って落とされた。ヨーロッパのほとんどの国家、さらにはアメリカ、日本などを巻き込んだこの戦争は約四年間続き、多くの死傷者を出し、一九一八年一一月に終了した。戦争は、ドイツ、オスマン帝国、ブルガリアが敗北するかたちで終わった。ドイツと一緒に戦ってきたアンドリアンの「祖国」ハプスブルク帝国も、一九一八年一一月に講和を受諾して敗戦国となり、ここに中世から続いてきたハプスブルク家による支配も終わりを告げた。

この戦争の直接的な原因は、一九一四年六月二八日のいわゆるサラエヴォ事件であった。これは、ハプスブルク帝国の皇位継承者フランツ・フェルディナント夫妻が、一九〇八年に同国に併合されたボスニア・ヘルツェゴヴィナの都市サラエヴォで、セルビア人青年ガブリロ・プリンチプによって暗殺された事件である。暗殺事件から約一カ月後の七月二三日、ハプスブルク帝国はセルビアに対して最後通牒を突きつけた。そこには、今回の事件の背後にセルビアがいることが指摘され、民族主義団体「ナロードナ・オドブラナ」の解散、暗殺に関わった軍人・官僚

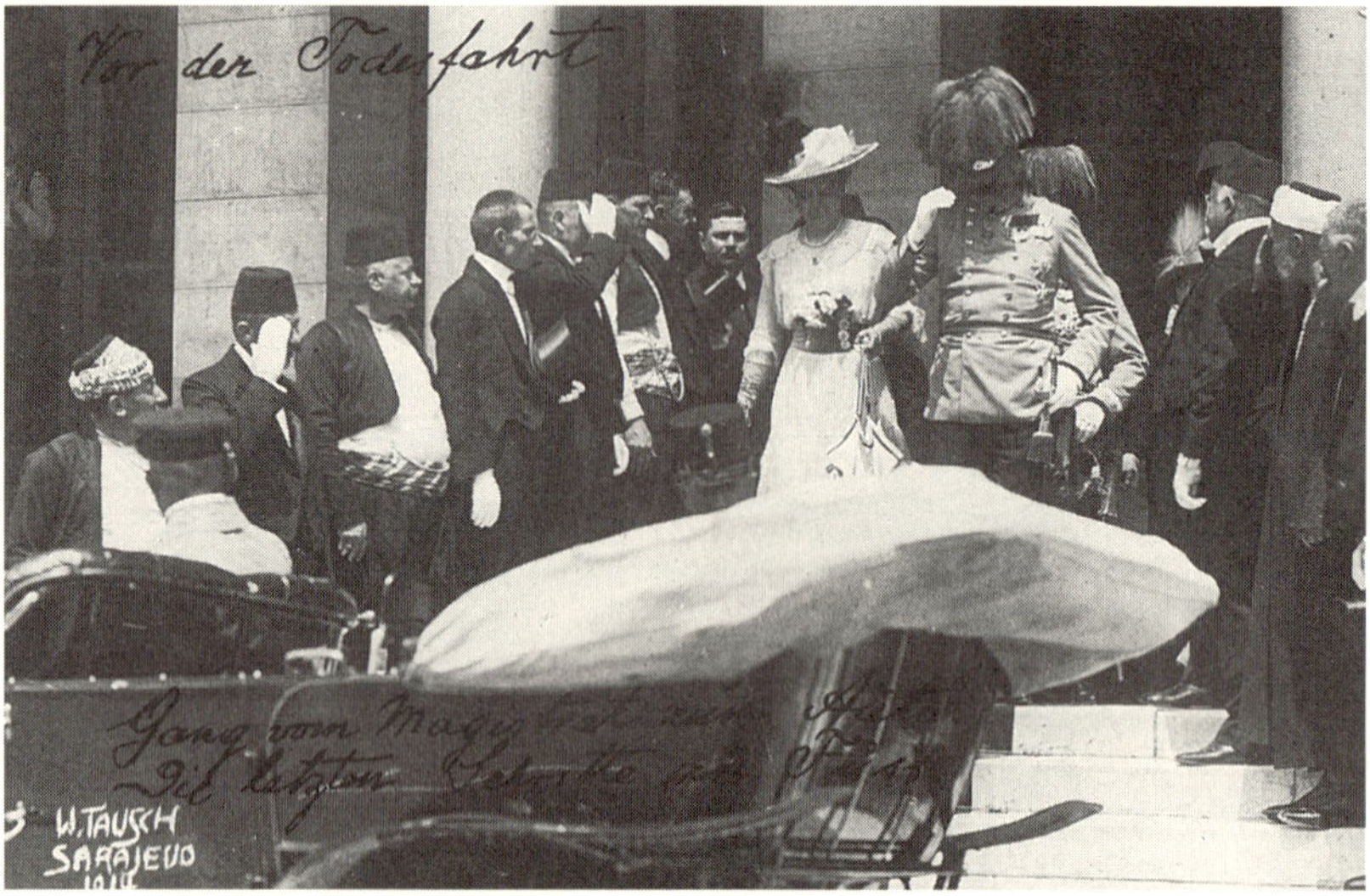

サラエヴォ事件（死への旅の直前）

の摘発、そしてセルビア国内での犯人摘発について、ハプスブルク帝国の係官の参加が要求されていた。これに対する返答の期限は四八時間以内となっていた。この最後通牒の内容を聞いたロシア外相S・D・サゾノフは「これはヨーロッパ戦争だ」と叫び、イギリス外相E・グレイは「一国が他の独立国に送った文書としては、私がかつて見たなかでもっとも恐るべき文書」と評した。セルビア政府は、返答期限直前の二五日午後六時にハプスブルク帝国公使に返答した。セルビアはほとんどの点で要求を受諾したものの、国内におけるハプスブルク帝国の係官の参加には同意しなかった。これを不服とした公使は午後六時半の列車でセルビアの首都ベオグラードを離れたが、この事態は両国の国交断絶を意味するものであった(2)。

七月二八日、セルビアに対して宣戦布告を行なったハプスブルク帝国は、翌二九日、首都ベオグラードに対してドナウ川の砲艦から砲撃を開始した。この砲撃に対して、ロシアは同日に部分動員令を、そして翌三〇日には総動員令を出した。ドイツはこの動員令を受けて、八月一日にロシアに宣戦布告を行なった。また同日、フランスとドイツは動員令を出した。翌二日には、ドイツはルクセンブルクに侵入し、ベルギー政府に対して領内の通過を要求した。しかし、ベルギー政府がこれを拒否したため、ドイツは三日にベルギーに侵入し、同時にフランスに対しても宣戦布告を行なった。イギリス外相グレイは、「全ヨーロッパで明かりが消えようとしている。われわれの生涯でこの明かりがつくのを見ることは、もうなかろう」と絶望感に満ちた言葉を述べた。(3) そして四日には、イギリスがドイツに対して宣戦布告した。ハプスブルク帝国＝セルビア戦争からイギリスを含むヨーロッパ諸「大国」間の「世界戦争」への発展は、わずか一週間という短い時間で起きたのであった。

第一次世界大戦勃発をめぐる研究史

さて、国際関係論における第一次世界大戦の原因をめぐる研究の代表的なものとして、ヨーロッパの勢力均衡(Balance of Power)の崩壊に求めるものがある。たとえば、H・モーゲンソーは、諸同盟から構成される勢力均衡がもつ固有の不確実性を戦争勃発の原因にあげている。(4) これと関連して、K・ウォルツは、ドイツ、ハプスブルク帝国、イタリアの三国同盟とイギリス、フランス、ロシアの三国協商という二つの同盟に注目して、一八九〇年以降、ヨーロッパの同盟システムが同盟と協商という二ブロック・システムに急速に変化し、「二人ゲーム」、「ゼロ・サム・ゲーム」になっていったことをあげている。(5) 国際政治の原因を三つのイメージ、つまり個々の人間に求める「第一イメージ」、国家の内的構造に求める「第二イメージ」、国際システムに求める「第三イメージ」からみるべきことを主張したウォルツは、勢力均衡の崩壊を「第三イメージ」として説明している。この三つのイメージを応用して第一次世界大戦の原因について言及しているのが、J・S・ナイである。戦争へいたる過程を勢力均衡の柔軟性が喪失されていく過程とみるナイは、ビスマルク以降のドイツの歴代首相たちがハプスブルク帝国のバルカンをめぐるロシアに対する対決姿勢の強化を抑制しなかったことも、戦争勃発の原因のひとつとして指摘している。[6] しかし、この立場は、勢力均衡の崩壊とハプスブルク帝国による一九一四年七月の開戦との関連性を十分に説明しきれてはいない。

また、第一次世界大戦の勃発は、政治学のさまざまな理論的アプローチによっても分析されている。たとえば、第一次世界大戦以前、機関銃や有刺鉄線などの軍事技術の発展によって防御が有利であると考えられる一方で、ドイツのシュリーフェン計画のような「軍事攻勢ドクトリン（offensive military doctrine）」を各国がもっていたことの関連性について、「攻勢礼賛（cult of offensive）」の視点から明らかにしようとするS・ヴァン・エヴェラの研究がある。これに反対する立場からは、S・D・セーガンの研究がある。[7] また、G・H・スナイダーは軍事同盟とヨーロッパ協調との関連性を『同盟政策論』のなかで展開している。[8] さらに、第一次世界大戦を予防戦争としてとらえる分析も存在するが、たとえばJ・S・リーヴィは、衰退しつつある国家と予防戦争の関連性について検討している。リーヴィはまた、第一次世界大戦が「偶然の戦争（inadvertent war）」としてイメージされることを否定し、戦争の主たる要因が「大国」の選好（preference）と、「大国」の行動を拘束する国内外の諸勢力（underlying international and domestic forces）であることを指摘している。[9]

つぎに、第一次世界大戦原因論の文脈ではJ・ジョルの存在が重要である。彼は一九一四年当時の「語られざる諸前提（unspoken assumptions）」、つまり、当時の社会にC・ダーウィンとF・ニーチェの思想が大きな影響を与えており、それらの思想と各国の指導者の行動の連関性を主張している。[10] ジョルのような歴史家が第一次世界大戦の原因を検討するときのひとつの特徴は、ドイツ中心の分析だということである。それはひとつには、戦争が実際にドイツを中心に展開されたことを理由としてあげることができる。また、戦争の責任をすべてドイツなどの同盟国に押しつけることを規定した、協商国の対ドイツ講和条約であるヴェルサイユ条約第二三一条の存在も指摘できるであろう。一九二〇年代の特徴は、大戦の原因ではなく責任が問われ、ドイツ有責論が支配的だったことである。

このようなドイツ有責論に対して、ドイツ国内では、徐々に包囲されていった結果として自衛戦争を開始した、という主張が展開された。イギリス首相D・ロイド＝ジョージの「われわれはみんな、戦争にずるずるとはまりこんだ」との発言は、ドイツで自分たちの行動を正当化する大きな支えとなった[11]。同時代のアメリカの研究者S・フェイは、ドイツにのみ責任があることを否定する主張を『世界大戦の起源』のなかで展開した。彼は、どの国も「ヨーロッパ戦争（a European War）」を欲していなかったこと、すべての政治指導者に多かれ少なかれ戦争の責任があること、またドイツに関しては、同国がヨーロッパ戦争を意図しておらず、むしろ反対にそのような戦争を回避しようとしたことと、ドイツ首相T・ベートマン＝ホルヴェークがハプスブルク帝国とセルビアとの紛争の局地化をめざしたことを主張した[12]。

一九四五年以降の第一次世界大戦原因論でもっとも大きな研究史上の注目点となったのは、一九六〇年代のいわゆる「フィッシャー論争」であろう。これは、西ドイツ（当時）の研究者F・フィッシャーが一九六一年に『世界強国への道』を出版し、このなかで、従来のドイツ自衛戦争論を真っ向より否定したことから始まった。彼はまず第一に、ドイツが大戦勃発に際して決定的な推進役であること、第二に、その戦争目的がヨーロッパの勢力均衡を完全に瓦解させるものであり、第三に、ヨーロッパにおける覇者としてのドイツの地位を建設し、同時に海外への膨張のための基礎をつくりあげ、この両者を結びつけることによって、ドイツにイギリス、アメリカ、ロシアのような世界強国としての地位が与えられることをめざしていた、と主張したのである[13]。

現在の研究では、ドイツだけでなく、他の「大国」も戦争に向かって準備をしていたことが明らかになっている。リーヴィは、一九一四年のいわゆる七月危機において、たいていのヨーロッパの政策決定者が四つの可能性を考慮していたとして、各国の選好を分類化している。四つの可能性とは、①セルビアによる大幅かつ無条件的な譲歩にもとづく交渉による戦争回避、②バルカン半島における局地的なハプスブルク帝国＝セルビア戦争、③ハプスブルク帝国＝セルビア戦争からドイツがハプスブルク帝国側として、ロシアとフランスがセルビア側として参加する「大陸戦争」への拡大、④大陸戦争からイギリスがドイツに敵対する側として介入する「世界戦争」である。フィッシャーは、ドイツとハプスブルク帝国が②の局地戦をもっとも希望していた一方で、イギリス、フランス、ロシアが①の平和的交渉をもっとも希望していたと主張している。[14]

ドイツとハプスブルク帝国が同じ選好をもっていた場合でも、ドイツ史中心の大戦原因論では、ハプスブルク帝国の視点がみえてこないことは否めない。そこで、冒頭に紹介したハプスブルク帝国外務省高官だったアンドリアンの言葉に立ち返ってみよう。これは、ドイツ中心の第一次世界大戦原因論に新たな視点を加えるものである。

なぜ、ハプスブルク帝国は一九一四年七月に戦争を決意したのであろうか。皇位継承者フランツ・フェルディナントが殺害されたからであろうか。これについてオーストリア史研究やハプスブルク帝国史研究、外交史研究からは、サラエヴォ事件は単なるひとつの事件にすぎないとされている。ハプスブルク帝国がセルビアとの戦争を開始したのは、自国が抱える南スラヴ問題の解決のためには、もはや軍事力を行使するという外交的冒険を犯さざるをえないとの結論に達したからだ、といえるであろう。アメリカの研究者S・R・ウィリアムソンは、ハプスブルク帝国にとっての第一次世界大戦にいたる道について、つぎのように論じている。つまり、一九一二年に共通外相に就任したL・ベルヒトルトのもとでハプスブルク帝国は、軍事力だけが南スラヴ問題を解決できるのだと確信していった、と。[15]

この「確信」に関連して、オーストリアの研究者F・フェルナーは、七月危機において反セルビア政策を実行した外務省高官に着目している。フェルナーによると、彼らは比較的若い世代に属し（アンドリアンもそのひとりに入る）、一九一二年に急死したA・エーレンタール外相時代に外務省内の政策形成過程に参加するようになった。彼らはエーレンタールから多くの影響を受け、拡張をめざす積極的外交政策こそが、ハプスブルク帝国の国際的停

ハプスブルク帝国共通外相ベルヒトルト

軍服姿のベルヒトルト（1916年3月撮影）

滞状況を打開するもっともよい治療法であることを学んだ。しかし、エーレンタールと若き外交官たちとの相違は、前者が戦争を欲していなかったことにある。エーレンタールの死去にともない後任となった、七月危機のときの共通外相ベルヒトルトのもとで、若き外交官たちは以前よりもいっそう政策形成に重要な役割を果たすようになった。そこでフェルナーは、ハプスブルク帝国の政策が共通外相ベルヒトルトの時代に攻撃的な政策にシフトしたこと、そして一九一二〜一三年のバルカン戦争におけるセルビアの成功によって、外交官も含めたハプスブルク帝国の政治家たちがセルビアという「小国」に脅かされているとの確信を抱き、つぎのように結論づけたと考察する。つまり、ハプスブルク帝国はセルビアを征服することで同国から受けている脅威を除去することができる、と。その観点からすると、サラエヴォ事件は、ハプスブルク帝国が長年にわたり必要であると感じていたセルビアとの問題解決を行なうための、「歓迎すべき機会」であったといえる[16]。

さて、共通外相ベルヒトルトは、サラエヴォ事件後の一九一四年六月二八日にハプスブルク帝国参謀総長F・コンラートと会見した際、セルビア問題の解決のための時期がたしかに到来していると述べた[17]。いかに解決するかについては、ハプスブルク帝国のサラエヴォ事件についての対応を協議した七月七日の共通閣僚会議における発言が、彼の答えとなっている。ベルヒトルトは、ロシアとの戦争をもたらすかもしれないにもかかわらず、軍事的脅威としてのセルビアを破壊する必要性を述べて、軍事力による解決しか残されていないことを表明している。さらに続けて、つぎのことを主張した。

ここ数年間の事柄は、セルビアに対する外交的成果がなるほどハプスブルク帝国の威信を一時は高めたものの、しかし両国間の現在の緊張状態をただ強めていっただけであることを示している。〔一九〇八年のボスニア・ヘルツェゴヴィナ〕併合危機でのハプスブルク帝国の成功も、アルバニアの創設という成功も、そして一九一

ハプスブルク帝国参謀総長コンラート

三年秋のハプスブルク帝国の最後通牒の結果のセルビアの譲歩も、現在の状況を何ひとつ変えなかった[18]。

この発言からは、七月危機におけるベルヒトルトの態度が好戦的なものであったことがみてとれるであろう。しかし他方では、イギリスの研究者F・R・ブリッジは、一九一二年に共通外相に就任したときのベルヒトルトを「ヨーロッパ協調の帰依者（devotee of the Concert of Europe）」と評している[19]。外務省の指導的地位にいる人物が、わずか二年でその立場を大きく変えていった原因はどこにあるのか。それは、バルカン半島の領土に関する現状を大きく変更したバルカン戦争に求めることができるのではないだろうか。

バルカン戦争をめぐる研究史

バルカン戦争は、第一次（一九一二年一〇月〜一九一三年五月）と第二次（一九一三年六月〜一九一三年八月）に分けることができる。第一次バルカン戦争は、セルビア、ブルガリア、ギリシア、モンテネグロの四カ国で結成されたバルカン同盟（Balkanbund）が、バルカン半島のオスマン帝国領（ヨーロッパ＝トルコという場合もある）を奪取する目的で開始された。バルカン同盟はこの目的を達成することができた。しかし、バルカン半島はさまざまな民族が混住する地であったため、セルビア・ナショナリズムやブルガリア・ナショナリズム、ギリシア・ナショナリズムなどがめざす地域が重なることが多かった。セルビアは戦争目的のひとつとしてオスマン帝国領アルバニアの獲得をめざした。だが、アルバニアは、第一次バルカン戦争をめぐるハプスブルク帝国、ドイツ、イタリア、イギリス、フランス、ロシアの六「大国」による「ヨーロッパ協調」によって独立することとなった。この背景には、ハプスブルク帝国とイタリアがアルバニアの独立を強く主張したことがあった。また、セルビア、ブルガリア、ギリシア三カ国とも、めざした地域がエーゲ海に面するオスマン帝国領マケドニアであった。マケドニアを占領したバルカン同盟の三カ国は、この「戦利品」をめぐって意見を一致させることができなかった。そのため、一九一三年六月末に第二次バルカン戦争が勃発し、対ブルガリア同盟を形成したセルビアとギリシアが勝利した。ハプスブルク帝国の「敵」であるセルビアは戦勝国となり、領土を二倍にすることに成功した。

ハプスブルク帝国研究の立場は、第一次世界大戦のハプスブルク帝国によるセルビアへの宣戦布告を、第三次バルカン戦争の勃発とみる向きが多い[20]。本書は、バルカン戦争へのハプスブルク帝国の対応を通じて、七月危機から第三次バルカン戦争の勃発にいたる歴史を、ハプスブルク帝国の側から再検討することが目的である。

そこで、以下ではハプスブルク帝国からみた外交史研究の状況を概観しておこう。ここではまず、第一次世界大戦にいたる国際政治史の文脈とハプスブルク帝国史の文脈の二つに分けることができる。さらに、後者については、政治史的研究と経済史的研究に細分化することができる。

第一に、古典的著作としては、E・ヘルムライヒが一九三八年に出版した『バルカン戦争をめぐる外交　一九一二～一九一三年』がある[21]。この著書は、バルカン戦争をめぐる各国の動きを軸に検討している。しかし、広範囲に事件を検討しているがゆえに、軍事力しかないという「確信」が形成されていった点については不明瞭なままであるという印象が拭えない。第一次世界大戦の原因についてさまざまな視点から考察したJ・ジョルの『第一次大戦の起原』もまた、バルカン戦争について言及している。「むすび」で彼は、一九一四年の七月危機においては政策決定者が「考えていたよりも大幅に選択の自由を狭められていた」と述べ、七月危機とバルカン戦争との関連性についてつぎのように論じている。すなわち、バルカン戦争で「セルビアはその望む港〔すなわちアドリア海の港〕こそ獲得できなかったが、結局は実質的な領土獲得をしたではないか。南スラヴ族がオーストリア王朝国家に与える国内的脅威に対応するためには、今度こそセルビアを叩きつぶさねばならない」と政策決定者は考えたのである。ジョルはバルカン戦争をめぐるヨーロッパ諸「大国」の対応について、戦争が局地戦からヨーロッパ戦争に発展しなかった原因のひとつに、諸「大国」が「この程度の紛争や状況下で戦うことを望んでいなかった」ことをあげて、ドイツがハプスブルク帝国に対セルビア関係でのフリーハンドを与えるつもりがなかったことを指摘する。そして、バルカン戦争を終結するために開催された六つの「大国」による、いわゆる「ロンドン大使会議」のことを念頭に置きつつ、バルカン戦争の時期を「一九世紀的『ヨーロッパ協調』が機能した最後の機会であったといえよう」とまとめている(22)。

第二に、ハプスブルク帝国の政治外交史の文脈からは、F・R・ブリッジの『サドワからサラエヴォへ』があり、同書には内政や経済状況を視野に入れたバランスのとれた叙述がある。彼は一九一四年七月にハプスブルク帝国が戦争を行なった原因について、過去数十年にわたりハプスブルク帝国という国家の存立にとって重大な脅威であった、南スラヴ的、ルーマニア的もしくはイタリア的なイレデンティズム(民族領土回復主義)をあげて説明している。ブリッジの主張によると、ロシアという「大国」がセルビアのイレデンティズムを支援したことで、ハプスブルク帝国はバルカン戦争後にセルビア・イレデンティズムをもっとも脅威と感じるようになり、この不安材料に対処するためにはもはや軍事的方法以外には残されていないと確信し、セルビアに宣戦布告したのである(23)。

しかし、ハプスブルク帝国にとってセルビアは、一九〇八年のボスニア・ヘルツェゴヴィナ併合およびバルカン戦争中においても一貫して脅威であり、不安材料であり続けていたのだから、なぜ一九一四年の七月に戦争に着手したのかが説明できない。この点については、共通外相就任時のベルヒトルトがヨーロッパ協調を重視していたことに注目し、彼の考えがバルカン戦争中にどのように変化していったかを検討することのほうが有益ではないだろうか。ブリッジは、なぜベルヒトルトが「帰依者」となったのか、そして、その「帰依者」としてのベルヒトルトが、バルカン戦争から第一次世界大戦までのあいだにどのように態度を変化させていったのかということを、十分に扱っていない感がある。

第三に、他方、バルカン戦争の時期に絞ってハプスブルク帝国とドイツの経済界の動きと外交政策との関連性を究明しようとしたのが、F＝J・コシュである[24]。彼は、当時のハプスブルク帝国の政策決定者が、バルカン戦争において、経済的諸問題を手段として政治的諸問題の解決を図ろうとした姿勢を明らかにしている。しかし、残念ながら、バルカン戦争期の経済的に重要とする三つの出来事――アドリア海問題、サロニキ問題、カヴァラ問題――に限定して検討されているために、政治、経済、軍事を網羅した意味でのハプスブルク帝国外交をみるためには不十分であるし、また経済界の要求を政策決定者がどのように集約していったのかが、いまひとつ鮮明ではないように思われる。筆者としては、ハプスブルク帝国のバルカン戦争への対応のなかで経済界の要求を重視するべきか否かについて、やや疑問を抱いている[25]。

第四に、ハプスブルク帝国共通外相ベルヒトルトについての研究は、いままでのところ、オーストリアの研究者H・ハンチュの伝記的研究書だけが存在する[26]。イギリスの研究者R・J・W・エヴァンズは、ハプスブルク帝国と第一次世界大戦の勃発とのつながりについて書いたある論文のなかで、ハンチュのベルヒトルト研究の意義をつぎのように述べている[27]。すなわち、エヴァンズによれば、従来のベルヒトルト像は怠け者で価値のない人物という評価であったが、ハンチュの研究はそれを真っ向から覆すものであった。たしかに、ハンチュは、ベルヒトルトが戦争を極力回避し平和を維持しようとした人物であった、という面を強調しているように思われる[28]。

本書の構成

以上、これまでの研究状況を概観してきたが、そこからは、ハプスブルク帝国の政策決定者が一九一四年七月に軍事力による解決しか残されていないと「確信」した経緯は、あまり明確にみえてこない。そこで、本書では、ブリッジが表現した「ヨーロッパ協調の帰依者」を手がかりにして、ハプスブルク帝国外交の中心に位置していた共通外相ベルヒトルトが、バルカン戦争によってヨーロッパ協調に「幻滅」していったのではないかとの仮説をもとに、ハプスブルク帝国とバルカン戦争の関連を検討していく。

本書の構成は、まず第1章において、ハプスブルク帝国の政治構造とバルカン戦争勃発までのバルカン政策を考察する。前者に関しては、一八六七年以降、ハプスブルク帝国が「オーストリア」と「ハンガリー王国」の二つからなる国家体制になったこと、その結果として、帝国の外交が「オーストリア」と「ハンガリー」の共通事項であったことを指摘する。また後者に関しては、ハプスブルク帝国にとって唯一の外交アリーナであったバルカン半島をめぐる外交政策が、必ずしもロシアとの対立だけではないこと、そして、一九〇八年のボスニア・ヘルツェゴヴィナ併合問題のなかでベルヒトルトが「ヨーロッパ協調の帰依者」になっていったことが明らかにされるであろう。

つづいて第2章では、第一次バルカン戦争初期に発生したセルビアのアドリア海進出問題について検討する。これによって、ハプスブルク帝国が、当初はバルカン諸国との関税同盟の締結を外交政策のひとつの手段として考えていたものの、それが失敗に終わったことが明らかにされる。また、ハプスブルク帝国がアドリア海の勢力均衡を維持しようとしたこと、セルビアのアドリア海沿岸の領土獲得をけっして認めようとしなかったこと、そしてセルビアの拡大に対してオスマン帝国からアルバニアを独立させようとしたことが明らかになるだろう。さらに、この時期、ハプスブルク帝国がヨーロッパ協調に大きく依拠していたことも示される。

第3章では、第一次バルカン戦争後期の重要問題であった、アルバニア北部の領有権をめぐるモンテネグロとハプスブルク帝国の対立である、いわゆるスクタリ問題を検討する。ここでは、ハプスブルク帝国が、ロンドン大使会議によって決定されたアルバニア領内からの撤退を実行しないモンテネグロに対して、最後通牒の発令を閣議で決定し、通牒の文言の作成まで突き進んでいく過程を分析する。そこからは、ハプスブルク帝国がヨーロッパ協調に幻滅しはじめる過程が明らかにされるであろう。

第4章では、第一次バルカン戦争では中立であったハプスブルク帝国の同盟国ルーマニアが、第二次バルカン戦争においてブルガリアと交戦することになった原因を国境線画定問題を通じて検討する。ここでは、ハプスブルク帝国が両国のあいだを仲介役として動くことで、セルビアの拡大を阻止しようとしたことが明らかにされる。

第5章では、バルカン同盟内でのブルガリア＝セルビア・ギリシア間の関係が悪化し、セルビアとギリシアが反ブルガリア同盟を締結する過程と、それに対するハプスブルク帝国およびルーマニアの対応を検討する。ここでは、ブルガリア＝セルビア・ギリシア間の対立の原因が占領地の配分問題にあったこと、そして第4章に引き続いて、ハプスブルク帝国がブルガリアとルーマニアの双方に妥協を要請する政策を展開していたことが明らかにされる。

第6章では、第二次バルカン戦争の推移と、それに対するハプスブルク帝国の政策を取り上げる。ここでは、ブルガリアとセルビアの戦争において前者の敗北が濃厚になった場合、ハプスブルク帝国がセルビアへの軍事介入をひとつの選択肢として検討していたものの、実際には介入をひかえたことを指摘し、その原因を検討する。

最後に第7章では、バルカン戦争後に発生したアルバニアからのセルビア軍撤退問題を取り上げる。これは「一〇月危機」といわれるもので、ハプスブルク帝国のバルカン外交がセルビアの領土拡大によって窮地に陥った直後、同国がアルバニアのためにセルビアに最後通牒を実際に手交した過程を明らかにする。(29)

以上のように、ハプスブルク帝国によるバルカン戦争と一九一三年の「一〇月危機」への対応を検討することで、第一次世界大戦勃発にいたる諸要因とその史的過程を追究することが本書のテーマである。

第1章　ハプスブルク帝国の政治制度とバルカン政策（一八六六〜一九一二年）

多民族国家であるハプスブルク帝国は、当時のヨーロッパの「大国」のなかでも特異な政治制度を有していた。本章ではまず、その政治制度の特徴を描き出し、それが帝国の多民族性とどのように関連していたのかを考察する。ここからは、南スラヴ・ナショナリズムが帝国の統治にもっとも困難な課題を突きつけるものだったことがわかるであろう。つぎに、バルカン半島がハプスブルク帝国にとってどのような存在であったか、そして、帝国のバルカン政策が、一九一二年一〇月のバルカン戦争勃発までどのようなものであったのかを考察する。ここでは、ハプスブルク帝国のバルカン政策の基本軸が、領土的な現状維持（status quo）にあったことを指摘する。さらに、オスマン帝国の支配に対するバルカン半島の人々のナショナリズムの積極的な動きに対して、ハプスブルク帝国が受動的に対応していこうとする態度を明らかにしたい。

一　政治制度

オーストリア、ハンガリー、共通事項

ハプスブルク帝国は、一八六六年のプロイセンとの戦いで敗北したことを受けて、国家形態をオーストリアとハンガリーからなる同君連合のかたちで再スタートした。これを「アウスグライヒ（Ausgleich：妥協）」という。この場合、アウスグライヒとは、ハプスブルク帝国の支配民族であったドイツ人がマジャール人（ハンガリー人）に対して妥協したという意味である。(1) マジャール人は、一八四八年革命のときにハプスブルク帝国からの独立をめざした人々であり、人口的にもドイツ人につぐ数を誇っていた。(2) ハプスブルク家の当主であるフランツ・ヨーゼフは、オーストリアでは皇帝、ハンガリーでは国王とよばれることになった（それゆえ、ハプスブルク帝国のことをK.u.K.、つまりKaiser und Königと表記する場合もある）。アウスグライヒの結果、オーストリアとハンガリーは、外交、軍事、財政の三分野を両国の共通事項とした。この三分野にそれぞれ共通大臣が設置され、彼らは君主に対して責任を負うこととされた。なお、ここでいう財政とは、外交と軍事にかかる費用のことをさす。外交、軍事、財政という共通分野以外は、各国内の事項とされた。(3) それゆえ、多民族国家ハプスブルク帝国の抱える大きな問題であった民族問題は、各国内の専管事項となっていた。

ハンガリー王国領以外の地域の総称であるオーストリアの正式名称は、「帝国議会（Reichsrat）に代表を送る諸王国と諸領邦」という。その人口構成は、総人口約二八〇〇万人の約三六パーセントを占める支配民族のドイツ人以外に、チェコ人約二三パーセント、ポーランド人約一八パーセント、ウクライナ人約一二パーセント、スロヴェ

ハプスブルク帝国皇帝フランツ・ヨーゼフ

ニア人約四パーセント、イタリア人約三パーセント、セルビア・クロアチア人約三パーセント、ルーマニア人約一パーセントというものであった。また、ハンガリーの人口構成は、総人口約二一〇〇万の約四八パーセントを占める支配民族ハンガリー人以外に、ルーマニア人約一四パーセント、ドイツ人約一〇パーセント、スロヴァキア人約九パーセント、クロアチア人約九パーセント、セルビア人約五パーセント、ウクライナ人約二パーセントとなっていた(4)。

そして、オーストリアには帝国議会、ハンガリーにはハンガリー議会がそれぞれ設置された。オーストリアでは、一八六七年に憲法が制定され、その第一九条において諸民族の平等と民族語の使用が保証されただけでなく、一九〇七年には制限選挙から男子普通選挙への移行が行なわれた。一方、ハンガリーでは、ハプスブルク帝国の崩壊まで普通選挙は導入されず、被支配民族の抑圧状態は長期間継続された。なお、クロアチア人は一八六八年にハンガリー政府とのあいだで「ナゴドバ（Nagodba：妥協）」を成立させ、クロアチアとハンガリーとの共通業務の策定、クロアチア語の行政用語化などを実現させることができた。しかし、それはオーストリアとハンガリーとのような対等な関係ではなく、あくまでもハンガリー政府が上位にある支配－被支配関係であった(5)。

帝国議会とハンガリー議会は、それぞれの政府と対峙するかたちをとった。それぞれの国内の行政部としては、オーストリア首相とハンガリー首相を頂点とする内閣が設置され、その業務にあたった。また両国には、ハプスブルク帝国全体の共通軍と並んで、それぞれに国土防衛軍（Landwehr と Honvéd）が設置された。

共通事項としての外交政策

ハプスブルク帝国全体の政策、つまり共通分野については、共通議会が審議し承認することになっていた。共通議会は、オーストリアの帝国議会とハンガリーの議会のなかから各六〇人ずつが選ばれる、オーストリア代議団とハンガリー代議団から構成される。共通軍事に関する予算などがこの議会で検討されるが、ハンガリー代議団が予算案を否決することが多かった。これについて、ロシア史研究者のD・リーヴェンは、一九世紀末から二〇世紀初頭にかけてヨーロッパ全体が軍拡の雰囲気にあったなかで、ハンガリー代議団が軍事費増加の案を否決し続けたことが、帝国の指導者に帝国内の民族対立による危機感や不安感を増大させたと指摘して、マジャール人の態度を批判的に捉えている。(6)

ハプスブルク帝国の共通事項である外交政策の大枠については、共通閣僚会議（gemeinsamer Ministerrat）の場で討議されることが多かった。この会議は共通外相（以下、単に「外相」とする）を議長とし、共通国防相と共通蔵相、さらにオーストリア首相とハンガリー首相が主として出席した。テーマによっては、オーストリアとハンガリーの担当大臣や関係官吏が出席することもあった。また、共通閣僚会議に皇帝が出席するときは御前会議と呼ばれたが、バルカン戦争の時期に開催された共通閣僚会議に皇帝が出席することはなかった。

皇帝は外交の最終的決定権限を有する重要なアクターであった。一八四八年革命直後に皇帝となったフランツ・ヨーゼフは、バルカン戦争が勃発した一九一二年にはすでに八二歳という高齢だったため、政治に携わる者たちの不安もしくは関心のひとつは、皇帝の寿命であった。フランツ・ヨーゼフが死去すれば、つぎの皇帝は、皇位継承者の地位にいたフランツ・フェルディナントであった。彼は、根っからの保守主義者であり、カトリシズムを忠実に信奉し、封建的貴族階級に愛着を示した。また、ハプスブルク家の支配をより確固としたものにするために、多民族帝国の再編の必要性を認識していた。そこで、フランツ・フェルディナントは、一八六七年のアウスグライヒ体制を修正し、ハンガリー国内で抑圧されていると彼がみなした、非マジャール人の政治的権利の実現やオーストリア国内の非ドイツ人の要求に応じようとした。(7)帝国内の被支配民族からは、フランツ・フェルディナントは、帝国をドイツ人とマジャール人という二つの民族が支配する現在の二重制から、スラヴ系民族を支配的地位に押し上

ハプスブルク帝国皇位継承者フランツ・フェルディナント

げ三重制とする人物としてうつることになる。

しかし、皇帝フランツ・ヨーゼフは、そのような帝国の体制の変更を認めるつもりはなかった。このほかにもさまざまな政策について、現君主と次期君主とのあいだには見解の相違がみられた。第一次世界大戦後のオーストリア第一共和制で首相を務めることになるK・レンナーは、一九一〇年三月の議会でつぎのように述べた。「われわれはもはや君主政体、ひとりの君主などもっておりません。二頭政治の状態、〔皇帝フランツ・ヨーゼフが住む〕シェーンブルン宮殿と〔皇位継承者フランツ・フェルディナントが住む〕ベルヴェデーレ宮殿とのあいだの競争状態にあります(8)」。しかし、ハプスブルク帝国の外交に対する両者の姿勢が、バルカン戦争期においては、軍事行動を控えるべきだとの立場をとっていた点では共通していた。

実際の外交は共通外務省（以下、単に「外務省」とする）が担当した。一八六七年の二重制の成立以降、数度にわたり組織の改編が行なわれてきたが、第一次世界大戦前の外務省は、外相L・ベルヒトルトを頂点に三つの局から構成されていた。とくに重要なのが五つの課からなる政治局（第一局）であった。バルカン半島を担当するのが政治局第一課で、外務省のなかでももっとも重要であった（担当地域は、ロシア、オスマン帝国、エジプト、ペルシア、バルカン諸国）。外務省内において政策決定に大きく関与した者には、外相ベルヒトルトのほかに、外務第一次官（Erster Sektionschef）K・マッチオ、外務第二次官（Zweiter Sektionschef）F・サーパーリ（一九一三年一〇月よりJ・フォルガーハ）、外務官房長A・ホヨス、政治局と通商局とに助言をする役割のひとりの「政治顧問（politischer Konsulent）」R・ポガチャーがいた。外相を含めた彼らが、各大使館および公使館へ発信する訓令および電信の事実上の起案者であり、同時にその起案書の修正者であった（起案書の承認はほとんどの場合外相となる。なお本書では、承認者を訓令・電信の発信元とする）。

また、軍部も外交政策に少なからぬ影響を与えた。しかし、軍人が共通国防相、オーストリアおよびハンガリー国防相の地位に就くことはあっても、ドイツ第二帝政のように一国の指導的地位に就くことはなかった（ただし、ハプスブルク帝国が一八七八年から管理し、一九〇八年に正式に帝国に併合したオスマン帝国領ボスニア・ヘルツェゴヴィナ州に設置された総督には軍人が登用された）。共通軍の首脳である共通国防相や参謀総長は、共通閣僚会議に出席した際や、非公式な政治家や諸大臣との会見、会食の場などで軍部の意見を主張した(9)。

外交政策と民族問題

すでに述べたように、ハプスブルク帝国の外交と内政は強く結びついていた。では、バルカン戦争をめぐるハプスブルク帝国の外交にどの程度、帝国内の民族対立が影響していたのであろうか。一般的に、被支配民族は不満を抱いていた（ポーランド人のようにアウスグライヒ体制を支持した者もいた）が、だからといって、彼らがハプスブルク帝国を壊し、ネーション・ステイトを形成しようとしていたか否かについては注意を要する。アメリカの研究者S・R・ウィリアムソンは、一九一四年以前には誰もハプスブルク帝国という構造を壊そうと思っていた人はいないという(10)。これに対して、フランスの外交史家ルネ・ジローは、「実質を備えた民族」と「潜在的な民族」の違いを指摘する。前者には、ポーランド人、チェコ人、クロアチア人が属すると述べ、それらの民族はドイツ人およびマジャール人との平等をめざしていた。彼は、帝国内のセルビア人、ルーマニア人、イタリア人が、すでに帝国の隣に存在していた独立国家に心をひかれており、彼らが強く希望したことは帝国からの離脱であって、支配民族であるドイツ人およびマジャール人との対等な地位を認めさせることではなかった、と主張する(11)。

この民族問題が、ハプスブルク帝国の抱える最大の問題であった。帝国内の諸民族は、国境の外にも自分たちが同胞とみなす人々をもっていた。ポーランド人は、ドイツとロシアのなかに同胞を抱えていた。ハプスブルク帝国内のポーランド人は、自分たちがドイツやロシアのポーランド人よりも恵まれた環境にいると考え、それゆえアウスグライヒ体制を支持していたのである。たとえば、一九世紀末にハプスブルク帝国の外相になるA・ゴルコウスキは、ポーランド人貴族であった。「厄介な存在」は、帝国の南部にいる南スラヴ人と呼ばれる人々で、一般には、セルビア人、クロアチア人、モンテネグロ人、スロヴェニア人、マケドニア人、ブルガリア人のことをさす[12]。

バルカン半島では、一四世紀以来、オスマン帝国の勢力が南から北へ拡大していき、多くの南スラヴ人はその支配下に入った。その際、彼らのなかにはイスラム教に改宗する者もいた。そうしたなかで、バルカン半島にフランス革命に端を発するナショナリズムが流入していったことは、ひとつの転換点となり、オスマン帝国支配に抵抗する動きが顕著になった。その結果、一八三〇年代にギリシアがオスマン帝国支配から独立した。また、セルビアは一八三〇年代初頭、ルーマニアは一八六〇年代初頭に、それぞれオスマン帝国から自治権を獲得した。一八七七年、ロシアとオスマン帝国とのあいだにいわゆる露土戦争が勃発した。この戦争はサン・ステファノ条約（Vertrag von San Stefano）によって終了したものの、ヨーロッパ諸「大国」が講和内容に異議を唱えた結果、関係各国は新たに一八七八年にベルリン条約（Berliner Vertrag）を締結した。それによって、セルビアとルーマニア、モンテネグロがオスマン帝国から正式に独立した。さらに、ブルガリアが侯国としてオスマン帝国のもとで自治権を獲得した。ハプスブルク帝国は、オスマン帝国からボスニア・ヘルツェゴヴィナとその南東に位置するノヴィ・パザールの管理権および軍隊駐屯権を獲得した[13]。

その後、これらのバルカンの独立国、自治国の支配層は、ナショナリズムを利用して自国の領土を拡大しようとした。しかし、バルカン半島はさまざまな民族が混住する地であったため、セルビア・ナショナリズムやブルガリア・ナショナリズム、ギリシア・ナショナリズムなど、その目標とする地域が重なることが多かった。他方、ハプスブルク帝国の南部地域およびベルリン条約により管理権を獲得したボスニア・ヘルツェゴヴィナとノヴィ・パザールには、セルビア人のほかにクロアチア人とイスラム教徒（ムスリム）などがいた。ハプスブルク帝国と接する独立国家セルビアは、同帝国とその管理地域に居住する南スラヴ人を統合する運動を行なっていった。セルビアは、一九〇三年までは、軍事同盟や通商協定などによってハプスブルク帝国の従属国的立場にあった。しかし、一九〇三年にセルビアの王朝が交代することで、両国の関係は対立的なものに発展していった。一九〇八年のハプスブルク帝国によるボスニア・ヘルツェゴヴィナ州の併合は、同州をナショナリズムを背景に併合しようとしていたセルビアとの対立的関係をさらに悪化させた。

この併合以降、セルビアが主導する南スラヴ運動は加速していった。また、セルビア、ブルガリア、ギリシア、モンテネグロの四カ国はバルカン同盟をつくり、オスマン帝国に残されたバルカン半島のアルバニアとマケドニアを獲得しようとした。バルカン同盟は一九一二年、オスマン帝国に対して戦争を仕掛けた。これがバルカン戦争（第一次・第二次）といわれるものである。一九一三年八月のブカレスト講和条約（Bukarester Frieden）によってこの戦争は終了するが、その結果、セルビアが領土を倍加させた。ハプスブルク帝国の政策決定者は、帝国内の南スラヴ運動を焚きつけるセルビアの領土拡大を危惧しただけではなかった。彼らは、帝国内の南スラヴ人がバルカン半島で躍進するセルビアに魅力を抱き、それによって帝国の一体性が崩壊することをも危惧していた。

基本的には、ハプスブルク帝国の外交政策は、最終的には諸民族の動向の相関関係により決定されたといってよいだろう。しかし、少なくともバルカン戦争期については、交戦国のセルビアなどの南スラヴ諸国の戦果に関する諸民族の方向性に不一致がみられたために、外交政策決定者は一定のフリーハンドを得ることができた、という大津留厚の主張に同意したい(14)。とはいうものの、バルカン戦争勃発前後のクロアチアやボスニアでは、依然として紛争が続いており、南スラヴ問題は帝国内ではかなり深刻化していた(15)。

問題をさらに複雑にしたのは、ハプスブルク帝国内のセルビア人がオーストリアとハンガリーの両方に居住していたことである。ハンガリー政府の非マジャール人のマジャール化政策によって、ハンガリー内のセルビア人は不満を蓄積していった。セルビア人と同様に、ハンガリー政府に対して不満を蓄積していったのが、トランシルヴァニア（ジーベンビュルゲン）地方の約三〇〇万人のルーマニア人であった。しかし、彼らの要求を実現するのは、あくまでもハンガリー政府であって、皇帝兼国王だったフランツ・ヨーゼフではなかった。というのは、そのことに直接に介入することはアウスグライヒ体制への破壊行為だ、と彼が考えていたからである。ましてや、それは外相のベルヒトルトや外務省の仕事でもなかった。かろうじて彼らにできることは、ハンガリー政府に対して国内の民族問題の解決に努力するよう要請する程度であった。

二　一九世紀後半のバルカン政策(16)

lesser evil としてのボスニア・ヘルツェゴヴィナ「占領」

一八六〇年代のイタリア半島からの後退、そして一八七一年のドイツ帝国の成立によって、バルカン半島だけがハプスブルク帝国の生き残る場となった。そうしたなかで、一八七一年一一月にハプスブルク帝国の外相に就任したのが、ハンガリー人貴族のJ・アンドラーシであった。就任した当初、彼は、バルカン半島の政治的かつ領土的な現状を維持する、つまりオスマン帝国のバルカンでの立場を維持することをめざした。それゆえ、アンドラーシはバルカンへのハプスブルク帝国の領土拡大には反対の姿勢をとった。それに関連して、一八七二年五月には、オスマン帝国のことをハプスブルク帝国の「もっとも強くかつもっともあてになる同盟国」と発言するほどであった。

当時のバルカン半島は、オスマン帝国が支配的地位を占めていたものの、セルビア、モンテネグロ、ルーマニアがオスマン帝国を宗主国としながらも、自治権を獲得し、自勢力拡大のための動きを活発化させていた。セルビアに代表される南スラヴ人のナショナリズムに強い警戒を示していたアンドラーシは、ドイツとの二カ国による、場合によってはイギリスとイタリアを加えた四カ国による反ロシア的外交を展開しようと試みた（この考えは一八七二年夏には実現不可能と判明した）。このことは、彼の外交軸が反ロシア的要素の強いハンガリー的思考にもとづいていたことを示している。

しかし、一八七二年から七五年前半まで、バルカンの情勢は緊張したものにはならなかった。というのは、ロシアが、ハプスブルク帝国とドイツの接近による反ロシア的外交の展開を恐れ、ハプスブルク帝国に同調しようとしていたからであった。セルビアがセルビア・ナショナリズムを利用して領土拡大をめざし、ロシアにその支援を求めたものの拒否されたことは、そのよい例である。ハプスブルク帝国はこれを逆手にとって、セルビアに和解をし向けることに成功し、セルビア政治に対する影響力の拡大に成功した。さらに、経済的にも影響力を行使することに成功し、一八七四年春には、ハプスブルク帝国はセルビアとのあいだで、セルビアの首都ベオグラードを経由するかたちでの、オスマン帝国の首都コンスタンティノープルまでの鉄道建設の交渉を開始することができた。また、一八七五年春にセルビアにおいて、よりいっそう融和的な内閣が成立したことも、ハプスブルク帝国にとっては好材料であった。

だが、オスマン帝国との協力を考えていたアンドラーシは、はやくも一八七三年一一月にはウィーン駐在イギリス大使に対して、オスマン帝国を単に支持するだけの「古い」政策を放棄したことを告げた。その理由は、第一に、ハプスブルク帝国とオスマン帝国の利益が必ずしも一致しないことにアンドラーシが失望したからであった。一八七二年夏、ハプスブルク帝国が計画していたドナウ川改修工事にオスマン帝国が協力しなかったことは、その一例である。第二に、ハプスブルク帝国のオスマン帝国支持は、バルカン諸国が一致団結してオスマン帝国とハプスブルク帝国に対抗する結果をもたらすだけだ、と考えたからである。

そうしたなかでハプスブルク帝国は、一八七三年六月にロシアと協定を締結し、両国はバルカンについて現状を維持することで一致した。この墺露協定を発展させたものが同年一〇月に締結され、それが「革命」勢力に対する王朝的一体性を相互に約束したドイツ、ハプスブルク帝国、ロシアの三帝同盟である。

一八七五年夏のオスマン帝国領ボスニア・ヘルツェゴヴィナのキリスト教徒による反乱は、ハプスブルク帝国にとって看過できないものであった。ハプスブルク帝国にとって同地の価値は非常に高く、皇帝フランツ・ヨーゼフやF・ベックのような軍関係者は併合を主張していた。前者は、同地をかつてイタリアに奪われたロンバルディア・ヴェネツィアの代替物とみなしていた。また、後者は、ハプスブルク帝国が唯一所有する沿岸地帯、アドリア海沿岸のダルマチア地方防衛の観点からボスニア・ヘルツェゴヴィナの重要性を主張した。その背景には、同地の獲得をセルビアとモンテネグロが虎視眈々と狙っているという、ベックの考えがあった。

しかし、アンドラーシはボスニア・ヘルツェゴヴィナの併合を積極的に主張したくはなかった。というのは、まず第一に、彼が「弱いオスマン帝国」をハプスブルク帝国のもっとも可能性ある隣人と理解していたからである。それゆえ、併合によってオスマン帝国の崩壊が加速することを回避しなければならなかった。第二に、ハンガリー人大貴族の視点から、彼がハプスブルク帝国内にこれ以上スラヴ人を増やしたくなかったからである。以上のような当初の見解は、最終的には、併合を消極的に承認する方向へ変化していった。それはアンドラーシが、併合しないことで、セルビアなどのスラヴ人国家が勢力を拡大してしまうことを危惧したからである。「ハプスブルク帝国内にスラヴ人を増やすこと」と「潜在的に敵対的な南スラヴ人国家の拡大」を比較した場合に、彼は後者を「害が少ない（lesser evil）」とみなし、占領の可能性を考えはじめるようになった。ただし、そこには軍人のベックのような拡張主義的動機はなかった。アンドラーシはボスニアに関する覚書のなかで、占領という選択肢をつぎのように説明している。「トルコ人をボスニア・ヘルツェゴヴィナから追い出すのではなく、むしろ改革への助言を与えることで可能なかぎり長期間トルコ人を支援すること。しかし、もし彼らが自分たちの地位を守る力を喪失すれば、ハプスブルク帝国が彼らの地位を引き受ける」[17]。アンドラーシの努力によって、皇帝の意見は併合から占領に変わった。

一八七六年七月にはセルビアとモンテネグロがオスマン帝国に宣戦布告することで、バルカン半島は緊迫の度を増した。その数日後、アンドラーシはロシア外相A・ゴルチャコフとライヒシュタットで会見した。両者は、オスマン帝国が勝利した際には戦争前の状態にバルカン半島を戻し、オスマン帝国に対して改革に着手することを要求し、オスマン帝国が敗北した際にはオスマン帝国を分割することで一致した。この分割の詳細は、ハプスブルク帝国がボスニア・ヘルツェゴヴィナ、ロシアがオスマン帝国の自治国ルーマニアのベッサラビア地方、ギリシアが地中海に浮かぶクレタ島とテッサリア地方、そしてセルビアとモンテネグロがノヴィ・パザールを獲得するというものであった（それゆえ、ノヴィ・パザールでセルビアとモンテネグロは国境を接することになる）。アンドラーシは会見の内容に満足した。というのは、たとえオスマン帝国が崩壊しても、セルビアとモンテネグロがボスニア・ヘルツェゴヴィナを獲得しないために、ハプスブルク帝国の利益が十分に守られるからであった。皇帝フランツ・ヨーゼフもハンガリー首相K・ティサも、ライヒシュタットでの内容（ライヒシュタット協定）を支持することをアンドラーシに約束した[18]。

そうしたなかで、セルビアとモンテネグロはオスマン帝国に対して苦戦を強いられていた。ロシアはこの事態を放置するわけにはいかなかったため、一八七七年一月と三月に、ハプスブルク帝国との意見交換をハンガリーのブダペストで行なった。意見交換の結果はブダペスト協定（Konvention von Budapest）と呼ばれる。この協定は前年のライヒシュタット協定の再確認という面が強い（ただし、セルビアとモンテネグロへのノヴィ・パザール譲渡は削除）。ブダペスト協定では、ハプスブルク帝国は、ロシアとオスマン帝国との戦争における好意的中立を維持する代償として、ボスニア・ヘルツェゴヴィナを獲得することが決められた。アンドラーシとしては、この決定内容は応急措置的なものであった。というのは、彼が、オスマン帝国は実際には崩壊しないであろうし、またブダペスト協定が作動しても崩壊する日は到来しないであろうと予想していたからであった。しかし、イギリスの研究者F・R・ブリッジが主張するように、アンドラーシがブダペスト協定を締結し、露土戦争の可能性を認めたことが、まさにオスマン帝国崩壊の日の到来を加速させたといえるであろう[19]。

ハプスブルク帝国の支持を獲得したロシアは、一八七七年四月二四日、ついにオスマン帝国に対して宣戦布告した。いわゆる露土戦争の勃発である。戦争はロシアの圧勝に終わり、両国間でサン・ステファノ条約が取り決められた。この条約では、ロシアはベッサラビアを獲得し、セルビアとモンテネグロが若干の土地を獲得し、ブルガリアを自治国にすることが取り決められた。その際、ブルガリアは東ルメリアとマケドニアを含むことになり、バルカン半島東部で一大勢力となるほどであった。さらに、「大ブルガリア」と呼ばれるこの巨大な自治国には、正式な国家が建設されるまでロシア軍が駐屯することになった。

これに対し、ハプスブルク帝国は、サン・ステファノ条約の内容をまったく受け入れることができないものであるとして、ロシアを激しく非難した。これはすでに、一八七八年一月のハプスブルク帝国皇帝フランツ・ヨーゼフのロシア皇帝アレクサンデル二世宛て書簡のなかに見いだすことができる。皇帝は、そのなかでつぎのように主張した。第一に、オスマン帝国はまだ崩壊していないので、ライヒシュタット協定を適用することは論外である。第二に、ハプスブルク帝国のボスニア・ヘルツェゴヴィナ占領はロシアのベッサラビア獲得しだいであり、ブルガリアでのロシア軍の駐屯によってではない。第三に、戦争の最終講和はすべての「大国」によって決定されるべきである、と。しかし、この主張はロシア皇帝には受け入れられなかった。二月一二日にはロシア外相ゴルチャコフが、ハプスブルク帝国のボスニア・ヘルツェゴヴィナ占領を渋々認める一方で、ロシアによるブルガリア占領を強く主張した。それだけでなく、まとまったかたちでのスラヴ人国家の創設に反対するハプスブルク帝国の意見は、戦争経過によって「不可抗力（force majeure）」的に踏みつぶされた、と冷淡な態度まで示した。そこで、アンドラーシは、サン・ステファノ条約の再検討を行なう会議の開催を要求した。ロシア外相ゴルチャコフもこれに応じざるをえなくなり、ドイツの首都ベルリンで再検討会議を行なうこととなった。

一八七八年六・七月に行なわれたいわゆるベルリン会議は、ハプスブルク帝国にとって成功であった[20]。ハプスブルク帝国はこの会議において、オスマン帝国の主権下にあるボスニア・ヘルツェゴヴィナに軍を駐屯させる権利を獲得した（暫定統治権の獲得）。それだけでなく、ライヒシュタット協定でハプスブルク帝国とロシアのあいだで決められていたバルカン半島の勢力圏分割が現実化された。ハプスブルク帝国は、セルビアが都市ピロトとニシュを獲得することに尽力した結果、この会議以降、セルビアにおいて他の「大国」よりも優位な地位を構築することができた。ロシアが肝いりでつくらせようとした「大ブルガリア」構想は、ブルガリアとモンテネグロ（ベルリン会議で独立国となった）を除くセルビア（同会議で独立国となった）、ルーマニア（同会議で独立国となった）、ギリシアのバルカン諸国にブルガリアに対する脅威を与えることになり、これらの国々をロシアから引き離す結果をもたらした。これもハプスブルク帝国には利益となった。しかし、「大ブルガリア」は会議においてハプスブルク帝国だけでなく、イギリスの反対もあり、三つに分割された。つまり、オスマン帝国が宗主権をもつ自治国ブルガリア、キリスト教徒を総督する半自治州東ルメリア、そしてオスマン帝国の主権下のマケドニアである。ロシアのバルカン半島東部での影響力は、小さくなった自治国ブルガリアにのみ及ぼされることとなった。

ボスニア・ヘルツェゴヴィナをめぐるアンドラーシの成果は、ハプスブルク帝国国内ではそれほど歓迎されなかった。まず、皇帝フランツ・ヨーゼフは以前の暫定統治（占領）よりも併合を望むようになった。軍部は相変わらず併合を強く主張していた。これらの背景には、ベルリン会議後にハプスブルク帝国軍がボスニア・ヘルツェゴヴィナに進駐する際に、大規模な反対運動が同地で発生したことがあげられる。結局、ハプスブルク帝国は四個師団一六万人を派遣することで占領を開始することができた。

さて、ベルリン会議の結果、ハプスブルク帝国はロシアとの関係が悪化し、三帝同盟は事実上崩壊した。ロシアとの緊張が増すなかでドイツ首相O・ビスマルクの要請もあり、アンドラーシは一八七九年一〇月にドイツとのあいだで二国間条約を締結した。これがいわゆる独墺同盟である。防御同盟である独墺同盟は、第一条でロシアがハプスブルク帝国もしくはドイツの一方を攻撃してきた場合の他方の軍事的支援を規定し、第二条ではロシア以外の攻撃に対しては好意的中立を、しかしながら、ロシアに支援された攻撃国の場合は第一条が適用されるという内容である。

独墺同盟調印翌日の一〇月八日、アンドラーシは辞職し、後任にH・ハイメルレが任命された。

ベルリン体制の堅持をめざして

一八七九年一〇月に正式に外相に就任したベーメン（ボヘミア）地方出身のドイツ系貴族ハイメルレは、ベルリン会議での決定事項、つまりベルリン体制の堅持というアンドラーシの政策を継承することを外交の基本軸に据えた。ハイメルレは、一八八一年一〇月に急死するまでの二年間に、ハプスブルク帝国のバルカン政策にとって重要な条約を締結した。それが、ドイツ首相ビスマルクが提案した、ドイツ、ハプスブルク帝国、ロシアの三帝国間で締結された一八八一年六月の三帝同盟である。

三帝同盟の締結において重要な点は、第一条から第三条の内容である。第一条では、締約国のある国が他の二締約国以外の国家から攻撃された場合には好意的中立を守ることが規定されている。第二条では、ロシアはハプスブルク帝国がベルリン条約で獲得した内容を尊重すること、バルカン半島での相互の利益を考慮すること、そしてバルカン半島におけるオスマン帝国の領土に関する現状を規定している。第三条では、黒海と地中海を結ぶボスポラス・ダーダネルス海峡をオスマン帝国以外の軍艦に対して閉鎖することを規定している。また、三帝国はこの同盟条約に付属する秘密議定書も作成した。この議定書には、ボスニア・ヘルツェゴヴィナ、ノヴィ・パザール、東ルメリア、ブルガリアなどについて規定している。このなかで、ハプスブルク帝国は、いつでもボスニア・ヘルツェゴヴィナを併合することが認められた。

そのほかに、ハイメルレは一八八一年五月にセルビアとの通商条約、翌月には同盟条約を締結した。これは、ハプスブルク帝国がボスニア・ヘルツェゴヴィナを暫定統治することによって、ハプスブルク帝国とセルビアの関係を良好なものにしなければならないことに由来する。ハプスブルク帝国は通商条約において有利な内容を獲得でき、また同盟条約ではセルビアに対して、ハプスブルク帝国に対抗するようないかなる試みも抑えることを同意させることに成功し、また同盟条約の精神に反するいかなる他国との条約も締結しないことを約束させることに成功した。これによって、セルビアはハプスブルク帝国の衛星国的地位に転落することになった。セルビアがこの同盟に応じた原因は、ロシアが露土戦争の結果、ブルガリア人の利益になるような講和内容をサン・ステファノ条約で締結したため、外交政策をハプスブルク帝国寄りにシフトせざるをえなかったからである。しかしその際、重要なことは、セルビアの人々が依然として反ハプスブルク的な態度をとっていたことから、ハプスブルク帝国との関係改善を行なったのがセルビア公ミランだったということである。それゆえミランは、ハプスブルク帝国との同盟の存在をセルビア国内において秘密にしなければならなかった。ミランは同盟を通じて自分の王朝への支持をハプスブルク帝国から獲得しようとした。その結果、ミランは、一八八二年にはハプスブルク帝国の支持もあって「王」の称号を、そして、セルビアがマケドニアにおいて将来何らかの領土を獲得するにあたって、曖昧ではあるもののハプスブルク帝国から支援を受けるとの約束を、それぞれ獲得できた。

ハイメルレの急死にともない、後任にペテルスブルク駐在大使のG・カールノキが就任した。彼の外交は、前任者たちと同様に、ベルリン体制の堅持を基本軸とするものであった。そのため彼は、三帝同盟をロシアとの協定によるハプスブルク帝国の利益を保障する手段として利用しようした。帝国の利益を保障するために、さらに彼は、一八八三年にルーマニアとの同盟条約を締結することに成功した。両国は一八七五年にすでに通商条約を締結していたが、これによって関係はより強固なものになった。同盟条約により、ハプスブルク帝国は、東南方向からのロシアの軍事攻撃を防止すると同時に、墺露戦争でのルーマニアの支援を獲得することができ、ロシアのバルカンへの南下を防ぐことができるようになった。ドイツはすぐに、またイタリアは一八八九年に、この条約に加盟した。

こうしたなかで発生したのが、一八八五年のオスマン帝国の自治国ブルガリアと半自治州東ルメリアの統一問題であった。一八八五年九月、東ルメリアでブルガリアとの統一が宣言された。外相カールノキとしては、この統一に反対する理由はなかった。というのは、彼はすでに、統一した状態のブルガリアがベルリン会議当時のそれとは異なり、ロシアの衛星国にならないと考えていたからである。その背景には、ブルガリア侯A・バッテンベルクがロシア寄りでない政策をとっていたことがあげられる。ベルリン会議とは逆に「大ブルガリア」の建設に反対を唱えたロシアは、関係各国に問題解決のための国際会議を開催することを提案し、ハプスブルク帝国もこれに応じた。会議がオスマン帝国の首都コンスタンティノープルで行なわれているさなかに、セルビアがブルガリアに宣戦布告する事件が発生した。セルビアが開戦を決めた理由は、統一によってバルカン半島のバランスが崩壊することを危惧したからであった。しかし、戦争の展開は途中からセルビアにとって不利に進み、セルビア国王ミランの退位問題の可能性が浮上するようになった。ハプスブルク帝国の衛星国的地位になっていたセルビアが敗北することは、ハプスブルク帝国寄りの政策をとっている国王ミランの退位を惹起すると判断したハプスブルク帝国は、戦争に外交的に介入し、セルビアの崩壊を防ぐことに成功した。

東ルメリア総督も兼任することになったブルガリア侯バッテンベルクのロシアとの関係は、改善されずにいた。そのなかで、一八八六年八月にバッテンベルクに対する宮廷クーデタが起こり、翌月に彼は退位した。退位後に成立したブルガリアの摂政政府をめぐって、ハプスブルク帝国とロシアのあいだには意見の不一致が発生した。ハプスブルク帝国はこの政府を合法的政府とみなす一方で、ロシアは非合法な政府とみなした。これが三帝同盟の終焉の始まりであった[21]。ロシアはブルガリア侯バッテンベルクの後任をめぐって、三帝同盟のメンバーであるドイツとハプスブルク帝国には相談しないかたちで、特使をブルガリアに派遣した。これが、ハプスブルク帝国外相カールノキにはロシアによるブルガリアの政治的支配としてうつった。ドイツ首相ビスマルクは、カールノキに対してバルカン半島東部をロシアの勢力圏にするように、と説得した。しかし、カールノキはこれを受け入れなかった。三帝同盟によってベルリン体制を維持しようとするカールノキは、一八八七年の三帝同盟更新の際に統一によって状況が変化したブルガリアに関する規定の変更が必要である、と考えた。しかし、ロシアは更新をするつもりはないことをドイツとハプスブルク帝国に通知し、カールノキは外交軸の変更を余儀なくされた。

そこで、カールノキはベルリン会議で決められたバルカンの政治的な状況を維持するために、新たなパートナーとしてイギリスを選んだ。ハプスブルク帝国とイギリスの関係の新時代は、一八八七年三月の地中海協定（Mittel-meerentente）で幕を開けた。これは、イタリアとイギリスの協定にハプスブルク帝国が加盟することで成立したものであり、地中海とバルカン半島の現状を維持することを約束するものであった。

一八九五年、カールノキは国内問題によって辞職し、後任にはガリツィア出身のポーランド貴族ゴルコウスキが就任した。

三　患者には絶対安静を――ゴルコウスキ時代（一八九五～一九〇六年）

イギリスからロシアへ――墺露協定の成立

外相就任までルーマニアのブカレスト駐在公使の職にあったゴルコウスキのバルカン政策は、当初は、ハプスブルク帝国がバルカンへ領土を拡大することに反対し、バルカン半島を含めたオスマン帝国を「なんとしてでも維持する」ことに努めるというものであった。その目標のためにはロシアの勢力拡大を封じ込める必要があると考えた彼は、バルカン政策の基礎を、一八八二年にハプスブルク帝国、ドイツ、イタリアのあいだで締結された三国同盟とイギリスの協力に置こうとした。その際、とくに更新問題が近づいていた地中海協定をその中軸として考えていた。

ハプスブルク帝国内にはゴルコウスキと異なり、イギリスとの協力に反対する者もいた。その代表が、ゴルコウスキの後任としてブカレスト駐在公使になったA・エーレンタールであった。彼は、もしもイギリスがロシアおよびフランスと何らかの了解に達することができれば、イギリスはすぐにでもハプスブルク帝国を見捨てるであろうと考えていた。そしてイギリスの代わりに、ロシアと協力体制を構築すべきであると主張した。その際、彼は、ロシアを「買収」するためには、オスマン帝国崩壊時にはバルカン半島をハプスブルク帝国とロシアの勢力圏に分割することを提案するべきである、とまで考えていた。エーレンタールと同様の見解は、軍部のベックやコンスタンティノープル駐在大使H・カリーチェによっても支持されていたが、外務省の高官らはゴルコウスキの見解に立っていた。

イギリスとの協力による現状の維持というゴルコウスキの考えは、一八九五年と翌九六年に起こったオスマン帝国領アルメニアでのキリスト教徒大虐殺事件によって、危機にさらされる。一八九五年夏の大虐殺の際に、イギリスとイタリアの両政府は、国内世論の圧力に押されるかたちで、スルタンに対して強攻策をとることで虐殺問題を解決しようと考え、ハプスブルク帝国に同調するよう要請してきた。しかし、ゴルコウスキは、オスマン帝国寄りの政策を展開しているロシアとフランスがそのような政策を受け入れるわけがないことを理由にあげ、イギリスとイタリアの要請を諸「大国」をただ分裂させるだけのものと判断し、その行動を抑えようと努力した。彼はその際、イギリスのアルメニア政策をみて、現状を維持することに熱心に取り組むつもりがあるのか否かに疑問をもちはじめた。そこで、一八九六年一月、彼はイギリス政府に対し、以下の三点について照会した。まず、イギリスが現状を維持することに依然として熱心に取り組むつもりがあるか否か、そして、ロシアの攻勢をくい止めることを保証するつもりがあるか否か、最後に、この保証を一八八七年の地中海協定の単なる更新ではなく、戦うことを最終的に確約することを含む、新しくかつ広範囲に及ぶ条約という形式にすること、である。しかし、当時のイギリス首相R・ソールズベリは、いまの段階では一八八七年の地中海協定以上の内容のものは考えていない、と返答した。以上のことから、ゴルコウスキにとって明確になっていったことは、自らの政策をイギリスのそれと一致させるよりも、ドイツもしくはロシアと一致させるほうがより容易であることだった(22)。

アルメニアでふたたび大虐殺が起こった翌一八九六年夏、ゴルコウスキは、八月二六日の共通閣僚会議の席上、オスマン帝国崩壊のスピードが加速してきたため、ハプスブルク帝国がそれに備えた対策を考えておかねばならないことを指摘した。彼は、オスマン帝国領のさらなる獲得を要求しないという外相就任時の基本方針を維持したうえで、現在ハプスブルク帝国軍が駐屯し占領しているボスニア・ヘルツェゴヴィナを最終的に併合すること、そして、同地方をオーストリア政府とハンガリー政府の共通の属領として統治することを提案した。

またゴルコウスキは、一一月と一二月の会議において、バルカン半島一般についての見解を明らかにした。第一に、ハプスブルク帝国はセルビア人やブルガリア人が支配的な地域にはほとんど関心がない。第二に、しかし、ハプスブルク帝国は、アルバニア北部に住むカトリック教徒の観点、そしてセルビア＝モンテネグロ間に楔を打つものという観点から、アルバニアにおいて死活的利益を有する。さらに、アルバニアをイタリアのような「大国」の影響下に置いてはならないだけでなく、アドリア海進出という点からセルビアやブルガリアの影響下にも置いてはならない。というのは、セルビアやブルガリアがアドリア海に進出することは、ロシアのハプスブルク帝国に対する「鉄の鎖」の完成を意味するからであった。ハプスブルク帝国の具体的目標として、すでに一八九六年の段階で、アルバニアの独立というひとつの政策が浮上していたのである。第三に、セルビアはマケドニア北部やノヴィ・パザール東部への拡大は認められる。しかし、ノヴィ・パザール西部はハプスブルク帝国が確保しなければならない。(23)

そうしたなかでゴルコウスキは、ボスポラス・ダーダネルス海峡の防衛を行なう義務がまずハプスブルク帝国にある、というイギリス首相ソールズベリの発言を耳にした。むしろイギリスこそ、その防衛に関してまず第一に義務があると考えていたゴルコウスキは、もしイギリスが海峡防衛で戦うことを明確に示せば、ハプスブルク帝国が支援を行なうことに同意した。このように考えた理由は、ハプスブルク帝国がこの問題でドイツをあてにすることができないため、イギリスが戦うという意思の明示がないまま、ハプスブルク帝国にとってあまり重大とみなされていない海峡問題でロシアと戦争することは非常にリスクが大きい、と考えたからである。しかし、ソールズベリは、一八九六年一月の地中海協定を現在の内容のまま更新するとの発言を繰り返しただけで、戦うという明確な約束をハプスブルク帝国に与えなかった。彼はその理由として、イギリス世論からアルメニアのために戦うことへの支援を得ることができないことをあげた。

一八九七年二月、地中海に浮かぶオスマン帝国領クレタ島をめぐって、島民であるギリシア人がオスマン帝国支配に対して反乱を起こした。これをギリシアが支援することで、同国とオスマン帝国の関係が緊張し、戦争に発展していった。ゴルコウスキは、地中海協定に依拠するイギリスとの協力によって、現状を変更しようとするギリシア人およびギリシア政府の動きを抑え込もうと考えた。しかし、イギリスは彼の期待するような動きをとらなかった。一八九七年夏までにゴルコウスキは、地中海協定に依拠した外交政策が不十分であることを認識させられた。したがって、地中海協定に取って代わる新しい外交的基盤は、ロシアとの何らかの協定しかなかったのである。[24]

クレタ島問題が発生した直後の三月から四月にかけて、ハプスブルク帝国皇帝フランツ・ヨーゼフと外相ゴルコウスキがロシアを訪問した。この訪問はハプスブルク帝国とロシアの関係の転換点となり、両国は以下の四点について合意することができた。第一に、可能なかぎり近東における現状を維持する。第二に、バルカン諸国の自立的発展に際しては不介入を堅持する。第三に、バルカン半島において両国が協力する。これは、バルカン諸国がハプスブルク帝国とロシアの協力を妨害する場合には何も獲得できないことを示すためである。第四に、バルカンの現状を維持することが不可能な場合には、両国は将来の同地域の領土構成について直接的合意に達する。その一方で、両国にとって重要な問題であるはずのボスポラス・ダーダネルス海峡の問題は議題とされなかった。

この一八九七年の墺露協定に問題がなかったわけではない。五月初旬、ゴルコウスキがペテルスブルク宛ての書簡でロシアに対し、ハプスブルク帝国の見解として以下のことを主張した。まず、もしバルカンの現状がこれ以上維持できないときは、ハプスブルク帝国はセルビアとモンテネグロにこれらの地域を獲得させてはならないため、ボスニア・ヘルツェゴヴィナとノヴィ・パザールの領有を主張しなければならない。つぎに、大規模なアルバニア国家が創設されねばならない。最後に、ハプスブルク帝国とロシアは将来協定を締結し、バルカン各国をバルカン半島のバランスを崩壊するほどには巨大化させないことを相互に保証しなければならない。しかし、ロシアはこれらのハプスブルク帝国による主張を保留した。ロシアは、ボスニアとヘルツェゴヴィナに関する一八七八年のベルリン条約で決定したハプスブルク帝国の地位だけを承認した。その際、ロシアは、両地域の併合がヨーロッパ規模の問題を発生させ、新たなる検討を要するものであるとの立場をとった。バルカン半島の将来の構成についても、問題が実際に発生したときに検討すると答えただけであった。

一八九七年の墺露協定がハプスブルク帝国外交に与えた影響は大きかった。イギリスの研究者ブリッジは、これについて、ハプスブルク帝国の目からすれば墺露協定の成立によって三国同盟の価値が低下したと指摘する。また、ブリッジはもっとも大きな問題として、この協定によってハプスブルク帝国とイギリスとの絆が完全に切れたこともあげる。(25)

フランツ・ヨーゼフとゴルコウスキのロシア訪問によって、ロシアの疑念、つまりハプスブルク帝国がエーゲ海の港湾都市サロニキまで進出しようとしているのではないかとの疑念を払拭できたことは、ハプスブルク帝国にとって大きな成果であった。ハプスブルク帝国内部には、墺露協定をめぐり二つの立場があった。ゴルコウスキや外務省高官らは、バルカン半島における利益をロシアから守る装置として協定を評価した。ブリッジはこれを協定の「消極的意図」と名づける。(26) ブカレスト駐在公使エーレンタールらは、協定をロシアとのより長期的かつ遠大な了解（アンタント）への礎として評価した。ブリッジはこれを「積極的意図」と名づける。(27) エーレンタールらは、より密接なロシアとの関係構築のためには、より小さな利益はすすんで犠牲にするべきである、とまで論じている。

バルカン半島における現状をなんとかして維持しようとするゴルコウスキの政策は、ロシアとのあいだでは協定により成果をあげることができたものの、バルカン諸国とのあいだでは若干の変更を余儀なくされていった。それは、一八九〇年代末から一九〇二年初頭にかけて、ハプスブルク帝国がセルビアとブルガリアにおける支配力を低下させていったことにともない、そのバルカン政策の軸をルーマニアにシフトさせようとしたことである。セルビアでは、一八八九年より国王ミランに代わってアレクサンデルが新王となったが、彼は、以前は「セルビアの敵はハプスブルク帝国の敵」と公言するような人物であった。しかし、ベオグラード駐在ロシア公使の努力の結果、ハプスブルク帝国を「セルビアの主たる敵」と表現するようになった。また、ブルガリアでは一八九〇年以降、ハプスブルク帝国の影響力が通商面と政治面において低下していった。前者では、ブルガリアの通商相手国にイギリスとドイツが大きな比重を占めるようになり、後者では、ブルガリア首相がハプスブルク帝国の政策を公然と非難し、これに対してハプスブルク帝国が公使をソフィアから召還した。さらに、一九〇〇年春にブルガリアがルーマニアとのあいだでブルガリア領に居住するクツォヴラフ（Kutzowalachen）人をめぐって対立した際、ハプスブルク帝国が同盟国のルーマニアを支援する態度をとったことも、ブルガリアの離反を加速させた。ゴルコウスキは、重点を置きはじめたルーマニアに対しては、一八九七年の墺露協定がルーマニアの利益に矛盾しないことを納得させることに努め、ギリシアと和解するように勧めたり、ハプスブルク帝国の軍事顧問団を派遣するなどした。ハプスブルク帝国とルーマニアは一九〇二年四月に同盟条約を延長した。

不穏なマケドニア情勢

バルカン半島のオスマン帝国領マケドニアでは、一八九三年よりブルガリア人に指導されたテロリストが反乱を企てていた。彼らは一八九五年夏のアルメニアでの争乱に乗じて、反乱を起こした。しかし、ブルガリア政府も諸「大国」もこの反乱に同調しなかったために、それは失敗に終わった。マケドニアではその後も、依然として不穏な状態が続いていた。一九〇二年までに、ゴルコウスキは、一八九九年よりペテルスブルク駐在大使になっていたエーレンタールを通じてロシア外相W・N・ラムスドルフに対し、ハプスブルク帝国とロシアが協力してマケドニアの混乱を静めることを提案した。また、一九〇二年五月には、ロシア外相ラムスドルフは悪化するマケドニア情勢をハプスブルク帝国とロシアで解決するために、ウィーン駐在ロシア大使P・A・カプニストにゴルコウスキと交渉する訓令を出した。交渉の内容は、マケドニア問題におけるハプスブルク帝国とロシアの共同管理であったが、それについてはラムスドルフも同意した。

また、ハプスブルク帝国とロシアは、オスマン帝国に対してマケドニアの状況を改善する旨の警告を発したものの、状況はほとんど改善されなかった。そうしたなかで、両国は一九〇二年一二月のロシア外相のウィーン訪問によって関係を大きく進展させ、これが一九〇三年二月のウィーンでの覚書として結実した（「二月覚書」と呼ばれる）。これは、ハプスブルク帝国とロシアがスルタンの権威を崩壊させるのではなく、むしろ維持することをめざし、マケドニアの住民たちの生活状況を耐えられる程度のものにすることによって、現状を維持することを相互に約束したものである。「二月覚書」を公表することで、両国はマケドニアのキリスト教徒に主たる関心を抱いていることを公に宣言した。

一九〇三年になるとマケドニアの状況はさらに悪化した。八月にはマケドニアの東部や南西部で反オスマン帝国闘争が活発化したものの、反乱者が期待していたブルガリアからの支援もなく、オスマン帝国軍によって鎮圧された[28]。このオスマン帝国の鎮圧行為はヨーロッパ各国で残虐行為として報じられた。夏のこの反乱を契機に、ハプスブルク帝国とロシアはふたたび協力する政策をとった。九月末から一〇月にかけて、ハプスブルク帝国とロシアの両皇帝と両外相はミュルツシュテークで会合を開き、マケドニア問題を協議した。そのときに作成されたのが、ミュルツシュテーク協定（Mürzsteger Vertrag）である。これは「二月覚書」をより詳細にしたものとなっている。ミュルツシュテーク協定は、ハプスブルク帝国とロシアによる二国管理の思想が前面に押し出されており、領土的現状を維持すること、そしてマケドニアのキリスト教徒が甘受できる程度の生活改善を目標にする、と決めている。

この目標を実施するために、より厳しいオスマン帝国官庁の管理が協約草案には盛り込まれている。つまり、オスマン帝国のマケドニア総監H・ヒルミ・パシャには一九〇五年一二月の任期までのあいだ、ハプスブルク帝国とロシアの両国から選出される二名の「文民代表者」が、マケドニアでの改革実施を監督するために同行することが取り決められた。また、マケドニア全体の治安を、ひとりのヨーロッパ人の将軍のもとに構成される国際憲兵隊が担当することも取り決められた。ミュルツシュテーク協定はベルリン条約批准国の賛同を得ることができ、憲兵隊のトップにはイタリアの将軍が任命されることになった。

オスマン帝国も一九〇三年一一月にはミュルツシュテーク協定を受諾し、最終的な治安維持作業は五つの地区に分割され、イギリス、フランス、イタリア、ハプスブルク帝国、ロシアの五「大国」が派遣する憲兵隊がそれぞれ分かれて地区を管理した。しかしながら、文民代表者の派遣もヨーロッパの「大国」による治安維持活動も、マケドニアの状況を改善することはできなかった。(29)

墺露中立条約の成立

マケドニア問題それ自体は改善できなかったものの、ハプスブルク帝国はこの問題におけるロシアとの協力をてこにして、一九〇四年一〇月には墺露中立条約を締結することができた。この考えを以前から強く主張していたのがエーレンタールであった。彼は、中立条約がバルカン問題と無関係であることを前面に押し出すことで、ウィーンの外務省高官やゴルコウスキの賛同を得ることができた。また、彼はロシア外相に対しても中立条約が両国の利益にかなうことを説得した。こうして成立した中立条約は、バルカン以外の現状を変更しようとする脅威に対して共同で対処し、バルカン半島に関しては、一八九七年の墺露協定で取り決められた保守主義的原則の枠内で対処することを規定している。ゴルコウスキは、この中立条約によって「現状を維持すること」がよりいっそう確保されたことに満足した。しかし、中立条約の提唱者であったエーレンタールは、ハプスブルク帝国、ドイツ、ロシアの三帝同盟復活をひそかに希望していたがゆえに、ゴルコウスキが中立条約を三帝同盟に発展させるつもりのないことに不満であり、失望していた。ゴルコウスキが三帝同盟に応じなかったのは、それによってハプスブルク帝国の行動の自由が制限され、またハプスブルク帝国のバルカンでの利益に対抗する機会をドイツに与えてしまうことを危惧したからである[30]。

中立条約によっても、ハプスブルク帝国とロシアの基本的な見解の相違が完全に払拭されたわけではなかった。それは、オスマン帝国崩壊後のバルカン半島の状況に関する見解の相違である。つまり、ゴルコウスキは、オスマン帝国崩壊時には、ハプスブルク帝国がセルビアとモンテネグロの拡大を可能なかぎり制限しなければならないと考えていた。それに対して、ロシアは、セルビアとモンテネグロを従順な家臣のように扱う傾向がよりいっそう明確になっていった。セルビアをめぐっては、一九〇三年六月にセルビア国王アレクサンデルが将校の謀反によって殺害され、アレクサンデルのオブレノヴィッチ家と対立関係にあったカラジョルジェヴィッチ家のペーテルが国王となり、セルビアのハプスブルク帝国離れがよりいっそう加速した[31]。

ハプスブルク帝国が新国王の統治するセルビアに対して新たな政策をとりはじめたのは、セルビアとブルガリアのあいだに秘密関税同盟が成立したとのニュースが、一九〇五年末にウィーンに届いたことがきっかけであった（実際には、一九〇四年に将来の関税同盟を見据えた秘密軍事同盟の締結と一九〇五年の経済協定が成立していた）。ゴルコウスキは、このニュースを「非常に不愉快なもの」とみなした[32]。彼は、ブルガリアとは問題を解決するように努力する一方で、セルビアに対しては強硬な態度をとるべきだと考えた。しかし、オーストリア政府とハンガリー政府は逆の見解をもっていた。政策決定者の唯一の共通認識は、ハプスブルク帝国がセルビアとブルガリアの両国に対して強硬な態度をとるべきではないというものであった。というのは、そうすることによって両国が相互に接近し、ハプスブルク帝国のバルカンにおける利益に打撃を与えることになる、バルカン諸国の同盟の成立を促進する恐れがあるからであった。ゴルコウスキはさまざまな点を考慮して、ブルガリアをハプスブルク帝国の衛星国的地位に引き込むことが賢明であると判断した。その理由のひとつには、セルビアやルーマニアと異なり、ハプスブルク帝国に対するイレデンタ（民族領土回復運動）を引き起こすブルガリア民族が国内にいない、という判断があった。

セルビアは、一九〇六年三月までに交渉が遅々として進展しなかったブルガリアとの秘密関税同盟交渉を中止し、その代わりに、ハプスブルク帝国との交渉を行なうことを決定した。そうすることで、ハプスブルク帝国にセルビアが妥協する姿勢を示そうとしたのである。しかし、セルビアが軍需品の発注をハプスブルク帝国の会社からフランスの会社に変更したことで、ハプスブルク帝国とセルビアの対立が発生した。そのため、両国の交渉は中断され、ハプスブルク帝国は対抗措置として経済制裁を発令した。というのは、ゴルコウスキがその際、軍事力ではなく外交的努力によってセルビアを屈服させようと考えていたからである。ハプスブルク帝国は、セルビアからの家畜の輸入を獣医学上の理由という説明をつけて全面禁止した。いわゆる「豚戦争」といわれる事件である。しかし、その結果はハプスブルク帝国にとってすべて不利なものであった。一九〇六年以前は、セルビアの輸出全体に占めるハプスブルク帝国の比率は八〇～九〇パーセントであった。ハプスブルク帝国の経済制裁によって、セルビアはオスマン帝国やロシア、西欧各国、ドイツなどに新たな市場を見つけることに成功し、一九一〇年には、セルビア全体の輸出に占めるハプスブルク帝国の割合は三〇パーセントにまで低下した。その一方で、ドイツの占める割合は上昇していった。

ゴルコウスキは経済制裁を行なってセルビアを孤立させると同時に、ルーマニアとギリシアの和解をハプスブルク帝国が仲介することで実現させようと試みたものの、両国はクツォヴラフ人問題でむしろ関係を悪化させていった。また、脅迫することでセルビアを屈服させようとするハプスブルク帝国の政策は、イギリスやフランスの共感をまったく獲得できなかっただけでなく、一八九七年の墺露協定以来のロシアとの了解にも重大な悪影響を与えた。

以上のことから、ゴルコウスキの政策が明白に失敗したことによって、バルカン半島全体におけるハプスブルク帝国の威信は大打撃をこうむった[33]。

ゴルコウスキのバルカン政策をまとめてみると、その基軸は、地中海協定に依拠するイギリスとの協力からロシアとの限定的な協力にシフトしていったことである。彼は、エーレンタールのように三帝同盟の復活までは踏み込もうとせず、あくまでも了解（アンタント）の枠内でハプスブルク帝国のバルカン政策を追求しようとした。それは、彼がハプスブルク帝国とロシアの了解こそが、帝国の利益を守る唯一の手段であると考えていたからである。ゴルコウスキが三帝同盟復活という選択肢を拒否した理由を、彼の一九〇六年九月のエーレンタール宛て書簡のなかにみることができる。彼は、まず、ロシアの新外相A・P・イズヴォルスキが露仏同盟を放棄することはほとんど考えられないことをあげている。つぎに、たとえイズヴォルスキが三帝同盟復活に応じたとしても、その復活によって三国同盟の解体をもたらす可能性が高く、それによってイタリアがイギリス・フランス側にうつってしまうことが明白である。オスマン帝国領アルバニアのことを考慮すると、ハプスブルク帝国とイタリアの関係悪化を招いてしまうだけである[34]。

ゴルコウスキがハンガリーをめぐる国内問題で一九〇六年一〇月に辞職に追い込まれた後、その後継者になったのは、それまで彼の政策を真っ向から批判していたエーレンタールであった。彼の外相就任にともない、後任のペテルスブルク駐在大使には、バルカン戦争時の外相となるベルヒトルトが任命された。

四　患者には強力な外交政策を——エーレンタール時代（一九〇六〜一九一二年）

エーレンタールの政治姿勢

新外相エーレンタールの外交政策の基本軸は、独墺同盟と三国同盟を維持しつつ、ゴルコウスキによってつくりだされたロシアとの了解（アンタント）を継続することにあった。彼は、ロシアとの了解それ自体が目標であると同時に、ドイツとの同盟関係においてハプスブルク帝国の自立性を強化する手段でもあるとみなしていた。ゴルコウスキの外交に対する姿勢は、すでに述べたように、現状を維持するという消極的な目標を追求し、そのつど発生する問題をアドホック的な基礎にもとづいて解決しようとするものであった。というのは、彼が、民族問題や二重制などのハプスブルク帝国が抱える国内問題が非常に深刻であるため、絶対安静にすることが回復の絶好の機会を提供するだろうと考えたからであった[35]。

他方、エーレンタールは、ハプスブルク帝国という「患者の自信を高め、生き延びることに関心をもたせる治療法」である「強力な外交政策」こそが、健全で安定した国内の状況をつくりだすと考えていた[36]。しかし、健全で安定した国内状況をつくりだすためには、オスマン帝国の主権下にありハプスブルク帝国が管理権を獲得しているボスニア・ヘルツェゴヴィナの状態は、非常に問題であった。そうしたなかで、彼は、一九〇七年二月のある覚書のなかで、将来に対する提案として対ボスニア・ヘルツェゴヴィナ政策を明らかにしている。つまり、マケドニアでの事態の進展しだいでは、領土に関する現状を維持することが不可能になりかねない。その場合には、マケドニアの大部分をブルガリアが獲得する。その一方、ハプスブルク帝国内では、クロアチア、スロヴェニア、ダルマチア、占領状態のボスニア・ヘルツェゴヴィナからなる南スラヴ人地域を創設する。これによって、ハプスブルク帝国は、オーストリアとハンガリーからなる二重制から南スラヴ地域を加えた三重制になる。南スラヴ人地域を創設することで、セルビアのハプスブルク帝国へのイレデンタ（民族領土回復運動）や汎セルビア的プロパガンダを阻止できる[37]。

ノヴィ・パザール鉄道建設計画と青年トルコ党革命

就任当初に右のような外交軸をもっていたエーレンタールがまず最初に直面した試練は、ノヴィ・パザール鉄道（単に、「サンジャック鉄道」という場合もある）建設問題であった。この鉄道建設は、ハプスブルク帝国がボスニア・ヘルツェゴヴィナの占領権と管理権の獲得を認める一方で、オスマン帝国がノヴィ・パザールの管理権を継続して維持することを規定した一八七八年のベルリン条約第二五条によって、ハプスブルク帝国に認めていた権利であった[38]。ハプスブルク帝国は、一九〇五年までにボスニアとノヴィ・パザールの境界まで鉄道を敷設していた。エーレンタールは、一九〇七年春にバルカンにおけるハプスブルク帝国の通商的影響力を増強するために、ハプスブルク帝国の鉄道網とモンテネグロ、ギリシアおよびオスマン帝国の各鉄道網との接続、そして、ボスニア鉄道を利用してセルビアの鉄道網への接続およびアドリア海への接続が必要であると考えた。その際、彼は、セルビアはこの鉄道網を利用することで海への出口を確保できると考えていた[39]。この鉄道網の接続が実現しない場合には、ロシアもしくはイタリアがハプスブルク帝国領内を回避するようなドナウ・アドリア鉄道を建設することが予想され、それによってセルビアのハプスブルク帝国からの自立的傾向がよりいっそう強くなることが予想された[40]。

一九〇八年一月二七日、エーレンタールはハンガリー代議団に対してノヴィ・パザール鉄道建設案を発表した。この発表以前に、ペテルスブルク駐在墺大使ベルヒトルトは、訓令によりロシア外相イズヴォルスキに建設案を伝えていた。しかし、イズヴォルスキからの返答をまだ手にしていなかった。訓令を実行した一方で、ベルヒトルトは、この鉄道建設がハプスブルク帝国＝ロシア間のこれまでの了解（アンタント）に大打撃を与えるであろうと考えた。というのは、二月二日のベルヒトルトの日記にあるように、彼の最大の関心が、ハプスブルク帝国とロシアとの了解政策が可能なかぎり継続することにあったからである。[41]彼は、エーレンタールの鉄道建設という経済プログラムが政治的性格をもつことから、それがハプスブルク帝国にとって妥当な手段であるか疑問をもった。彼が危惧したとおり、この鉄道建設の発表は、ロシアとイギリスの強い批判にさらされた。両国は、ハプスブルク帝国がマケドニア問題についての対応を遅らせるための時間稼ぎをしている、と主張した。ロシア外相イズヴォルスキはハプスブルク帝国とロシアの了解（アンタント）を放棄し、イギリス外務省のある高官は「ミュルツシュテーク協定は完全に死んだ」とまでいった。[42]

そうしたなかで、このイギリスとロシアの協力に懸念を抱いたのは、ハプスブルク帝国ではなく、ドイツとオスマン帝国であった（オスマン帝国では一九〇八年六月に青年トルコ党革命が発生）。エーレンタールは、ロシア外相イズヴォルスキがハプスブルク帝国とイギリスとのあいだで揺れ動く不安定な立場にいると思い、これを利用しようとした。事実、イズヴォルスキはイギリスとの関係に確固たる地位を置いたわけではなかった。一九〇八年七月、彼は、ハプスブルク帝国とロシアの了解（アンタント）の正確な特徴と目的を明らかにするために、イニシアティヴをとった。イズヴォルスキの提案は、もしもハプスブルク帝国がロシアの望むように、つまり、ロシアの軍艦にはボスポラス・ダーダネルス海峡の自由通過を認め、他国には認めないというように、海峡支配を変更する際に好意的支持を与えてくれれば、ロシアはボスニア・ヘルツェゴヴィナだけでなく、ノヴィ・パザールの併合に際して同時に好意的態度を示す、というものであった。これは、ゴルコウスキやエーレンタールが主張したよりもハプスブルク帝国に好意的なものであった。まさに、ロシア外相イズヴォルスキこそが、ハプスブルク帝国＝ロシア間の交渉のなかではじめて、ボスニア・ヘルツェゴヴィナとノヴィ・パザールの併合を相手国に言及した人物なのであった(43)。これ以降、両国間では「海峡」と「併合」をめぐり意見の交換を行なっていくことになるが、両国政府の仲介役として行動したのはペテルスブルクのハプスブルク帝国大使館ではなく、ウィーンのロシア大使館であった。それゆえ、ベルヒトルトは、エーレンタールの併合計画についてはほとんど知らないままになっていった(44)。

ハプスブルク帝国とロシアの関係がこのように回復の兆しをみせている一方で、オスマン帝国では青年トルコ党の新政権が議会制の導入を決定し、ボスニア・ヘルツェゴヴィナからの代表にも議席を与えるようにしようとした。エーレンタールは、オスマン帝国の新政策によって、ハプスブルク帝国のボスニア・ヘルツェゴヴィナおよびノヴィ・パザールにおける地位が危機に瀕する恐れがある、と判断した。「ノヴィ・パザールに駐留するハプスブルク帝国の山岳旅団が〔青年トルコ党革命に揺れる〕オスマン帝国の内政状況によって困難な立場に置かれるかもしれない。いちばんよい方法は、山岳旅団を〔ノヴィ・パザールから〕ドリナ方面に撤退させることであろう。しかし、そのような行動はただ他の重要な措置とともに行なわれなければならないことは、自明のことであろう(45)」。ハプスブルク帝国は、最終的にノヴィ・パザールでの軍の駐留権を放棄することを決定した。エーレンタールは、この決定がハプスブルク帝国の威信に何らかの影響を与えるであろうと考えた。その際、彼は、この傷つけられた威信がボスニア・ヘルツェゴヴィナ併合によって相殺されるであろうし、また、ノヴィ・パザールからの撤退がオスマン帝国に対する何らかの代償となるであろう考えていた。また、軍部もエーレンタールの見解を支持した(46)。

ボスニア・ヘルツェゴヴィナ併合計画

ハプスブルク帝国の決定事項は、一九〇八年八月二七日のエーレンタールからイズヴォルスキ宛ての覚書としてロシア側に伝えられた。基本原則はハプスブルク帝国＝ロシア間の新たなる了解（アンタント）の構築であった。

そのため、第一に、ハプスブルク帝国とロシアが状況の許すかぎりオスマン帝国における現状を維持すること、第二に、事前の双方の了承がないかぎりは近東でのいかなる介入も行なわないことを提案している。第三に、併合に関しては、ハプスブルク帝国がボスニア・ヘルツェゴヴィナを併合せざるをえないときには、ロシアがこの行動に対して好意的かつ友好的態度をとることをハプスブルク帝国に対して保証する。それに対して、ハプスブルク帝国は併合の布告と同時に、ノヴィ・パザールからの駐屯軍を撤退させ、同地での占領を放棄する。第四に、コンスタンティノープル、ボスポラス・ダーダネルス海峡、その沿岸地域の問題について、ハプスブルク帝国は、併合が実際に行なわれればすぐに、ロシアと友好的な意見交換を行なう用意がある(47)。

ロシア外相イズヴォルスキは当時ベーメン(ボヘミア)地方の保養地カールスバートにおり(フランスのG・クレマンソーもいた)、エーレンタールの覚書は八月三〇日に、同地にいたベルヒトルトによってイズヴォルスキに手渡された。しかし、イズヴォルスキは即座に覚書の内容について返答は行なわず、しばらく検討したいとだけ述べた。また、彼はベルヒトルトに対して、ハプスブルク帝国が新聞が報道しているような併合を近い将来実行するか否かも照会した。ベルヒトルトは八月二四日にオーストリアのセンメリンクでエーレンタールと会見した際すでに、彼からノヴィ・パザールを放棄する代わりにボスニア・ヘルツェゴヴィナを併合することを聞かされていた。ベルヒトルトはイズヴォルスキの質問に対し、彼個人の見解として、状況しだいであるものの、詳細はわからないと述べた(48)。

エーレンタールは、九月初旬のドイツとイタリアの両外相との会見において、併合に関するハプスブルク帝国の一般的見解しか伝えず、近いうちに併合が行なわれることは伝えなかった。また同月一六と一七日の二日間、エーレンタールとイズヴォルスキは、ベーメン地方にあったベルヒトルトの居城ブフロヴィチェで交渉を行なった(49)。この交渉は両者の会話内容を書面にしないことを前提に行なわれたため、実際に併合が行なわれた後に、両者が主張した内容に食い違いが発生した。イギリスの研究者ブリッジは、ハプスブルク帝国側の記録と一九六二年に発表されたロシア側の記録をもとに、会話の内容をつぎのように考えている。まず、海峡問題においてロシアの希望するハプスブルク帝国の同情的態度の見返りとして、イズヴォルスキはボスニア・ヘルツェゴヴィナ併合に対して好意的態度をとる。つぎに、セルビアとモンテネグロのための代償は認められない。最後に、何らかの会議を開催するべきである。しかしながら、この会議の性格についてのエーレンタールとイズヴォルスキの見解は異なっていた。エーレンタールは、会議に併合を承認するだけの役割だけを与えるつもりでいた。それに対して、イズヴォルスキは、併合を行なう以前にそれに関する諸問題を会議で協議し、意見が一致したうえで併合が行なわれるつもりでいた。なお、ブフロヴィチェでの両外相の交渉において、エーレンタールはイズヴォルスキに対して近々併合を行なうことを告げなかった(50)。

この交渉のあと、イズヴォルスキは西欧歴訪のためにパリに向かった。この前後、青年トルコ党政権はボスニア・ヘルツェゴヴィナだけでなく、オスマン帝国からの自治権を享受していたブルガリアに対しても影響力の回復、つまり、将来招集されるオスマン帝国議会の議席をブルガリアにも用意することを企てた。オスマン帝国の自治国ブルガリアのフェルディナント侯は、この政策に対してはコンスタンティノープルからの外交団の召還で対応した。ヨーロッパでは、ブルガリアの独立が間近ではないかとの憶測が流れた。このような緊張がめぐるなかで、イズヴォルスキは一〇月四日にパリに到着した。到着すると同時に彼は、エーレンタールからの書簡を受け取った。そのなかには、ハプスブルク帝国がボスニア・ヘルツェゴヴィナの併合をつぎの水曜日、つまり七日に実行することが書かれていた。ドイツ、イタリア、イギリス、フランスなどにも同様の内容は伝えられた。併合の宣言とほぼ同時に、ブルガリアのフェルディナント侯は一〇月五日にオスマン帝国からの正式な独立を宣言し、同時に自らブルガリアの皇帝（ツァー）を名乗った。

イズヴォルスキは併合の実施予定を聞いて怒りが爆発した。彼は、フランスとイギリスに対し、併合に断固として反対するよう説得しようとした。しかし、三国協商内の併合への対応には温度差があった。つまり、併合に断固として反対するロシアに対して、フランスはそれを重大な問題とみなしたくなかった。また、イギリスは、併合よりもブルガリアの独立宣言のほうがよりいっそう重大な問題とみなしていた。イギリスは一二月までにハプスブルク帝国に対して、併合問題解決のためにかなり有利なかたちでの会議の開催を提案し、ハプスブルク帝国も原則的に同意した。つまり、イギリスは、ある会議において併合を議論するものの、それは形式的なもので、会議の前に暫定的合意を形成することを提案した。それに対して、ロシアは同月、何の制約もないかたちで会議を開催することを要求していた。ハプスブルク帝国の同盟国であるドイツは、最終的にはハプスブルク帝国支持に回ることになり、いかなる会議も併合を承認するだけとし、セルビアとモンテネグロへの領土的代償はけっして行なわないことを決定した。

エーレンタールは、ロシアの断固たる反対に対して、これまでの両国間の併合に関する交渉内容および合意内容を暴露することで対処した。イズヴォルスキは、ブフロヴィチェでの交渉内容をロシアの政府および皇帝からの承認をまだ獲得していなかったが、それまでも暴露されたことで、それ以降しばらくのあいだ会議の開催を強硬に主張しなくなった。また、ハプスブルク帝国は、オスマン帝国に対して併合を金銭的に代償することを提案して、一九〇九年一月に金銭面での折り合いがつき、翌二月には両国間での併合問題を解決する議定書が締結された。

ロシアは、イギリスとフランスが併合に対して断固として反対しないだけでなく、ドイツがハプスブルク帝国を全面支援することに直面して、もはや大々的に会議の開催を主張することができなくなった。そこで、一九〇九年二月末にロシアはセルビアに対して、ハプスブルク帝国によるボスニア・ヘルツェゴヴィナ併合にともなう領土的代償要求を放棄することを要請した。イギリスもこのロシアの動きに同調し、ロシアとイギリスは三月初旬に、ハプスブルク帝国とセルビアとの問題はあくまでもその当事者間だけで解決するものであると宣言した。

他方で、エーレンタールはセルビアとの問題を経済的代償によって解決しようと考えた。彼は、セルビアがアドリア海への出口をあきらめることをハプスブルク帝国にとって利点と捉え、セルビアに対してつぎの三つの方法による解決策を提示した。まず、アドリア海沿岸のハプスブルク帝国領ダルマチア地方の自由港の利用である。つぎに、セルビアのすべての製品をボスニア経由でアドリア海まで運搬する鉄道協定の締結である。最後に、一九一七年まで有効な通商条約を締結する。しかし、セルビアは三月一五日にこれらすべての提案を拒否した。セルビアの姿勢に対して、エーレンタールは同国により厳しい内容の覚書を送りつけることにした。それは、まるでセルビアへの軍事的懲罰が行なわれるかのようであった(51)。

最終的には、緊張状態はロシアが外交的に譲歩することによって解決できた。まず、ロシア外相イズヴォルスキは、ドイツに危機を打開することを要請した。そこで、ドイツ外相A・キダーレン＝ヴェヒターはこの要請に対して、ロシアが併合を受諾するべきであるとの強硬な態度にでた。これは、ほとんど最後通牒に近いものであった。イズヴォルスキは、イギリスとフランスに対しロシアがドイツの最後通牒の犠牲者であるとの印象を植えつけることで満足し、セルビアの覚書の内容に関するエーレンタール案を承認した。イギリスも最終的にはこの案を受け入れた。三月三一日、諸「大国」の助言にもとづき、セルビアはハプスブルク帝国に対して「友人的かつ隣人的関係を基礎として生活する」との、エーレンタールの希望どおりの宣言を行なった。モンテネグロも最終的には併合を認めた。四月中旬までに六「大国」はベルリン条約二五条の修正に関する覚書を作成し、ボスニア・ヘルツェゴヴィナのハプスブルク帝国への併合が正式に認められた。

墺露蜜月関係の終焉と「ヨーロッパ協調の帰依者」の誕生

序章で紹介したイギリスの研究者ブリッジのベルヒトルト像、つまり「ヨーロッパ協調の帰依者」は、ボスニア・ヘルツェゴヴィナ併合をめぐる一連の出来事に大きく由来するといってよいであろう。ベルヒトルトは、自分の館を一九〇八年九月一六・一七日に開催されたハプスブルク帝国とロシア両外相の会合の場として提供した。彼は、ホスト役として当然のごとく、会合終了直後には、自分が両外相から会合に関するすべての内容を知らされているものと思っていた。しかし、一九〇八年一一月一九日のエーレンタール宛てのベルヒトルトの書簡や、同月二二日のベルヒトルトの日記から判断すると、ハプスブルク帝国とロシアの両外相のあいだに併合についての意見の不一致が存在していたにもかかわらず、ベルヒトルトは会談直後にどちらからもそのことを知らされていなかったようである[52]。

実際に、一一月一九日の書簡のなかで、ベルヒトルトはエーレンタールに「私は当時、貴殿がイズヴォルスキとの話し合いの結果について口頭で私に述べた説明、そして書面で渡された内容から、貴殿とロシア外相のあいだに完全な一致が見いだされたものだと思っていた」と不満を述べている。さらに、ハプスブルク帝国大使として、彼は、ロシアの政治家や外交官からは併合実施の発表を抜き打ち的行為と非難されただけでなく、ロシア外相イズヴォルスキからは、両国間の秘密文書の暴露を激しく責められた。自らの行動が平和に貢献するはずであるとの信念をもっていたベルヒトルトは、自分がエーレンタールの政策を実行する人間としてはふさわしくない者だと考えるようにもなった。彼は、いっときは、皇帝フランツ・ヨーゼフに自分を大使の職から更迭することを要請したほどであった[53]。一二月一日に彼がロシア皇帝ニコライ二世に謁見した際、ニコライ二世は、危機のなかで解決に努力するベルヒトルトの姿勢にねぎらいの言葉をかけた。ベルヒトルトは、三帝同盟がかつて存在していた頃のような帝国間の努力のほうが、「ランケ流の宰相という英雄がちまちました外交的方法で行なったよりも多くのことを解決してきた」と述べた。さらに、三帝同盟の復活を「私の理想」であることも明らかにした[54]。

ベルヒトルトは、ボスニア・ヘルツェゴヴィナ併合をめぐる危機が終わりにさしかかる一九〇九年三月一五日、イズヴォルスキに対して、併合をめぐるエーレンタールの政策についてつぎのように述べている。なるほど、エーレンタールの政策は一瞥すると成功したように思われる。しかし、それは単に形式主義的な成功にすぎないものである。単なるかたちだけの成功の影に、エーレンタールが、隣国であり一億三五〇〇万人の人口をもつロシア国内にハプスブルク帝国に対する敵意をつくりだしただけでなく、ハプスブルク帝国国内においては、二重帝国を崩壊させるような遠心的要因である南スラヴ人たちの敵意をつくりだした、と[55]。

ベルヒトルトが考えるように、エーレンタール期のハプスブルク帝国にとってボスニア・ヘルツェゴヴィナ併合は、結果的には、たとえ外交的に勝利をおさめても、長期的視野からすれば問題の多いものであった[56]。第一に、国内問題からみれば、併合したボスニア・ヘルツェゴヴィナの帰属をめぐって、オーストリア政府とハンガリー政府による意見の相違が深刻化した。第二に、併合によって南スラヴ問題が解決したわけではなかった。セルビアとモンテネグロは、併合によって王朝的対立に終止符を打ち、ロシアとの軍事的・政治的つながりを強化した。ただし、一九一〇年春に入ると、セルビア人によるモンテネグロ王暗殺の試みによりふたたび両国の関係は悪化した。セルビアがハプスブルク帝国に対して友人的・隣人的関係を構築するという約束も無意味なものであり、セルビアから多くの反ハプスブルク帝国的プロパガンダがハプスブルク帝国内に流入していった。経済的関係からみれば、ハプスブルク帝国のセルビアの貿易に占める地位は確実に低下していった。一九一〇年七月の両国間の通商条約成立時までに、セルビアはハプスブルク帝国への経済的依存を完全に脱却することに成功した。また、セルビアは軍需品売買契約をフランスに要請した。セルビアの貿易全体に占める割合でハプスブルク帝国をしのぐ勢いだったのは、同国の同盟国だったドイツであった。第三に、併合によりハプスブルク帝国の外交的地位の向上をめざしたエーレンタールの夢は実現しなかった。むしろ併合によって、同国の地位は困難なものとなった。ハプスブルク帝国とドイツの関係におけるハプスブルク帝国の地位向上という彼の目標も、ロシア、イギリス、イタリアの三カ国との関係悪化によって、ドイツへの依存はいっそう強化された[57]。その一方で、併合の成果をあげるとすれば、ボスニア・ヘルツェゴヴィナの法的地位が明確にされたことである[58]。

ボスニア・ヘルツェゴヴィナ併合問題後、エーレンタールの課題は、ドイツを除く四「大国」がもつ「併合＝サロニキ進出への第一歩」という疑惑を払拭することであった。ロシアを除くイギリス、フランス、イタリアに対して、彼は疑惑を払拭することができたものの、ロシアとのあいだにはエーレンタールとイズヴォルスキという個人的対立もあり、以前のような関係が回復されるまでにはならなかった。ロシアとの関係は、イタリアとの関係が回復したことで相殺されるとエーレンタールは考えていた。

一九一二年二月一七日、エーレンタールは急死する。そのときバルカン半島では、オスマン帝国に対する軍事同盟の構築がセルビアとブルガリアとのあいだで着々と進められていた。ハプスブルク帝国にとって問題の多い時期に新外相になったのが、ベルヒトルトであった。彼はハプスブルク帝国の外交政策について一九一〇年二月の日記にこう記している。「ロシアとの利害の妥協点（modus vivendi）をつくりだすことだけを当分のあいだは努力する」[59]。ウィーンとブダペストの政治家、外交官、軍人らは、国内の南スラヴ問題の解決はセルビアとの戦争によってのみ可能である、という考えをもちはじめた。しかしながら、ベルヒトルトは、自分が大使としてロシアで経験したことをもとに、あくまでも各国との意見の調整によって外交問題を解決するべきであると考えていた。彼が「ヨーロッパ協調の帰依者」といわれるのは、そのためである。

第2章　第一次バルカン戦争とセルビアのアドリア海進出問題

第一次バルカン戦争前半の問題のひとつが、内陸国のセルビアがアドリア海に進出して、「海への出口」を獲得できるか否かであった。これを実現するためには、セルビアはオスマン帝国領のアルバニアを獲得しなければならなかった。戦争におけるセルビアの活躍によって、帝国の一体性を破壊される恐れがあると危惧していたハプスブルク帝国は、是が非でもセルビアのアドリア海進出を阻止しなければならなかった。そのためにハプスブルク帝国の政策決定者が出した結論が、アルバニアを独立させることであった。問題は、セルビア軍がアドリア海沿岸まで進出しているという状況とアルバニアの独立を、どのように整合させるかであった。そして結局、この問題は、バルカン戦争の終結をめざして開催されたヨーロッパ諸「大国」による会議が開催される前に、セルビアに対して国際管理下の鉄道によるアドリア海沿岸の港までの接続権を認めるということで、決着することになった。

一　戦争の勃発とハプスブルク帝国の対応

一〇月一六～一九日の外務省での協議

一九一二年一〇月八日、バルカン同盟のメンバーであるモンテネグロがオスマン帝国に宣戦布告した。第一次バルカン戦争の勃発である。一〇日後の一八日には、ほかの同盟国であるセルビア、ブルガリア、ギリシアも宣戦布告した。この一八日頃までは、ハプスブルク帝国を含めたヨーロッパ各国は戦争のゆくえがどうなるか判断がつかなかった。そうした状況のもとで、ハプスブルク帝国外務省では、一六日から一九日に戦争への対応策を協議する会議が開催された。

まず一六日の協議には、第一次官K・マッチオ、通商局長M・ヴィッケンブルク、第二次官F・サーパーリ、政治顧問R・ポガチャー、A・ネメシュ、A・ラッパポルトの外務省高官が出席した。(1) 協議では「起こりうる可能性」として、現在ハプスブルク帝国が軍隊を駐留させているオスマン帝国領ノヴィ・パザールの扱いが焦点となった。ノヴィ・パザールをめぐっては、①経済的出口、②アルバニアとの接続、③セルビアとモンテネグロの統一の障害、④ハプスブルク帝国の威信の各点から検討が加えられ、つぎのような結論が出された。①については、あえてノヴィ・パザールを占領しなくても、バルカン諸国との交通政策的協定によって補うことは可能である。②については、バルカン半島のオスマン帝国領がバルカン諸国によって分割される際には、オスマン帝国領アルバニアを自治領として独立させなければならない。その際、ノヴィ・パザールをアルバニアに編入することは困難である。③については、両国の統一は、ハプスブルク帝国の一体性という観点からすれば反対しなければならない。しかし、統一を防止するものとしてノヴィ・パザールをみるならば、オスマン帝国領の解体の際にはノヴィ・パザールの南部でも両国が国境を接することが可能になるので、本質的にその価値は減少しているといわねばならない。そこで、モンテネグロもしくはセルビア、場合によっては両国を経済的にハプスブルク帝国に併合することも考えるべきである。したがって、経済的併合が高い政治的価値を有すること、そして関税同盟によって併合することが望ましい。④についてはノヴィ・パザール問題はハプスブルク帝国の内政および外交上重要である。

以上の点から、参加者は、ノヴィ・パザールの将来の運命が、ハプスブルク帝国の死活的利益に影響を与えるものではないと最終的に判断したのであった。また、当面、外交によってハプスブルク帝国がめざすものとして、以下の点が確認された。第一に、ブルガリアの拡大については、ロシアが希望するような西への拡大ではなく東への拡大とすること。第二に、バルカン半島のオスマン帝国領が崩壊する場合には、ツィベフドシェから、エーゲ海最大級の規模の港をもち、かつハプスブルク帝国も通商上かなり依存しているオスマン帝国領の都市サロニキまでの鉄道路線が、より多くのバルカン諸国によって切断されるように努力すること。第三に、エーゲ海に面するオスマン帝国領であるセレシュとカヴァラの二つの港から輸出される、タバコに関する専売を維持するよう努力すること。第四に、サロニキの自治化（自由港化）をめざし、サロニキ住民の民族構成を可能なかぎり考慮すること。

翌一〇月一七日と一八日の二日間にわたり開催された協議には、一六日の参加者に、さらに外務官房長A・ホヨスも加わった(2)。彼らは、戦争の結果、バルカン諸国の新しい勢力圏が創出される可能性が濃厚である、との見解を採用した。しかし、問題は、バルカン半島での新しい勢力圏が創出された場合に、ハプスブルク帝国がセルビアとアルバニアのあいだに勢力均衡をつくりだすために、何らかの活動を行なうべきかどうかということであった。結局、彼らは、そのような場合には、ハプスブルク帝国軍将校のマケドニアでの改革作業の経験から、セルビア人とアルバニア人の双方から抵抗を受ける点、ロシアが反対する点、イタリアが代償を要求する可能性がある点が考慮されるため、行なうべきではないとした。

一九日の協議には、マッチオ、サーパーリ、ポガチャー、ネメシュ、ラッパポルトが出席した(3)。彼らは、セルビア問題に正面から取り組む必要性を認めたものの、それがブルガリア＝セルビア関係の進展しだいであるとした。この両国関係が良好であれば、ハプスブルク帝国内の南スラヴ問題がよりいっそう激しいものになるであろう。しかし、ハプスブルク帝国は西欧国家として高い文化を示すことで、領内の南スラヴ人に対して、セルビアなどのバルカン諸国家よりも魅力的であることを認識させることができる。彼らは、その結果、セルビアなどのバルカン諸国家のハプスブルク帝国に対するイレデンタ（民族領土回復運動）が相殺されるであろうと考えた。また、戦争の結果、セルビアとモンテネグロが領土を拡大する場合には、アルバニア人が居住する地域には拡大させないように努力しなければならないとした。

この協議では、参加者は、モンテネグロとの関税同盟締結をめざし、同国にノヴィ・パザールとその他の若干の地域を領土拡大の対象として認めることを決めた。ただし、その際にはハプスブルク帝国のモンテネグロ国境の安全保障の観点から、ハプスブルク帝国海軍の基地があるアドリア海沿岸の軍港都市カッタロの背後にそびえるロヴチェン山脈の国境線を、ハプスブルク帝国に有利に修正することを提案すべきであるとした（軍港であるカッタロは国境から近い場所にあり、モンテネグロ領内からの砲撃を受ける可能性が非常に高かった）。参加者がセルビアとの関税同盟を締結しないと決定したのは、モンテネグロに接近するほうが成功する確率が高いことと、経済的側面の問題もセルビアよりは少ないという理由からであった。

以上のように、まだ戦争の推移が明確でなかった一〇月中旬までのハプスブルク帝国外務省内の見解は、経済的視点に非常に注目するものであった。だが、関税同盟によるバルカン諸国とのつながりという考え方は、ハプスブルク帝国の一致した見解というわけでは必ずしもなかった。関税同盟（もしくは通商同盟）に賛成する者は、バルカン諸国の工業成長が同盟によって停止し、同諸国が純粋に農業国家となり、ハプスブルク帝国に経済的に依存することを期待していた。軍の指導部の一部もこの見解に賛成した。しかし、彼らは関税・通商同盟を軍事協定の前提としてみており、最終目標としてハプスブルク帝国へのセルビアの領土的併合をめざしていた。これに関して、研究者F＝J・コシュは、共通大蔵省が関税・通商同盟に反対の立場をとったと主張する。彼らはおそらく、すでに約半世紀にわたり存在してきたハプスブルク帝国内の、つまりオーストリア側とハンガリー側との関税通商同盟を念頭に置き、この同盟よりもバルカン諸国とのそれは重要性が低いと考えていたのであろう(4)。

また、軍部は、開戦前からセルビアに対する戦争を主張していた。一〇月二日の参謀総長B・シェムアの覚書によると、彼は、セルビアが軍の動員を開始した場合、ハプスブルク帝国もボスニア・ヘルツェゴヴィナ・ダルマチアに駐屯する部隊を戦時兵力に変更し、さらにセルビアが軍を実際に動かした場合には、セルビアとモンテネグロに対するハプスブルク帝国の戦争計画である「B」計画で予定された部隊の動員と結集を行なうべきだ、と主張した。また、彼は九月末の皇帝フランツ・ヨーゼフ宛て書簡で、オスマン帝国主権下でハプスブルク帝国が軍隊を駐屯させている、ノヴィ・パザールとオスマン帝国領のコソヴォ州の軍事占領を主張していた(5)。

これに対して、外相L・ベルヒトルトと外務官房長ホヨスがまとめた見解は、参謀総長の見解を真っ向から退けるもので、戦争を行なわなくても、つまり外交的手段によってハプスブルク帝国の利害に一致するかたちでバルカン問題を解決することは可能だ、というものであった。その理由として、彼らは、イギリス、フランス、ロシアがもしも領土に関する現状を維持できないと判断した場合には、問題の最終的解決をバルカン諸国に任せるようなことはしないであろうし、ロシアは戦争の局地化をめざし、この努力はイギリス、フランス、イタリア、さらにはドイツによっても支持されるであろうから、これら諸「大国」との意見交換を拒否すべきではないとした(6)。

一〇月二五〜三〇日の外務省での協議

さて、実際の戦局はおおかたの予想を超えて、オスマン帝国軍は緒戦の段階において各地で敗北していた。オスマン帝国がバルカン半島から追い出されるであろうことは誰の目にも想像がつく事態となり、そこで、ハプスブルク帝国外交も戦局の変化に対応すべく、修正を迫られることになった。

従来の対応策にどのような修正を加えるかを検討したのが、一〇月二五〜三〇日のあいだに開催されたと思われる外務省内での協議である。この協議では、①アルバニア、②モンテネグロの領土拡大、③ノヴィ・パザール、④セルビアの拡大、⑤ブルガリアの領土拡大、⑥オスマン帝国の首都コンスタンティノープル、⑦オスマン帝国領のマケドニア、⑧ギリシアの領土拡大、などの問題点が検討された（参加者は記載されていない）[7]。

まず、①のアルバニアについては、参加者はアルバニアの自治国化もしくは独立国化が望ましいとし、バルカン同盟の手中に同国が落ちないようにすべきであると考えた。というのは、ある「大国」（イタリアをさすものと思われる）もしくはセルビアのような「小国」がアドリア海東海岸に根づくことは、ハプスブルク帝国の死活的利益に抵触するからであった。その領域については、彼らはオスマン帝国領内のアルバニア人が居住するところをアルバニア領とし、可能なかぎり自然の地形にもとづく国境線をめざすべきであるとした。それゆえ、参加者は民族が入り交じっているコソヴォ、モナスティル、ヤニナの各州をアルバニア領にすることは困難であろうし、バルカン同盟軍の軍事的成功を考慮すれば、いっそう困難であろうと判断した[8]。彼らからすれば、この自治国（もしくは独立国）をつくるという発想は消極的選択の結果であった。なぜなら、彼らはアルバニアに関して、ハプスブルク帝国とイタリアによる分割やモンテネグロとギリシアによる分割案という選択肢も検討したものの、現実的ではないと判断されたからであった（とくに、前者については、イタリアとの将来の対立を惹起する恐れがあると考えられた）。まさに、自治国化は彼らにとって相対的に好ましい解決策であった。

つぎに、④のセルビアの領土拡大については、スラヴ系住民が居住する、もしくは多数派を占める地域へのセルビアの拡大は、ハプスブルク帝国が出す要求に応じる場合に認められるものとした。この場合、要求とは経済的分野のそれを意味する。しかし、完全な関税同盟が不可能であることは、すでに外務省内で意見の一致をみていた。絶対に承認することのできない領土拡大として、参加者は、アドリア海にまで到達することを目的とする、純粋にアルバニア人が居住する地域への領土拡大をあげた。そこで彼らは、セルビアがアドリア海沿岸の占領を自国の経済的理由から必要であると主張する場合には、ハプスブルク帝国がすでに占領に関する代替案を提案していることを主張すべきであるとした。つまり、セルビアは、ハプスブルク帝国が一九〇八年に併合したボスニア・ヘルツェゴヴィナを経由してアドリア海まで鉄道を使って家畜を輸送でき、またエーゲ海のサロニキ港を使って輸出することができる、と。彼らは、アドリア海沿岸に領土を獲得するセルビアの意思を、セルビアの経済的独立のためではなく、ハプスブルク帝国との友好関係を構築することを拒否する証であると結論した。

さらに、⑧のギリシアの領土拡大については、アルバニアとサロニキに向けられるかぎりにおいてハプスブルク帝国と関係のあることが確認された。

なお、②モンテネグロ、③ノヴィ・パザール、⑦マケドニアについては、一〇月一六〜一九日の協議の結果が確認された。このうち、ノヴィ・パザールに関しては、外相ベルヒトルトも二五日前後に外務省のネメシュが起草した覚書を承認し、外務省の首脳が全員一致のかたちで、ノヴィ・パザールの占領がサロニキ問題もしくはアルバニア問題を有利にするものではないことが確認された(9)。

さて、一〇月末にはヨーロッパ各国の政治家たちのなかでは、オスマン帝国の敗北は決定的であり、領土に関する現状をそのまま維持することはもはや不可能であろう、という見解が支配的になった(10)。ベルヒトルトも三〇日にベルリン駐在墺大使に送った訓令のなかで、オスマン帝国の敗北は決定的であろうとした。そこで、彼はハプスブ

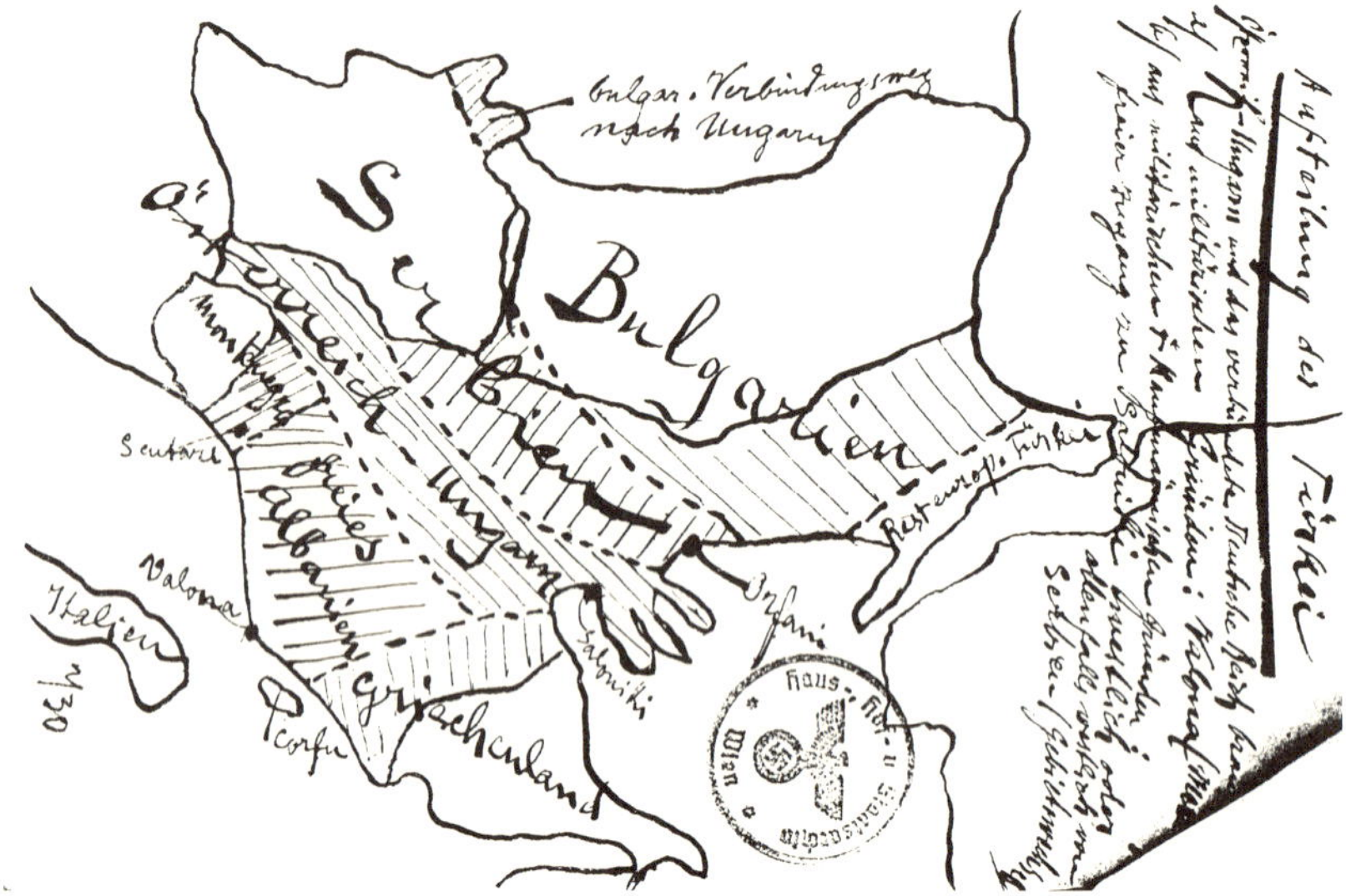

ドイツとハプスブルク帝国によるひとつのバルカン分割案（1912 年 11 月初旬）

バルカン半島のオスマン帝国領をブルガリア，セルビア，ハプスブルク帝国，モンテネグロ，ギリシアで分割している。アルバニアは独立する。ハプスブルク帝国がエーゲ海にまで進出し，港湾都市サロニキを領有する。

〈オスマン帝国の分割〉（右に書いているある手書きのドイツ語）
ハプスブルク帝国とその同盟国ドイツは，a）軍事的理由からヴァロナ〔Valona: アルバニア沿岸にある港〕を必要とし，b）軍事的かつ商業的理由からサロニキへの自由出口（freier Zugang），もしくはセルビア領西部の領土交換，を必要とする。

ルク帝国の対応策として、以下のことをドイツ側に伝えるよう命令した。

まず第一に、バルカン諸国の領土拡大にハプスブルク帝国が同意する場合には、それらの国々が将来においてハプスブルク帝国に直接的な敵対的政策をとらないということが重要である。このことはまずセルビアが対象となり、ハプスブルク帝国とセルビアの経済的結合がより密接になればなるほど、セルビアは自国の領土拡大に対してハプスブルク帝国の支持を得られると考えるべきだとした（モンテネグロに対しても同様）。第二に、アドリア海へのセルビアの領土拡大は拒否されるべきである。第三に、アルバニア国家はハプスブルク帝国の死活的利益に多大な影響を与えるので、「生存可能な（lebensfähig）」ものにしなければならない。第四に、現在中立を維持しているルーマニアの正当な希望は実現しなければならない。第五に、オスマン帝国領であるマケドニアやアルバニアは、バルカン諸国に分割されても、依然としてハプスブルク帝国の産業界にとって重要な販路であり続けねばならない。最後に、オリエント鉄道などによって管理されている、サロニキまでの鉄道路線に関するハプスブルク帝国の経済的利益も尊重されるべきであるとした(11)。

セルビア側の主張

セルビアでは、この時期に首相N・パシッチが、首都ベオグラードのある通信社のドイツ人編集者と会見したときにつぎのように述べ、関税同盟をほのめかした。つまり、セルビアはハプスブルク帝国との経済的接近を希望しており、もしもハプスブルク帝国がセルビアの領土拡大問題である程度の譲歩を行なえば、経済的接近についてかなりの譲歩をするつもりである、と。この発言はハプスブルク帝国のシナリオに似てはいるものの、領土問題と経済的結合問題のどちらを先に交渉するかはまったく正反対であった。また、パシッチはその際、アドリア海沿岸の領土獲得、つまり港獲得の意思を明確にした。「セルビアは海への道を見つけねばならない。しかし、この道はノヴィ・パザールを越えて通じるものではない。〔アルバニア北部の都市〕スクタリとアドリア海へは、ノヴィ・パザール以外の別の道でも到達可能である。海への道がなければ、セルビアは生存することはできない。窒息死しなければならない」[12]。ベルヒトルトにとっては、セルビアがこのアドリア海に自国の港をもつことを主張し続けるかどうかが、まさに、同国のハプスブルク帝国に対する真の友好関係を構築したいか否かの試金石になると考えた[13]。

一一月に入ると、この「海への道」もしくは「海への出口」問題は、ヨーロッパ全土を巻き込む重要なテーマになっていった。

二 「海への出口」

セルビアの要求とロシア

ベオグラード駐在墺公使S・ウグロンの一九一二年一一月二日付け報告によると、彼がセルビア外務省事務局長J・M・ヨヴァノヴィッチと会見した際に、ヨヴァノヴィッチはハプスブルク帝国がセルビアの領土拡大の希望に応じるか否かを質問してきた[14]。ウグロンは、本国からの訓令を受けていないので個人的見解と限定したうえで返答した。この彼の態度は、あくまでも個人的見解として述べるようにという、一〇月二九日のベルヒトルトからの要請に従ったものである[15]。ウグロンは、問題はセルビア側がどのような領土要求を出すのかという点と、セルビアからどのような経済的代償を期待できるかという点であり、またハプスブルク帝国はバルカン諸国との経済関係を重視していると述べた。そのうえで、彼は、個人的見解としてはハプスブルク帝国が関税同盟を締結することを希望しているのではないかと述べ、以前にハプスブルク帝国外務省で協議された内容をほのめかした。

これに対してヨヴァノヴィッチは、関税同盟および領土拡大についてセルビアの指導者層がどのようなことを考えているかは明言できないとしたうえで、領土拡大についてははっきりとしていることは以下のことである、と述べた。第一に海への出口を確保すること、第二にノヴィ・パザールを重視していないこと、第三にコソヴォ州と都市ウシュキュブ（現スコピエ）を獲得すること、第四にアドリア海沿岸の若干の土地（おそらくサン・ジョヴァンニ・ディ・メドゥア――以下、「メドゥア」――港とするであろうとヨヴァノヴィッチは指摘する）を確保し、セルビア本国からそこまで続く幅四〇～五〇キロメートルの回廊を獲得すること。ヨヴァノヴィッチは、ベオグラード駐在イギリス公使R・パジェットにもセルビアの希望を伝えており、そのなかで彼は、セルビアが中世のセルビア王国（Old Serbia）の領域を確保しなければならないといっている。ヨヴァノヴィッチのいう領域とは、現在のセルビアとブルガリアの国境から南西の方向に向けてプリレプまで進み、そこから西に向かいオフリド湖の北を通ってアドリア海沿岸の港町ドゥラッツォまでを意味した。この場合、ハプスブルク帝国公使ウグロンにいったように、セルビアはメドゥア港を含む約四〇キロメートルの海岸線を獲得することになる（後掲一〇〇頁、図5参照）。

ハプスブルク帝国がそのような要求を受諾できない一方で、ロシアはセルビアの要求を強力に支援する態度にでた。ペテルスブルク駐在墺大使D・トゥルンは、一九一二年一一月四日と五日の報告のなかで、ロシア外相S・D・サゾノフがセルビアのために「海への出口」、それもアドリア海への出口を希望していることを明らかにしている。サゾノフはハプスブルク帝国大使に対して、メドゥア港をセルビアに与えることによってハプスブルク帝国とセルビアの友好関係が深化するだけでなく、ロシアとハプスブルク帝国との関係も深化するといった。また、彼は、ハプスブルク帝国のセルビアとのより密接な経済的結合についても言及し、もしこれが関税同盟を意味するならば、セルビアのハプスブルク帝国への吸収の第一歩になることから反対である、と述べた。サゾノフはペテルスブルク駐在ドイツ大使にも「海への出口」について発言しており、モンテネグロ南部にアドリア海まで続く回廊を

(STATUS QUO 1912)；棺を担いでいるのは前から，セルビア，ブルガリア，モンテネグ
ツ；その左の老女はハプスブルク帝国；その隣の小さな男性はイタリア；パイプを加え

セルビアに与えるべきであるとした。

「海への出口」以外のほかにサゾノフが一一月初旬に各国大使に述べたことをまとめてみると、以下のようになる。第一に、アルバニアはオスマン帝国の宗主権のもとで自治化すべきである、第二に、サロニキは北アフリカのタンジールのように国際管理下に置き、自由港にすべきである。第三に、ギリシアはクレタ島、エピルス地方、トラキア地方を獲得すべきである。最後に、ブルガリアの東への拡大はマリツァまでに限定し、ブルガリアにはバルカンにおけるオスマン帝国の主要都市であるアドリアノープルを原則として与えるべきではないし、オスマン帝国の首都コンスタンティノープルにブルガリア軍を絶対に入城させるべきではない[18]。なお、フランス外相R・ポワンカレはアドリアノープルをブルガリアに与えるべきであると考えており、サゾノフとは見解を異にした[19]。

ベルヒトルトの考え

サゾノフの以上のような見解に対して、ベルヒトル

Сахрана г. г. дипломате status quo
у присуству родитеља сродника другова и поштоваоца. Вечна му памјат.
Русија.
Француска.
Енглеска.
Италија.
Аустрија.
Немачка.
Турска.

セルビアで販売された絵葉書。先頭の男性が持っているプラカード：「現状維持 1912」
ロ，ギリシア；その後の全身黒の女性はオスマン帝国；鉄兜をかぶっているのはドイ
た男性はイギリス，それに寄り添う女性はフランス；いちばん後ろはロシア。

トは以下の三点をウィーン駐在ロシア大使に明らかにした。第一に、ブルガリアのアドリアノープル進出はハプスブルク帝国にとって最重要の問題ではない。第二に、ハプスブルク帝国は、バルカン同盟諸国が戦争で獲得することになるオスマン帝国領をどのように分割するか、つまり戦利品の分割には原則として関心がない。ただし、ハプスブルク帝国の経済的利益が尊重され、アルバニアが自立した国家となることは要求する。第三に、アドリア海へのセルビアの回廊については、アルバニアを犠牲にしたセルビアの領土拡大にも、さらにアドリア海の現状を変更することにも同意できない[20]。

ベルヒトルトは、セルビアが通商上の出口を求めることに対し、完全に正当なものであると理解を示した。その際、ノヴィ・パザールやマケドニアへのセルビアの領土拡大には何も反対しないことを強調する一方で、セルビアがアドリア海にセルビアの港をもつことには断固たる拒絶を示したのは前述のとおりである。ベルヒトルトらは、アドリア海に出口を求める場合には領土獲得以外

ロシア外相サゾノフ

の方法で、つまり鉄道による海への接続によって「海への出口」を獲得できるとし、三つの鉄道ルートを指摘した。つまり、①前述のボスニアを経由するダルマチア沿岸までのルート、②ノヴィ・パザールとモンテネグロを経由してアドリア海に到達するルート、③建設の可能性があるアルバニア領を通ることになるであろうドナウ・アドリア鉄道のルートである。また、セルビアが自国の港の獲得をあくまでも望むならば、アドリア海ではなく、エーゲ海へいたる回廊を認めることがひとつの解決法であるとも考えていた。[21] なお、ベルヒトルトの見解は、三国同盟のメンバーであるドイツとイタリアによっても支持された。[22]

またこの時期、ハプスブルク帝国は、セルビアとの経済関係、とくに関税同盟締結に対するセルビア側の見解を探るべく、一一月四日から六日まで議員で歴史家であったJ・レートリヒをベオグラードに派遣した。だが、会見したパシッチやヨヴァノヴィッチの主張は、ハプスブルク帝国公使ウグロンにすでに述べていた範囲を超えるものではなく、レートリヒの派遣自体あまり意味のないものとなった。研究者のコシュは、その理由として会見におけるセルビアの具体的要求が非常に曖昧であり、その大部分がハプスブルク帝国の提案と矛盾するものであったからだ、と指摘する。[23]

ロシア内部の見解の不一致

一九一二年一一月七日、モンテネグロ軍が、焦点となっているメドゥア港を占領した。そして同日、ベルリン駐在セルビア代理公使は、ドイツ外相A・キダーレン゠ヴェヒターに対して、本国からの訓令として以下のことを述べた。すなわち、セルビアがアルバニア全域を占領（したがって、アドリア海沿岸の占領も当然含まれる）することは、ロシアの承認するところであり、もしハプスブルク帝国がこのセルビアの行動を武力で阻止するつもりならば、ロシアはハプスブルク帝国に宣戦布告するであろう、と。キダーレン゠ヴェヒターはこの発言を聞き、「もし貴殿の主張が正しく、セルビアだけでなくロシアも戦争をするつもりならば、……ドイツだけでなくイタリアも武力を使ってでもハプスブルク帝国を支援するだろう」と返答した。ただし、彼は、外相サゾノフらロシア本国の意向というよりもむしろ、パリ駐在ロシア大使イズヴォルスキとベオグラード駐在ロシア公使N・H・ハルトヴィヒの見解が、代理公使のいう「ロシア」を意味するのであろうと考えた[24]。

実際、ロシア外相サゾノフは九日にドイツ大使からこの報告を聞いたとき、怒りをあらわにして、そのような発言をセルビア側に行なったことはないと主張した。彼は、以下の二点を自らの見解として述べた。第一に、ドゥラッツォまでの広範囲なアルバニアをセルビアが獲得するという話は完全に論外であり、メドゥア港を含む回廊を議論の対象とすべきである。第二に、セルビアの同盟国ブルガリアがエーゲ海沿岸を要求しており、またセルビアとエーゲ海を回廊で結ぶことは困難であろうから、セルビアがエーゲ海に港を獲得することは不可能である、と[25]。また、サゾノフは、同じ九日に会見したイギリス大使に対しても同様のことを述べ、ハルトヴィヒの個人的な発言をセルビア側が誤解した可能性が強いと弁明した。さらにセルビア公使に対しては、セルビアがアルバニア全土の要求に関してロシアの軍事的支援をあてにできない、と言明した[26]。

このように疑惑の否定に躍起になっていたサゾノフのこれまでの態度が、セルビアにそのような行動をとらせた要因でもあると考えたのは、ロシアの同盟国イギリスのペテルスブルク駐在大使G・W・ブキャナンであった。ブキャナンがそのように考えた理由として、戦争の当初にサゾノフが、セルビアが勝利した後には同国は領土的代償を要求する権利があり、ロシアがこの要求を支持しなければならないことをブキャナンに求めてきたこと、たびたびサゾノフがセルビアの正当な要求を考慮しなければならないと表明してきたこと、さらに、ハプスブルク帝国がセルビアの占領するアドリア海沿岸の港からセルビア軍を追い出しにかかるならば、ロシアは介入せざるをえないといったことなどをあげている[27]。

一一月一六日にサゾノフと会見したハプスブルク帝国大使によると、サゾノフはメドゥア港とヤルビアを回廊でつなぐこと――港も回廊もセルビア領――が唯一の解決策であり、それでセルビアは満足するはずである、と態度を明確にした[28]。数日後に、彼はイギリス大使に対して、セルビアに対してこの解決策以上のものを要求しても支持できないことを述べ、同国が受諾するように圧力をかけると約束する用意があることを明らかにした[29]。

ロシア首相W・N・ココフツォフも、一一月一五日にハプスブルク帝国大使と会見した際、サゾノフと同じ立場を表明した。彼は、ロシア外交官がベルリンのセルビア代理公使の発言を承認したとは信じがたいものの、もし承認していたとすれば、それは言語道断の行動であり、本国からの訓戒を出さねばならない、といった。彼にとって、アドリア海の問題は、ビスマルクの表現を使えば、「ポンメルンの擲弾兵の骨」の価値もないものであった[30]。当のハルトヴィヒは翌日のイタリア外交官との話し合いで、セルビアにとってはモンテネグロ国境付近のアドリア海まで続く回廊で十分であろうと述べ、それまでの態度を軟化させた。ただ、この内容を報告したウグロンは、この軟化した態度がセルビアに対しても同様になされたかどうかは不明であると考えている[31]。

ロシアから距離を置かれるような感じになったセルビアは、この出来事の直後、アドリア海に自国の港を獲得することを主張し続けただけでなく、アルバニアの自治化がバルカンの平和にとって将来の紛争の火種になるとして、セルビアとギリシアによる分割が望ましいとまで主張した。また、ハプスブルク帝国公使ウグロンがセルビア首相パシッチに前述の三ルートの鉄道による解決法を示唆した際、パシッチはセルビア世論が鉄道による「海の出口」に満足するはずがなく、またエーゲ海に港をもつことにも反対していると述べた[32]。

「海への出口」問題とイギリス・フランス

ハプスブルク帝国は前述のように、この「海への出口」問題ではつねにドイツとイタリアの支援を獲得すること

イギリス外相グレイ

ができたが、ロシアは同盟国のイギリスとフランスの支援を全面的には獲得できていなかった。イギリスでは、外相E・グレイがアドリア海の港領有というセルビアの希望を手放しで歓迎しなかった。彼は、アドリア海への通商的出口を確保する重要性は理解できるものの、その方法は領土獲得以外にもさまざま存在すると考えていた。また、かりにロシア外相サゾノフが希望するようなセルビアによるメドゥア港領有を実現させるためには、まずロシアも含む「大国」がアドリア海におけるこれ以上のセルビアの要求にはけっして支持を与えないこと、そしてハプスブルク帝国が主張している生存可能なアルバニアをすべての「大国」が保障すること、の二点をハプスブルク帝国に言明することで、同国から領有の同意を得なければならないとした[33]。イギリス外務省事務次官A・ニコルソンは、ハプスブルク帝国とドイツがセルビアにアドリア海の港への自由なアクセスを認めても、その領有を絶対に認めないことは明白であるため、この問題で、とくにハプスブルク帝国とロシアという「大国」の関係が悪化し、ヨーロッパ戦争になることは避けねばならないと考えていた[34]。

またフランスでは、外相ポワンカレがセルビアのアドリア海へのアクセスに同情的ではあるものの、その方法はすべての「大国」間の協議で決定されるべきものであり、戦争中の軍事占領がそのまま既成事実化されてはならないと考えていた（一一月二二日[35]）。そして、セルビアがエーゲ海に港を領有すべきだという案に対しては、エーゲ海沿岸の住民の多くがブルガリア人なので、実現は困難であるとした[36]。

三　ヨーロッパ協調による解決

六「大国」会議開催の模索

一九一二年一一月二一日、ロンドン駐在ドイツ大使はイギリス外相グレイに対して、諸「大国」がバルカン問題を解決するためのポイントを明確にすべきときがきたと述べ、「大国」による会議の開催を提案してきた。ドイツ側は、①アルバニア、②アドリア海へのセルビアのアクセス、③コンスタンティノープル、④アドリアノープル、⑤東方正教会の聖山であるオスマン帝国領アトス山の五点を、検討の対象とするべきだとした。グレイはそれに対して、諸「大国」の合意については、①自治国アルバニアの創設、②アドリア海へのセルビアのアクセスの方法、③エーゲ海島嶼の帰属の三点にするべきである、と提案した。また、同時に、会議における議論は可能なかぎり非公式なものにするべきである、とも述べた[37]。なお、二五日はロシア外相サゾノフもパリでの会議開催の必要性を明らかにし、テーマとして①アルバニア、②セルビアの港獲得、③エーゲ海島嶼、④アトス山の四点をあげた[38]。

同日、フランス外相ポワンカレはハプスブルク帝国大使に対して、個人的意見としたうえで妥協案を述べた。それは従来のロシア外相サゾノフの見解を具体化したもので、ポワンカレの見解は以下のようなものであった。セルビアはメドゥア港と狭い回廊を領土として獲得するものの、港も回廊もヨーロッパの保証のもとで中立化される。それゆえ、港に防護設備や軍事施設を設けたり、セルビアの軍艦を停泊させることは認められない。通商的理由から提案されるこの内容がセルビアによって拒否される場合には、セルビアは諸「大国」の支持を喪失するであろう。以上が彼の妥協案である[39]。なお、ポワンカレは二五日、セルビアが軍需品を平時・戦時を問わずこの港を使って輸送できるようにすべきである、ともいっている[40]。

一一月二二日、イギリス外相グレイもハプスブルク帝国大使に対して、ポワンカレと同じ妥協案を提示し、ハプスブルク帝国がこれを受け入れることができるかどうか本国に照会するよう要請した。その際グレイは、回廊はけっしてアルバニアの中央部を通るものではなく、場合によってはモンテネグロ南部国境に沿って設置されるものであり、この回廊の上にセルビアが鉄道を敷設すればよい、とも述べた[41]。二五日も、彼はハプスブルク帝国大使A・メンスドルフにこの提案を受諾して欲しいといっているが、ハプスブルク帝国大使は従来の主張を繰り返し、セルビアに港を与えることはできないと返答した[42]。

さて、ハプスブルク帝国大使メンスドルフが拒否的な返答をした理由は、外務省の首脳部の基本的見解がまったく以前と変わっていないことを示している。ベルヒトルトは二三日にパリ駐在墺大使へ送った電信のなかで、「イギリス、フランス、ロシアは、まるでわれわれがいずれはセルビアによるメドゥア港取得を認めるつもりでいるか、もしくは、まるでわれわれが将来アルバニアからこの港を分離することを認めるつもりでいるなどの、間違った見解に立っている」と主張している[43]。また、彼はベオグラード駐在墺公使に対して、公使が自発的にアドリア海の港問題の話を持ち出さないようにと電信で命令し、非妥協的立場を貫く姿勢を示した[44]。

そうしたなかで、ベルヒトルトが一一月末に示した外交方針はつぎのとおりであった。バルカンの領土における新秩序に関してハプスブルク帝国が譲れないことは、まず第一に、セルビアがハプスブルク帝国と平和的かつ友好的な関係の構築を保証すること。第二に、セルビアがアルバニアもしくはアドリア海沿岸での領土獲得を明確に放棄すること。第三に、アルバニアの自由な発展。第四に、ルーマニアの正当な希望を実現すること。そして最後に、エーゲ海沿岸の港湾都市サロニキにおけるハプスブルク帝国の通商上かつ交通政策上の利益の確保であった。それゆえ、モンテネグロ南部国境に沿ってセルビア本国からアドリア海まで延びる、たとえ数キロメートルの幅の回廊であっても、ハプスブルク帝国が認めることは不可能であり、将来の紛争の火種とされたのである。ベルヒトルトも含めハプスブルク帝国外務省がこのように考えた理由は、二九日にパリへ送った訓令によると、アドリア海への回廊を想定している北部アルバニアのような山岳地帯では、実際問題として鉄道の敷設は非常に困難であり、もしも敷設が不可能な場合には、セルビアは回廊の幅の拡大を将来要求してくるであろう、という点にあった[45]。

その一方で、ロシア外相サゾノフの対応は、ハプスブルク帝国とセルビアの両方の利益を考慮しつつ問題の解決に当たろうとしたため[46]、一貫した主張を展開することができなかった。しかし、徐々に妥協せざるをえないのではないかと考えはじめたようである。一一月二七日と二九日のペテルスブルク駐在イギリス大使の報告によると、サゾノフは、セルビア側に経済的解放にのみ専念すべきであり、それを達成する方法を諸「大国」の決定に一任すべきであると述べたことを伝え、さらに、セルビアにアドリア海の港をあきらめさせるためには、代替物を与えねばならないとも主張した[47]。その直後、サゾノフは、開催される国際会議においてロシアが提案する予定のものとして、以下の点、つまり、①アルバニア領は可能なかぎりアドリア海沿岸地帯に限定されること、②どの「大国」もアルバニアで優越的地位を獲得しないこと、③アルバニアはオスマン帝国の宗主権下に置かれること、④アルバニア沿岸の諸港は中立化されること、⑤セルビアとアドリア海をつなぐ港はドゥラッツォであることをあげた[48]。しかしながら、重要な点は依然として不明のままであった。それは、中立化される港がアルバニアの主権に属するのか、セルビアの主権に属するのかという点である。イギリス外相グレイの懸念は、まさにここにあった。彼は「ドイツと同様、イギリスにとっても、セルビアが港を獲得することはどうでもよいことである」と、ベルリン駐在イギリス大使に伝えている[49]。

一一月二六日にハプスブルク帝国外務省は、ウィーン駐在フランス大使からつぎのことを報告された。それによると、フランス政府が、パシッチの言葉として、セルビア政府はドゥラッツォ港をセルビアに譲渡するという条件で自治国アルバニアの建設を国際会議に一任すると発言した、ということであった。ベルヒトルトは、セルビアの真の要求はこれよりもはるかに大きいものである、と返答した[50]。イギリス外相グレイの立場は、セルビアにドゥラッツォを与えることを認めることはできないというものであった[51]。各「大国」の外交指導者たちは、問題解決が困難な状況下で会議を開催する必要性をよりいっそう強く認識するようになっていった。前述のとおり、ドイツ、イギリス、ロシアのほかにフランスも開催賛成に傾き、イタリア、さらに一二月になるとハプスブルク帝国も開催を承認した。

ここで、ハプスブルク帝国の会議に対する中心的ポイントは、セルビアのために経済的出口の確保、つまりアクセスの問題を討議するのであって、アドリア海までの領土拡大を討議するのではけっしてないということであった[52]。この見解は、ドイツとイタリアによって認められただけでなく、イギリス、フランス、ロシアの各外相によっても同意されることになった[53]。ペテルスブルク駐在墺大使トゥルンは、ロシアの立場をつぎのように理解した。つまり、ロシアは、ハプスブルク帝国のこの見解がヨーロッパの諸「大国」による、古代ギリシアの最高法廷を意味する「アレオパゴス」の決定としてセルビアに押しつけられることを望んでいるようであり、そうすることでセルビア寄りに立つロシア世論からの圧力に抵抗できると考えているようである、と[54]。セルビアも、ヨーロッパ諸「大国」の圧力に屈することが国内世論への対策上有効であると考えるようになった[55]。

このように、セルビア側が態度を変化させた一因として考えられるのは、ロシア外相サゾノフが一二月一〇日にロンドン駐在ロシア大使に宛てた書類のなかで表明している見解であろう。それによると、彼はセルビアに対してアルバニア領を通るかたちでのアドリア海への出口を支持するつもりでいた。つまり、ロンドンの諸「大国」が行なう会議において、ロシアがアドリア海沿岸にセルビアの主権を設定するつもりのないことを認めたのである。また、ヨーロッパの戦争の決定権がセルビアに委ねられたままであることを、ロシア、イギリス、フランスも認めることはできない、それゆえ、セルビアがアドリア海の出口問題でロシア、イギリス、フランスの決定と助言に従うことが最重要だ、とサゾノフは考えたのである。(56)

ロンドン大使会議開催の決定とハプスブルク帝国の立場

戦争当事国であるバルカン同盟とオスマン帝国とのあいだでは、一九一二年一二月四日に停戦に関する議定書が調印され、講和のための交渉を一三日からロンドンで開始することが決まった。諸「大国」の会議も結局ロンドンで開催することで意見が一致し、バルカン問題のすべてがロンドンで決定されることとなった。諸「大国」の代表が集う会議は、「ロンドン大使会議(Londoner Botschafterkonferenz)」という名称で表現されるようになり、一七日に第一回会合が予定されることになった。

ロンドン大使会議に先立ち、外相ベルヒトルトはロンドン駐在大使メンスドルフに対し、会議に参加するに際してのハプスブルク帝国の立場と注意事項を送った。

第一に、現在のバルカン問題の最終的解決には諸「大国」の承認が必要である。これは一九一二年一〇月にバルカン戦争が勃発したときから、ハプスブルク帝国以外の「大国」も言及していたことであった。第二に、検討するテーマはイギリス外相グレイが提案した内容、つまりアルバニアの将来、アドリア海へのセルビアのアクセス、そしてエーゲ海島嶼の帰属の三点とする。これに関連して、ハプスブルク帝国外務省は、セルビアに港を認めることがアドリア海のバランスに変化をもたらすと考えていた(大使にはすでに言及したセルビアのアクセスの方法にのみ協議に参加するよう訓令を出した)。第三に、アルバニアは独立させる。この場合、純粋な独立国にするのか、スルタンの宗主権下での自治国にするのかは、諸「大国」およびバルカン諸国がアルバニアを承認すれば、どちらでもよいと外務省高官らは考えていた。そして、アルバニア人だけが居住する地域は必ずアルバニアに編入しなければならない。ただし、内陸の都市イペク、プリズレン、オフリドについては、他の民族との混住地域であるためアルバニアに編入することが困難であると予想した。しかし、ロンドン大使会議では最初から放棄するのではなく、あくまでもアルバニアへの編入を主張し、個々の会合における交渉の際には、これらの都市の割譲を代償として提示することでそれを有利に進めることを考えた。第四に、エーゲ海に関してはとくにイタリアの出方に注意しつつ、各国の出方を見守る。そのほかに、外相ベルヒトルトはメンスドルフ大使に対し、大使会議ではおそらくマケドニアのことが議題にあがることが予想されると指摘し、ハプスブルク帝国にとっては、そのなかでエーゲ海に面する港湾都市サロニキをめぐる商業的利益のことがもっとも重要であることを確認している。これは一九一二年一〇月中旬、すでに外務省の協議で確認されていたことである。また、サロニキの帰属は、ハプスブルク帝国の利益が間違いなく保護される場合には、ギリシアではなくブルガリアのほうがよいであろうとしている(57)。

また、ベルヒトルト自身が書き記しロンドンへ送った命令書には、彼がバルカン戦争勃発前後から考えていたことがまとめられている。ベルヒトルトは、過去三〇年間のハプスブルク帝国の東方政策が、バルカン諸国の独立とオスマン帝国の維持という二点に基礎を置き、それゆえ、領土に関する現状が維持されねばならなかった、と記している。以下、彼の見解を紹介する。オスマン帝国の敗北により、従来同国が担当していたヨーロッパ勢力均衡の役割は、今後バルカン同盟によって引き継がれなければならない。ハプスブルク帝国とセルビアの関係は、かなり好ましくない状態にあることは確かである。現在の国際システムはヨーロッパの「大国」が支配しており、それらの国家は植民地獲得という方法で経済に力点を置いている。そこで彼は、イギリス元首相ソールズベリが語ったという言葉を紹介している。「今日の世界においては強者はますます強くなり、弱者はますます弱くなっている」。弱者であるセルビアは、隣国で強者である「大国」ハプスブルク帝国と長期間不和の関係を継続することは不可能である。しかし、セルビアはハプスブルク帝国の希望に同調しようとせず、この二カ月半のうちに二度にわたり軍事的措置の必要性を感じさせた。ハプスブルク帝国は、セルビアに対して、民族国家（Nationalstaat）の原則の範囲内ならば領土拡大に妨害を加えようとは考えていない。「しかし、もしセルビアがいま獲得した領土にまだ満足していないと感じるならば、それはヨーロッパ全体にかかわる事態である。というのは、ヨーロッパの平和がセルビアの気分しだいで決定してしまうダモクレスの剣〔つねに危険を孕む幸福〕の脅威を受けるからである[58]」。

これに対して、ドイツのロンドン大使会議に臨む態度は消極的なものであった。ドイツはあくまでも三国同盟が協力すること、ただしハプスブルク帝国とイタリアの見解を重視することが重要であるとした[59]。三国同盟が一致団結して会議にあたることは、イタリアでも認識されていた[60]。

第一回会合

一九一二年一二月一七日、ロンドン駐在のドイツ、ハプスブルク帝国、イタリア、フランス、ロシアの五カ国の大使とイギリス外相グレイの六名により、ロンドン大使会議第一回会合が開催された。アルバニアの創設は決定したものの、主権国家とするか、それともオスマン帝国の宗主権下の自治国とするかは、決着がつかなかった。その領域については、北はモンテネグロ、南はギリシアと接することだけが決定した。そして、セルビアのアドリア海へのアクセスについては、「セルビアに対して、アルバニアの港を自由かつ中立な通商港として確保する。その際、セルビア本国から港までは国際鉄道により接続されることおよび、セルビアが軍需品の輸送に港を使用することも可能である」ことが決定された。以上のことから、グレイは、「アドリア海へのアクセス問題は完全に解決した」とウィーン駐在イギリス大使への文書のなかで表現した[61]。まさに、この決定はハプスブルク帝国にとって外交上の勝利であった。なお、会議の決定は適切な時期がくるまでは公表しないことが事前に了承されていたので、セルビアにはこの決定は報告されなかった。

第一回会合のあと、講和交渉のためにロンドンに来ていたセルビア代表がグレイを訪れ、本国からの訓令として、もし諸「大国」が一致してセルビアの「海への出口」を決定するならば、セルビアはアドリア海への直接のアクセスを放棄すると伝えてきた[62]。そこで、グレイは一二月一八日の第二回会合において、このセルビアの提案への返答として第一回会合の決定を伝えてもよいかどうかを、各大使に質問した。グレイは二〇日に参加各国の承諾を得た。セルビアでは、二一日の閣議でアドリア海問題で譲歩することが決定された[63]。

以上のような経過で、セルビアをアドリア海に進出させないというハプスブルク帝国の絶対に譲ることのできない主張は、無事達成された。ベルヒトルトはイギリス大使に対して、ロンドン大使会議の結果に非常に満足である、と述べた[64]。しかし、その一方で、一九一二年一〇月前半に外務省が検討した、セルビアとモンテネグロとの関税同盟に代表されるよりよい経済関係は、構築できないままでいた。ハプスブルク帝国は一一月のレートリヒだけでなく、一一月と一二月にはチェコ人議員で、第一次世界大戦後チェコスロヴァキアの大統領になるT・G・マサリクが三度ベオグラードを訪問したり、一一月末にはウィーン商工会議所がベオグラード商工会議所の会頭をウィーンに招待するなど、官と民の両方にわたって経済関係の改善を努力したものの、両国関係の好転につながるものではなかった[65]。また、セルビア首相パシッチは二一日にウグロンと会見を行ない、政府が譲歩を決定したことを伝えた。さらに、セルビアがハプスブルク帝国への密接な経済的つながりを心から希望しており、オリエント鉄道の関税率問題の解決に前向きに対処したい、と述べたものの、それがすでに悪化していた両国関係の改善にはつながらなかった。

他方、ロシアでは、世論およびマスコミがアドリア海問題で譲歩した政府を強く非難し、新聞には「ロンドンでの敗北」や「外交上の奉天敗北」、「日本海海戦よりも手痛い敗北」という見出しがおどった[66]。

大使会議の議題のなかでは、アドリア海問題は開始以前に決着がついていた問題であった。これとは反対に、解決困難な問題はアルバニアの国境線であった。第一回会合は、前述のように、アルバニアがモンテネグロとギリシアのあいだに設立されることを決定しただけであった。そこで、ハプスブルク帝国にとって厄介な問題は、アルバニアの北部と東部の境界線をどこに引くかであった。とくに北部の中心地スクタリに関して、ヨーロッパの諸「大国」は振り回されることになる。イギリス外相グレイは、第二回会合が行なわれた一二月一八日、会議のメンバーであるドイツ大使につぎのようにいった。「もしスクタリをめぐってモンテネグロが要求を出し、ハプスブルク帝国とロシアのあいだに意見の対立が生じれば、イギリスはロシアを支持しなければならない。もしスクタリ問題が生じれば、それを解決するのはドイツとイタリアである」(67)。

その後、実際にスクタリ問題が発生し、一九一三年五月にはハプスブルク帝国の軍事介入がとりざたされることになる。

第3章　モンテネグロとアルバニア北部

バルカン諸国のなかでも飛び抜けて人口が少なく、財政的にも自立できていなかったモンテネグロ。そのような「極小」国家に対して、ハプスブルク帝国は一九一三年五月に戦争を決意する。それは、北部アルバニアの中心都市スクタリを獲得しようとするモンテネグロの政策が、ハプスブルク帝国の政策決定者には、自分たちのめざすアルバニア建国に抵触するとうつったからである。スクタリをめぐる問題は、諸「大国」によるロンドン大使会議によっても議題とされ、諸「大国」は、スクタリを独立することになったアルバニア領とすることを決定し、幾度となくモンテネグロに対して従うよう要請した。しかし、モンテネグロはそれを拒否した。スクタリがモンテネグロ軍によって占領されたことにより、ハプスブルク帝国は、もはや諸「大国」との協調によって事態の解決は不可能であると判断し、さきの諸「大国」の決定を実行することを理由に、軍事力による単独行動に着手しようとしたのであった。

一　スクタリ問題の発生

都市スクタリ

セルビアのアドリア海への進出問題は、一九一二年のロンドン大使会議開催以前に決着がついていた。しかし、セルビアと同様、アルバニアで軍事作戦を展開していたモンテネグロの行動が、セルビアの「海への出口」問題の解決後、ヨーロッパの大きな問題として浮上した。これがいわゆる「スクタリ問題」である。

アルバニア北部の中心的位置を占め、スクタリ湖に面する人口約三万五〇〇〇人のスクタリは、アドリア海に面する都市ではないものの、ボヤナ川を経由して沿岸の港町メドゥアからアドリア海に出ることができる商業都市でもあった。ハプスブルク帝国外相L・ベルヒトルトの考える「生存可能なアルバニア」にとって、スクタリはまさに必要不可欠な都市であった。その際、ハプスブルク帝国は経済的側面だけでなく、宗教的側面からもスクタリに関心を払わざるをえなかった。それは、クルトゥス・プロテクトラート（Kultusprotektorat）といわれる問題である。

ハプスブルク帝国はカトリック教国として長期にわたり活動してきたが、アルバニアにはカトリック教徒のほかに、正教徒とイスラム教徒が住んでいた。アルバニア（およびその周辺）には三つの大司教区と大修道院があり、そのひとつがスクタリ大司教区であった。二〇世紀初頭、アルバニア南部の都市ドゥラッツォの大司教区には約一万三〇〇〇人、スクタリ大司教区には周辺地域を含めて約七万人のカトリック教徒がおり、ハプスブルク帝国は彼らの利益保護を行なうという歴史的使命をもっていた。それゆえ、彼らカトリック教徒をセルビアないしモンテネグロの支配下に置くことは、ハプスブルク帝国の権威喪失、アルバニアにとって経済的に豊かな地域の喪失、そしてイタリアに対するハプスブルク帝国の重要拠点の喪失を意味していた。また、スクタリとその周辺がアルバニア領にならなければ、アルバニアは自活することができず、バルカン半島における勢力均衡の重要な役割を十分に果たすことができなくなる。このことは、ハプスブルク帝国のアルバニア政策全体が崩壊することを意味していた(1)。

一方、モンテネグロにとっても、スクタリおよびその周辺の地域の獲得は死活問題であった。モンテネグロは人口五〇万人の山岳国家で、首都ツェティニェの人口はわずか五〇〇〇人だったが、このような国家にとって、スクタリ湖周辺の平野部は豊かな生産物を約束してくれるはずであった。総勢三万五六〇〇人、大砲一〇六門、機関銃一二挺のモンテネグロ軍は、スクタリ占領をめざして一路南下、オスマン帝国軍を撃退し、開戦二週間でスクタリの見える地点まで進撃した(2)。しかし、オスマン帝国軍の激しい抵抗によりスクタリを占領できなかったモンテネグロ軍は、一九一二年一一月一七日にアドリア海沿岸のメドゥアを占領し、その後スクタリの包囲を開始した。セルビア軍は一一月一九日に港町アレッシオ、一一月三〇日にドゥラッツォをそれぞれ占領した。

ツェティニェ駐在墺公使W・ギースルは、一一月一二日にモンテネグロ国王と会見した際に、外務省の訓令に従って、モンテネグロによるアルバニア沿岸の長期占領が、ハプスブルク帝国によって検討中の独立したアルバニア国家の創設と矛盾することを伝えた。それに対して、国王は「メドゥアはスクタリの肺である。どちらも切り離すことはできない。もしハプスブルク帝国が私を武力によりスクタリから駆逐するならば、私は最後まで戦い抜く」と、強い決意を表明した(3)。

アルバニアの国境線をめぐるハプスブルク帝国とロシアの対立

こうしたなかで、一九一二年一二月一七日、ロンドンで前述の大使会議が開催された。この会議は、セルビアにアドリア海沿岸の領有を認めず、アルバニアの建国を決定した。しかし、問題はアルバニアの国境線であった。ハプスブルク帝国はアルバニアを可能なかぎり大きくしようとした。他方、ロシアは、セルビアやモンテネグロのスラヴ民族同胞の戦利品を確保すべく、可能なかぎり小さくしようとした。ハプスブルク帝国とロシアの見解の対立、とくにスクタリの帰属をめぐる対立が、これ以後の諸「大国」による会議の基本線となっていった。一二月一七・一八、二〇日に会議が開催されたにもかかわらず、ハプスブルク帝国とロシアの対立は解消しなかった。その際、両国はそれぞれアルバニア国境に関する地図を提出した。そのなかで、ハプスブルク帝国は、スクタリ、東北部のイペク、ジャコヴァ、プリズレン、東部のジブラ、オフリド、オフリド湖をアルバニア領に含めることを要求した。他方、ロシアは、それらの都市すべてを排除することを要求した（図4を参照）[4]。外相ベルヒトルトは、アルバニア人居住地域をアルバニアから分離すべきではないとの見解に立っていた。ロンドン大使会議でハプスブルク帝国大使A・メンスドルフが主張した諸都市の帰属は、この見解によるものである。さらに、ベルヒトルトは、スクタリ問題を単独で扱うのではなく、北部および東部国境線問題として一体的に解決すべきだ、との考えであった[5]。

これに対して、ベルヒトルトが信頼を寄せていたイギリス外相E・グレイの見解は異なっていた。前述のように、彼は、ロシアが後押ししていたセルビアのアドリア海進出が阻止されたことから、スクタリ問題についてはロシアを支持せざるをえない、という立場であった。グレイも含めた当時のイギリス外務省首脳の見解は、外務省事務次官A・ニコルソンの発言にうまく表現されている。「厳密にいえば、スクタリは論理的には間違いなくアルバニアに属すべきである。しかし、ロシアがスクタリをモンテネグロに譲渡すべしと強く主張するがゆえに、われわれはその目的のためにロシアを支持するつもりでいる。自分勝手なことをいえば、誰がスクタリを所有するかの問題はわれわれには完全に無関係な問題である[6]」。

ドイツ、イタリア、イギリス、フランスの各国は、ハプスブルク帝国とロシアによる二国間交渉に解決の糸口を見いだそうとした。しかし、ハプスブルク帝国とロシアは、一九一三年一月二日のロンドン大使会議までに何らかの妥協点に達するにはいたらなかった。それは両国間に、ガリツィア付近の国境における軍事的緊張があったからである。ハプスブルク帝国の軍関係者、とくに参謀総長F・コンラート、共通国防相、ボスニア・ヘルツェゴヴィナ州総督で軍人のO・ポティオレクらは、同州に駐留し、セルビアおよびモンテネグロに対して配置されていた二個軍団の予備役の召集をベルヒトルトに要求した。コンラートにとっては、ハプスブルク帝国はセルビアから脅威を受けており、それはセルビアとの戦争によってのみ解決できるものであった。しかし、ベルヒトルトは、これまでの穏和な政策を突然放棄して戦争を行なうことは不可能であるとの見解から、彼らの要求を拒否した。ベルヒト

図4　アルバニアの国境線に関するハプスブルク帝国案とロシア案

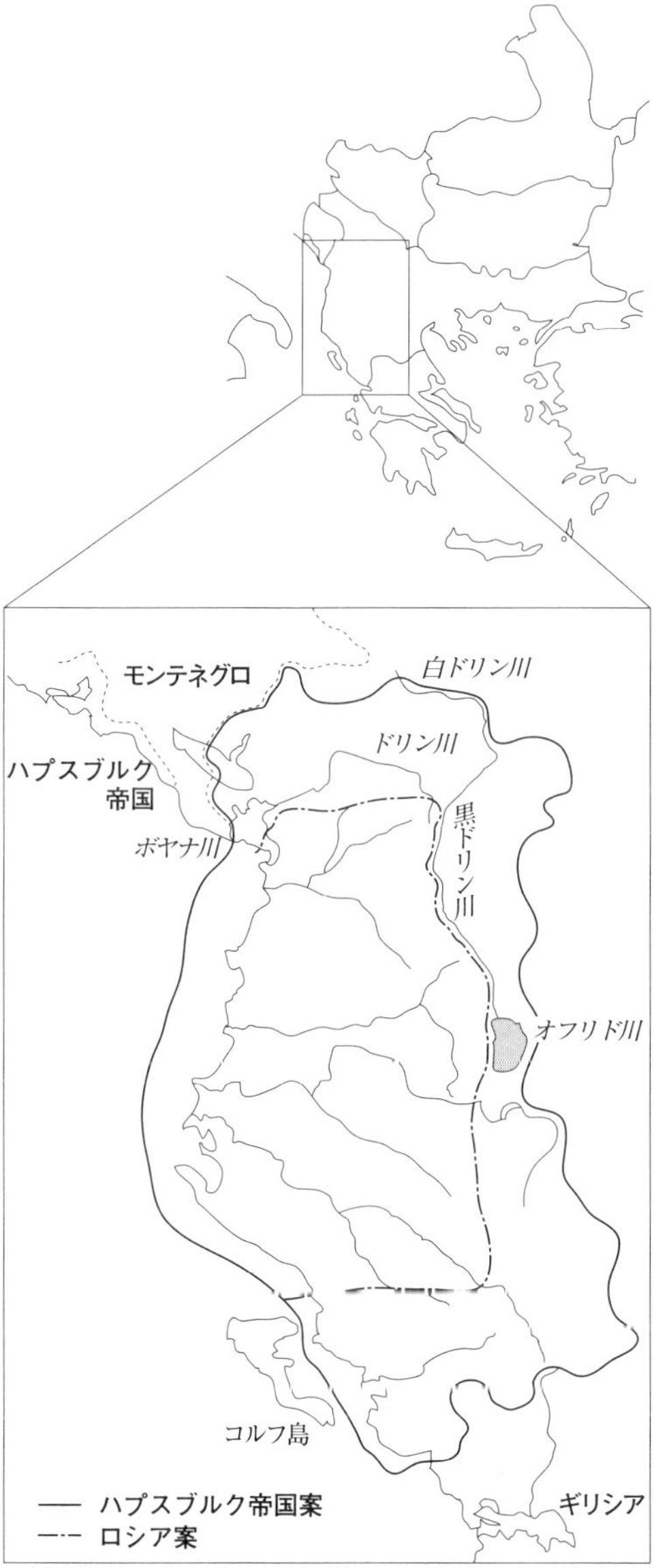

ルトの見解は皇帝フランツ・ヨーゼフ、皇位継承者フランツ・フェルディナント、共通蔵相からも支持された[7]。

北部国境と東部国境

一九一三年一月二日にロンドン大使会議が開催されたものの、アルバニア国境問題は討議されず、ハプスブルク帝国＝ロシア間およびハプスブルク帝国＝イタリア間の交渉が進展するまで、スクタリ問題の討議を当分のあいだ延期することになった。それ以後、各大使は個人的な二者会談で北部・東部国境問題を話し合った。ハプスブルク帝国大使メンスドルフは、一月七日にイギリス外相グレイと会見した際に、スクタリをモンテネグロへ与えることは不可能であること、そしてスクタリがアルバニア領になれば、イペク平野やボヤナ川の改良工事を検討する用意があることにも言及した。ロシア大使A・ベンケンドルフは、スクタリが純粋にアルバニア人の都市であることを認める一方で、「ロシアは、アルバニア東部国境においてセルビア人が完全に満足することなしには、スクタリについて譲歩することはできない」と述べた[8]。

その間にも、モンテネグロ軍のスクタリ包囲は依然として行なわれていた。スクタリでは徐々に食糧不足が深刻化し、一月には砂糖と小麦の入手が困難になった。他方、ハプスブルク帝国とロシアの交渉はいっこうに進展しなかった。ついに、ハプスブルク帝国はこの状況を打開すべく、一月中旬以降に新たな行動にでた。一月一五日、メンスドルフが、ロンドン駐在ドイツ大使K・M・リヒノフスキーに対してハプスブルク帝国の見解を告げた。それは、①ハプスブルク帝国はイペクとプリズレンをセルビアのために放棄する用意がある、②しかしジャコヴァは放棄しない、③国境線はドリン川東部のなだらかな山脈を通り、ジブラとオフリド湖まで引かれる、というものであった。二〇日、ベルヒトルトはさらにメンスドルフに対して訓令を送った。それによると、彼は、もし大使会議においてモンテネグロがスクタリの代わりに、たとえばイペク平野を代償として受け取るとの提案が行なわれれば、ハプスブルク帝国はそれに同意するつもりでおり、またセルビアに対してプリズレン領有を、場合によっては譲歩として認めるつもりでいた(9)。

これらの内容は、これまでのハプスブルク帝国の政策の変更を意味した。メンスドルフはこれを受けて、二日後の一月二二日に開催されたロンドン大使会議に臨んだ。二〇日ぶりにスクタリ問題が議題となったものの、具体的な進展はなかった。ロシア側の当時の要求は、「スクタリ湖およびスクタリ平野、または少なくともその一部の割譲によって、モンテネグロとロシアの世論を満足させることは可能であると考える。セルビアにイペクとプリズレンだけでなく、ジャコヴァをも与えることは必要不可欠である。この点については、ロシア〔の人々〕もまた譲歩することはできないし、したくもないであろう」との、ベンケンドルフの発言より明らかであった。この両者の主張について、ドイツ首相D・ベートマン゠ホルヴェークは、「もしベンケンドルフがロシアの見解を正確に述べているならば、スクタリをアルバニア領に、そしてイペクとプリズレンをセルビア領にするという事実上のハプスブルク帝国゠ロシア間の了解が存在することになる」との見解をもっていた(10)。

一月二五日にロンドン大使会議が開催されたものの、ハプスブルク帝国とロシアの見解はなおも平行線をたどった。ドイツ大使リヒノフスキーは、つぎのように報告している。

本日の会合でスクタリ問題を審議。……ハプスブルク帝国大使は、スクタリの地域は〔中心の〕都市と一体であり、モンテネグロへの領土割譲を行なうことはできないと述べた。ロシア大使は、一方的にアルバニアのために民族的立場を強調することと、セルビアとモンテネグロが生命財産を犠牲にした勝利を考慮しないことは不当である、と指摘した。ロシアの訓令はドリン川を国境とすることであった。しかし、もしロシア政府がスクタリを放棄する場合は、代償にスクタリ平野とスクタリ湖を要求しなければならない、というものであった。

ドイツ首相ベートマン＝ホルヴェーク

さらに〔ロシアの見解は〕提案されたボヤナ川の改良工事では不十分である〔というものであった〕。……私は、ハプスブルク帝国がノヴィ・パザールを放棄して他の領土を考慮することを要求してはどうか、と指摘した。……会合の後、私はグレイと協議して仲介について意見の一致をみた(11)。

仲介を行なおうとしたイギリス外相グレイが抱いていた当時の国際状況に関する認識は、危機的なものであった。モンテネグロ代表団がグレイのもとを訪れ、スクタリ断念を断固として拒否することを表明した。彼らは「もしハプスブルク帝国がモンテネグロに侵攻すれば、ロシアの世論はこれに強く反応するであろう」と述べた。これに対してグレイは、つぎのように自らの見解を述べている。「私はこの発言の意味するところは、もしハプスブルク帝国がモンテネグロに侵攻すれば、ロシアはハプスブルク帝国に対して侵攻するであろうと認めた。そうすれば、ドイツはロシアに侵攻し、フランスはドイツに侵攻するであろう。すべてがスクタリが理由となって。そんなことは断じて受け入れられない(12)」。

そうしたなかで、アルバニアに直接的利害を有していなかったイギリスとドイツは共同歩調をとり、二月六日のロンドン大使会議で両国による妥協案を提出した。それによると、イペク、デチャニ修道院のある土地、そしてプリズレンがアルバニア領から排除される一方で、ルマ地方、ジャコヴァ、そしてジブラはアルバニア領に組み込まれるというものであった(13)（後掲一〇〇頁、図5を参照）。ベルヒトルトは一月末にすでにウィーン駐在ドイツ大使から妥協案の内容を聞いており、それに対して彼は妥協点として、モンテネグロのために、①ボヤナ川改良工事による耕作地の提供、②イペク平野の割譲、③タラボシュを除くボヤナ川右岸の割譲を掲げていた。その後、彼はスクタリ、ジャコヴァ、ジブラが必ず含まれなければならないアルバニア領を「最小のものとしてのアルバニア」とみなし、問題解決の妥協案とした（したがって、イペク、プリズレン、オフリドは「最小のもの」としてのアルバニアからは除外[14]。

二月一四日、グレイはロシア案を三国同盟の各大使に告げた。その提案のポイントは、リチェニホティトからジャコヴァまでの国境線が将来派遣されるべき国際委員会により検討される（その際、ジャコヴァはアルバニア領にはならない）ことと、ルマ地方とジブラもまたアルバニア領から排除されることであった（図5を参照）。この見解を、三国同盟の各大使は認めることができないと主張した[15]。

ついに、ベルヒトルトは二月一九日、ロンドンのメンスドルフに対してジブラを含むレカ谷の譲歩に同意する姿勢を打ち出した（同じ電信のなかで、彼は国際委員会案に反対の意を表明した）[16]。これでロンドン大使会議での対立点はジャコヴァの帰趨だけとなった。ロシアは、是が非でもジャコヴァをセルビア領にしようとした。ジブラとジャコヴァのセルビア領有について、ロシアが断固として主張した理由のひとつには、セルビア国内でセルビア政府と愛国主義系の新聞がジャコヴァの併合をせき立てたことにもよる。ロシア外相S・D・サゾノフはペテルスブルク駐在墺大使に、「ジャコヴァは重要な文化的かつ宗教的利益を担っている。つまり、そこにはセルビア正教会系の修道院の支聖堂のデチャニがある。このキリスト教的利益を野蛮なムスリム系アルバニア人のなすがままにすることは絶対に不可能である」、と述べている[17]。

しかしながら、ベルヒトルトはもはやこれ以上譲歩することはできなかった。彼がロシア側の見解に反対した理由は、①ジャコヴァのような純粋にアルバニア人の村をセルビアに編入することに同意できないこと、②ジャコヴァの地域からデチャニ修道院を除外することに同意したことによって、すでにロシアの宗教的観点には理解を示したからであった[18]。ベルヒトルトの名でペテルスブルク駐在墺大使に送られた電信のなかで、外務省高官A・ネメシュは、上記のベルヒトルトの見解に関連させて、ルマ地方にはムスリム系アルバニア人しか住んでおらず、キリスト教徒はひとりもいないため、ロシアのルマ地方要求に同意することはできない、との見解を述べている[19]。

その間にもスクタリ包囲は継続され、住民の生活状況はますます悪化していった。一月末には、オスマン帝国軍のスクタリ総督兼要塞司令官が何者かに暗殺され、エサド・パシャが後任となった。また、二月初旬からはセルビア軍も包囲作戦に参加したことで、モンテネグロのスクタリ確保という意志は以前にも増して強固なものになった。三月初旬、ツェティニェ駐在ロシア公使がモンテネグロ政府に、これ以上のスクタリでの戦闘は不毛であると主張したのに対し、モンテネグロ政府は「スクタリもしくは死」という表現を使い、徹底抗戦の構えをみせた[20]。このようなモンテネグロ側の姿勢について、グレイは「ヨーロッパ諸『大国』がスクタリの運命を決めるのである。現在行なわれているモンテネグロの作戦がそれを決することはできない」との意見をもっていた[21]。

三月中旬には、カトリック神父L・パリッチがプリズレンで殺害された。また、ハプスブルク帝国公使館修道院やハプスブルク帝国がつくった孤児院などがモンテネグロ軍の砲撃により破壊され、各国の公使館に掲揚されている外国旗が砲撃の標的として使われているとの報告が、スクタリからベルヒトルトのもとに届いた。ベルヒトルトは、スクタリへの砲撃中止とスクタリの非戦闘員を外に避難させるという考えをもっていた。さらに場合によっては、そのためにハプスブルク帝国艦隊を南ダルマチア沖へ派遣することも考慮していた（艦隊派遣は一八日にベルヒトルトとコンラートのあいだで検討され、その夜に皇帝の承認を得た[22]）。モンテネグロは都市への砲撃中止については同意したものの（しかし、実際にはその後もたびたび砲撃が行なわれた）、住民の避難については拒否した。住民を避難させることについては、ハプスブルク帝国の同盟国イタリアからも非難された。ローマ駐在墺大使がイタリア外相A・サンジュリアーノと会見したとき、外相は「スクタリ住民の避難要請は軽率かつまったく実際的ではない」と述べた。さらに、「スクタリには三万五〇〇〇人を超す住民がいる。住民の脱出によって何が起こるか、脱出して彼らが野外で生活すること、誰が彼らの生活の面倒を見るのか、婦女子、高齢者、病人はどうなるのかをよく考えてもみよ」と述べた。イタリア外相は、艦隊の派遣については非常に危険であるだけでなく、時期尚早であるとみなしていた[23]。

ジャコヴァ放棄の決定

ベルヒトルトは、スクタリが陥落した後でふたたびアルバニアの手に取り戻すのは非常に困難であると考えた。そこで、ついに彼は、ハプスブルク帝国がジャコヴァのセルビアへの帰属を承認するならば、ロシアがモンテネグロおよびセルビア両政府にスクタリ包囲を中止する行動に参加するという、ロシアの妥協案を受諾した[24]。一九一三年三月二〇日、彼は皇帝フランツ・ヨーゼフに謁見した際にジャコヴァ放棄について述べ、皇帝はそれに同意した[25]。皇帝の裁可を得たのち、ベルヒトルトはロンドン駐在墺大使メンスドルフにジャコヴァ放棄を伝えるよう訓令を出し、翌二一日にメンスドルフはイギリス外相グレイに、条件つきながらジャコヴァを放棄することを報告した[26]。ロシアもハプスブルク帝国の提案をほぼ全面的に受け入れた。

翌日の三月二二日に開催されたロンドン大使会議において、つぎの合意書が作成された。

ベルヒトルト伯は最近スクタリから報告を受け取り、非戦闘員の状況が完全に絶望的であり、〔バルカン同盟の〕占領地においてアルバニア人とカトリック教徒の住民に対する弾圧が行なわれていることを聞き及んだ。この事実に鑑みて、ベルヒトルト伯は政治的考慮よりも人道的考慮を優先することを決定した。この状況下において、彼はアルバニアの国境線画定〔問題〕とアルバニアからの〔バルカン同盟軍の〕撤退の一刻も早い解決が最重要課題であると確信した。また〔ベルヒトルト伯は〕これまでつねにハプスブルク帝国政府により主張されてきた見解と一致して、モンテネグロとセルビアに譲渡される領土に住むカトリック教徒とアルバニア人少数派の効果的な保護のための規定が作られることが、不可欠であるとも確信した。この保護に対する保証が「原則として」ヨーロッパ諸「大国」により与えられるとの条件のもとで、ベルヒトルト伯はジャコヴァをアルバニア領とするとの要求を撤回することを決意した。この譲歩には以下の点について条件がついている。第一に、アルバニア北部および東北部の国境線に関して、ヨーロッパの諸「大国」がわれわれ〔ハプスブルク帝国〕の主張を受け入れること（ボヤナ川とスクタリ湖に関するわれわれの主張も含む）、第二に、敵対行為のすみやかなる中止および、セルビアとモンテネグロによるアルバニア領となるべき地域からの一刻も早い撤退が、ベオグラードとツェティニェの六「〔大〕国」の代表により要求かつ確保されること[27]。

ハプスブルク帝国の譲歩により、ロシアはセルビアのためにジャコヴァを確保することに成功した。逆にハプスブルク帝国およびベルヒトルトは、最終的には、譲歩の連続でスクタリを確保することができ、「協調外交」によって戦争回避を追求したのである。これに対して、ハプスブルク帝国の政策決定者の一部には軍事的措置を講じることを強く説く者もいた。とくに、参謀総長コンラートはその中心的人物であった[28]。ハプスブルク帝国皇帝フランツ・ヨーゼフと皇位継承者フランツ・フェルディナントは、ベルヒトルトを支持する見解であった。皇帝はハプスブルク帝国による強制措置について「それでは戦争ではないか」と述べ、またフランツ・フェルディナントは二月下旬のコンラートとの会見の際に、ハプスブルク帝国は「みすぼらしいヤギの牧草地〔アルバニア〕のために戦争を行なうことには反対」であると主張し、ベルヒトルトの平和政策を支持した[29]。国際的状況もまた、ベルヒトルトが「協調外交」を選択せざるをえないものであった。ドイツとイタリアはハプスブルク帝国を積極的に支援したわけではなく、前述のように、ベルヒトルトがロンドン大使会議の進行役として期待していたイギリス外相グレイも、結局は、イギリス＝ロシア関係を基礎とする政策を追求した。また、フランスもロシアを後押しした[30]。

国内状況および国際状況の両方を考慮した場合に、ベルヒトルトは、自らの信じる「協調外交」が、ハプスブル

図5　最終的に決定したアルバニア北部および東部に関する国境線

ク帝国のアルバニア政策の基礎であるスクタリのアルバニア編入に利益をもたらすことを期待したのであった。つまり、彼は三国同盟諸国だけでなく、三国協商側、とくにロシアがモンテネグロに圧力をかけることによって、モンテネグロのスクタリ包囲の解除ならびに撤退がよりいっそう実現できると考えたのである。

二　激化するスクタリ問題

六「大国」とモンテネグロ

ハプスブルク帝国のジャコヴァ放棄が発表された一九一三年三月二二日のロンドン大使会議において、モンテネグロおよびセルビアに対して、①スクタリ包囲の中止、②予定されているアルバニア領内での戦闘行為の中止、ならびに③同地域からの撤退の即時実行を要求する共同抗議書が作成された[31]。最終的に、この抗議書は三月二八、二九日にそれぞれモンテネグロとセルビアへ手交されることになる（遅延の原因はロシアにあった）。包囲が継続されるなか、四日後の二六日に開催されたロンドン大使会議では、モンテネグロが共同抗議書の履行を拒否した場合の対処について協議が行なわれた。そのなかで、ドイツ大使リヒノフスキーは、そのような場合にはハプスブルク帝国とイタリアへの委任または六「大国」による合同行動の可能性を表明した。それに対して、イギリス外相グレイは、とにかく抗議書の返答を待つべきであるとしながらも、もしその内容が拒否された場合には、「すべての国家による合同艦隊」の例をあげてヨーロッパ諸「大国」による行動も視野に入れなければならない、との見解を示した[32]。

ベルヒトルトは協調の維持に努めようとし、ハプスブルク帝国の単独行動には反対していた[33]。ベルヒトルトのスクタリ住民の脱出案について、オスマン帝国のある高官は好意的な見解をもっていた一方で、スクタリの司令官エサド・パシャは、オスマン帝国政府からの訓令がないかぎりそれを行なうことは不可能である、との否定的返答を示した。また、ヨーロッパ諸「大国」による合同艦隊派遣について、ベルヒトルトは好意的な立場であった。彼は、「海軍による示威行動がヨーロッパの意志を貫徹するのにふさわしい手段である」と、三月二八日のメンスドルフ宛ての訓令に記し、参加の意志を明らかにした。(34)

五 「大国」共同艦隊による海上封鎖

一九一三年三月二八日に開催されたロンドン大使会議では、合同艦隊による示威行動が論じられた。ロシアは他のヨーロッパ諸「大国」の示威行動に同意するものの、それには参加しないことを明らかにした。ロンドン大使会議のメンバーは、必要な場合には示威行動の採択もやむをえないとのグレイの見解に同意した。フランスは示威行動の参加に若干の躊躇を示した。ロンドン駐在フランス大使は、「ロシアが不参加の場合には、フランスもまた絶対に参加しないであろう」とグレイに告げている。(35)「大国」がこのような対応をとる一方で、セルビアは、包囲に参加している同国の部隊がモンテネグロ軍の傘下にあることを理由に、包囲中止に関して明言を避けた。また、モンテネグロはオスマン帝国との交戦状態を理由に、包囲中止に応じることはできないとの態度を示した。(36)

三日後の三月三一日の大使会議でも、この問題が議論された。グレイは会議において艦隊示威行動の必要性を述べ、各大使に参加するか否かについて質問した。ハプスブルク帝国大使は参加を肯定し、ドイツとイタリアの大使は本国からの正式な訓令を受諾していないものの、確実に参加するであろうと述べた。また、ロシア大使は、示威行動に対する政府の同意をすでに獲得していることを告げた。グレイおよびフランス大使は、すでに艦隊を出港させていると報告した。(37)この示威行動の目的は、スクタリを包囲しているセルビア軍の増強阻止にあった(セルビア軍は海上から物資および部隊を輸送していた)。実際に、三一日のハプスブルク帝国公使の報告によると、セルビア占領下の港町メドゥアに、セルビアの軍事物資および兵員を搭載した一二〜一六隻のギリシア輸送船が入港している[38]。

四月一日、ハプスブルク帝国はK・M・ネゴヴァンを司令官とする艦隊をアンティヴァリ沖へ派遣することを決定し、ドイツも当時、地中海に派遣していた巡洋艦「ブレスラウ(*Breslau*)」に示威行動への参加を内容とする訓令を出した[39]。示威行動の準備が着々と進められつつあった四月一日、フランスは突如、示威行動への不参加を決定した。その理由は、ロシアも含めた六「大国」すべてが参加するか、またはロシアの代わりにフランスが行動するとのロシアの全権が与えられなければならないというものであった。グレイは、フランスが参加しない場合には、「計画全体が水泡に帰し、ハプスブルク帝国とイタリアによる二カ国の、またはロシアの反対するハプスブルク帝国による単独行動のみしか残されないであろう」と危機感をあらわにし、「もし必要ならば、パリに対して圧力をかけなければならない」と決意した[40]。

ロシア外相サゾノフは、ペテルスブルク駐在フランス大使に対して、フランス艦船の派遣を懇願した。翌日、ロシア外務省は公式コミュニケを新聞に掲載し、わが国としてはこの示威行動に参加しないものの、示威行動が国際的性格をもつべきであり、さらにフランスおよびイギリスの艦船がそれに参加すべきである、と表明した[41]。こうして、示威行動はヨーロッパ諸「大国」の委任のかたちでハプスブルク帝国とイギリスの二国によって行なわれるべきである、との提案をもっていたフランスも、最終的には参加することに同意した。これを受けて四日に開催されたロンドン大使会議では、フランス政府が示威行動参加に関する訓令を出したことが宣言された。しかし、大使たちは、五カ国の艦隊派遣賛成およびロシアの承認にもかかわらず、司令官の権限や作戦海域の決定などの詳細な点を、まだ最終的に決定できずにいた[42]。

この示威行動以外に、会議では新たに外交的解決の手段としてモンテネグロに対する金銭的代償案が浮上したものの、そのような行動がバルカン諸国にヨーロッパの無力さを露呈することになるため、ベルヒトルトは反対した(43)。また、彼は、アルバニアを犠牲にしたモンテネグロへの領土上の代償にも反対した。示威行動によりモンテネグロが譲歩するであろうとの期待を抱いていたベルヒトルトにとって、モンテネグロの経済的自立の保証という目的を達成するためには、「スクタリ包囲の中止のあと、または占領された場合には、撤退後にモンテネグロ国王ではなく王朝〔すなわち国家〕への財政支援のみ」が考えられることであった(44)。

四月四日、ついに、モンテネグロ沖においてロシアを除く五カ国の艦隊は行動を開始した(45)。同日、各国司令官は「提督委員会」と呼ばれる会議を開催し、モンテネグロ政府に対して、ロンドン大使会議の決議をモンテネグロが受諾しなかったために艦隊が派遣されたこと、さらに、「もしモンテネグロが提督委員会によって決められた短い期間、つまり約二四時間内にこの要求を受諾しないときは、モンテネグロ沿岸ならびにモンテネグロとセルビアにより占領されているオスマン帝国領沿岸の海上封鎖」の実施を文書で送付した(46)。しかし、具体的な封鎖範囲は決定されないままであった。これに対して、モンテネグロ外相は合同艦隊のイギリス司令官C・バーニーにモンテネグロ沖の艦隊の存在を遺憾とし、ヨーロッパ諸「大国」の行動を中立違反と非難した(47)。

イギリスは、封鎖の実施には同意を示したものの、ベルヒトルトが主張したスピッツァからドゥラッツォまでの広範囲な封鎖海域の設定には反対であった（ただし、四月一一日にはドゥラッツォまでの拡大の許可を出した(48)）。また、フランスは条件つきながら封鎖に賛成した。その条件のひとつが、封鎖がアンティヴァリからドリン川までの範囲に限定されることであった。ドイツはこれに対して、場合によってはドリン川よりもさらに南のドゥラッツォまで拡大することを了承していた(49)。七日に提督委員会が開催された際に、封鎖海域の決定について議論が行なわれた。フランスのつけた条件のようにアンティヴァリからドリン川までの範囲で行なうことが決定されたものの、問題はその対象であった。つまり、①ギリシアおよびセルビアの輸送船およびそれに同行する軍艦を対象とするか、もしくは②それ以外の船にも拡大するかである。最終的には、すべての通商船を封鎖の対象とする後者の案が決定され、一〇日に「ヨーロッパ諸『大国』を代表する合同艦隊の名において」という一文で始まる封鎖宣言が、合同艦隊の代表となったイギリス司令官バーニーにより行なわれた[50]。

ベルヒトルトは、合同艦隊の初期の目的が失敗した場合には、アルバニアとモンテネグロの港へのヨーロッパ諸「大国」の部隊の派遣しか、もはや方法がないと考えていた。この場合でも、彼は当分のあいだ軍事的措置を行なうつもりはなく、ヨーロッパ協調から離脱するつもりはなかった。ヨーロッパの意志を実現するためのハプスブルク帝国とイタリアへの委任については、彼は実現不可能との立場であった[51]。他方、ロシアはスラヴ民族のモンテネグロ支持を積極的に行なわなかった。ロシア皇帝ニコライ二世はモンテネグロの行動に反対し、ロシア外相サゾノフはペテルスブルク駐在イギリス大使に対してつぎのような、ハプスブルク帝国にかなり有利な見解を述べている。

スクタリは、ロシアにとって戦争を正当化するのに十分な利益ではない。それ〔すなわちスクタリ問題〕はハプスブルク帝国にとって重大な問題である。〔ハプスブルク帝国の〕モンテネグロに対する軍事行動には〔ロシアは〕反対しないであろう。ただし、そのような行動はスクタリに限定されねばならないし、セルビアに対して拡大されてはならない。もしハプスブルク帝国が〔モンテネグロに対してと〕同時にベオグラードに脅しをかければ、戦争は回避できないであろう[52]。

ハプスブルク帝国では、依然としてベルヒトルトを中心として、皇帝フランツ・ヨーゼフ、皇位継承者フランツ・フェルディナントらが強硬な軍事行動に反対を唱えていた。たとえ軍事行動を容認するリゾノフの発言がハプスブルク帝国に伝わったとしても、首脳部内の協調維持派と軍事行動派間の意見の相違に変化はなかったであろう。それは、ベルヒトルトとまったく相容れない主張をしていた参謀総長コンラートが、スクタリ問題を契機としてセルビアとの戦争を行ない、軍事力で南スラヴ問題を解決しようとしていたからである。彼は、対セルビアおよびモンテネグロ戦争作戦計画である「B」計画を発令した場合に、ロシアがすぐに敵対的措置をとるようなことがあれば、対ロシア戦争である「R」計画に切り替える必要性を主張した[53]。実際、コンラートは回顧録のなかで、「当時の〔コンラートとベルヒトルトの〕見解の相違は、私が重要な点をアルバニア国家の実現に置いていたのではなく、セルビア問題の最終的解決に置いていたことにもよる」と論じている。

海上封鎖によってモンテネグロから妥協を引き出そうとするヨーロッパ諸「大国」の動きと並行して、依然として外交手段による解決策の模索は継続されていた。四月一一日のロンドン大使会議でイタリアとフランスからモンテネグロに対する借款が議案として提出され、会議はあらためて、正式に両国による提案内容を提示することを要請した。一七日のロンドン大使会議で最終的にモンテネグロに対する三〇〇〇万フランの財政支援策が決議され、各国に照会することとなった。しかしこの支援は、ヨーロッパ諸「大国」の意志にモンテネグロが従うという条件がついていた[54]。これに関して、ベルヒトルトは借款を行なう場合、すべての国家の参加およびモンテネグロがセルビアと合併しないことの条件をつけるべきである、という考えをもっていた[55]。

この間に、スクタリ包囲に参加している自国軍がモンテネグロの指揮下にあるため自由にならないと主張していたセルビア政府は、四月八日、ヨーロッパ諸「大国」に対して包囲軍の増強の中止、さらに一二日には、ついにスクタリに対する攻撃中止を宣言した[56]。しかし、セルビア軍は、撤退に際してギリシアの輸送船を利用して封鎖海域を通過しなければならなかった。そこで、セルビアは提督委員会に封鎖海域への進入の許可を要請し、一七日にこれは認められた。ヨーロッパ諸「大国」に譲歩する姿勢を示したセルビアとは対照的に、モンテネグロはスクタリ

スクタリ要塞跡

包囲中止要請も、また領土上の代償も金銭的代償も受け入れるつもりはない、と依然強硬な態度をとり続けた。また、オスマン帝国が正式にスクタリ住民の脱出を承認したが、ツェティニェ駐在ドイツ公使を通じてスクタリへの特使派遣を要請されたモンテネグロ国王は、それを拒否した。(57) なお、四月一六日、パリ駐在オスマン帝国大使は、スクタリをヨーロッパ諸「大国」に譲渡するというフランスの提案を受け入れる用意がある、とフランス外相に伝えていた。(58)

さらなる軍事行動を模索するハプスブルク帝国

モンテネグロの強硬姿勢と、飢餓によるスクタリの降伏の可能性に関するツェティニェ駐在墺公使ギースルからの報告を手にした外相ベルヒトルトは、合同艦隊のハプスブルク帝国司令官ネゴヴァンに対して、分遣隊の上陸および占領をも視野に入れた新たなる提案を提督委員会で行なうことを要請した。これを受けて、ネゴヴァン司令官は四月一七日にイギリス司令官バーニーに同様の提案を行なった。しかし、バーニーは即答しなかった。(59) さらに、この問題は、二一日のロンドン大使会議でも検討された。そのなかで、グレイに代わって出席したイギリス首相H・H・アスキスは上陸および占領に強く反対し、ヨーロッパ諸「大国」の意見は一致をみなかった。(60)

同四月二一日、モンテネグロは事前通告なくハプスブルク帝国の軍港カッタロとの郵便、電信、人の交通の遮断を行なった。(61)

この事件の翌日の四月二二日、ウィーン駐在イギリス大使と会見した際にベルヒトルトは、海上封鎖が何の効果もなかったことを指摘した。この封鎖を第一段階と位置づけた彼は、第二段階の着手の必要性を説いた。それが、モンテネグロの二つの港であるアンティヴァリとドゥルチノへのヨーロッパ諸「大国」による上陸であった。ベルヒトルトによると、ドイツとイタリアはこのことに同意していた。(62) 彼は、「もしスクタリがいったんモンテネグロに占領されてしまうと、同軍をスクタリから武力で引き離さざるをえないであろう」との見解をもつ一方で、なおもロンドン大使会議の決議を実行する方向でのヨーロッパ協調に期待をかけていた。いまこそ協調を示す時期であると考えていたベルヒトルトにとって、静観することはスクタリ問題の状況を悪化させるだけであった。その際、彼は、合同艦隊の行動が「見せかけだけの行動」で終わってはいけないが、しかし、もし単なる見せかけになってしまった場合には、スクタリの状況悪化を阻止するために独自の行動をとらざるをえないと考えていた[63]。

ドイツ外相G・ヤゴーはモンテネグロ問題におけるヨーロッパ諸「大国」の対応を、困難な問題の解決を引き延ばすことを意味する「ダチョウ政策」と評したほどである[64]。ヨーロッパ諸「大国」は、「ダチョウ政策」からの転換を行なわねばならない時期にきていた。そして、ベルヒトルトのヨーロッパ協調に対する信頼が揺らぎはじめたまさにそのとき、スクタリ司令官エサド・パシャとモンテネグロ軍とのあいだで、都市および周辺の要塞をモンテネグロに引き渡す交渉がまとまった。ベルヒトルトのみでなくヨーロッパが恐れていたスクタリの陥落が、ついに現実のものとなったのである。

三　スクタリ占領とその後

スクタリ占領の背景

スクタリ司令官エサド・パシャは、オスマン帝国政府に宛てた書簡のなかで、食糧品および砲弾の不足、そしてアルバニア人以外の兵士の厭戦気分などを降伏の理由としている。ハプスブルク帝国公使夫人が残した日記からも、包囲後徐々に食糧難に苦しむ都市内部の様子がわかる[65]。しかし、当時スクタリ問題を観察していた多くの者は、そのようなことが降伏の本当の理由とはみていなかった。真の理由としては、ツェティニェ駐在墺公使ギースルの主張するように、エサドが、建国されることになっているアルバニア国家の支配者になるために、自己の勢力の温存をはかろうとした点があげられている[66]。ツェティニェ駐在ドイツ公使H・エッカルトは、「スクタリは征服されたのではない。要塞を保持する状態にあるにもかかわらず、また、食糧が完全に底をついていないにもかかわらず、エサドはむしろ反対に都市の降伏を申し出た」と主張している。さらに、その降伏の背景には、エサド・パシャとモンテネグロ国王との秘密協定の存在もあったとされている[67]。

スクタリの降伏を受け、予定を一日繰り上げて開催された一九一三年四月二三日のロンドン大使会議において、大使らはモンテネグロに対して共同抗議書を作成した。抗議書では、モンテネグロに対して、大使会議で決定された国境線の修正はスクタリの占領によっても行なわれないこと、スクタリからの撤退、そして合同艦隊にスクタリを引き渡すことが要求された[68]。翌日、大使会議の決議を受けるかたちで合同艦隊の提督委員会が開催された。委員会はスクタリへの合同分遣隊を検討し、一〇〇〇人規模の部隊の派兵（ハプスブルク帝国三〇〇、イギリス三〇〇、イタリア二〇〇、ドイツ・フランス各一〇〇）、そしてドゥラッツォまでの海上封鎖の拡大が決定された[69]。

スクタリ上陸案をめぐる「大国」間の不一致

以上のような事態の急変のなかで、ドイツは、スクタリが占領されたことによって、ハプスブルク帝国の単独行動を引き留めることは不可能であろうと一般的に考えるようになった。だが、そのような見解がある一方で、ドイツ外相ヤゴーはハプスブルク帝国の軍事行動を「愚かな考え」と捉え、自国をそれに参加させないつもりでいた。また、ドイツ外務省内では、ハプスブルク帝国が対モンテネグロ戦争を行なうことには賛成するものの、対セルビア戦争には警告を発する考えであった[70]。イタリア外相サンジュリアーノおよびロシア外相サゾノフも、ハプスブルク帝国の単独行動を懸念していた。サゾノフは、もしハプスブルク帝国が軍事行動を起こすならば、他国もそれに参加するかたちで行なうべきであると考え、また国際分遣隊の上陸には反対しない姿勢をとった。また、彼は、モンテネグロがスクタリから撤退しなければならないと主張する一方で、モンテネグロに対して、スクタリを放棄すれば領土上の代償または財政支援の実施によって平和的に問題の解決が行なえる、との見解ももっていた[71]。イギリス外相グレイもサゾノフと同様にモンテネグロのスクタリ占領を認めない立場をとり、共同抗議書などのかたちで警告を行なうことが、ハプスブルク帝国の単独行動を防ぐ唯一の手段であると考えた[72]。フランス外相は、モンテネグロがスクタリからの撤退を拒否すれば、強硬措置も検討しなければならないとの立場であった[73]。ベルヒトルトは積極的な行動の必要性を痛感し、ヨーロッパ諸「大国」が強硬措置に取り組むことを期待した。しかし、それが行なわれないときは、ヨーロッパ諸「大国」の意志を実行するために、ハプスブルク帝国自身でそれを行なう必要性が生じると認識していた[74]。くわえて、モンテネグロに対する財政支援案を撤回した[75]。

ウィーン駐在イギリス大使F・L・カートライトの見解は、スクタリ占領後のヨーロッパ国際政治の危機的状況を正確に表現していた[76]。「われわれは今この長い危機の最頂点に達しつつある。ヨーロッパ諸『大国』がともに作業を継続する手段を見いだすか、またはヨーロッパ諸『大国』が〔それぞれに〕分かれて各国の独自の道を進むかの選択の瞬間である。……スクタリ問題はそれ自体はほとんど重要でない。にもかかわらず、世界平和にとって重大な問題を含んでいる」。カートライトが危惧したように、四月二五日のロンドン大使会議では、三国同盟と三国協商の見解の相違が明らかになった。会議では、参加者は、モンテネグロからの共同抗議書の返答を手交した日から四日間待つことで一致したものの、スクタリからの撤退を拒否した場合に実施可能性の高い合同分遣隊の上陸について、三国同盟諸国はこれを支持する一方で、イギリスとフランスは反対した。また、ロシア外相サゾノフはこの点について、「すべての使用可能な手段が使い尽くされなければならない」と述べ、モンテネグロからの返答がくるまで上陸を差し控えるべきである、との見解をもっていた（彼とロシア首相は協調体制の維持が重要であると考えた）[77]。二七日、ツェティニェで共同抗議書の手交が行なわれたが、モンテネグロ外相はその場での即答を拒否した。そして三〇日、モンテネグロは正式に大使会議の要求を拒否する返答を行なった[78]。

ベルヒトルトの見解は、同じ四月二七日、彼がローマ駐在墺大使K・メーレイに宛てた電信のなかにみることができる。彼は、共同抗議の実施とさらなる強硬措置の決定を要求することが、ハプスブルク帝国の政策の基本であるとみなした。しかし、それらが実現不可能な場合には、二つの選択肢しか残されていない。それは、彼によると、①ヨーロッパの決議を実行するために自分でその措置を引き受けること、②モンテネグロのスクタリからの撤退を目的とするハプスブルク帝国とイタリアの軍事協力であった。前者はハプスブルク帝国の単独行動であり、戦争の可能性を含むものであった[79]。前日の二六日にベルヒトルトと参謀総長コンラートが皇帝フランツ・ヨーゼフに謁見した際に、皇帝はベルヒトルトの意見に理解を示し、ロンドン大使会議が満足のいく解決策を見いだせないときは、武力行使に着手し、動員令を布告するとの見解を示した。皇帝は、ただし当初はモンテネグロに対する動員令だけを出すべきである、と告げた[80]。

四月二八日のロンドン大使会議では、ハプスブルク帝国大使メンスドルフが同政府の見解を発表した。彼は、モンテネグロが大使会議の決議を拒否もしくは引き延ばした場合には、強硬措置を行なうべきであると述べた。その際、「この強制措置は、一カ所ないし複数の沿岸都市の砲撃またはそれらの都市の占領、もちろんスクタリへの〔国際分遣隊の〕進軍」を意味するとした。そして、行なわれるべき措置が決定されないときは、「ハプスブルク帝国政府はヨーロッパの決議を実行に移すために、自らの考えで成功すると判断する措置を行なうつもりでいる」とつけ加えた。この主張に対して、ドイツとイタリアの大使は支持を与えた。フランス大使は上陸および占領だけでなく、合同艦隊の砲撃にさえも反対した。イギリス外相グレイは、軍事行動については閣議にかけるつもりであるが、同意を得ることは困難であろうと述べた。また、「スクタリ撤退後の補償についてモンテネグロと交渉すると大使会議が宣言するべき」であるとし、「にもかかわらず、モンテネグロがヨーロッパ諸『大国』に抵抗するのならば、イギリス政府はその運命をモンテネグロ国王に委ねることになろう」と告げた[81]。この発言はロシアとフランの大使を驚愕させた。しかし、グレイは他方で、「スクタリに関するヨーロッパ諸『大国』の協定を実行する国家〔すなわちハプスブルク帝国〕による軍事行動に反対することはできない」と述べ、彼の困難な立場をあらわにした[82]。

ロシア外相サゾノフは、これまでの立場に若干の修正を行なった。彼は、もし強硬措置が港の占領だけに限定され、「一種の拡大した海上封鎖」を意味するというヨーロッパ諸「大国」の保証が得られれば抗議しない、とハプスブルク帝国大使に発言し、またイギリス大使に対しては、ハプスブルク帝国の軍事行動がアルバニア領内にのみ限定されなければならないと告げた[83]。というのは、彼が、ハプスブルク帝国の単独行動がヨーロッパ戦争へと発展する危険性を孕んでいることを認識していたからであった。イタリア外相サンジュリアーノやイギリス国王ジョージ五世も、このような見解をもっていた[84]。イタリア外相は、ハプスブルク帝国の単独行動やハプスブルク帝国とイタリアの二国による強硬措置の実施ではなく、ハプスブルク帝国、イタリア、イギリス（場合によってはフランスも）による実施ならばイタリア世論を納得させることができるであろう、という見解をもっていた。しかし、サゾノフは、フランスが参加することでもロシアが強硬措置を承認することは不可能との立場をとり、またイギリス外務省はイタリアの提案は受け入れることができないと主張した[85]。

単独行動の実行を極力回避しようとしていたベルヒトルトは、ハプスブルク帝国の政策がイタリアの出方しだいであると認識していた。そこで、一方では、彼はイタリアにアルバニアでの軍事行動に参加するように要請を行なった[86]。他方で、彼はイギリス大使に対して、ヨーロッパの平和と協調を維持するためにイギリスが強硬措置に参加するべきであり、イギリスとイタリアが参加しなければ、ハプスブルク帝国は単独で行動しなければならないと主張した[87]。ベルヒトルトは、四月三〇日のロンドン大使会議の決議を、これまでハプスブルク帝国が要求した主張を満たすものではないと批判し、会見したイギリス大使にスクタリ奪還のための帝国軍の派遣をほのめかした。しかし、「イタリアとの交渉が終了するまで、ハプスブルク帝国は軍事行動を行なわない」と発言し、依然としてイタリアの態度決定を待っていた[88]。

ベルヒトルトは、ハプスブルク帝国とイタリアの協力について、場合によっては、南部アルバニアを勢力圏に組み入れるというイタリアの要求を受け入れることもやむをえない、と考えていた。しかし、もしイタリアが協力を拒否すれば、ハプスブルク帝国の単独行動を実施しようとした。ハプスブルク帝国の軍事行動はスクタリからのモンテネグロ軍撤退を目的としなければならないと、ベルヒトルトは考えていたのである。これに対して、参謀総長コンラートは、戦争によるモンテネグロのハプスブルク帝国への併合を主張していた。ベルヒトルトはそのような考えについて、「モンテネグロ領は戦争作戦区域から除外されなければならない。モンテネグロの併合は考えるべきではない。そのような場合、われわれはヨーロッパ全体を敵に回してしまい、南スラヴ問題も解決されないであろう」と主張した[89]。

五月一日、モンテネグロはこれまでの強硬姿勢を軟化する発言を行なった。ロンドン駐在モンテネグロ代表が報告したところによると、スクタリを放棄した場合に領土上の代償と財政支援を受け取ることができるかどうかを、モンテネグロ政府は把握したかった。この発言を聞いたグレイは、ハプスブルク帝国の単独行動を遅らせるよい機会であると判断し、代表に対して、撤退すれば財政支援は行なわれるであろうと返答した[90]。このモンテネグロの態度軟化は、セルビア首相がモンテネグロ王に対して、モンテネグロがセルビアからのいかなる支援も期待することはできないと通告したことと、若干の関連性があるものと思われる[91]。モンテネグロ代表の発言は同日のロンドン大使会議でも報告された。また、以前のグレイの「モンテネグロの運命をモンテネグロ国王に委ねることになる」との発言を、イギリス政府が「スクタリに関するかぎり」という但書きつきで承認したことも明らかにされた[92]。

一九一三年五月二日の共通閣僚会議

依然として解決の糸口を見つけることのできない状況のもとで、ハプスブルク帝国では、五月二日、共通閣僚会議が開催された[93]。会議に参加した閣僚は、オーストリア首相K・シュトュルク、ハンガリー首相L・ルカーチ、共通蔵相L・ビリンスキー、共通国防大臣A・クロバティン、オーストリア蔵相W・ツァレスキー、ハンガリー蔵相J・テレツキー、そして外相ベルヒトルト（議長役）の七名であった。

ベルヒトルトは、スクタリ問題に関してつぎのような見解を参加者に示した。ベルヒトルトによると、ハプスブルク帝国の対バルカン政策は、①アルバニアの独立、②セルビアのアドリア海進出の阻止、③民族的境界線にもとづくセルビア民族の抑制であった。しかし、四月二三日のモンテネグロによるスクタリの占領は、この政策の失敗を意味する出来事であった。というのは、①スクタリ抜きのアルバニアは生存可能な国家たりえない、②スクタリとアドリア海を結ぶメドゥア港がモンテネグロによりセルビア王国の手に渡る恐れがある、③アルバニア人の居住するスクタリが、セルビア民族の国家であるモンテネグロの手中に落ちたからであった。

ベルヒトルトのなかでは、スクタリはハプスブルク帝国のバルカン政策の鍵であり、スクタリ問題はハプスブルク帝国の内外に対する威信にかかわる問題であった。したがって、ハプスブルク帝国は、バルカン政策の本質であるスクタリを放棄して帝国の死活的利益を断念するか、または戦争を覚悟してまでスクタリ問題を解決するか、どちらかの選択を行なわなければならなかったのである。海上封鎖は失敗し、封鎖参加国はより効果的な強硬措置に賛同しなかった。ヨーロッパ諸「大国」の意志を貫徹するためにハプスブルク帝国は行動しなければならない。しかし、ハプスブルク帝国がこの行動によってヨーロッパ協調から離脱するわけではない。モンテネグロに対する強硬措置としてのハプスブルク帝国の単独行動は、対バルカン政策の実行と帝国の威信の維持という二つの目的を達成するものの、ロシアおよびバルカン諸国に非難される恐れがある。

そのためには、ハプスブルク帝国にはイタリアとの協力が必要であるが、ツェティニェでの共同抗議が成功しない場合、またはロンドン大使会議で効果的な強硬措置の実行について一致をみない場合には、ハプスブルク帝国には二つの選択、つまり①モンテネグロとの戦争、もしくは②スクタリからのモンテネグロ軍撤退という目的をもつイタリアとの軍事協力、これらしか残されていない。以上がベルヒトルトの見解であった。

他の参加者も、おおむねベルヒトルトの見解に賛成した。オーストリア首相はロンドン大使会議に何も期待できないという理由から、強硬手段に賛成を表明した。共通国防相は「断固たる措置」を行なうべきであると述べ、第一三・一五・一六軍団の動員を要請した。これらの動員は、「M」計画と呼ばれる対モンテネグロ戦争を意味するものであった。オーストリア蔵相もこの見解に賛成した。共通蔵相は「われわれには無駄にする時間などない」と述べ、軍隊の即時動員を要求した。その際、彼は、「B」計画と呼ばれるモンテネグロおよびセルビアに対する戦争にまで拡大し、セルビアをハプスブルク帝国に併合するべきだ、と指摘した。ハンガリー首相はこれに対して、セルビアを併合した場合にはハプスブルク帝国の二重体制が崩壊し、三重体制が成立する可能性について言及した。ハンガリー蔵相は経済状況から自己の見解を展開し、戦争資金調達の困難さから対セルビアおよびモンテネグロ戦争に反対し、対モンテネグロ戦争だけで我慢するべきだ、と主張した。

最終的に、共通閣僚会議は、①ボスニアの予備役の召集、②馬の購入のための予算の承認（一二九〇万クローネン）、③ハプスブルク帝国の軍港カッタロのための予算（五〇〇万クローネン）の承認、④四月および五月に調達する馬の維持費を決定し、⑤ダルマチアの旧兵役経験者（der Landstrum）の召集はオーストリア首相の発言に従って当分のあいだ断念することとした。

スクタリ問題の解決

一九一三年五月三日、サラエヴォでは非常事態が宣言された。『ライヒスポスト（*Reichspost*）』紙（一九一三年五月四日付け）によると、これによりボスニア・ヘルツェゴヴィナ州およびダルマチアの個々の法令が一時停止され、同州の住民の諸権利（移転の自由、集会・結社の自由など）が一部制限され、電話および郵便に関しても一定の制限が加えられることになった。また、共通閣僚会議で決定された軍隊の召集も開始され、数日内に準備が完了することになった。これは実質的には、同地域における軍隊の動員令を意味していたものの、公文書類ではこの「動員（Mobilisierung）」という文字の使用は回避されていた。[94] このように戦時体制が整備されつつあるときに、ベルヒトルトはツェティニェ駐在墺公使ギースルから、「モンテネグロ国王は、目前に迫っているハプスブルク帝国の〔軍事〕行動を恐れて、数時間前にスクタリからの無条件撤退を行なうことを決めた。……〔モンテネグロ〕皇太子もドイツの同僚を私のもとに送り、内閣が総辞職し、明日スクタリからの無条件撤退を決定する新内閣が任命される、と私に説明した。さらに、起こりうる軍事行動を四八時間延期することを閣下〔ベルヒトルトをさす〕に報告するよう要請した」、との報告を受けた。[95] 翌日、モンテネグロ国王はロンドンのモンテネグロ代表団に対して、スクタリからの無条件撤退を伝えるよう訓令を出し、代表団はイギリス外相グレイにこのことを報告した。

五月四日午後、ベルヒトルト、共通国防相、共通蔵相、オーストリア首相、コンラートらが参加して共通閣僚会議が開催された。ベルヒトルトは、参加者にギースルからの報告を告げた。モンテネグロとの開戦を支持していた参加者は、いますぐに最後通牒を出すべきだと主張した。しかし、ベルヒトルトは、モンテネグロが無条件撤退を表明したことに鑑み、最後通牒の発令が不要であると主張した。その後、彼は皇帝フランツ・ヨーゼフに謁見し、皇帝は彼に同意した(96)。五日に開催されたロンドン大使会議で、グレイはモンテネグロがスクタリの運命をヨーロッパ諸「大国」に委ねることを宣言し、大使らは最終的に合同艦隊の提督委員会に都市の引き継ぎを行なうことを要請する文書を作成した(97)。こうして、危機は回避されたのであった。

七日、モンテネグロのスクタリ総督が合同艦隊を訪問し、スクタリの引き渡しについて協議を行なった。その結果、両者のあいだで、モンテネグロ軍がスクタリおよび周辺の要塞を五月一四日午後二時に放棄し、合同艦隊の提督委員会がそれらを占有することが、九日に決定された。また、モンテネグロ所有の物資の運び出しに時間がかかるため、両者で附属議定書が作成され、撤退後も、条件つきながらモンテネグロ軍の兵士約一〇〇〇名がスクタリ周辺に滞在することになった(98)。そして予定どおり、提督委員会と派遣部隊は一四日にスクタリに入り、提督委員会による海上封鎖を中止すること、そしてアルバニアに自治政府が樹立されるまでヨーロッパ諸「大国」がスクタリを管理することを宣言した。一四日に入った派遣部隊は五カ国計一〇〇〇名（イギリス三〇〇、フランス、イタリア各二〇〇、ドイツ一〇〇、ハプスブルク帝国二〇〇）から構成され、その後、新たに五〇〇人が増強された（イギリス一〇〇、イタリア二〇〇、ハプスブルク帝国二〇〇）(99)。スクタリはイギリス司令官バーニーを最高司令官とする国際管理下に置かれ、五つの地域に分割され、それぞれを各国の分遣隊が管理することになった。

ベルヒトルトは、モンテネグロのスクタリからの撤退に関して賞賛を受けた。ウィーン駐在ドイツ大使は、ハプスブルク帝国のモンテネグロおよびヨーロッパに対する成功を祝福し、イギリス外務省のA・ニコルソンはウィーン駐在イギリス大使への電信のなかで、「ベルヒトルトはスクタリ問題の解決に安堵しているに違いない。また、彼は危機のあいだかなりの忍耐力をヨーロッパに示してきた」と述べた。ベルヒトルトがハプスブルク帝国皇帝フランツ・ヨーゼフに謁見した際に、皇帝は危機の解決を喜び、ベルヒトルトの手を握りしめ、「スクタリ問題におけるわれわれの立場の達成を心から感謝」した(100)。ハプスブルク帝国外交の中心にいたベルヒトルトは、のちにつぎのように回顧している。

たしかに、われわれは成功を収めた。いまかいまかと待ちかまえている戦争の危機というスキュラ〔ギリシア神話に登場する海の怪物〕が前面に立ち、差し迫った〔ハプスブルク帝国の〕威信喪失というカリュブディス〔ギリシア神話に登場する海の怪物〕が背後に立つという状況を克服することに成功し、平和的方法でわれわれの要求を貫徹することに成功した。……イタリアは、可能性のある共同軍事行動に関する意見交換を通じて、われわれに政治的に接近し、われわれはイギリスと一致して危機を最終的に解決に導いた。しかし、混乱状態のバルカン半島の状況は長いあいだ解決せず、むしろ反対にいくつかの困難な問題を内部に隠していた。[101]

ハプスブルク帝国にとって、スクタリ問題はなるほど成功裡に終結した。スクタリが帰属することになるアルバニアの建国もヨーロッパ諸「大国」によって承認され、五月三〇日に調印されたロンドン講和条約において、戦争当事国は、オスマン帝国領アルバニアに関するすべての事項を諸「大国」に一任することに同意した。

しかし詳細に検討してみると、スクタリ問題は、ハプスブルク帝国にとって必ずしも大成功とはいえなかった。同時代人のソスノスキーが主張するように、スクタリ問題の解決は「間違いなく成功」であったが、彼は続けてこう述べる。「しかし、その成功は高くついた。犠牲を出して得るには高すぎた。なぜなら、勝利の価格は費やされた政治的・軍事的、そして財政的手段と釣り合わなかったからであった。いいかえれば、それは〔あまりにも大きすぎる犠牲を払って得た、損害の大きすぎる勝利という意味の〕ピュロスの勝利」であった。[102] オスマン帝国につぐ「ヨーロッパの病人」といわれていたハプスブルク帝国にとって、アルバニアの建国およびスクタリ問題における態度は、「大国」としての意志を「小国」に依然として押しつけることができることを内外に示す機会となった。[103]

しかし、五月二日の共通閣僚会議において明らかにされたように、ハプスブルク帝国には、財政的にはせいぜい「小国」に対して戦争をする余裕しかなかったのである。

経済的側面だけでなく、軍事的にも外交的にも、ハプスブルク帝国のスクタリへの軍事行動は問題を孕んでいた。まず、軍事的問題としてはつぎの点を主張できる。ヨーロッパ協調を完全に破壊するつもりのなかったベルヒトルトとしては、軍事行動は、あくまでも「ヨーロッパの意志」を実行するためのものであった。このことから、イギリスもロシアもハプスブルク帝国の行動を承認せざるをえなかった。したがって、一九一三年五月二日のウィーンにおける共通閣僚会議で共通蔵相が、「もしハプスブルク帝国がスクタリ問題で安寧秩序を守るために『ヨーロッパの警察官』になるならば」と述べたが、実際にハプスブルク帝国が他の「大国」に代わって「ヨーロッパの警察官」として行動することは、結果的には問題はなかったといえる。しかし、問題は、「警察官」がヨーロッパの秩序を回復するためにどの範囲まで行動してよいのかという点であった。ハプスブルク帝国の軍事行動が、アルバニア領になることが決定していた都市スクタリの周辺に限定されるならば、とくに問題は発生しなかったであろう。この限定作戦の実現可能性に異議を唱えていたのが、ハプスブルク帝国参謀総長コンラートであった。軍事の専門家である彼によると、モンテネグロ領への軍事行動をともなわないスクタリへの出兵は成功の可能性がきわめて低いと予想された(104)。さらに、モンテネグロ攻撃をともなうスクタリでの軍事行動は、セルビアとの戦争へと発展する可能性が大きい(105)。くわえて、セルビアとの戦争はロシアにとって黙視することができず、最終的にハプスブルク帝国とロシアの軍事衝突に発展する恐れがあった。

つぎに外交的問題としては、三国協商国陣営だけでなく、ハプスブルク帝国の同盟国であるドイツとイタリアの、軍事行動における消極的な態度をあげることができる。ドイツ国内では、一九一四年夏の「白紙委任状」とは異なり、逆にハプスブルク帝国の軍事行動を抑制しようという動きがみられた(106)。また、イタリアはアルバニアをめぐる潜在的対抗国家としてハプスブルク帝国をみており、その単独行動に批判的意見を表明していた[107]。しかしながら、ハプスブルク帝国はこの両国、とくにドイツを最重要パートナーとして位置づけていかねばならなかった。というのは、たとえ希望どおりの支援を与えなくても、ドイツは、ハプスブルク帝国にとって外交上・軍事上で唯一あてにすることができる国家だったからである。

最後に、スクタリ問題全体を小括しておくと、われわれはこの問題を通じて、ハプスブルク帝国外交政策の一方の基軸であった「協調外交」の困難性と限界を垣間みることができる。ベルヒトルトは、「協調外交」によってもハプスブルク帝国の外交目標を達成することができない場合には、単独による軍事行動によって達成するしかないということを身をもって経験し、それまで信奉していたヨーロッパ協調および「協調外交」にある種の幻滅を感じはじめた。その終着点が、一九一四年七月二八日のセルビアへの宣戦布告となる。スクタリ問題は、「協調外交」への「幻滅の過程の始まり」であったといえる[108]。

一九一二年五月三〇日、第一次バルカン戦争終結に関するロンドン講和条約が締結された。しかし、バルカン同盟内部の対立により、六月末から第二次バルカン戦争が勃発することになる。協調に対する「幻滅の過程」は、その後どのように進展していったのであろうか。

第4章　ブルガリア＝ルーマニア間の国境線問題——第二次バルカン戦争前史

第一次バルカン戦争で中立を維持するルーマニアは、占領地を増やしていくブルガリアに対し、勝利の代償として国境線の修正、事実上の領土の割譲を要求した。ブルガリアがこれに応じる姿勢をみせなかったこともあり、両国の関係は悪化していった。ハプスブルク帝国は、バルカン半島で唯一の同盟国であるルーマニアと、勢力を拡大するセルビアに対する「釣り合いおもり（カウンターバランス）」とみなしていたブルガリアの双方が納得できる解決策を模索していた。ブルガリアとルーマニアは直接交渉の失敗後、ハプスブルク帝国、ドイツ、イタリア、イギリス、フランス、ロシアの六「大国」による仲裁を受諾した。そのために開催された会議が「ペテルスブルク大使会議」であった。この会議では、意見の調整をめぐって三国同盟と三国協商という二陣営に分裂するかたちで推移したものの、紆余曲折を経て最終文書の作成にまでこぎ着けた。ところが、その内容は、当事国のブルガリアとルーマニアにとってはまったく納得できないものであった。この章では、国境線修正問題において、ハプスブルク帝国がどのように対応しようとしたのかを描き出すことにしたい。

一　ハプスブルク帝国外交におけるブルガリアとルーマニアの位置づけ

ハプスブルク帝国とブルガリア

第一次バルカン戦争で中立を維持したルーマニアは、一九一三年六月末に勃発した第二次バルカン戦争ではブルガリアと戦火を交えた。その結果、第6章で述べるように、ブルガリアはルーマニアのほかにセルビア、ギリシア、モンテネグロというバルカン同盟のメンバーだけでなく、オスマン帝国をも相手に戦わねばならなくなり、敗北してしまう。ルーマニアの政策が中立から参戦へと変化した原因のひとつが、本章で検討するブルガリアとの国境線修正問題であった。この問題は、一九一三年三月三一日よりペテルスブルクで開催された諸「大国」の代表で協議された会議、いわゆるペテルスブルク大使会議で一応の決着がついていた。しかし、その当事国であるブルガリアもルーマニアも、この結末にかなり不満を抱くことになる。

ハプスブルク帝国は、ブルガリアとルーマニアのどちらも外交上重要な位置にあったことから、この国境線問題において非常に困難な立場に置かれた。

まず、ブルガリアの位置づけからみていこう。一九一二年一〇月二日のハプスブルク帝国外相L・ベルヒトルトと同外務官房長A・ホヨスの共同覚書のなかで、彼らは、ブルガリアの領土拡大をセルビアの犠牲のうえに行なうことがハプスブルク帝国の利益に合致することを明らかにしている(1)。この見解の根底にあるのは、ベルヒトルトの前任者A・エーレンタールのバルカン政策であった。エーレンタールは、一九〇八年のボスニア・ヘルツェゴヴィナ併合を行ない、セルビアとの関係を非常に緊張させた人物であるが、翌一九〇九年にブルガリアの拡大を承認していた。彼は、「大セルビア」に対抗するものとして「大ブルガリア」を想定していたのである。[2]また、ハプスブルク帝国とブルガリアは国境を接しておらず、ハプスブルク帝国内の民族構成においてブルガリア人の占める割合は非常に小さかった。ハプスブルク帝国は、ブルガリアというバルカン半島のスラヴ人国家を重視する姿勢を外交上示すことによって、国内のスラヴ系住民に好意的影響を与え、南スラヴ問題の激化を抑えることを期待した。[3]そのような見解は、一九一二年三月のハプスブルク帝国＝ブルガリア通商条約の締結として具体化される。

だが、その一方で、ブルガリアが歴史的・政治的にロシアとのつながりが強かったことも忘れてはならない。このことは、ハプスブルク帝国内でも十分に理解されていた。ブルガリアにとって、ロシアは一八七七年の露土戦争でオスマン帝国支配から救ってくれた「解放者」であり、また、ロシアとしても、バルカンのスラヴ民族の「後見人」であるとの意識が強かった。ブルガリアが「解放者」ロシアとのあいだで一九〇二年に秘密軍事協定を締結したことや、ブルガリア国王はドイツ系のフェルディナントであるものの、内閣や軍首脳を構成する者はロシア寄りの思考（たとえば、一九一一年に成立しバルカン戦争中に政権を担当したI・E・ゲショフとS・ダネフの連立政権）が強かったこと、さらに、バルカン同盟のひとつの支柱であるブルガリア＝セルビア条約のなかでロシア皇帝を仲裁者と規定するなど、ブルガリアとロシアとの絆はかなり強いものであった。

しかし、バルカン戦争はロシアにひとつの試練を与えることになる。つまり、バルカン同盟の成立に強くコミットしていたロシアにとって、問題は、セルビアとブルガリアが対立して武力紛争に突入した場合にどのような対応をとるかであった。後述するように、一九一三年、セルビアとブルガリアはマケドニアをめぐって対立することになり、これが第二次バルカン戦争のひとつの原因ともなっていく。

ハプスブルク帝国とルーマニア

つぎにルーマニアの位置づけをみていこう。ルーマニアは一八七五年に、はやくもハプスブルク帝国と通商条約を締結していた。さらに、三国同盟のパートナーとしてハプスブルク帝国およびドイツと一八八三年に軍事同盟を締結することで、ハプスブルク帝国の安全保障上かなり重要な位置づけを与えられていた。また、ルーマニアがロシアおよびハプスブルク帝国と国境を接していたことも重要であった[4]。ルーマニアとハプスブルク帝国は、外交政策上も同じ見解にあり、バルカン半島の領土に関する現状を維持しようとしていた。一九一二年一〇月下旬にオスマン帝国の敗北が決定的になるまで、ルーマニアはこの政策を強く主張していた。ハプスブルク帝国は自国の崩壊を防止するためには、なんとしてでも友好国ルーマニアとの政治的・経済的、さらに軍事的関係を維持し続けねばならなかったのである。

ルーマニアがハプスブルク帝国と軍事的に結ばれることになった理由には、一八七七年の露土戦争と翌年のベルリン会議におけるロシアとの関係があった。ルーマニアは、露土戦争でロシア側に立って戦ったものの、ロシアに南ベッサラビア地方を奪われてしまった。ロシアは、その代わりにブルガリアとルーマニアのあいだに位置するドブルジャ地方のうち北半分を与えることで、ルーマニアの不満を抑えようとした。しかし、一八八〇年の北ドブルジャ地方をめぐる国境線画定において、ロシアは、ドナウ川沿いの内陸都市シリストリアをブルガリア領とすることをルーマニアに強制的に押しつけた。以上のようなことから、ルーマニアはしだいに反ロシア的意識を強くもつようになった[5]。

ルーマニア国王カロルはドイツのホーエンツォレルン家の出身で、三国同盟寄りの政策をドイツやハプスブルク帝国に保証していた。しかし、ハプスブルク帝国が一九〇八年からブルガリアに好意的な政策をとりはじめるようになると、ルーマニアとハプスブルク帝国との関係が冷却化する危険性が発生した[6]。これをうまく利用してルーマニアを三国同盟から引き離そうとしたのが、ロシアとフランスであった。バルカン戦争の直前になると、ロシアは、たとえば一九一二年九月下旬にルーマニア国王をロシア陸軍元帥に任命し、元帥棒を贈るなどして、ルーマニアへの接近をいっそう強化しようとした。そうしたなかで、ルーマニアの目はいくつかの方向に向けられていた。ロシアに対しては奪われた南ベッサラビア地方、ブルガリアに対しては都市シリストリアを含む南ドブルジャ地方、そして、ハプスブルク帝国に対してはルーマニア人三〇〇万人が住むハンガリーのトランシルヴァニア地方である。ロシアは、ルーマニアのナショナリズムを鼓舞させて、トランシルヴァニア地方への彼らの関心を強めようと努力した。ブカレスト駐在墺公使K・E・フュルステンベルクは、一九一二年六月にルーマニアが同地方への関心を高めていることを報告している(7)。しかし、よりいっそうルーマニアが関心を抱いていたのは、南ドブルジャ地方についてであった(8)。このことは、一九一三年三月の同地のロシア公使からの報告でも述べられており、ロシアも十分認識していた(9)。

ハプスブルク帝国とロシアという「大国」に接するルーマニアにとって、ブルガリアが領土的に拡大することは、南からの脅威が増大し、北ドブルジャ地方奪回の危険性が高まることであったため、好ましいことではなかった。同じことはブルガリアにもいえ、同国は南ドブルジャ地方へのルーマニアの恒常的脅威を感じていた。

ハプスブルク帝国にとって、ルーマニアは伝統的なパートナーであり三国同盟側に引き留めなければならない存在であり、他方でブルガリアは潜在的パートナーであった(10)。それゆえに、両国の対立は極力回避されなければならなかったのである。

二　中立国ルーマニアの代償要求

ルーマニアの国境線修正要求

一九一二年一〇月八日にモンテネグロがオスマン帝国に宣戦布告する前後、ルーマニアではバルカン半島の戦争にどのように対処するかが議論された。各政党は即時参戦を主張した。しかし、ルーマニア国王カロルはブカレスト駐在墺公使に対し、バルカン半島における領土の変更が行なわれないかぎり、積極的に干渉するつもりはないと述べた。これは、もしもブルガリアが領土を拡大すれば、ルーマニアとしては消極的な態度を放棄せざるをえないことを意味するものであった(11)。消極的な態度をとろうとした背景には、ルーマニアが、戦争の決着には長期間かかるだろうと考えていたからである。それゆえ、国王カロルは、もしバルカン同盟側が早々と勝利を決めるような事態になったり、ブルガリアがマケドニアに領土を拡大すれば、ブルガリア領ドブルジャ（南ドブルジャ）地方にある鉄道路線のような戦略上の拠点を占領せざるをえない、と公使にほのめかした。これを聞いたハプスブルク帝国外務省は、そのことがルーマニアのブルガリアへの軍事侵攻を意味するのかどうか理解に苦しむところであった。もし軍事侵攻を意味するのならば、それはロシアの戦争への介入を惹起する危険性があった。そこで、外相ベルヒトルトは、公使への一〇月一四日付けの電信にて、占領という方法が、領土に関して現状維持（status quo）という「大国」の考えと一致しないことを指摘するよう要請した(12)。

一〇月一八日にはブルガリアなどのモンテネグロ以外のバルカン同盟の国々も参戦し、ルーマニアの危機感は増していった。戦場ではブルガリア軍が破竹の勢いで進撃していった。一〇月二三日および二七日にルーマニア国王カロルと首相兼外相T・マイオレスクは、ルーマニアが積極的に介入する意思はもっていないものの、ブルガリアの領土拡大に際しては同国への領土的代償を要求するつもりであることを、ハプスブルク帝国側に伝えた。首相はさらに一歩進んで、どの程度この要求を支持してくれるのかまで質問した[13]。一〇月三〇日には、ルーマニアはロシア公使にも同様の要求を伝えた。しかし、その内容は、ブルガリア国境における若干の国境線変更と、マケドニアに居住するクッォヴラフ人の権利の保障の二つであり、漠然としたものであった[14]。翌日になると、ルーマニアの要求は具体性を帯びたものになった。ハプスブルク帝国公使は、ルーマニアがドブルジャ地方のルヤ（ドナウ川沿いの内陸都市）とヴァルナ（黒海沿岸の港湾都市）を含まないかたちでの国境線修正を模索しているようである、と報告している[15]。また、ハプスブルク帝国公使とセルビア公使は、バルチク（黒海沿岸の都市）とシリストリアを含むかたちで修正を要求しているとも聞いた、と報告している[16]（後掲一四六〜七頁、図6参照）。

一一月一日に国王カロルは、オスマン帝国の決定的敗北が明らかになり、もはや、従来ルーマニアがめざしていた領土に関する現状は維持できなくなったことを理由に、国境線修正を提示することをハプスブルク帝国公使に告げた。その際、オルテニツ（ドナウ川を挟んだトゥルトゥカイの北にある都市）からカヴァルナ（黒海沿岸の都市）のあいだに国境線が移動すればルーマニアは満足するであろう、と述べた。これと同時に国王は、ブルガリアがオスマン帝国の首都コンスタンティノープルまで進軍すれば、ルーマニアの世論が軍隊の動員を要求する可能性があり、いったん動員が開始されれば、軍事行動の開始は避けられないであろうと述べ、ハプスブルク帝国側にルーマニアの世論を満足させるかたちで国境線修正に応じて欲しい、との希望を明らかにした[17]。

これに対してベルヒトルトは、ルーマニアの代償要求を支持することを表明するようにとの電信を、翌一一月二日に送った。彼はこのなかで、ルーマニアとの条約のなかには同国の領土獲得に際して支持を与えるという義務は存在しないものの、バルカンの領土が変更される場合にはルーマニアにも確実な利益を確保しなければならない、と述べている。同時に、ルーマニアはブルガリアに対して過度な要求を差し控えるべきである、ともつけ加えた。というのは、さもないと両国間に対立が発生し、ブルガリアをロシアの腕に押しやってしまうからであり、そのような事態はルーマニアにとっても好ましいものではないからである、とした[18]。

同二日、ベルヒトルトはブルガリアが国境線修正に応じるよう説得しようとし、ソフィア駐在墺公使A・タルノフスキにルーマニアの要求に関する電信を出した。彼はそのなかで、①ブルガリアが戦場で大躍進している背景にはルーマニアの中立があること、②この中立に対してドブルジャ地方の国境線修正でブルガリアが報いることによって、両国の合意の基礎が形成され、またブルガリアにとっても要求に応じることはそれほど困難なものではないはずであること、③ロシア外相S・D・サゾノフがペテルスブルク駐在墺大使に述べているところによると、ロシアも国境線修正というルーマニアの要求を正当なものとみなしているため、ブルガリアがイニシアティヴをとって行動をすることはブルガリアの利益である、と指摘した。そして、ハプスブルク帝国公使がブルガリア政府に、ハプスブルク帝国の同国への友好的感情がルーマニアへのそれにくらべて少ないわけではないことと、ハプスブルク帝国がブルガリアのためにルーマニアの要求をできる限り削減しようとしていることを伝えるよう命令した[19]。

ブルガリアの対応

一一月三日にルーマニア内相T・イオネスクの特使がブルガリアの首都ソフィアに派遣され、首相ゲショフに要求を伝えた。その内容は、戦争中の好意的中立に対する補償として、ドブルジャ地方のトゥルトゥカイからバルチクまでの領土をルーマニア領に編入するということであった[20]。ソフィア駐在墺公使が三日にウィーンへ送った報告書には、要求の具体的内容は言及されていない。しかし、ゲショフがハプスブルク帝国公使に対して、ルーマニアの代償問題に応じるつもりがないと明確に拒否する態度を示したうえで、わが国の世論はルーマニアの代償要求の背後にハプスブルク帝国が存在すると考え、反ハプスブルク帝国化の危険性がでてくるであろう、と述べたことが記されていた[21]。

ブルガリアは、ロシアに対してはハプスブルク帝国に対するよりもかなり具体的な主張を展開した。一一月八日にはゲショフがロシアに対して、ブルガリアが応じることができる最大限のものとして、①マケドニアのクツォヴラフ人への広範囲な文化的・経済的保証、②ロシアもしくは諸「大国」の保護のもとで北ドブルジャへの領土獲得の志を放棄すること、③シリストリアとドブルジャ地方以外の地域での軍隊の駐留を行なわないこと、④シリストリア周辺でひとつもしくは二つの戦略上の拠点をルーマニアへ譲渡することをあげた。以上のことから、ゲショフが、ルーマニアの要求するような領土の大幅な放棄に同意していないことが明らかになった[22]。

同一一月八日、ブルガリア国会議長で連立与党の指導者であるダネフは、ハプスブルク帝国を訪問するためブルガリアを出発し、一〇日、オーストリアおよびハンガリー代議団との議会のためブダペストに滞在していた外相ベルヒトルトとの会見に臨んだ。それについて、ハプスブルク帝国外務省がまとめたダネフの主張は、つぎのものであった。第一に、ルーマニアには領土的代償を要求する権利はないということである。ダネフは、ルーマニアの要求を実現するためには、ブルガリアの膨大な犠牲を前提にしていることを批判した。それだけでなく、彼はさらに、ブルガリア解放と関わる露土戦争に勝利した後に、数十年にもわたりブルガリア人が居住しかつ開拓してきた土地を、いわば肉体から自ら切り取り他人に与えることは困難である、と主張した。第二に、戦争前にルーマニアは、対オスマン帝国の同盟締結を拒否したにもかかわらず、いまになって要求を持ち出すのはおかしい、と主張した。第三に、ルーマニアがバルカン同盟＝オスマン帝国間の講和成立のためにオスマン帝国に影響力を行使し、もしそれが成功すれば、代償を要求する権利を獲得する可能性が発生するかもしれない、と主張した。第四に、ブルガリアはハプスブルク帝国との対立点をもたないことをあげた。また、ダネフは、両国の経済関係を強化・尊重すれば、それだけ政治的関係の強化にもつながることを指摘した。その際、エーゲ海の港湾都市カヴァラとハプスブルク帝国との鉄道接続と、港湾都市サロニキの自由港化を具体例としながら、ブルガリアがハプスブルク帝国の経済的利益を尊重すると述べた。第五に、ブルガリアがアドリアノープル周辺を獲得するということである。ダネフは、コンスタンティノープル占領によって多くの国際的利益と衝突してしまうため、ブルガリアはこの都市の占領をめざしていない、と述べた。これに対して、ダネフが帰国後にハプスブルク帝国公使に述べたところによると、ベルヒトルトはまず、ブルガリア民族が住む範囲までブルガリアは領土を拡大できる点と、さらにブルガリアとルーマニアの国境線を修正することは必要であり、両国の直接交渉が望ましい点を述べたという(23)。

翌一一月一一日には、ダネフは、皇帝フランツ・ヨーゼフと皇位継承者フランツ・フェルディナントにも謁見した。皇帝も皇位継承者も、ブルガリアのために尽力することを約束した。しかし他方では、皇帝は、もしも国際状況によってルーマニア国王カロルの地位が不安定なものになれば、ブルガリアはルーマニアへの若干の領土の譲渡を行なわねばならないともいった。ダネフは帰国後にハプスブルク帝国公使タルノフスキと会見したが、そのとき彼は、フランツ・フェルディナントがルーマニアの領土獲得を重視していないように感じた、と述べた(24)。

従来ルーマニアの利益を強く主張していたフランツ・フェルディナントは、ベルヒトルトと同様に、会見の内容に満足であった。ただし、ハプスブルク帝国外務第二次官F・サーパーリは、フランツ・フェルディナントに関するダネフの見解が明らかに間違いであることを指摘し、フランツ・フェルディナントの見解がむしろ反対であることをブルガリア側に伝えるよう、ハプスブルク帝国公使に電信を出している(25)。ブルガリア側でも、ハプスブルク帝国公使の報告するところでは、ゲショフもダネフも会見・謁見に満足であった。

ブルガリアがハプスブルク帝国へ接近する一方で、ルーマニアはほぼ同じ一一月一〇日前後にロシアに接近しようとした。九日、ルーマニアはブカレスト駐在ロシア公使に対して、ロシア政府にブルガリアとの問題で仲裁を要請したいとの希望を正式に出した。その際、ルーマニアは仲裁の理由として、シリストリアを含むトゥルトゥカイから黒海までの国境線修正についてロシアがブルガリアの見解を引き出して欲しいことをあげた。ロシア公使は、このルーマニアの態度が三国同盟からの離脱とロシアの勢力圏に入り込むことを意味する重要なものであり、その要求をどれだけ達成できるかで、ルーマニアをめぐるハプスブルク帝国とロシアの競争が決定すると考えた。彼は、ロシアの目標であるルーマニアとの和解が実現化する模様となってきたため、ルーマニアの要請を安易に拒否できないと考え、すみやかに応えるべきだと結論づけた。これに対して、ブルガリア側はロシアが仲裁要請に同意することを回避しようとした。だが、最終的にロシアは、紛争の仲裁には原則としては同意するものの、ハプスブルク帝国外相ベルヒトルトと同じように、いまは両国が直接交渉による合意をめざすべきである、と主張した。[26]

ブカレスト駐在墺公使フュルステンベルクは、一一月二一日付けの報告書のなかで、ハプスブルク帝国の利益は、ブルガリア首相ができるだけ早く特使をルーマニアに送ることを決定するよう後押しすることである、と記している。彼がそのように考えたのは、ひとつには、フュルステンベルクがルーマニア国内世論に反ハプスブルク帝国化の兆しをみてとったからであり、もうひとつには、ロシアがブルガリア特使のブカレスト派遣の実現に尽力しているからであった。彼は、「ダネフのルーマニア行きがロシアの影響で行なわれたという事態は回避せねばならない」と本国に伝えている。[27] 同日、ハプスブルク帝国外務第一次官K・マッチオは、ソフィアのハプスブルク帝国公使タルノフスキに電信を送り、ブルガリアの大臣らが国境修正を基礎とするルーマニアとの合意の成立をめざして努力すべきことを伝えるよう要請した。[28] その翌日、タルノフスキは首相ゲショフから、ブルガリア国王がルーマニアとの了解をめざしてダネフの派遣を裁可した、との報告を受けた。その際、ゲショフは、ブルガリアがルーマニアにシリストリア周辺にある要塞を譲渡する可能性はあるものの、都市シリストリア自体は断じて譲渡することはできないといった。この発言からタルノフスキは、ブルガリア国内にはルーマニアに妥協する雰囲気はみられないと考えた。彼の見解によると、とくに非妥協的態度を強く示していたのは、国王が依存している軍部であった[29]。ハプスブルク帝国は一一月から一二月初旬にかけて、ルーマニアを三国同盟側に留めておく努力をした。そのひとつは、当時参謀総長から外されていた軍事総監（Armeeinspektor）F・コンラートのルーマニア派遣であり、もうひとつが、ルーマニアとの経済的結びつきの強化をめざす関税同盟の実現であった。

コンラートのルーマニア派遣——ハプスブルク帝国の対応①

コンラートの派遣は、皇位継承者フランツ・フェルディナントの要望のもとに実現したものであった[30]。外務省では一九一一年一一月一七日、彼の派遣目的について、ハプスブルク帝国が現在の危機におけるルーマニアの利益の保護のために努力することと、ブルガリア国会議長ダネフのハプスブルク帝国訪問の内容を報告し、まもなく更新されることになっている三国同盟を現状のままで延長すること、の二点を考えていた。また、一一月二八日にはベルリンとローマに駐在するハプスブルク帝国大使に、コンラート派遣の目的が、戦争での中立維持に満足しているという内容の皇帝フランツ・ヨーゼフの書簡をルーマニア国王に手渡すことと、口頭で国王に以下の四点を述べることにある、と両国政府に伝える電信が送られた。まず第一に、一七日の派遣目的である。第二に、ブルガリアとオスマン帝国の講和のための交渉の際に、国王がブルガリアを支持すると決定したことをハプスブルク帝国が満足していることである。第三に、ルーマニアが将来においても三国同盟と密接な関係を維持することをハプスブルク帝国が確信していることである。第四に、軍事情勢に関する意見交換である。この四点はコンラートへの指令書のなかでも言及されている[31]。

一一月二九日の午後にブカレストに到着したコンラートは、午後二時から二時間にわたって国王カロルに謁見した。彼は、ドイツ、ハプスブルク帝国、ルーマニア、そしてブルガリアの四カ国がロシアとセルビアに対抗するため一体となることの必要性を国王に述べた。それに対する国王の返答は、その主張が自分の見解と一致するものであるというものだった。また、国王は、ルーマニアがブルガリアとの国境線修正について三つのシナリオを考えていると述べた。国王は、ルーマニアにとっていっそう好ましい戦略的条件を創出するためにもこの修正が必要であり、またブルガリアがルーマニア領ドブルジャ（北ドブルジャ）地方を文書で承認することも必要であるとした。その際、ルーマニアのもっとも希望するシナリオはヴァルナとスムラを含まない修正であり、かろうじて妥協できるシナリオはシリストリアを含まない修正であり、その中間にあるシナリオはシリストリアをルーマニア領にする修正であった。コンラートは、ハプスブルク帝国がルーマニアのこの希望を絶対に実現しなければならないと確信した。というのは、さもないと、ルーマニア外交の支柱である国王が国民と政府から誤った印象をもたれ、それによって、ルーマニア国内でロシア寄りに立つ人々が勢力を獲得してしまうからであった。彼は国王との謁見のあと、ルーマニアの参謀総長と会見し、対ロシア戦における両軍の配置（とくにルーマニア軍の配置）について意見を交換した。翌三〇日、コンラートはブカレストを離れ帰国した。

コンラートが得た印象のなかで重視すべきは、つぎの二点であろう。まず、ルーマニアの世論が三国協商側になびいていたのではなく、主にブルガリアとの関係と若干の領土の譲渡、そしてマケドニアのクツォヴラフ人に目が向いていた、と彼が考えたことである。もうひとつが、ルーマニアの政治家についての彼の評価である。彼は、首相兼外相マイオレスクを信頼できる人物で、ハプスブルク帝国との関係を友好的なものにしたいという態度がみてとれる一方で、内相イオネスクやJ・ブラチアヌはその関係をあまり重視していないとみていた(32)。ロシアはコンラートの派遣を受けて、ミハイロヴィッチ大公をブカレストに派遣した。ブカレストで、彼はルーマニア国王や首相らと会見し、ルーマニアがバルカン同盟に加盟する意志があるかどうか質問した。しかし、ルーマニア国王は同盟の存続に強い疑問を抱いており、とにかくブルガリアとの関係を明確にする必要性を説いた。首相兼外相マイオレスクも同じ意見であったので、ミハイロヴィッチの派遣は失敗に終わった[33]。

ルーマニアとの関税同盟案――ハプスブルク帝国の対応②

さて、経済的結びつきのための関税同盟構想は、皇位継承者フランツ・フェルディナントがハプスブルク帝国とルーマニアの関係は軍事的・政治的結びつきだけでは不十分であると考えており、外務省もこの意見に同意し、通商省（商務省）の課長R・リードルに試案を出すよう要請したことに始まる[34]。「リードル覚書」といわれるもののなかで重要なのが、①ルーマニアとの関税同盟締結と、バルカン問題すべてに対する両国の共同行動、②バルカンの領土に関する最終的決定に際して、ハプスブルク帝国がルーマニアの代償要求を支持すること、③関税同盟成立後にはセルビアとモンテネグロをこのシステムに引き込み、さらにギリシアもしくはブルガリアと通商条約を締結すること、であった。

コンラートが派遣された日と同じ一一月二九日、リードルはこの内容を検討すべくルーマニアに向かった。ルーマニア国王のほか、首相や蔵相らからは基本的な反対はでなかったものの、両国の交渉者は、共同で専門委員会を設立し、当分のあいだは問題を検討することに限定すべきである、との結論に落ち着いた。このようなことから、リードルは将来の交渉の進展を楽観的にみていたものの、ブカレスト駐在墺公使フュルステンベルクはそうではなかった。結果的には、ハプスブルク帝国内のとくに農民層の反対や、バルカン半島における危機の進展の速度に押されるかたちで、関税同盟の第一段階とリードルがみなしていたルーマニアに対する特権関税ですら、実現が危ぶまれる状況であった[35]。

以上のように、ハプスブルク帝国はルーマニアとの関係維持・深化のためにさまざまなことを試みたが、根本的な解答を見いだしてはいなかった。つまり、外相ベルヒトルトを筆頭にたびたび、ルーマニアの「正当な希望」を満たす必要性を主張してきたものの、それが何なのかは具体的に示されてこなかった。ハプスブルク帝国だけでなく、ロシアも希望していたブルガリアとルーマニアによる直接交渉が一二月一〇日に、ようやく開始されることになる。それはハプスブルク帝国の努力の結果というよりも、むしろロシアの成果といえるものであった。にもかかわらず、ハプスブルク帝国はブルガリアとルーマニアの対立を回避できただけでなく、両国との良好な関係構築が着実に進行しつつあると考えていた。

三　ブルガリアとルーマニアの直接交渉――都市シリストリア

ブカレスト協議

バルカン戦争の講和交渉が一九一二年一二月にロンドンで開催されることが決定し、ブルガリア政府はその代表として国会議長ダネフを派遣した。彼はその途中でルーマニアのブカレストに立ち寄り、国境線修正に関する問題を協議した。彼のブカレスト滞在は一二月八日と九日のわずか三六時間だったものの、この協議はハプスブルク帝国とロシアが希望していた両国による初の直接交渉であった。

ブカレストにおいて、ダネフはルーマニア首相兼外相マイオレスクや国王カロルといった要人と会見した。マイオレスクの感想は、交渉が「好ましくないことはなかった」というものであった。マイオレスクがハプスブルク帝国公使に話したところによると、その協議は、まずマケドニアのクツォヴラフ人の問題から行なわれ、ダネフは、クツォヴラフ人の学校・教会に関して権利を保護して欲しいとのルーマニアの希望を認めた。つぎに、彼らは国境線修正の問題を協議した。ダネフは、修正に関して原則的には反対しなかったものの、鉄道のような戦略線

(Strategische Linie) の譲渡と代償について議論に応じることはできないと述べた。それに対してマイオレスクは、ルーマニアが国境線修正を代償とは考えていないと返答し、さらにつぎのように述べた。

もし戦略線について話すのであれば、都市シリストリアは純粋な戦略的場所である。〔一八七八年の〕ベルリン会議のときにロシアは、ルーマニアに対する腹立ちまぎれにシリストリアを肉体の棘〔すなわち絶えず心身を痛ましめるもの、苦痛という意味〕のように扱った。ドブルジャにおける今日の国境線は、ロシアによってルーマニアとブルガリアに押しつけられたものだ。ルーマニアとブルガリアはあらゆる後見から独立したのだから、両国のあいだでの紛争の原因をもはや形成してはならない国境線について、いまや合意してつくりだすときであろう。

ダネフはこの発言に関心を示し、ブルガリア国会から領土的譲歩の承認を獲得することは非常に困難であるものの、一応ソフィアでこのことを閣議に提出してみる、と述べた。また、継続交渉をロンドンで行なうことも決定し、ブルガリア側はダネフ、ルーマニア側はコンスタンティノープル駐在公使N・ミスがそれぞれ交渉者となった(36)。

ルーマニア国王カロルとダネフとの会見において、国王は、ルーマニアの要求を戦争中のブルガリアの占領に対する代償としてではなく、バルカン半島での領土の現状が変更された当然の結果として理解されるべきである、とダネフを説得した。さらに国王は、もしもブルガリアがルーマニアの領土要求をそれ相応に考慮しない場合には、両国関係は危険に満ちた対立に発展することは間違いなく、ルーマニアがブルガリアの友人になるか永久の敵になるかはひとえにダネフの決断しだいである、と主張した。国王は、この内容を一二月後半にハプスブルク帝国公使に述べた際、ブルガリアがアドリアノープル占領が成功すれば、ルーマニアの国境線修正の要求により容易に応じるであろう、との希望を述べている[37]。

ダネフはブカレストを離れた後の一二月一一日にウィーンに立ち寄った。彼は、ハプスブルク帝国側に、ルーマニアとの協議でよい印象を受け、同国の希望が主として道義的満足をめざしていることを納得した、と述べた[38]。また、ブルガリアとハプスブルク帝国の関係についても、彼は言及した。ダネフは、ブルガリアが港湾都市サロニキに大きな価値を置いており、自発的にそこを放棄することはない、と述べた。それに関して、ブルガリアがサロニキを獲得したときには、ハプスブルク帝国が港、倉庫、敷地を自由に使用できるようにすると約束した[39]。

ハプスブルク帝国外相ベルヒトルトはロンドン駐在墺大使に対して、バルカンの安定のためにはブルガリアがルーマニアの正当な希望を実現することが不可欠であるとの、従来の見解を繰り返し述べる一方で、ソフィア駐在墺公使には、サロニキに関してブルガリア政府につぎのように述べるよう電信を出した[40]。まず第一に、ハプスブルク帝国がサロニキをブルガリアに与えることを支持することは、きわめて政治的な問題であり、バルカン諸国との関係だけでなく、諸「大国」との関係にも影響を与えるものである。第二に、ハプスブルク帝国が巨大かつ強力なブルガリアを希望しており、その目的のために努力している。第三に、しかしながら重要なことは、ブルガリアが将来の外交方針をどのように立てるのかということを、ハプスブルク帝国に明らかにしなければならない。それが明らかにされてはじめて、ハプスブルク帝国はブルガリアの領土要求に支持を与えることができる。第四に、この意味でブルガリアがサロニキに関するハプスブルク帝国の経済的利益を完全に保護すれば、他国がギリシアへの譲渡や国際管理化を主張しても、ハプスブルク帝国はブルガリアへの譲渡を支持するであろう[41]。

ハプスブルク帝国公使タルノフスキは、本国からの訓令に従いブルガリア首相ゲショフと会見した。ゲショフは、ブルガリアが知りたいことはルーマニアの要求に対するハプスブルク帝国の態度であり、それがわかりしだい、オスマン帝国との講和成立以降の外交方針を述べることができるであろう、と述べた。これを聞いたタルノフスキは、ハプスブルク帝国が両国の合意を望んでおり、ルーマニアに対して要求を適切なものにするよう努力しているとの、従来の内容を繰り返しただけであった。ゲショフがこれに関して、ルーマニアの要求が何なのかわからないと述べると、タルノフスキは、ルーマニアの要求は正式には何も知らされていない、と答えた。ゲショフは、都市シリストリアを譲渡して欲しいとのルーマニアの要求はわかっているものの、都市とその住民を渡すことはできない、と返答した。ブルガリアの用意できる譲歩内容を示して欲しいとのタルノフスキの要請に対して、ゲショフは、居住地域以外だけなら譲渡できるが、「都市や村は論外だ」といった。(42)

この報告を受けたベルヒトルトは、つぎの四点を結論として導き出した。第一に、戦争が継続するかぎり、ブルガリアはバルカン同盟に依存する。それゆえ、ブルガリアの政治的行動の自由が妨げられている。第二に、現段階ではブルガリアの外交方針がわからないため、ハプスブルク帝国は彼らを支持することはできない。ハプスブルク帝国ができることは、ブルガリアがわれわれの敵側に立たないとの保証を獲得する程度である。第三に、ブルガリアとルーマニアとの問題は、ブルガリアの真の意図を探るための試金石である。問題解決に際して、ハプスブルク帝国の希望する解決法を採用すれば、ブルガリアは将来われわれに友好的な外交方針をとることが推測できる。第四に、居住地域以外というゲショフの譲渡内容は、ルーマニアの希望するものではなく、両国の和解は成立しないであろう。(43)

ロンドン協議

ロンドンでのダネフとミスの国境線修正に関する交渉に、バルカン同盟とオスマン帝国の戦争の講和交渉のためにロンドンにいたルーマニア内相イオネスクも参加することになったものの、ブルガリア＝ルーマニア間の交渉はなかなか始まらなかった。ルーマニア首相兼外相マイオレスクは、その原因がブルガリア側にあるとして、ソフィア駐在ルーマニア公使にダネフが交渉に入るための訓令を受けているか照会するようにとの訓令を送り、そのなかで「ルーマニアは長く待つことはできない」との文言を入れた。この文言を挿入した理由をハプスブルク帝国公使は、バルカン同盟とオスマン帝国との講和締結前に、ルーマニアがブルガリアに対して要求を受諾させせようとしているからである、と考えている。

このマイオレスクの苛立つ様子をハプスブルク帝国公使が報告した一二月二八日、ダネフは独断で、ミスらルーマニア代表だけでなくロシアにも、以下の四つをブルガリアの考えとして提示した。マケドニアのクツォヴラフ人の学校および教会の自治、シリストリアのすべての要塞・防御施設の取り壊し（場合によっては、戦略上の拠点であるメディディエ要塞の譲渡）、約二〇の村々の譲渡を含む国境線の修正、そしてルーマニア領ドブルジャの不可侵の保証、この四つである。第三点目については、ブルガリア首相ゲショフが主張していた非居住地域のみの譲渡から一歩踏み込む内容であった。ロシア外相サゾノフは、四点に関するダネフ案を従来のブルガリアの政策の大きな変更を意味するものとして価値を認め、これがルーマニアの利益の保証を具体化するものであるとして、交渉のたたき台とすることをルーマニア側に要請した。結局、ブルガリア政府もダネフのこの逸脱的な行動を認め、ダネフ案を正式なブルガリアの提案としたうえで、ルーマニア側と交渉に入ることを命令した(44)。

一九一三年一月一日、ブカレスト駐在墺公使フュルステンベルクがルーマニア国王カロルに謁見した際に、国王は、ハプスブルク帝国が要求していたオスマン帝国との講和成立のための行動をすでにルーマニアが実行したため、こんどはそれに対応するブルガリア側の行動を実行すべきである、と述べた。その際、国王は、ブルガリアの提示した国境修正案のうち、もっとも南に位置する線、つまり、ルセを含まないトゥルトゥカイ‐エクレネ線をルーマニアがあくまでも主張することを告げた。

一九一三年一月三日、ロンドンでのはじめての直接交渉がようやく行なわれた。ダネフは一二月二八日の提案をもとに、ドナウ川から黒海までの範囲（ただし都市シリストリアは除外）というブルガリア案を提出した（図6参照）。するとルーマニア代表ミスは、ブルガリア案がわれわれの最小限の要求以下のものである、とブルガリア案を批判した。初のロンドン交渉は、双方の意見が真っ正面から衝突するかたちであっけなく終わってしまった。

ブルガリアは、交渉が決裂した原因をルーマニア側にあるとした。ソフィアのハプスブルク帝国公使がブルガリア国王側近S・ドブロヴィッチから聞いたところによると、ミスはその際、シリストリア、バルチク、カヴァルナを要求した。ドブロヴィッチは、この三都市の譲渡要求には応じることができないと述べた。というのは、彼によると、今回の戦争でブルガリアのために勇敢に戦ったシリストリア出身の兵士を見捨てるわけにはいかないし、またバルチクは重要都市エウクシングラードの近くにあり、安全保障上譲渡できないからである[45]。首相ゲショフは、われわれの大幅な譲歩にもかかわらず、ルーマニアが妥協しない、と批判した。ハプスブルク帝国公使タルノフスキが、ブルガリアの提案内容は不十分であり、ルーマニアはこの内容では譲歩しないであろうと述べると、ゲショフは、ルーマニアの要求は法外なものであると述べ、つぎのように続けた。「三〇〇〇平方キロメートルの土地、一〇〇の村々、三つの都市。これはもはや国境修正ではない[46]」。

ルーマニアも同様に、交渉が決裂した原因がブルガリア側にあるとした。ルーマニア代表のひとりイオネスクが交渉の翌日にロンドン駐在墺大使A・メンスドルフを訪問した際、彼は、ブルガリア代表のダネフがブカレストで述べたことをほとんどすべて拒否したと述べ、怒りをあらわにした[47]。その後、彼はロンドンとパリにおいてダネフ批判を公然と展開した。ルーマニア国王カロルも、ハプスブルク帝国公使に対して不満を表明した。その際に国王は、首相を除くルーマニアの大臣全員がブルガリアに対する断固たる措置を主張し、あくまでもシリストリア割譲を実現すべきであると意気込んでおり、世論も日増しに好戦的雰囲気が醸し出されつつある、と述べた[48]。

首相兼外相マイオレスクが述べるルーマニアの要求する最小のものは、シリストリアの上流五キロメートルを基点とし、南にカヴァルナまでのライン（ただしドブリチは除外）であった。彼は、ブルガリア代表ダネフの交渉者としての態度にも批判を展開した。彼はブカレスト駐在のハプスブルク帝国とロシアの公使に対して、ダネフの発言、つまり、交渉の行き詰まりを理由に代表者の地位を降りて別の者に引き継ぐつもりだという発言から、ブルガリアが交渉を引き延ばそうとしていることを読みとることができる、と述べた[49]。マイオレスクはまた、都市シリストリアに関する要求が拒否されるならば、全政党がその譲渡を主張しているため、ルーマニアは、場合によってはシリストリアの占領も視野に入れた軍事的措置をとらざるをえない、とまで述べた。この発言の二日後の一月八日には、マイオレスクは、国王が断固たる措置にでる決意をし、トゥルトゥカイ＝バルチク線の軍事占領を決定した、と報告した。その目的は、ブルガリア側が交渉のテーブルにすみやかに戻ってくるために必要な抵当物を獲得することであるとした。マイオレスクは、国王がこのように決定した要因を、ブルガリア国王に対する個人的不信感と、ブカレストとロンドンで異なることを主張したダネフに裏切られたとする感情ではないか、と理解した[50]。

国王の軍事的措置の決定に対して、ハプスブルク帝国とロシアの公使は二人とも、この決定は単なる脅しにすぎず、われわれにブルガリアに対してルーマニアの要求を実現するよう影響力を行使させるためのものであると考えた[51]。この意見に賛同したハプスブルク帝国外務省は、交渉が近く再開することを予測し、ルーマニアによる軍事占領が不要と考えた[52]。ロシア外相サゾノフも同意見であった[53]。ハプスブルク帝国外相ベルヒトルトは、実際にルーマニアが軍事措置をとれば、ブルガリアによる軍事的抵抗だけでなく、セルビアがブルガリアを支援することによって、ブルガリア軍とセルビア軍の両方と戦火を交える可能性も指摘した。ただ、ここで重視すべき点は、外務省がこのような両軍との戦闘の結果ルーマニアが危機的状況になった場合、ハプスブルク帝国とルーマニアの同盟が防衛的性格であるにもかかわらず、「ハプスブルク帝国はルーマニアの安全保障を支持するであろう」と結論づけていたことである[54]。このような見解は、ドイツ外相代理A・ツィンマーマンにもみられた[55]。

交渉が長引く場合のことも、ハプスブルク帝国外務省は考慮しておかねばならなかった。そこで、彼らは、ルーマニアの軍事占領のような事態を回避するためには、ハプスブルク帝国がルーマニアの利益だけを考えて行動すべきであると考えた。その一方で、直接交渉が継続不可能な場合には、別の選択肢として諸「大国」の希望を考慮した、つまり事実上の諸「大国」の介入による領土の譲渡が正当化されうるであろうとも考えた[56]。これに関連して、ブカレスト駐在墺公使フュルステンベルクは、ブルガリアに対して断固とした態度を示したくなければ、ロシアによってよりもむしろ、諸「大国」によってシリストリアをルーマニアに与えるほうが得策である、と本国に進言している[57]。こうしたなか、ルーマニアが三国同盟から離脱する危険性を感じはじめていたフュルステンベルクは、シリストリアをルーマニアに譲渡するなどして同国が満足する結果を与えなければ、ルーマニアはハプスブルク帝国にとって「失われた国家」となってしまう、と警告している。それゆえ、彼によれば、諸「大国」が介入する場合には、三国同盟諸国は「ブルガリアのことは一切考慮しないで、ただひたすらわれわれの友好国であるルーマニアが満足することをめざさねばならない」のであった[58]。

一九一三年一月一〇日、第二回交渉が行なわれた。ルーマニア代表のひとりであるイオネスクはこの交渉には参加せず、ミスとダネフの二人で行なわれた（これはダネフとイオネスクの個人的対立を回避するためといわれる）。ルーマニア代表ミスは、国境に関する要求のラインを縮小させる提案を行なった。これについて、ルーマニア首相兼外相マイオレスクがハプスブルク帝国公使に語ったところによると、ルーマニアが要求する最大のものがトゥトゥカイ－バルチク線で、最小のものがシリストリア－カヴァルナ線（両方の都市を含む）となった。後者の場合、シリストリアの西約六〜一〇キロメートルの地点から黒海に向けて延び、カヴァルナの南西六〜一〇キロメートルを経て黒海沿岸に到達するものであった。ルーマニア国内では、シリストリアはすでにブルガリアとの国境線問題における大衆のシンボルとなっており、政治的価値しか有していなかった。この点は、ルーマニアの政治家および軍人の意見も一致していた。それに対して、カヴァルナは将来、黒海沿岸の重要な港になるであろうという実際的価値があるから、ぜひとも獲得しなければならない、とマイオレスクは述べた[59]。第二回交渉は、このルーマニアの主張が公表されただけで終了した。

ブルガリアは、領土の譲渡を可能なかぎり少なくするため、第二回交渉が開始される前にロシアに特使を送り、第一回交渉で提案されたブルガリア案をロシアがこれからも支持して欲しい、と要請した。しかし、ロシアは、第一回交渉以降のルーマニアの強硬な態度が原因で、ルーマニアの要求に応じることをブルガリアに働きかけるようになった。ブルガリア首相ゲショフは、ロシアが以前のようにブルガリア案を支持することを期待して交渉を遅延させる戦術をとることに決め、ロンドンのダネフには、第一回交渉でブルガリアが提案した一二月二八日のダネフ案を、もういちどルーマニア側に提案するよう訓令を出した。しかし、ダネフはミスに会うことができないまま、時間だけが過ぎていった[60]。

こうして交渉の舞台はロンドンからペテルスブルクにしばらく移り、ブルガリアとルーマニアはロシアの協力を獲得しようと努力した。ブルガリアは停滞する状況を打開すべく、一九一三年一月一五日に閣議を開催した。その結果、ブルガリアは、①一九一二年一二月二八日のダネフ案で最後の手段として提案されたメディディエ要塞の譲渡、②ルーマニアとの国境での若干の領土譲渡、③ルーマニアの重要港マンガリア（人口約二〇〇〇人）がある黒海沿岸の南部地域の若干の譲渡を決めた。当時ペテルスブルクにいた蔵相T・テオドロフがこれら三点をロシア外相サゾノフに伝えたが、テオドロフは、これらの決定を実行する際には、以下のことがブルガリアに認められなければならない、とサゾノフに告げた。第一に、ブルガリアによるアドリアノープル獲得をロシアが認める。第二に、ルーマニアが前記の三つの決定を拒否し、さらなる領土を要求してくる場合には、ロシアはブルガリアを支持する。第三に、現在休戦中のオスマン帝国との戦闘が再開した場合には、ロシアがブルガリアの東部への領土拡張を承認

ルーマニアの第二の要求＝中規模の要求

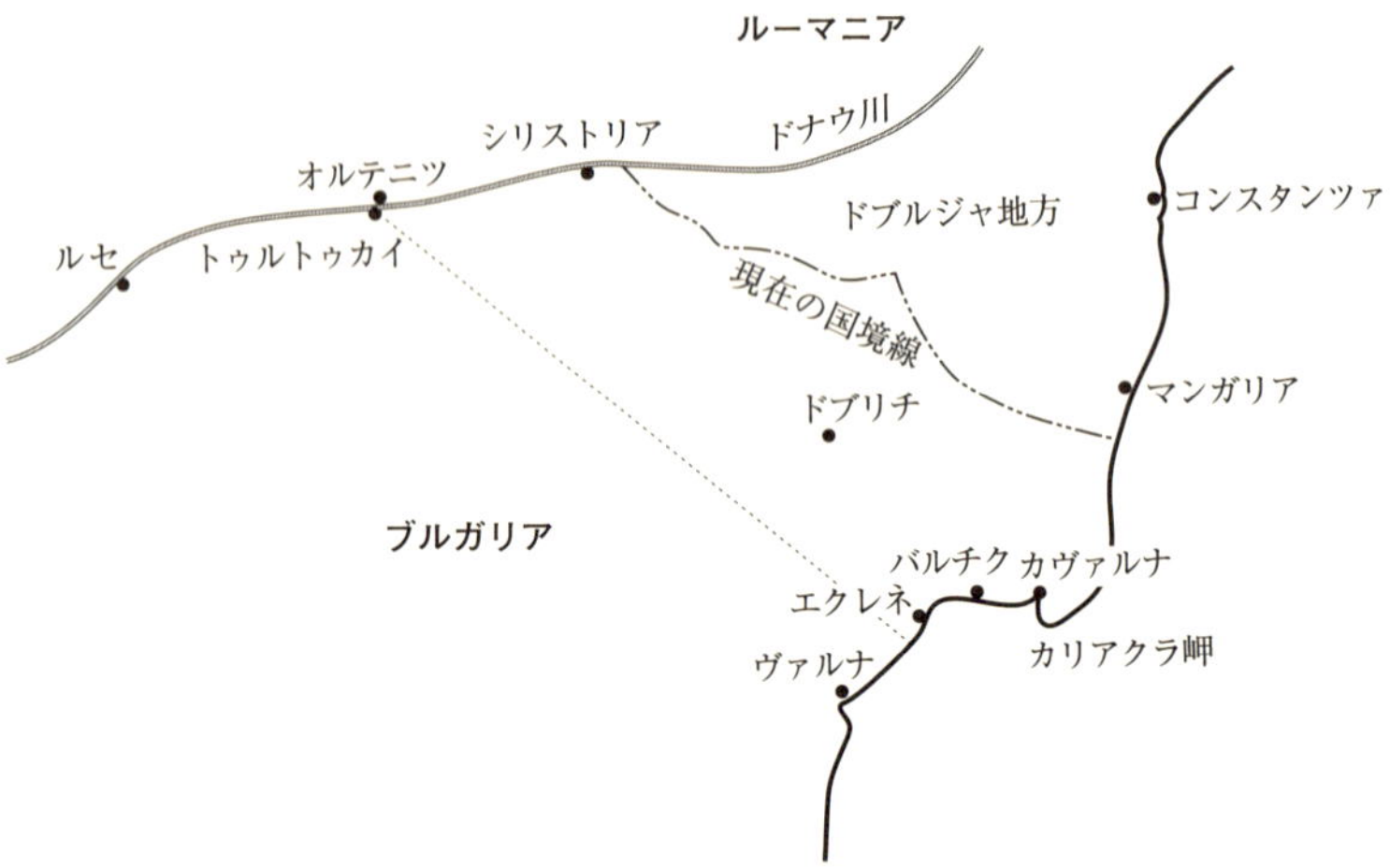

ルーマニアの第三の要求＝小規模の要求
＝国境線修整

図 6　ルーマニアの国境線修正案

ルーマニアの第一の要求＝大規模の要求
ブルガリア領ドブルジャ（＝南ドブルジャ）全域

する。第四に、セルビアがブルガリア＝セルビア条約のなかで規定している占領地域の分割を実行しないときは、ロシアはブルガリアを支持する。第五に、ルーマニアのシリストリア占領が原因でブルガリアとルーマニアとのあいだに戦争が勃発した場合には、ブルガリアは一九〇二年のロシア＝ブルガリア協定と両国間の歴史的伝統をもとにロシアの支援を期待する。

しかし、サゾノフは、第五の点である協定にもとづく支援をあっさり拒絶した。彼によると、一九〇二年の協定は一九〇八年の段階で、ブルガリア国王フェルディナントがロシア皇帝ニコライ二世と当時のロシア外相A・P・イズヴォルスキ（現パリ駐在ロシア大使）の前で自ら放棄しているからであるという。さらに歴史的伝統については、現在行なっているロシアの政策がこの伝統にもとづいているだけである、と述べた[61]。

サゾノフは、ブルガリアの一月一五日の三つの決定、とくにメディディエ要塞の譲渡が重大な妥協であると理解したため、ルーマニアに対して、このブルガリアの新提案を受諾し、シリストリアを要求しないよう要請した。これは一月一三日のロンドン大使会議で、ロシア大使が「ブルガリアとルーマニアの希望に応えて両国間の仲裁をロシアが行なう」と宣言したことを、実行にうつしたものである。要請を受けたルーマニアは、ロシアの仲介が自己の不利に展開することを恐れ、拒否した。一月一八日のソフィア駐在ルーマニア公使や二一日のルーマニア首相兼外相マイオレスクの話から判断すると、ルーマニアはロシアに仲介を要請したことはなかった。ルーマニア側は、ペテルスブルク駐在ブルガリア公使かブカレスト駐在ロシア公使N・N・シェベコがロシア政府に故意に誤報を流したか、もしくは誤解にもとづくものであろう、との見解に立った。のちに、シェベコは自分の誤解であることを認めた[62]。

ロンドンでは一月一七日に、ようやくイオネスクとダネフの交渉が行なわれた。しかし、一七日の段階でブルガリア本国からメディディエ要塞の譲渡の決定を聞いていなかったダネフは、黒海沿岸のマンガリア付近の国境から南へ五キロメートルの幅を譲渡すると主張した。これはメディディエ要塞を含まないものであった。ダネフの申し出たその他の点は、従来からブルガリアが主張していたものであった（要塞の破壊、ルーマニア領ドブルジャ地方に関するブルガリアの無関心、クツォヴラフ人に関するもの）。だが、イオネスクは、ダネフの提案が満足のいくものではないと述べ、そのままルーマニアへ帰国した[63]。この交渉の翌日、ルーマニア首相兼外相マイオレスクはハプスブルク帝国公使に対して、われわれは可能なかぎりブルガリアと交渉を継続するものの、直接交渉が成功しないときは、仲裁裁判所もしくは諸「大国」、場合によっては（ロシア一国ではなく）ハプスブルク帝国とロシアの二国に委託することもある、と述べた[64]。諸「大国」への委任という考え方は、ルーマニア国王カロルも二三日に表明している[65]。

この間ブルガリアでは、政府の人間がルーマニアとの問題に危機感を抱いていたようである。ペテルスブルクに派遣されたブルガリア蔵相テオドロフと同地のブルガリア公使が主張するように、ブルガリアはシリストリアを絶対に譲渡することはできなかった。しかし同時に、彼ら両人は、戦争になった場合には、ブルガリアがオスマン帝国とすぐに講和を結び兵力をルーマニアに集中させるであろうし、またセルビアとギリシアが参戦してくれるだろう、と楽観していた[66]。しかし、事態はそのように楽観できるようなものではなかった。ソフィア駐在墺公使タルノフスキが情報を集めた結果、ブルガリアがいまの段階でルーマニアと戦争をする余裕はないことがわかったのである。また、バルカン同盟国が支援するであろうとの見解も、現実味に乏しかった[67]。

一月二三日、外相ベルヒトルトはロンドン駐在墺大使メンスドルフに対して、ブルガリア側へのすみやかなる交渉締結というルーマニアの主張をダネフに伝える旨の訓令を出した。その際、重要なのは、ハプスブルク帝国があくまでも両国の合意成立にのみ価値を置いていたことと、明白なルーマニア寄りの立場をとったことであった[68]。

ルーマニアでは一月二五日に御前会議が開かれた。この会議で、ルーマニアが提案するつぎのような内容が決定された。第一に、ルーマニアはブルガリアの返答の遅延をこれ以上待つことはできない。これに関しては、すでに同日、ロンドンのミスに書面での解答を要請する旨の訓令を送った。第二に、ルーマニアが要求する最大の国境線修正はトゥルトゥカイ＝バルチク線（ドブリチを含む）で、最小のそれはシリストリア＝バルチク線（ドブリチを除外）である。第三に、今週中にブルガリアからの明確な返答がない場合には、ルーマニアは軍事的措置に着手することになろう。第四に、戦争という最悪の状態を回避するために、場合によっては、ルーマニアの要求をブルガリアに働きかけるようロシアに要請することもある。[69] マイオレスクはハプスブルク帝国公使に対して、自らの見解としては、シリストリア＝カヴァルナ線（シリストリアを除外）という選択肢、もしくは若干の沿岸地域と都市シリストリアの譲渡という選択肢も、ルーマニアの要求する最小限のものとして考えることもできる、と述べている。

このルーマニア側の提案は、一月二五日のロンドンでブルガリア代表のダネフに、ミスを通じて伝えられた。しかし、ダネフは、ルーマニアの最大の国境線修正も最小のそれも応じることはできないと反論し、何ら進展のないまま交渉は終了した。翌日、ミスは次回の交渉の際に議定書を作成したいとの希望を持ち出し、ダネフはこれを了承した。これは、ルーマニア政府の訓令である「もしもブルガリアがシリストリアとカヴァルナを譲渡しないときには、交渉を中止し議定書を作成せよ」にもとづくものであった。[70]

一月二九日、ふたたび交渉が行なわれた。しかし、ダネフは従来の要求をただ繰り返しただけであった。それを聞いたミスは、訓令に従って交渉の中止を要求し、ミスとダネフは議定書の作成に入った。議定書には、双方の主張が盛り込まれることになった。ルーマニア側はトゥルトゥカイ＝バルチク線という最大限の国境線修正を盛り込み、他方ブルガリア側は、①シリストリア東部にある要塞と国境線にある要塞の撤去、②クツォヴラフ人の自治、③ルーマニア領ドブルジャへの要求の放棄、④約二〇の村を含む国境線修正を盛り込んだ。議定書には、交渉を継続することも盛り込まれた。[71] ロンドンでの交渉はこれで終了し、両国はブルガリアのソフィアで交渉を行なうことに合意した。

ロンドンでの交渉が終了したあと、ルーマニア首相兼外相マイオレスクは、ハプスブルク帝国公使に議定書の内容の詳細を報告した際、自らの見解として、ルーマニアが最大限譲歩できる国境線はシリストリア＝カリアクラ岬線（シリストリアを含む）であると述べた。この要求が実現されれば、国内の好戦派の勢力を抑えることができる。彼はこの国境線修正が無理ならば、第二の要求としてシリストリア＝カヴァルナ線（シリストリアは除外されるものの、カヴァルナを含む）も考慮できるものの、これでは国内世論が反発することは明らかであるとした。また、平和的に問題を解決するために、ブルガリアとの同盟もしくはそれに類似したものを締結することも可能であろう、とも述べた。以上のようなマイオレスクの見解を補強する意味の発言を、ルーマニア国王カロルも行なっている。国王は、数人の閣僚が、シリストリアを獲得できないたぐいのブルガリアとの合意の場合には辞職するといっている、とハプスブルク帝国公使に述べ、自らの困難な立場に理解を求めた(72)。

シリストリアの価値

シリストリアに対するルーマニア政治家たちの獲得意欲のあらわれは、つぎのマイオレスクの発言からうかがうことができるであろう。彼は、シリストリアをルーマニアとブルガリアで分割すること、またシリストリアに居住するすべてのブルガリア人の家屋と公共施設を高値でルーマニアが買い取ること、さらに、シリストリアから一〇キロメートル先にブルガリア人居住者のための都市を建設することなどをあげ、シリストリアをルーマニアに譲渡することを主張した。マイオレスクはハプスブルク帝国公使に対して、ルーマニア国内の世論の動向をとくに強調し、帝国の支持を要請するスタイルをとった。ハプスブルク帝国公使は、ルーマニア情勢については従来の立場を維持した。このときも彼は、世論が満足のいく解決策を政府がとらないと、政府が瓦解する可能性があり、世論だけでなく政府内にも反三国同盟的感情が存在することを指摘している。[73] しかし、その一方で、このハプスブルク帝国公使の見解に対して、ウィーンの外務省は、たとえ政権交代が起こってもルーマニアは三国同盟から離れるとは考えにくいと予想していた。[74]

さて、ブルガリアにとってのシリストリアの価値について、一九一三年一月中旬のローマ駐在墺公使K・メーレイはつぎのように考えていた。戦闘の余韻に浸っているブルガリアはシリストリアに二重の価値を置いている。つまり、一方では、ルーマニアに対して、アドリアノープルを獲得するために協力すればシリストリア譲渡を考えてもよいという態度をとり、他方では、ギリシアに対して、シリストリアを喪失することでエーゲ海の港湾都市サロニキをブルガリアが獲得すべきであるという態度をとっている。[75] 後者のシリストリアとサロニキの関連性については、ベルヒトルトも一月二八日のソフィア宛て電信のなかで言及している。このなかでは、サロニキをブルガリア領とすべき点や、ブルガリアがハプスブルク帝国の経済的利益を考慮しなければならないという点など、従来の主張のほかに、ハプスブルク帝国がエーゲ海などにおけるブルガリアの領土要求に対して広範囲な支持を与えることが、ブルガリア＝ルーマニア交渉における和解に貢献することが言及されている。ただし、そこでは、外相ベルヒトルトがサロニキとシリストリアとのあいだに因果関係を設けることを意図的に回避しつつ、外交を展開すべきであることがつけ加えられている。[76]

バルカン同盟とオスマン帝国の休戦が破られ、戦闘が再開した後の一九一三年二月九日、ベルヒトルトはブカレストとソフィアに電信訓令を送った。彼の見解はつぎのようなものであった。第一に、ブルガリアは戦闘再開の結果、占領地の配分でバルカン同盟諸国との問題の発生が予想されるため、ルーマニアはブルガリアがこれからも非妥協的態度をとると考えるべきではない。第二に、ルーマニアがブルガリア領の一部を占領しても大きな抵抗は受けないであろうものの、バルカン同盟全体と敵対することになりうる。バルカン同盟内がぎくしゃくした状態になっている現在、ルーマニアによるブルガリア領の占領によってバルカン同盟内の「不自然な」団結を強化させることは、結果的にルーマニアにとっては不利である。第三に、ルーマニアは、バルカン同盟内の対立を自己の政策に役立てるべきである。第四に、外務省に集まった情報をまとめると、セルビアとギリシア国内には、(元来ブルガリアと協議することになっている)ヴァルダル川以西のすべての地域を両国で配分しようという意見が多数を占めている。セルビアとギリシアの反ブルガリア的共同体に、現状ではルーマニアが参加する危険性がある。それゆえ、ハプスブルク帝国は、ルーマニア国内で増えつつある反ブルガリア的感情が原因となり過激な要求が出される前に、ブルガリアを説得して交渉のスピードを速めねばならない。その際、ひとつの解決策として、ブルガリアとルーマニアの秘密協定をあげている。これは、ブルガリアがマケドニアで若干の地域を獲得したときには、ブルガリアがルーマニアの要求を大いに考慮するというものであった(77)。

ソフィア協議

さて、ブルガリアとルーマニアの交渉は場所をソフィアに移し、一九一三年二月一二日に開催された。ダネフは数日前に出国していたので、交渉では、ルーマニア代表(ソフィア駐在公使)D・I・ギカはブルガリア外務省のM・サラフォフに対して、ルーマニアの要求がシリストリアからバルチクまでの三二〇〇平方キロメートルであることを告げただけであった(ただし、返答期限つき)。さらに、ギカは、ブルガリアに不在のダネフを即刻呼び戻すことを同政府に要求した(78)。

このソフィア交渉では、ロシアの動きが注目された。ロシアは、ロンドンでの交渉が失敗に終わったとき、その責任がルーマニアにあることを警告する必要性を感じた。というのは、ロシア外相サゾノフが、ブルガリアの提案はルーマニアにとって十分受諾可能であるものと考えていたからであった。また彼のなかには、スラヴ民族に強く同情を与えていたロシア世論のことも考慮されていた。

一月三一日にブカレスト駐在ロシア公使が、ルーマニア首相兼外相のマイオレスクとの会見の結果、もしもブルガリアが黒海沿岸の譲渡内容をカヴァルナとカリアクラ岬まで含む地域まで延長すれば、ルーマニアがブルガリアの申し出を受け入れるであろうとの印象を受けたことを、本国に報告した。そこで、サゾノフは、これがブルガリアにとってシリストリアを守る唯一の方法であると考え、ブルガリア側に応じるよう要請した。これを聞いたブルガリア首相ゲショフは、サゾノフのシリストリア放棄の要請に憤慨し、「われわれは、ブルガリアがロシアに見放されたことを遺憾に思う」と述べた[79]。しかし、二月一一日にマイオレスクがロシア側に、ルーマニアがソフィア交渉においてシリストリアを要求することを決定し、この決定が最後でかつ撤回できないものであることを告げてきた（これについて研究者A・ロッソスは、ロシア公使の印象が間違っていたのか、ルーマニア側が三一日以降に政策を変更したかは不明であると述べている）。こうして、ロシアの思惑は失敗した。最終的には、ロシアは、一二日にブルガリアに対し、シリストリア譲渡をぜひとも考慮して欲しいと要請せざるをえなかった。逆に、ブルガリアは、ルーマニアとの戦争の際にはロシアが直接介入するよう要請した。だが、ロシアは「スクタリやジャコヴァが戦争をしてまで守る価値がないのと同様、シリストリアも戦争を行なう価値はない」として、それを拒否した[80]。二月一四日、ゲショフはハプスブルク帝国公使に、ダネフをソフィアに呼び戻し、一五日にダネフをギカと交渉させることを告げた。その際、ゲショフは、もしもルーマニアが要求を軽減しないならば、合意は成功しないであろうと述べた[81]。

さて、二月一五日に行なわれた第二回交渉では、ブルガリア側がルーマニアの要求への返答として、①メディディエ要塞、②ルーマニア領に切り込んでいる二つの三角形状の地域、③沿岸地帯の海岸を底辺とする三角形状の土地（南部の国境線をどの地点とするかは将来に交渉）を、ルーマニアに譲渡することをあげた。つまり、ブルガリアの返答には、シリストリアもカリアクラ岬も含まれていなかった。ルーマニア代表ギカは、自分に与えられた訓令がルーマニアの要求への返答だけをもらうことであり、かつブルガリアの返答がルーマニアの要求をまったく満たしていない、それゆえ交渉は打ち切らざるをえない、と述べた[82]。こうして、ソフィア交渉は終了したのである。

四　ペテルスブルク大使会議——仲裁者としての六「大国」

六「大国」による仲裁

ソフィアでの第二回交渉の前日である一九一三年二月一四日、ロンドン大使会議はブルガリア＝ルーマニア問題を討議した。イギリス外相E・グレイは、紛争を回避し諸「大国」による仲裁を受け入れるよう、ロンドンにいる両国の代表に対して要請したことを述べた[83]。この方法はハプスブルク帝国外相ベルヒトルトにも受け入れられ、さらにドイツ外相G・ヤゴーもこれに同意した[84]。ベルヒトルトは、ブカレストとソフィアのハプスブルク帝国公使に、つぎのことを両国政府に伝える訓令を出した。すなわち、ハプスブルク帝国は、「大国」が共同で提案する仲裁案をブルガリアとルーマニアが受け入れることによって、紛争が回避されることを希望する、と[85]。これを受けて、各「大国」も仲裁を受け入れるよう働きかけた。その結果、ルーマニアは二月二一日に「仲裁（mediation）」を受諾することを返答した。その際、同国は仲裁の法的根拠を一九〇七年一〇月のハーグ条約（国際紛争の平和的解決に関する第一協定第三〜七条）にもとづくとした[86]。ブルガリアは二四日、「もしもルーマニアが受諾するならば、六『大国』に委任する」と返答した[87]。

三国同盟内の解決案――シリストリアとサロニキ

このようにして、ブルガリア＝ルーマニア問題の解決は諸「大国」の手に移ることになった。ベルヒトルトは仲裁にあたってつぎの二点を考慮した。まず、仲裁の内容はルーマニアが受諾可能な勧告にすべきであるという点。この意味で、三国同盟のドイツ、ハプスブルク帝国、イタリアは、ルーマニアへのシリストリア譲渡を強く主張すべきであるとした。ドイツ外相もこの主張に賛同した。つぎに、シリストリアとエーゲ海の港湾都市サロニキは関連づけられるべきであるという点。彼らは、二つを結びつけることが、ブルガリア＝ルーマニア問題を平和的に、また同時にハプスブルク帝国に好ましい方法で解決する、もっとも適切かつ唯一の手段であると考えた。イタリア外相A・サンジュリアーノも、二つの都市を関連づけることに以前から賛同していた。しかし、ドイツ外相はこの見解と異なり、サロニキの帰属はバルカン同盟内部で決定すべきだと考えていたため、二つの都市を混同すべきではないとした。そこで、ハプスブルク帝国とイタリアはドイツの説得を開始した(88)。以下、ハプスブルク帝国外相ベルヒトルトとドイツ外相ヤゴーの意見の相違の詳細を、ウィーンとベルリンで行なわれた両外相と両国駐在大使との会見での発言をもとに明らかにしてみたい。

一九一三年三月五日にウィーンでベルヒトルトとドイツ大使が会見した際、大使はドイツ外相ヤゴーの主張をつぎのように披露した。つまり、ドイツ外相は、ブルガリアがシリストリアとサロニキの交換に応じるかどうか疑問視している。また、ロシアが、サロニキをギリシアに与えることに固執する可能性を覚悟しなければならない。もしもサロニキがギリシア領になれば、ギリシアとブルガリアの対立が表面にでてくるであろう。これは、バルカン同盟内部に摩擦が生じることを意味するため、三国同盟にとっては歓迎すべきことである。さらに、ハプスブルク帝国のブルガリア寄りの見解が、ギリシアで反三国同盟的な雰囲気を醸し出すことも考慮すべきである。最後に、大使はベルヒトルトに対して、わが政府は三国同盟のなかにブルガリアを長期間組み込むことの可能性を非常に低いとみている、と述べた。その理由として、①ブルガリアが、三国同盟にかなり接近することが予想されるルーマニアと敵対していること、②ブルガリア国王が信頼できない人間であり、ロシアに接近していること、③ブルガリアが財政的にフランスの強い影響下にあること、の三点をあげた(89)。

このウィーンでの会見のあと、ベルリンでは、ドイツ外相ヤゴーとハプスブルク帝国大使が会見を行なった。ヤゴーは大使の話から、ベルヒトルトがシリストリア放棄の代償としてサロニキをブルガリアに与える具体的方法をまだ見いだしていない、と判断した。実は、ヤゴーにとっては、サロニキの帰属はどうでもよいことであった。彼は、その際、もしギリシアがサロニキを獲得できないときは代償を要求するであろうし、まず第一に予想できる場所としてはエーゲ海島嶼であると考えた。これに関しては、彼は、イタリアがギリシアのエーゲ海進出に反対するであろうから、三国同盟諸国が当分のあいだブルガリアのために努力することを実りのあることだと考えた(90)。この会見内容をベルヒトルトに報告したハプスブルク帝国大使は、さらに、ヤゴーが、サロニキをブルガリアではなくギリシアに与えるほうが、政治的にも経済的にもはるかにハプスブルク帝国とドイツにとってメリットがある、と発言したことを伝えている。またヤゴーの見解は、シリストリアとサロニキを結びつけることがルーマニアにとっては利益になるかもしれないものの、ギリシアにとっては不利益になるというものであったとしている。まさに、これはベルヒトルトとまったく逆の視点であった。それゆえ、ヤゴーはハプスブルク帝国大使に「もういちど内容全体を検討してみるものの、ベルヒトルト外相の希望に沿う立場には残念ながらならないだろう」と述べた(91)。なお、三月九日にベルリン駐在イタリア大使がサロニキ問題でヤゴーを説得しようとしたとき、ヤゴーは拒否的な返答をしたものの、その直後、「もしもすべての『大国』が同意するなら、関連づけよう」とつけ足した(92)。

以上のようなドイツ外相ヤゴーの見解に対して、ハプスブルク帝国外相ベルヒトルトはつぎのような見解をもっていた。少し長くなるが、以下に『オーストリア＝ハンガリー外交文書』から引用しておこう。

われわれにとって、バルカン半島は政治的・経済的活動のもっとも近くかつもっとも重要なアリーナである。われわれの利益は、バルカン半島でのいかなる変化によっても敏感に被害を受けてしまうであろう。われわれは、ドイツ政府がバルカン紛争の当初から明言していた「戦争の局地化」に自己の外交を適合させてきた。しかし、実際に発生してしまった変化に対して、外交的手段によって態度を明らかにすることを放棄することはできない。われわれが、自分たちに関係のある出来事を、われわれの意見を〔相手に〕聞かせることなしに成り行きに任せるという態度は、最終的にはドイツでも意外であるとの印象を与えるに違いない。所与の状況では、サロニキ問題でわれわれの政治的かつ経済的利益を守るための時機が到来したように思われる。われわれは、ブルガリアがサロニキの獲得に大きな価値を置いているという動機を受け入れねばならないし、シリストリア譲渡をブルガリア政府のいくぶん気に入るようなかたちに仕上げる手段をほかに見いだしていない。もしヤゴー外相が、ブルガリア＝ルーマニア対立の継続がギリシアのサロニキ支配の維持の際に与える利点を強調するならば、私は、もしもサロニキがブルガリアの手に落ちれば、〔ギリシアが獲得するのと〕劣らずに、この対立が継続することを指摘したい。しかしその際、ハプスブルク帝国と三国同盟に対するブルガリアの友好は、ギリシアの友好とは比べものにならないほど高い価値をもつ。バルカン同盟を崩壊させることがわれわれ三国同盟全体の利益であることは、まったくもって正しい。しかし、われわれにとっては、ギリシアをブルガリアから引き離すだけでは十分ではなく、われわれはセルビアとブルガリアという二つのスラヴ人国家のうちのどちらかを絶対にもたねばならない。セルビアを三国同盟側に立たせることは完全に不可能である。ところが、われわれとブルガリアのあいだには深刻な対立は存在しない。もしわれわれがセルビアとブルガリアを敵に回してしまえば、ロシアの保護のもとでブルガリア＝セルビア＝モンテネグロのチェーンが自動的に生み出されるに違いない。これは、ハプスブルク帝国にとって生命の危機を意味する。ブルガリア軍到着の二日前にたまたま流血を見ないでサロニキを占領したギリシアにとって、代償物を他の場所で見つけることはできるであろう。最終的に、私は、将来のブルガリアの態度に関するドイツの猜疑心に同調することはできない。むしろ反対に、最近の数多くの兆候を見れば、ブルガリアが将来の自分たちの政策を三国同盟に適合させるであろうと想定できる理由があると思う。これに関して、ブルガリアのサロニキ獲得にロシアが反対することは、ただわれわれの役に立つだけかもしれない(93)。

ベルヒトルトはまた、とくにサロニキについては、ベルリン駐在墺大使につぎのように意見を表明している。

ブルガリア＝ルーマニア問題の困難さと危険性を乗り越えるため、そして問題の平和的解決を導くためのもっとも的確な手段として、ブルガリアに対してシリストリア喪失をサロニキによって補おうという考えを、私は依然として抱いている。サロニキの帰属をバルカン諸国に委ねようとするヤゴーの考えには、私は同調できない。われわれは、原則としてバルカンでのあらゆる領土変更にはわれわれの承認を要するという立場に立たねばならない。当然ながら、この見解は、われわれが非常に重要な経済的利益を有しているサロニキにも当てはまる。ブルガリアとギリシアのどちらにサロニキを帰属させたほうがよいかについて、私の見解は、われわれもドイツもサロニキ港がいままでの重要性を失ってもよいわけではない、というものである。しかし、ギリシアがサロニキを領有した場合には、商業の中心地としてのサロニキの地位が、後背地の欠如および他のギリシアの港であるピレウス港との競争によって低下することになるかもしれない。それに対して、サロニキがブルガリア領になれば、いずれにせよサロニキはブルガリアのもっとも重要な港になり、海上貿易の輸出入の大部分を引き受けることになるであろう。ブルガリア領サロニキの成立が、ギリシア領サロニキよりもハプスブルク帝国とドイツの経済により有利に思えるという経済的要因は別にして、このサロニキの問題をシリストリアの問題と絡めるという私が考えている政治的性格にも言及されねばならないと思う。このコンビネーションにとって、ハプスブルク帝国とドイツはルーマニアの要求を支持し、ルーマニアを満足させることができる。三国協商諸国が現在の仲介行動の際に、一般的にシリストリアに対するルーマニアの要求に反対する態度をとっているか、または少なくともわれわれを隠れ蓑として前面に押し出していることにより、ブルガリアにとって好ましくない決定をしたという汚名が三国同盟に降りかかるであろう。サロニキ゠シリストリア問題を連携させる別の利点として、ブルガリア゠ルーマニア問題をこの方法で解決することは、将来のブルガリアとルーマニアのあいだの友好関係を可能にする唯一の方法であるという点をあげたい。最後に、ブルガリアが代償なしでシリストリア譲渡を行なえば、ほぼ確実に、ブルガリアは割譲された領土を武力でもってふたたび獲得しようと努力するであろうということも考慮される。ルーマニアと三国同盟との密接な関係に直面して、ブルガリアが、シリストリア奪還という目的のためにロシアと三国協商に接近し、背後を固めるためオスマン帝国との講和後に別のバルカン諸国と同盟関係を維持する努力を行なうことは明白である。バルカン同盟の継続はドイツの利益と同様にわれわれの利益にもほとんどつながらない。これらすべての理由から、私は、ヤゴー外相が私の提案に対して否定的な態度を改めると思ってもよいであろう(94)。

ペテルスブルク大使会議の開催へ

ブルガリア゠ルーマニア問題を解決する会議の開催都市はロシアのペテルスブルクとなり、この会議には、ロシア外相のほか、同地に駐在する五「大国」の大使の計六人が参加することになった(95)。

ベルヒトルトはベルリンとローマの大使に一九一三年三月二〇日に送った電信のなかで、会議における自分たちの目的が、ルーマニアを三国同盟側に引き留めておくことだけではない、と主張した。それだけでなく、ある程度までブルガリアも支持すること、もしくはブルガリアがロシア、つまり三国協商国側の仲間に完全になることを少なくとも防止することもめざさねばならないと考えた(96)。これと関連して、翌日には、ペテルスブルク駐在大使に会議に際しての注意事項を送った。第一に、ハプスブルク帝国は、原則としてブルガリア＝ルーマニア問題の仲介・調停交渉に参加する意思がある。第二に、採択については、多数決にも最終決定者の設置にも反対であり、全会一致を主張する。第三に、ロシアから提案されている交渉の非公開には賛成である。第四に、ハプスブルク帝国は、ルーマニアの要求、少なくともシリストリア譲渡に関する要求と同時に、ブルガリアに何らかの代償としてサロニキを付与することを主張する(97)。

三月二二日、ベルリン駐在墺大使は、ドイツ外相ヤゴーがサロニキを代償案とするハプスブルク帝国案には賛成できないものの、ペテルスブルク駐在ドイツ大使には、現地のハプスブルク帝国大使と合意のうえで、ロシア外相サゾノフに全会一致による決定を要請するよう訓令を出したことを伝えた。翌日付けでハプスブルク帝国へ送られたヤゴーの私的書簡において、彼は三月上旬の見解を繰り返しただけではなかった。さらに、彼は、三月一八日にサロニキでのギリシア国王暗殺の結果、以前よりもギリシアのサロニキ領有の主張が激化していることを指摘した。そしてさらに、ギリシアとルーマニアがバルカンの非スラヴ国家であることと、ギリシアがドイツに友好的な皇太子のもとで将来三国同盟に有利な政策展開を期待できることを見逃してはいけない、とつけ足した(98)。

また二二日には、イタリア外相サンジュリアーノが、シリストリア譲渡と代償物としてのサロニキに関するハプスブルク帝国の意見に賛成を表明し、ペテルスブルク駐在イタリア大使に現地のハプスブルク帝国大使と協力するよう訓令を出した(99)。

三月二四日、ペテルスブルクに駐在する三国同盟諸国の三大使が、ペテルスブルク大使会議のための意見交換を行なった。三大使はシリストリア譲渡に関する本国からの訓令はもっていたものの、表決方法については、ドイツとイタリア大使は訓令をまだもっていなかった。このとき、イタリア大使が数日前のロシア外相サゾノフとの会見の内容を報告した。イタリア大使が述べるには、サゾノフはシリストリア問題とサロニキを一緒に討議するつもりなどまったくなかった。そこで、イタリア大使はハプスブルク帝国とドイツの大使に、「もしも他の地域に代償を見つけることができないときは、たとえばブルガリア国境の拡大として、マリツァ川の左岸を基点にしてエルゲネ川の合流する方向に進み、さらに南に進みクセロス湾にまでいたるという提案をわれわれの政府の判断に任せる」、という提案をした。(100)

この内容に関して二七日、ベルヒトルトは電信のなかで、ペテルスブルク大使会議においては、サロニキを代償としてブルガリアに与えることをまずはじめに主張するようハプスブルク帝国大使に要請した。その際、代償物としてのサロニキについては、イタリアにできるかぎりイニシアティヴをとらせることを指摘した。会議でサロニキに関して他国の代表が応じない場合には、サロニキ以外の代償物を提出するよう各国代表に要求し、本国に知らせ、新たな訓令を待つように、とした。なお、イタリア大使が出したクセロス湾までのブルガリア国境拡大という提案には、ハプスブルク帝国が反対であることを明らかにした。(101)

ソフィア駐在墺公使タルノフスキは、ブルガリア国王の側近であるドブロヴィッチとの会見のなかで、ペテルスブルク大使会議直前にあるブルガリアが、もはやシリストリア譲渡に反対し続けることはできないとみなしている状況を伝えている。ドブロヴィッチは、「もしもブルガリア政府が最終的に宥和すれば、それは国王の影響によるものであろう。政府はシリストリアを割譲する。ただし、ブルガリアはこの譲歩を諸『大国』によって押しつけられたいだけである」、「ブルガリアはセルビアとこれ以上関係をもたないようにするために、アドリアノープルの占領を急がねばならない」と述べた。(102)ベルヒトルトはこれを、ブルガリアがルーマニアとの良好な関係を確保しようという動きが同政府内に真剣に構築されている証拠、として満足した[103]。しかし、タルノフスキは、ハプスブルク帝国にとって好ましい環境がソフィアの政策決定者たちのなかに形成されつつあるようにみえるものの、将来のブルガリアが本当にハプスブルク帝国に接近するとの確証をもつことはできない、と考えていた。彼は、野党の政治指導者たちからも政府の親ロシア的傾向に注意することを警告された[104]。

たしかに、ブルガリアはシリストリアを喪失したものとみなした。しかしその一方で、ブルガリアは、ギリシアとセルビアの主張に対抗してロシア政府と世論の支持を獲得したいと考えていた。その具体的行動として、ペテルスブルク大使会議の開催にあわせるかたちで、ブルガリアは三月一三日にダネフをペテルスブルクに派遣することを決定した。ダネフは、ロシア外相サゾノフにシリストリアとサロニキを関連づけて考えさせようと試みたものの、前述のように、サゾノフはこの見解には立っていなかった。ブルガリアにとってロシアは不安定な後見人であり、それゆえ自らの目的を支持してくれる別の「大国」を探そうとした。それがハプスブルク帝国であった。だがその場合でも、ブルガリアは完全にロシアから離れることにはためらいがあった。首相ゲショフは、ブルガリアがハプスブルク帝国と公然と関係をもつことによって、ロシアの感情が悪化することは回避したかった[105]。したがって、ハプスブルク帝国公使タルノフスキの見解は間違ってはいなかったのである。

三国同盟と三国協商

一九一三年三月三一日、ペテルスブルク大使会議が開催された。この日の会議では、ルーマニアの主張を支持する三国同盟と、ブルガリアを弁護する三国協商という図式が成立した。また、エーゲ海の港湾都市サロニキを議題に含めるかをめぐっても紛糾した。ハプスブルク帝国大使は訓令に従って、ルーマニアの要求の正当性とブルガリアへの代償を提供することを主張し、具体例としてサロニキをあげた。ロシア外相サゾノフとフランス大使T・デルカッセは、サロニキとの関連性を否定する発言をした。フランス大使は意見陳述において、サロニキをこの会議で討議することによって、諸「大国」がブルガリア＝ルーマニア問題とブルガリア＝ギリシア問題の両方を解決しなければならなくなることと、会議が後者を仲介・調停の範囲としていないことを述べた。サゾノフは、討議内容を法的見地からではなく、時宜にかなった見地で判断すべきである、と述べた。これはイギリス大使が、一八七八年のベルリン条約によって国境線が最終的に固定化されたために、ルーマニアの要求は法的根拠のないものであると発言したことと関連する。サゾノフは最後に、ブルガリアに代償を与えることに同意したものの、サロニキ以外の別の地域で与えられねばならない、と述べた[106]。

つぎの第二回会合に向けて、ベルヒトルトが送った訓令はつぎのような内容であった。ハプスブルク帝国は、サゾノフが主張するようにブルガリア＝ルーマニア問題を法的視点ではなく、政治的に時宜にかなった視点で解決することに賛成である。この問題は単なる両国の妥協では解決できないもので、ブルガリアへの代償が不可欠である。そこで、われわれはあくまでもサロニキを代償としてブルガリアに与えることを主張するものの、この見解が出席者に受け入れられないときには、たとえば、黒海と地中海をつなぐボスポラス海峡とダーダネルス海峡とのあいだにあるマルマラ海までのブルガリアの領土拡大を、シリストリア喪失の代償とすべきである。サロニキのブルガリアへの帰属によってブルガリア＝ギリシア関係が悪化するというフランス大使の指摘については、逆にブルガリア領になることが、この両国関係の対立を防止するもっとも確実な方法である。最後に、大使には、ハプスブルク帝国がルーマニアの要求全部を必ずしも支持したくないことを告げている（ただし、シリストリアについては絶対に支持しなければならない[107]）。この最後の点、つまりルーマニアのシリストリア領有については支持を貫徹するものの、黒海沿岸への領土拡大を必ずしも熱心に支持しないことは、ブカレスト駐在墺公使にも伝えている[108]。

四月四日、ペテルスブルク大使会議第二回会合が行なわれた。三国同盟諸国代表はシリストリア譲渡の絶対的必要性を強調した。だがイギリス大使は、その必要性はなく、シリストリア周辺にある破壊された要塞（メディディエ要塞）をブルガリア領のままにすべきである、と主張した。フランス大使が妥協案として、ルーマニアがこれ以上ブルガリア領を要求しないという条件でシリストリア譲渡を承認する、という提案をした。ロシア外相サゾノフも同意し、イギリス大使も最終的にはこれに同意した。だが、三国同盟側はルーマニアがこの条件を受け入れるわけがないとの理由をあげ、妥協案には応じなかった。こうして、両者の意見が対立したまま、この日の会合は終了した。フランス大使がまとめた三国協商の主張はつぎのものであった。

ロシア、イギリス、フランスの代表は、原則としてルーマニアへのシリストリア譲渡について以下の条件をつけた。①ルーマニアが、シリストリア以外のすべての領土要求を放棄すること、②ルーマニア政府が、都市シリストリアから離脱を希望するブルガリア系住民とルーマニアに引き渡される領土の人々に補償をすること。ルーマニアを戦略的立場から完全に安心させるために、ブルガリアが現在のシリストリアの国境から黒海までの国境線に沿って要塞を構築しないという義務を引き継ぐこと。(109)

この報告を読んだ外相ベルヒトルトは、一方では三国協商側がシリストリア譲渡を認めたことに満足したものの、他方では、ハプスブルク帝国大使がブルガリアへの代償を主張しなかったため、非常に不満であった。そこで、譲渡と代償は一体であるという見解をあらためて五日の電信で強調し、新しく①ドイツとイタリアの大使と協力して、シリストリアのほかに少なくともさらなる国境線修正が実現するように努力することと、②シリストリア住民への補償と要塞を建設しないという義務に同意することを要請した。(110) ただし、その後ウィーンにはペテルスブルクから六日付けの電信が届き、ペテルスブルク大使会議第二回会合においてハプスブルク帝国大使が作成し、参加者全員の同意を得た要約のなかで代償の件が記されていたことが明らかになったため、外務省政治顧問R・ポガチャーは大使の行動に満足の意をあらわした(111)。

四月七日、ペテルスブルク大使会議第三回会合が行なわれた。まずドイツ大使が、シリストリア譲渡以外に黒海沿岸の国境線修正の必要性を主張した。ハプスブルク帝国大使も、シリストリア以外に適当な国境線修正を行なうべきだと述べる一方、同時にブルガリアのための領土的代償の必要性を述べた。その際、彼は訓令に従ってサロニキをその候補にあげると、三国協商側の代表は強く反対し、それを受けて、つぎに別の場所で代償を認めるべきだと述べると、前回までと異なり、彼らはこれにも反対した。たとえば、ロシア外相サゾノフは、ブルガリアのために別の土地を見つけることはできないと述べた。その理由として彼があげたのは、諸「大国」をバルカン同盟内部の問題であるマケドニア分割問題に巻き込ませることはできず、またブルガリアのコンスタンティノープル進撃がボスポラス・ダーダネルス海峡の安全というロシアの利益のなかでは受け入れがたいものである、ということであった。結局、協議は平行線をたどり、日をあらためて討議することになった。その際、三国協商側の提案は、①シリストリアを都市の外縁から約三キロメートル四方の土地とともにルーマニアに譲渡すること、②ルーマニアは譲渡される土地の住民のうち、移住する希望者に対して不動産の補償をすること、③シリストリアと黒海とを結ぶ国境線に沿って要塞を構築してはならないことをブルガリアに義務づけること、④クツォヴラフ人に対する権利を保障すること、の四点であった(112)。

ベルヒトルトは、依然として、ルーマニアのために黒海沿岸の国境線修正を会議で主張すべきであると考えていた。その理由は、ルーマニアのために同国の重要港マンガリアを防衛することを目的としていたからである。また、彼は、サロニキを代償とすることが会議で認められなかったことを遺憾であると述べるようハプスブルク帝国大使に訓令を出すと同時に、代償として新たにエーゲ海島嶼のタソス島とサモトラケ島をブルガリアに認めるように提案するよう要請した。その際、外務省がこの提案の正当性として考慮していたことは、サモトラケ島が、戦争後に新たにブルガリア領になる地域の対岸に位置しており、ダーダネルス海峡から遠いことであった（それゆえ、海峡への脅威は低減し、ロシアの主張にもかなう）[113]。ハプスブルク帝国の新提案に対して、イタリア外相サンジュリアーノは同意したものの、ドイツ外相ヤゴーはふたたび反対を唱えた[114]。

ペテルスブルクでは、イタリア大使が本国からのハプスブルク帝国の新提案に同意する旨の訓令をまだ受け取っていなかったため、四月九日に三国同盟諸国の代表が大使会議の前に意見の調整をしたものの、一致できなかった。そこで、彼らはサゾノフに、大使会議を二日後の四月一一日に延期することを申し出た。当時ドイツ大使がもっていた訓令の内容は、二月一五日にブルガリア＝ルーマニア間で取り決められた国境線修正、つまりシリストリア－サブラ岬線を支持するというものであった[115]。ドイツとイタリアの態度について一〇日付けのペテルスブルク宛ての電信によると、ハプスブルク帝国外務省は、ルーマニアはブルガリアとの国境の三角形の地帯の譲渡にはそれほど固執しておらず、その地帯の要求を強調する必要はないと考えていた。また、外務省は、ドイツが最終的にはサモトラケ島に関する提案に反対しないであろうと予想していた（これについては一一日にドイツから好意的な返答を受けた）。三国協商側がサモトラケ島に関するハプスブルク帝国の提案に反対を表明した場合の訓令として、外務省は、サモトラケが海軍国であるギリシア領になれば、ダーダネルス海峡にギリシアの脅威が及ぼされうると抗弁するよう要請した[116]。

四月一一日、ペテルスブルク大使会議第四回会合が行なわれた。まずドイツ大使が、シリストリア以外にさらなる譲渡を認めない三国協商側の態度を非難する発言を行ない、黒海沿岸での国境線修正の必要性を主張した。それに続いて、これを支持する発言がハプスブルク帝国とイタリア両大使から行なわれた。ハプスブルク帝国大使は、さらにブルガリア＝ルーマニア問題で両国が満足するためには、沿岸地帯の若干の国境線修正とブルガリアへの領土的代償の双方が不可欠である、と述べた。そこで、彼はサモトラケ島を代償物として提案し、イタリア大使もこの意見に賛成した。しかし、フランス大使デルカッセとロシア外相サゾノフは、ルーマニアへのさらなる譲渡もブルガリアのための代償にも強く反対した（イギリス大使も強く反対）。フランス大使は、この会議がブルガリアとルーマニアの国境線のことだけを協議するものであることを反対の理由としてあげた。また、エーゲ海島嶼の問題は非常に厄介な問題であり、いまだ諸「大国」間で一致が見いだされていないため、現在はただ島嶼の運命を諸「大国」の手に委ねるという決定だけで十分であるとも主張した。ロシア外相サゾノフは、ルーマニアがすでにいままでに決定された内容で満足しているとの報告をロシア外務省が受け取っており、これ以上の譲渡は必要ないと述べた。エーゲ海島嶼については、彼は、ダーダネルス海峡の出口に位置する島は戦略的考慮からオスマン帝国に返却する場合もありえるが、原則としてすべての島をギリシア領にすることをかつて同意したことがあるので、ギリシアの立場に立つ、と述べた。それゆえ、彼は、島嶼問題でもハプスブルク帝国の提案には同意できないと宣言する一方で、ブルガリアへの領土的代償としてはオスマン帝国との国境線でブルガリアに有利になるように、つまりエノスからミディアまでの直線の国境を、地理的状況を考慮して画定することで解決できるのではないか、とも述べた。ハプスブルク帝国大使は「暫定的に」同意する、とだけ返答した。大使は、会議の状況から三国協商側の代表が、これ以上三国同盟側の主張に譲歩することはまずありえないだろうとの印象を受けた(117)。

妥協の産物

以上のような一九一三年四月一一日のペテルスブルク大使会議の報告を受けたベルヒトルトは、三国協商側代表がブルガリアへの領土的代償を拒否したため、ルーマニアへの国境線修正をこれ以上主張すべきではないと判断した。そこで、ベルヒトルトらが考えていたことは、特定の代償物ではなく、ハプスブルク帝国もしくは諸「大国」

が、この問題で努力したということを示すことであった。それゆえ、彼らは一三日付けのペテルスブルク宛ての電信のなかで、「われわれが重視することは、代償という考えが少なくとも大使会議の原則的命題にあらわれることである」と述べたのである。その具体例として外務省が考えたことは、諸「大国」が、ブルガリアの利益に特別な考慮を与えることを正当な提案とみなすと宣言することであった。また、ベルヒトルトは、オスマン帝国国境を有利に修正することをシリストリアの代償とすべきだとのサゾノフの提案は、不十分であるとも考えた[118]。

四月一五日、ペテルスブルク大使会議第五回会合が行なわれた。まず、ドイツとイタリアの大使が、もういちどルーマニアのためのさらなる若干の国境線修正を主張した。彼らに同調するため、ハプスブルク帝国大使もこの主張を展開した。しかし、三国協商側代表はこれに反対した。そこで、ハプスブルク帝国大使は訓令に従って、これ以上修正について議論する必要はないと判断し、ブルガリアへの代償に関して前述の一三日の具体例を提案した。だが、これもロシアとフランスの代表から激しく非難されてしまった。彼らの反対理由は、そのような曖昧な表現を将来ブルガリアが故意に利用することが予想される、というものであった。逆提案として、彼らはつぎのようなことを示した。つまり、諸「大国」がブルガリアに対して何らかの文書で、同国が宥和的態度によって仲介・調停行為の成功を可能にし、それによって平和に貢献したことに対する承認と感謝を表現してはどうか、と。最終的には司会役であったロシア外相サゾノフが、フランス大使に三国同盟と三国協商側双方の意見を考慮して文書を編集するよう要請した。会議参加者は、このことと、この文書をハプスブルク帝国外相ベルヒトルトに提示することで意見が一致した。フランス大使が作成した文書の要点は、つぎの三点であった。第一に、大使会議が、領土をルーマニアに提供するというブルガリアの態度に敬意を払うかたちになっていること、第二に、しかしながら大使会議参加国のあいだでシリストリア譲渡に関して一致が見いだせなかったこと、第三に、大使会議が領土譲渡というブルガリアの英断から「ブルガリア国民および国王は感謝されるに値する」と考えていることである[119]。

ベルヒトルトはこの文書に一応満足したものの、「ブルガリアのフェルディナント国王と政府は諸『大国』によって感謝されるに値する」などと修正すべきだと考えた。最終的には、彼は、会議の最終決定でこの修正を文書に必ず挿入するという前提で、四月七日のペテルスブルク大使会議第三回会合で三国協商側が提案した四項目に同意することを明らかにし、次回の会議でハプスブルク帝国の決定事項を伝えるよう電信を出した(120)。

四月一七日、ペテルスブルク大使会議第六回会合が行なわれた。ロシア外相サゾノフはペテルスブルクを離れていたため欠席であった。まず、ドイツとイタリアの大使が、両政府が四月七日の三国協商側の提案に同意することを宣言した。その後、ハプスブルク帝国大使は、ブルガリアとルーマニアの当事国双方が満足のいく解決策を決定できなかったことを遺憾とすると述べ、ベルヒトルトが修正したかたちでフランス大使が作成した文書に同意すること、さらに、この修正された文書をつけ加えることで、ドイツとイタリアと同様に協商側の提案に同意することを宣言した。会議参加者は、ベルヒトルトの修正要請に反対を表明しなかった。そうして、会議は最終的に以下の内容を決定事項とした。第一に、シリストリア周辺の約三キロメートルに新たに国境が引かれる。この国境線の最終的調整はブルガリアとルーマニアによる合同委員会によって行なわれる。必要な場合には合同委員会は、ペテルスブルク大使会議に参加した六「大国」によって任命される専門家の派遣を要請できる。第二に、シリストリアを立ち去る居住者はルーマニアからの補償を受ける。この補償の内容も同様に合同委員会が決定する（専門家の派遣については第一点と同じ）。第三に、シリストリアから黒海沿岸までの国境線も、この合同委員会によって六カ月以内に決定される（必要な場合には諸「大国」の代表が立ち会う）。ブルガリアはこの国境線付近での要塞を建設してはならないし、現存する要塞も破壊しなければならない。第四に、クツォヴラフ人の権利は、ブルガリア代表とルーマニア代表がロンドンでまとめた議定書から借用する。欠席していたロシア外相以外の五名全員がこの内容を各政府の最終決定とすべきである、との訓令をもっていたため、彼らはサゾノフがペテルスブルクに戻ってくるまで最終署名を延期することとした[121]。

四月二八日、サゾノフが戻ってきたため、最終議定書署名のための会議が開催された。しかし、サゾノフは、「ブルガリア国王と政府に諸『大国』の感謝を表現する」というベルヒトルトが修正した内容を削除することを提案した。というのは、以前にペテルスブルク駐在ブルガリア公使にこの議定書の文書を提示したところ、それがあたかも、最初からブルガリアがシリストリア譲渡に合意していたかのような印象を同国の世論や軍部に与えてしまう恐れがある、と公使が述べたからであった（なおサゾノフは現地のルーマニア公使にも内容を伝えていた[122]）。ハプスブルク帝国外務省はサゾノフの再修正案に強く反対した。また、最終議定書が署名される以前に、サゾノフがブルガリアとルーマニアの公使に内容を漏洩したことも強く非難した。その後、シリストリア譲渡に関する内容ではなく、ブルガリアへの感謝を表現する文言で若干のやりとりが行なわれたものの、最終的には五月九日に仲介・調停に関する議定書が調印された。ただしペテルスブルク大使会議の参加者は、調印の事実だけをペテルスブルクに駐在するブルガリアとルーマニアの公使だけに告げ、議定書の重要な内容については、バルカン同盟とオスマン帝国とのロンドン講和条約が締結されるまでは伝えないこととした[123]。

こうして、ペテルスブルク大使会議の実質的審議は終わった。ベルヒトルトは、ブルガリアがハプスブルク帝国を、同国のためにもっとも行動した国家であると判断してくれることを期待した[124]。しかし、ブルガリアは、ベルヒトルトが期待したような態度を示さなかった。ソフィア駐在墺公使タルノフスキが、ブルガリア首相ゲショフにペテルスブルク大使会議の結果を告げたとき、ゲショフは「仲介・調停の結果は、希望したマケドニアでの領土的代償のひとつも獲得できないブルガリアにとって、ほとんど満足のいくものではない。そして、ブルガリア政府は、ルーマニアから適当な補償を受けることにますます大きな価値を置かねばならない」、と不満を表明した[125]。不満を抱いていたのは、もう一方の当事国ルーマニアも同じであった。ルーマニア国王カロルはドイツ公使に対して、ペテルスブルク大使会議の決定について不満が世論に充満していることと、世論の反ブルガリア的雰囲気が増大していることを伝えている。[126]

当初は、ハプスブルク帝国にとって重要な国家であるブルガリアとルーマニアの双方を満足させることができたと思っていたベルヒトルトは、のちに第二次バルカン戦争が勃発する頃には大きく失望することになる。彼は回顧録（五月九日付け）につぎのように記している。「ブルガリア＝ルーマニア間の対立をめぐってヨーロッパ外交によって仲裁できたことは、優れた業績（Meisterwerk）だということができるだろう。しかしながら実際には、両国とも満足させることはできなかった」。[127]

当事国のブルガリアとルーマニアは、どちらもその結果に不満であった。この不安定な両国関係を、セルビアとギリシアが反ブルガリア同盟構築のために利用することになっていくのである。

第5章　バルカン同盟の崩壊——反ブルガリア同盟の成立

前章でみたように、ハプスブルク帝国は、国境線問題においてブルガリアとルーマニアの双方とも満足のいく解決法を模索したが、結局うまくいかず、両国の関係は悪化していく一方であった。他方、ブルガリアは、同じバルカン同盟のメンバーであるセルビアおよびギリシアとも占領地の分割をめぐって対立していった。その後、セルビアとギリシアがルーマニアと対ブルガリア同盟を成立させることに成功し、ブルガリアは孤立感を強めていった。ハプスブルク帝国は、ブルガリアに対してルーマニアが要求する領土変更を受諾するよう働きかけるものの失敗し、一九一三年六月末にブルガリアによるセルビアとギリシアへの攻撃が発生する。いわゆる第二次バルカン戦争の勃発である。この章では、まず、バルカン同盟の成立過程を検討することで、この同盟の想定していたバルカン半島の状況と現実との乖離を描き出す。つぎに、改善しないブルガリア＝ルーマニア関係に直面して、ハプスブルク帝国がどのような対応、とくにブルガリアに対してどのような対応をとろうとしていたかを検討する。ここでは、ウィーンの外務省と各国駐在外交官との危機的状況に関する認識の相違が明らかになるであろう。そして最後に、セルビアとギリシアが締結した対ブルガリア同盟成立の過程とその内容を検討し、この同盟とルーマニアの関係およびブルガリアの対応を明らかにしていく。

一　バルカン同盟諸国の不満

バルカン同盟条約が想定していた状況

ロシアの首都ペテルスブルクで、ロシア、ハプスブルク帝国、ドイツ、イタリア、イギリス、フランスの六「大国」の代表たちがブルガリアとルーマニアの国境線問題を協議していた一九一三年三月末から五月初旬の時期、バルカン同盟諸国はロンドンにおいてオスマン帝国と講和交渉を行なっていた。しかし同時に、同盟内部では意見の対立がかなり深刻化しつつあり、その原因となっていたのは、オスマン帝国領マケドニアの分割をめぐってであった。バルカン同盟のなかで、この地域に利害関係を有していたのはブルガリア、セルビア、そしてギリシアの三カ国である。これら三カ国は、第一次バルカン戦争勃発以前に、それぞれブルガリア＝セルビア条約とブルガリア＝ギリシア条約を締結していた。しかし、マケドニアの分割問題が実際に俎上にのぼる一九一三年になると、条約内容と実際の戦場での推移をめぐってブルガリア＝セルビア間、そしてブルガリア＝ギリシア間に意見の食い違いが発生した。この食い違いが、「兄弟間の戦争」と呼ばれるようになる第二次バルカン戦争のひとつの大きな原因であった。そこで、この節では、右の二つの条約で想定していた内容と実際のバルカン半島での動きとのずれを明らかにすることで、三カ国のあいだに相互対立が発生していく過程をみる。まず、ブルガリア＝セルビア間の条約からみてみよう。

図7　ブルガリア＝セルビア同盟条約で帰属が未決定であった地域

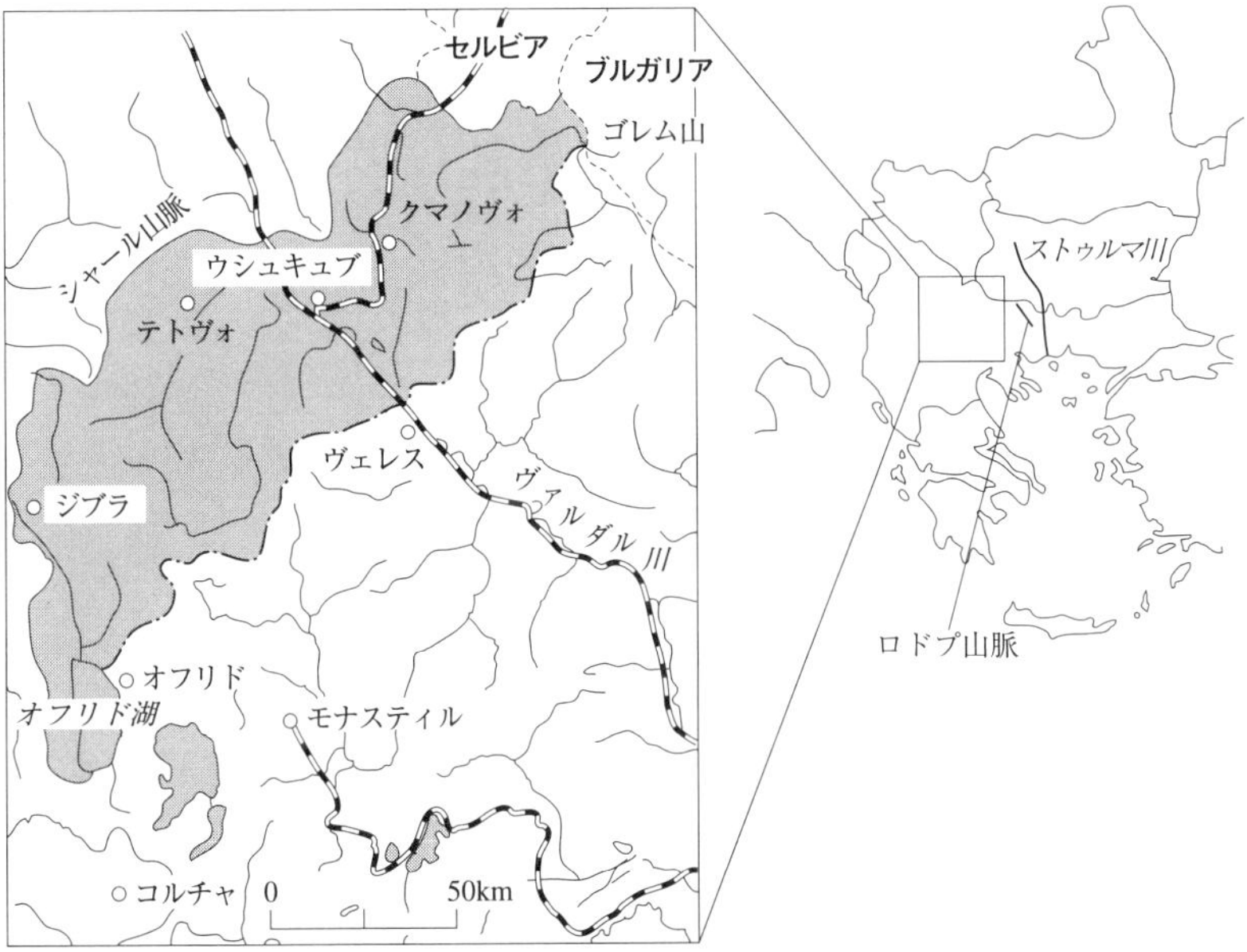

ブルガリアとセルビアは、一九一二年三月一三日に友好同盟条約を締結し、また、これに付随する秘密附属議定書も締結した。議定書第一条では、両国が、オスマン帝国の内外の問題によってバルカン半島の現状をもはや維持できるものではなく、共同で武力行動にでることに同意する場合には、ロシアにそのことを伝えることとしていた。第二条では、共同行動によって獲得される領土が規定されていた。占領地はいったん両国の共同管理とするものの、講和の三カ月以内に分割を決定することになっていた。分割の際の基礎は、セルビアがブルガリアの権利としてロドプ山脈の東地域とストゥルマ川の東地域を認め、ブルガリアがセルビアの権利としてシャール山脈（プリズレンの南にある山脈）の北と西の地域を認めることであった。また、シャール山脈とロドプ山脈のあいだの地域およびエーゲ海沿岸の群島とオフリド湖とのあいだの地域に関しては、両国がそれらの地域の自治化が困難と判断した場合には、セルビアはオスマン帝国＝ブルガリア国境のゴレム山

から南西にオフリド湖までのびる線の西側の領有を主張することができるものの、このラインを越えるかたちの領土要求を行なってはならない（このライン以東はブルガリアが領有すべきこととなっている）。ゴレム山からオフリド湖の線とシャール山脈とのあいだの地域はセルビアが領有すべき地域とされたものの、両国の係争地として認められ、ロシア皇帝が仲裁者としてこの地域のどこかに国境線を引くことを決定した。第三条では、両国間の条約および軍事協定をロシアに知らせることが規定された。また第四条では、両国間で解釈の食い違いが発生した場合には、双方ともロシアの最終決定に従うことが明記されている。

さらに、ブルガリア＝セルビア条約は、全一四条からなる軍事協定によって補強された（一九一二年四月二九日締結）。軍事協定第一条では、ブルガリア軍が二〇万人以上、セルビア軍が一五万人以上の兵力を軍事作戦に投入することが決められていた。第二条では、両国が第三国から攻撃された場合を想定している。まず、もしもルーマニアがブルガリアを攻撃した場合には、セルビアがすぐにルーマニアに対して宣戦布告し、一〇万人以上の兵力を救援のためにドナウ川もしくはドブルジャ方面に派遣する。つぎに、もしもオスマン帝国がブルガリアを攻撃した場合には、セルビアは一〇万人の兵力をオスマン帝国領内に進入させブルガリア軍の一部として行動させる。最後に、もしセルビアが単独で、もしくはブルガリアと一緒に第三国と交戦状態になれば、セルビアはルーマニアもしくはオスマン帝国に対して自己の軍隊をすべて使用する。第三条では、ハプスブルク帝国とセルビアの戦争のケースを想定している。つまり、ハプスブルク帝国がセルビアを攻撃すれば、ブルガリアはハプスブルク帝国にただちに宣戦布告し、セルビアに二〇万人以上の兵力を派遣し、セルビア軍と協力して軍事作戦にあたることとなっている。また、オスマン帝国がセルビアを攻撃した場合には、ブルガリアは一〇万人以上の兵力をただちにオスマン帝国領内に進入させることになっている。第四条は、両国のオスマン帝国に対する共同攻撃を規定しており、それぞれが最低一〇〇万の兵力をヴァルダル川戦域に派遣することが決められている。

なお、一九一二年七月初旬には軍事協定を補うために、両国の参謀本部間で協定が締結され、セルビア、ブルガリア、そしてオスマン帝国間の戦争の際の、ブルガリアとセルビア両軍の作戦展開が決められている。

では、つぎにブルガリア＝ギリシア間の条約についてみてみよう。

ブルガリアとギリシアは、一九一二年五月三〇日、防衛同盟条約に署名した。全四条からなるこの条約は、オスマン帝国がブルガリアもしくはギリシアの一方を攻撃した場合を想定しており、その場合には、両国が全兵力を使って共同で対処するとされた。ただし、この規定はクレタ島をめぐるギリシア＝オスマン帝国間の戦争には適用されず、ブルガリアは好意的中立を維持することになっていた。さらに、一〇月五日には両国間で全八条からなる軍事協定も成立した。第二条では、オスマン帝国がギリシアを攻撃した場合には、ブルガリアはオスマン帝国に対して宣戦布告し、最低三〇万人の兵力を移動させること、また同様にオスマン帝国がブルガリアを攻撃した場合には、ギリシアはオスマン帝国に対して宣戦布告し、一二万の兵力をそれに対抗すべく移動させることが決められている。第三条では、両国が事前協議のうえでオスマン帝国に対して宣戦布告した場合でも、ブルガリアは三〇万、ギリシアは一二万の兵力を投入するとしている。第四条では、オスマン帝国以外の第三国に対して、条約締結国の一方が事前協議なしに宣戦布告した場合を想定している。そのような場合には、他方は兵力の提供による軍事協力をする義務は発生しないものの、戦争中は好意的中立を維持することになっている[1]。

以上のように、ブルガリア＝セルビア条約が戦後の領土分割を一応規定していた一方、ブルガリア＝ギリシア条約では領土に関してはまったく言及されていなかった[2]。前者の場合、問題になったのは、アルバニアとエーゲ海に面する港湾都市サロニキに関して言及されていないことである[3]。これはおそらく、アドリア海への進出を重視していたセルビアと異なり、ブルガリアが同地にほとんど関心がなかったことに由来するものであろう。セルビアはアルバニアで「海への出口」を確保できると考えていたため、それほどサロニキには関心を抱いていなかったと考えられる。

現実との乖離

一九一二年一〇月に第一次バルカン戦争が勃発すると、すでに述べたように、セルビアのアドリア海進出に対してハプスブルク帝国とイタリアが激しく抵抗し、同年一二月のロンドン大使会議において他の「大国」も、セルビアがアドリア海沿岸に領土をもつことを拒否した。このロンドン大使会議における決定にいたるまでのあいだ、セルビアは、ブルガリアとのあいだで決めていた係争地を含むマケドニアの分割の再考を行なった。しかし、ロシア外相S・D・サゾノフはこの話を耳にして、セルビアに対し講和成立以前に領土問題を持ち出すことを批判している。ブルガリアもロシアも条約内容の修正に反対していることから、セルビアは当分のあいだブルガリアに直接この問題を持ち出すことをやめ、ギリシアとの関係強化に乗り出すことにした(4)。

ギリシア軍は、第一次バルカン戦争勃発後、トラキア方面の最大の懸案事項であったエーゲ海に面する港湾都市サロニキを、一九一二年一一月八日に占領することができた。また、ブルガリア軍もサロニキの周辺で軍事行動を展開させ、占領の機会をうかがっていた。研究者R・C・ホールによると、オスマン帝国軍のサロニキ守備隊の司令官はギリシアとブルガリア双方に降伏条件を提示させた。ギリシア軍の条件のほうがより魅力的なものであったため、この司令官はギリシアに降伏した(5)。ブルガリア軍はギリシア軍がサロニキに入城した翌日、同都市に到着し、両軍がサロニキの占領にあたった。その際、ギリシア軍はブルガリア軍を「ギリシア軍の客人」として扱うことで、厄介な共同管理を実行に移すことができた(6)。

サロニキ占領の前後にギリシア首相E・ヴェニゼロスは、ブルガリアに対して両国の国境線に関する基本原則を提案した。その提案は、①バルカンの勢力均衡を考慮しなければならないこと、②自然の地形にもとづく国境線、

③ボスポラス・ダーダネルス海峡とオスマン帝国の首都の中立、④住民交換、の四点から構成されていた。最後の住民交換とは、まず、ブルガリアが多くのギリシア系住民を含んだかたちでトラキア地方を獲得し、ギリシアがスラヴ系が支配的なマケドニア人を含んだかたちで大部分のマケドニアを獲得し、その後、トラキアのギリシア人とスラヴ系マケドニア人の交換を行なう、というものである。しかし、ブルガリアは、このギリシアの提案を自国にとって不利なものとして拒否した。

一一月一八日にはギリシアが、暫定的提案として同国が要求するマケドニアの郡（県の下部単位）のリストを提出した。このリストにはサロニキも含まれていた。当然、ブルガリアはこの提案を拒否したものの、同時に、ギリシアとの関係悪化による武力衝突の可能性を懸念した。ブルガリアの当時の判断は、武力衝突の事態になれば、現在広範囲にオスマン帝国と対峙しているブルガリア軍と異なり、ギリシア軍がマケドニアに部隊を集中しているため、状況は不利であるというものであった。そこで、ブルガリアがギリシアとの交渉をしばらくのあいだ延期する戦術にでたところ、ギリシアはこの態度を批判した。これに対して、ブルガリアは、ギリシアが過大な要求をわれわれに押しつけようとしている、と批判した。一二月からロンドンで始められた交戦国間の講和交渉（停戦は一二月三日に成立）の合間に、ギリシア代表の首相ヴェニゼロスとブルガリア代表S・ダネフが話し合いの場をもったものの、進展はみられなかった。また、翌一九一三年二月に、ヴェニゼロスは帰国の途中でブルガリアに立ち寄り、同国政府関係者、国王、ソフィア駐在ロシア公使と交渉した。ブルガリア首相I・E・ゲショフは、ギリシアがサロニキとフロリナを獲得する一方で、カヴァラ、ドゥラマ、セレシュをブルガリアに譲るというヴェニゼロスの提案を、両国間の同意の基礎として受諾するつもりであった。しかし、もうひとりの政府の有力者であるダネフは、ブルガリアがサロニキを獲得することを強く要求した。結局、ゲショフはダネフとの連立政権の維持を重視して、ギリシア側の提案を拒否してしまった(7)。

図8　1913年4月までにバルカン諸国によって占領されたオスマン帝国領

ブルガリアとセルビア・ギリシアとの対立の表面化

以上のように、セルビアとギリシアはともに対ブルガリア政策で行き詰まっていたため、両国が接近するのはある意味で当然のなりゆきであった。一九一三年一月下旬には、サロニキでセルビア国王とギリシア国王の会談が行なわれた。さらに、二月初旬には、前述のようにギリシア首相ヴェニゼロスがブルガリアを訪問する前にセルビアに立ち寄り、セルビア首相N・パシッチとも会見を行なった。この会見では、セルビアとギリシアの国境線が協議され、マケドニア分割に関する内容が大半を占めた。

一九一三年一月末には停戦が終わり、ふたたびブルガリアなどのバルカン同盟諸国はオスマン帝国との戦争状態に突入した。他の同盟国と異なり、ブルガリアはオスマン帝国との過酷な戦闘を行なわざるをえなかった。アドリアノープル攻略に苦しんだブルガリアは、二月中旬、セルビアに大砲・兵員の貸与を要請した。その際、ブルガリアは金銭的代償を提案したものの、セルビアはこれを拒否した。セルビア首相パシッチは二月二二日の訓令のなかで、ブルガリア＝セルビア条約が実際の戦争の推移に一致するものではないため、現実に適合させる必要があることにも言及した。そしてセルビアは、二月末には、ブルガリアに条約修正を求める書簡を送った。アドリアノープル攻略中のブルガリアは、セルビアに対して強硬な態度に出ることができなかった。そこで、セルビアの政策に怒りを覚えながらも、結局は三月中旬にその修正要求を無視することで対応しようとした。ゲショフの見解は、四月初旬の「われわれはセルビアへの領土割譲を認めない。むしろサロニキを割譲することでギリシアとの協定を成立させる」、という発言にあらわれていた。

実際、ゲショフは四月中旬にギリシアに対して、ブルガリアの満足のいく国境線を提示すれば交渉に応じる用意があることを伝えた。ギリシアは、それを受け取った数日後の二二日に新提案を提示した。しかし、ブルガリアは、内容が曖昧であるとして、よりいっそう具体的なものを提示するよう要請した。ギリシア首相はアテネ駐在ブルガリア公使に対して、ブルガリアがこれ以上の提案をするべきではない、と述べた。ブルガリアはここにきて、二つの選択肢のなかから選ぶ立場に置かれた。すなわち、ギリシアが四月初旬から主張していたサロニキ領有の諸「大国」による仲裁か、もしくはギリシアが提案した国境線案かである。だが、ブルガリアは最終決定を下すことができず、ブルガリア＝ギリシアの関係改善は進まなかった。そうしたなかで、ロシアはバルカン同盟内の対立を沈静化させようと努力し、同盟諸国の首脳が一堂に集まり協議することを提案したが、ブルガリアはこれに応じなかった(8)。

二　第一次バルカン戦争後のハプスブルク帝国のバルカン政策

ハプスブルク帝国のブルガリア論——本省と出先機関との意見の相違

一九一三年五月になると、バルカン半島ではアルバニア北部の都市スクタリをめぐって緊張が最高潮に達する一方、バルカン同盟内部の対立が激化していった。五月二日、ハプスブルク帝国外相L・ベルヒトルトはベルリン宛て書簡のなかで、バルカン問題をめぐるハプスブルク帝国の立場を明らかにしているが、これは彼個人の見解といってもよい。この書簡ではさらに、ドイツとの意見の相違についても言及されている。ベルヒトルトは、ハプスブルク帝国にとってのブルガリアの価値をセルビアに対する「釣り合いおもり（カウンターバランス）」とみており、その軍事力を高く評価している。この点だけでなく、さらに彼は、ハプスブルク帝国とブルガリアの利害が、セルビアのさらなる強化を回避するという点で共通していると考えている。ハプスブルク帝国参謀総長F・コンラートも、この点に同意している。ベルヒトルトは、両国間には利害が共通するだけでなく、ハプスブルク帝国内の南スラヴ問題の観点からも、バルカン半島のスラヴ人国家であるブルガリアと協力することが、固有の利益であるとした。ベルヒトルトは、ハプスブルク帝国がブルガリアを支持しない場合には、同国におけるロシアの影響力が増大し、自らの不利益となるバルカン同盟が存続すると判断した。彼は、この同盟の存続をドイツにとっても不利益であるとみなした。また、セルビアとは異なり、現在ブルガリアがロシアの言いなり的政策ではなく、独自の政策を追求しているとも考えた。ベルヒトルトは、ブルガリアが三国同盟に加入するとは思っていないものの、ブルガリア＝ルーマニア協定が成立すれば、事実上ブルガリアが三国同盟陣営に編入されたことになる、と主張した(9)。

なお、これと類似の見解は、五月八日付けのベルヒトルトからコンラートへの書簡のなかでも披露されている。そのなかで彼は、セルビアの将来の野望がハプスブルク帝国の統一と調和しないこと、セルビアとブルガリアが接近することはハプスブルク帝国の政治状況をよりいっそう困難にすること、そしてロシアとの対立は覚悟しなければならないものの、ドイツ皇帝ヴィルヘルム二世がしばしば発言していたような「ゲルマンとスラヴの戦い」は、ハプスブルク帝国にとってまったく価値のないものであることを主張している。(10)

以上のようなベルヒトルトの見解は、あくまでも、南スラヴ問題とも関連するハプスブルク帝国の対セルビア関係の解決を中心に据えたブルガリア論である。ブルガリアを三国同盟に接近させようとする彼の試みは、結局、ブルガリア＝ルーマニア協定の成立にかかっていたといってよい。とはいうものの、ブルガリアとルーマニアに駐在するハプスブルク帝国外交官や駐在武官は、両者による協定の成立が容易ではないことを指摘していた。

たとえば、ブカレスト駐在墺公使K・E・フュルステンベルクは五月一日付けの報告で、ルーマニア首相兼外相T・マイオレスクが、ブルガリアに対するルーマニアの中立の条件として黒海沿岸地帯の譲渡を、そして同国に対する軍事支援の条件としてバルチクの譲渡をあげたことを紹介している。(11)これに対して、ソフィア駐在墺公使A・タルノフスキは四日付けの報告で、ブルガリア首相がルーマニアとの協定成立を極力回避しようとしており、またブルガリア国内では、ペテルスブルク大使会議で決定した都市シリストリアのルーマニアへの譲渡が最大の譲歩であるとの見解が主流である、と述べている。そしてタルノフスキは、われわれがブルガリアに対してこれ以上のルーマニアへの譲歩を要請する努力は無駄である、と結論づけている。この根拠には、ブルガリア政府が中立および軍事支援の代償としてルーマニアが提示するいかなる条件にも応じるつもりがない、という彼の見解もあったのであろう。(12)また、ブカレスト駐在墺武官も、ルーマニアとブルガリアの提携は論外であると考えていた。さらに彼は、ブルガリアがルーマニアに友好的な態度を示さないと、セルビアの要求を支持する目的でルーマニア軍がブルガリアに侵入することもありうること、そしてハプスブルク帝国に対抗するためのルーマニア＝セルビア＝ギリシア間の協力体制の可能性に注意を喚起した[13]。

しかし、ベルヒトルトはブカレスト宛ての電信のなかで、ルーマニアがシリストリアの獲得を諸「大国」からの贈与ではなく、ブルガリアの譲歩によるものであることを理解すべきことを指摘し、そしてルーマニアがブルガリアもしくはブルガリアの敵のどちらの側に与するかを、ブルガリアからのさらなる領土の譲渡によって判断しようとする態度を非難している。またベルヒトルトは、ルーマニアがシリストリアだけで満足しないこと、そして同国が、ブルガリアにとってまず第一に敵と想定されるようなセルビアに与するように行動することを三国同盟の政策とは相容れないものとみなす一方で、重要でない地域のためにルーマニアが伝統的な三国同盟に依拠した政策を壊すこととは考えられない、と結論づけている[14]。

五月一〇日のソフィア宛て訓令では、ベルヒトルトは、ブルガリア首相ゲショフが、切迫した状況下でのみ、ハプスブルク帝国の希望する政治路線を採用するであろうと指摘した。この場合のハプスブルク帝国の希望とは、まずブルガリアとルーマニアの密接な関係の構築、つぎにブルガリアがセルビアとバルカン同盟の関係を断絶すること、最後にブルガリアが明白にロシアと対立すること、の三つであった[15]。第一点目の関係構築については、実は、ブルガリア政府内には対ルーマニア政策で意見の一本化がまだなされていなかった。また、ペテルスブルク大使会議で焦点となった都市シリストリアは、依然として両国間の障害物であった。ブルガリア首相ゲショフはすでにルーマニアとの交渉を引き延ばす作戦を実行しており、ペテルスブルク大使会議の議定書の署名が行なわれる直前に、ブカレストから公使G・カリンコフを召還した。その後、ブカレストから戻ってきたカリンコフを囲んで閣議が開かれ、政府内の意見調整の結果、これ以上の領土の譲渡には応じることができないという点で、意見の一致を見いだすことができた。しかし、具体的な対ルーマニア政策の策定をめぐっては一致をみなかった。ブルガリアの引き延ばし策は五月二〇日には中断され、ゲショフはルーマニアにさらなる交渉に応じる用意があることを伝えた[16]。

さて、ベルヒトルトは五月一〇日の段階で、ゲショフがそれまで行なっていた引き延ばし策を遺憾であると考えた。というのは、彼は、ブルガリアが引き延ばし策をとらなければ、すでにブルガリア＝ルーマニア間に協定が成立し、その結果、ブルガリアがマケドニアにおいて、すでに堂々と自らの権利をセルビアとギリシアに主張できていたであろう、と考えていたからである。また、引き延ばしの結果、セルビアとギリシアがルーマニアへと接近しようとする態度がより明白になり、ブルガリアがセルビアおよびギリシアと戦争をする可能性が高くなったからである[17]。たしかに、ブルガリア首相ゲショフはハプスブルク帝国公使に対して、セルビアとの妥協の可能性を考えておらず、戦争が不可避であると述べていた[18]。

ハプスブルク帝国は、以上のような対ブルガリア政策に対して、他方の対ルーマニア政策としては、ブルガリアとルーマニアの協定を成立させることをめざすべきものとした。その際、つぎの二点を重要事項とした。第一に、ルーマニアがシリストリア以外の領土の譲渡を主張しないこと、第二に、ルーマニア首相兼外相マイオレスクが述べた内容、つまり、ペテルスブルク大使会議の決定をブルガリアとルーマニアの両国会が批准するまでは協定の交渉を行なわないという考えを放棄すべきであること、の二点である。後者の理由は、ブルガリア国会が閉会中であるため、その開会を待つのであればかなりの時間的喪失が予想されるからであった[19]。

ルーマニアに接近するセルビアとギリシア

第4章でみたように、ルーマニアはペテルスブルク大使会議の決定に不満であった。ここに接近していったのが、ブルガリアとの対立の溝を深めていたセルビアとギリシアであった。両国は四月から五月初旬にルーマニアへ同盟を打診したものの、ルーマニア首相兼外相マイオレスクは、当初これを拒否する態度をとった[20]。その理由は、彼が、セルビアとギリシアはブルガリアに圧力をかけるためにルーマニアを利用しようとしているのではないかと懸念し、またセルビア＝ギリシア＝ブルガリア間で戦争が勃発するまでは、ルーマニアがフリーハンドを維持することが得策だと考えていたからであった[21]。

この見解は、五月二〇日のブカレスト駐在墺公使フュルステンベルクの報告にもみられる。ルーマニアの政治家も国王カロルも、国内世論のなかで高まっている反ブルガリア的雰囲気を考慮すると、ブルガリアとセルビアもしくはギリシアとの武力衝突の際には、国内世論はブルガリアの敵に与することを要求するであろうし、この動きを抑えることは不可能であろうと考えていた。それゆえ、国王は、ルーマニアがセルビアとギリシアからの同盟締結要請を無下に拒否することはできない、とフュルステンベルクに述べている。また同時に、国王は彼に、ブルガリアが沿岸数キロメートルを譲渡するだけでルーマニアの中立を確保することができる、とも述べた。マイオレスクは、セルビアやギリシアのルーマニアへの接近をブルガリアに対して圧力をかける手段として利用すべきだとの国王の考えには反対である、とフュルステンベルクに述べている[22]。

改善しないブルガリア＝ルーマニア関係

以上のようなルーマニア側の主張を聞いて、フュルステンベルクは、前述のハプスブルク帝国外務省の見解、つまり、シリストリアの獲得をブルガリアの譲歩によるものであるとルーマニアに理解させるべきだという見解について、それを達成するのは困難なことであると考えていた。これと並行して、彼は、ルーマニアがシリストリアを第一次バルカン戦争時の中立に対する「最低賃金」と理解しているとみなした。また、ブルガリアがセルビアやギリシアと戦争状態に入れば、ルーマニアがふたたび中立を維持することはもはや不可能であろうともみなした[23]。ベルヒトルトは五月一六日の訓令内容を二二日にも繰り返し述べ、さらにブルガリアに敵対する行動がルーマニアの真の利益とは一致しないこと、そして、ルーマニアに対してつぎのことを知らせる必要がある、と論じている。すなわち、ブルガリア＝セルビア戦争が起きたときには、ハプスブルク帝国は場合によっては武力でもってセルビアと戦わざるをえないであろう、と。[24]

ソフィア駐在墺公使との接触を維持していたブルガリア首相ゲショフも、国王側近のS・ドブロヴィッチも、ブルガリアとセルビアの戦争は不可避であると述べていた。[25] ゲショフは、われわれがルーマニアの積極的支持を必要としておらず、ただ好意的中立だけを必要としていると述べる一方で、しかしながら、ルーマニアがそのためにさらなる領土の譲渡を要求するならば、受け入れることは不可能であることを強調した。ドブロヴィッチはゲショフの見解とは微妙に異なり、ルーマニアとの協定によるブロック化こそがブルガリアにとっての唯一の可能性のあるもの、と主張していた。[26]

だが、当のルーマニアがブルガリアとその敵とのあいだで取引を行ない、自国の利益がより大きくなるほうに与することを目論んでいたため、ゲショフの希望する中立はもはや、実際上の選択肢としては存在しなかった。[27] まさに五月二四日のフュルステンベルクの報告は、このことを示唆するものであった。たしかに、ルーマニア首相兼外相マイオレスクは、セルビア側に立つというルーマニアの外交が同国の利益と矛盾する、というベルヒトルトの見解には同意する一方で、そのような政策を「馬鹿げたもの」と発言している。しかし彼は、もしもブルガリアが、一九一二年秋にシリストリアをめぐる二国間交渉でみせた非妥協的態度をとることで両国間の対立が発生すれば、ルーマニア国内の世論の雰囲気からして、三国同盟側に立つとの保証を引き受けることはできない、とも述べた。[28]

このようなことを通じてマイオレスクは、ルーマニアが必ずしもハプスブルク帝国の希望どおりには動かないことや、ルーマニアの信頼を獲得するためには、さらなる行動をとる必要があることを暗に示唆したのであった。すべてはハプスブルク帝国しだいという考えは、ルーマニア国王カロルもフュルステンベルクに述べている。[29]

では、ハプスブルク帝国は、ルーマニアの希望するようなブルガリアの妥協をどのようにすれば獲得できるのであろうか。ソフィア駐在墺公使タルノフスキが五月二三日の報告書のなかで論じていることは、これに対するひとつの処方箋であった。彼は、ハプスブルク帝国にとって好ましいのは、妥協よりもむしろ、ブルガリア＝セルビア戦争においてブルガリアが決定的勝利をおさめないことであると考えた。もしブルガリアが決定的勝利をおさめてしまえば、同国は自らの軍事力を過信してしまう。彼は、バルカン半島で圧倒的優位を獲得したブルガリアからは、「ハプスブルク帝国は何も満足のいくものを期待できない」と論じた。また、ロシアもしくは諸「大国」の仲介・調停によって行なわれる妥協が、ブルガリアだけに領土的犠牲を強いて同国が不満を抱けば、それは、ハプスブルク帝国にとってはもっとも好ましい状況である、とも述べている。そうなることで、マケドニアでの静穏は成立せず、バルカン諸国間の協調も不可能である、と。最後に、タルノフスキは、「ハプスブルク帝国の友好を必要とする満足していないブルガリア」の必要性を強調した。ベルヒトルトはこの報告を読んだあと、欄外に「卓越した記述！」と記した[30]。

そして、五月二七日にベルヒトルトがベルリンに宛てた電信には、右の線に沿うかたちで、つぎのような見解が並ぶことになった。第一に、ブルガリアとセルビアの対立は、バルカン同盟という考え方それ自体の敗北であり、汎スラヴ的思想の敗北を意味する。第二に、ブルガリアはセルビア＝ギリシア＝ルーマニアの三カ国連合には太刀打ちできない。したがって、ブルガリアは、もしこの連合が成立すれば、この連合と妥協するしかない。第三に、ブルガリアのこの妥協は、バルカン同盟に新たな生命を吹き込むものである。第四に、以上の点から、ハプスブルク帝国の目標は、ルーマニアがセルビアおよびギリシアとの協力に応じないよう努力をすることである。それゆえ、ベルヒトルトは、ドイツもわれわれに協力するためルーマニアに何らかの働きかけをして欲しいことをドイツ政府に伝えるよう、ハプスブルク帝国大使に要請したのである[31]。

ブルガリア＝ルーマニア問題におけるもっとも具体的な目標が、両国の長期にわたる中立協定である――このような立場を依然としてとり続けるハプスブルク帝国は、ブルガリアが協定を受け入れるかどうかは疑わしいとし、まずはルーマニアに受け入れさせることをめざすべきだと考えた[32]。しかし他方では、ルーマニアの要求にそれほど応じるべきではないとも考えた。五月二八日にソフィアへ送られた電信のなかで、外相ベルヒトルトはつぎのように述べている。「われわれは、これまで正直かつ無関心な仲介者を演じてきており、今日でもなおルーマニアの過度の要求の擁護者にはなりたくない[33]」。その翌日、ベルヒトルトは、つぎの二点をルーマニア政府に述べるようにとの訓令を、ブカレスト駐在墺公使に送った。第一に、ハプスブルク帝国は、ルーマニアとセルビアとの協定には反対である。というのは、ハプスブルク帝国＝セルビア間に根深い対立が存在するため、ルーマニアがセルビアもしくはギリシアと軍事的に協力することは、ハプスブルク帝国＝ルーマニア間に存在する同盟関係と一致しないからであった。第二に、ルーマニアがそのような協定を締結すれば、ハプスブルク帝国はルーマニアを公的な敵とみなす[34]。

三　反ブルガリア同盟の形成

セルビアの条約修正要求とブルガリアのゲショフ政権の崩壊

さて、ハプスブルク帝国にとってよりいっそう重大な敵であるセルビアは、一九一三年五月一六日の閣議においてブルガリアとの条約の修正を要求することを決定し、二五日、正式にブルガリア側に第二回目の要求を出した[35]。二八日にセルビア首相パシッチは議会で、修正要求の理由をつぎのように述べている。

セルビアは、条約上認められていたアドリア海沿岸を犠牲にしなければならなかった。他方、ブルガリアは、条約上言及されていなかったアドリアノープルを獲得した。なお、ブルガリアは、部隊をヴァルダル戦域に派遣する義務を負っていた。また、セルビアは、ブルガリアのためにアドリアノープルにいる敵〔オスマン帝国軍をさす〕を撃破するために部隊を派遣した。以上のことから条約の基礎に変更が生じ、セルビアは条約の修正を要求しなければならなかったのであります。(36)

ブルガリアとセルビアの条約修正問題については、両国があくまでロシアにこの問題の解決を期待していたため、ハプスブルク帝国はほとんど情報を得ていなかった。ブルガリア首相ゲショフは、セルビアが要求した条約修正に応じるか否か迷っていたが、閣僚たちのあいだでは拒否する意見が多数を占めた。また、ロシアはブルガリアから仲介役として期待されていたものの、五月二一日の外相サゾノフからソフィア駐在ロシア公使への書簡のなかで、ブルガリアに対して、バルカン同盟の崩壊を回避するためにはブルガリア＝セルビア条約で規定されていたブルガリアの領有権の一部を放棄することが必要である、と主張した。これは、ロシアがブルガリアを支持しないことを意味した。そうしたなかで、セルビアとの同盟関係を維持しようと努力していたブルガリア首相ゲショフは、五月三〇日、ついに辞職した。その原因は、バルカン同盟国との関係の悪化、対ルーマニア関係の行き詰まり、ロシアから支持が得られないこと、国内の政策決定者のあいだの意見対立などであった。ブルガリアの軍部はゲショフの政策を激しく批判し、他国へのいかなる領土の譲渡にも反対していた。ブルガリア国王フェルディナントも、こうした軍部の態度を支持した。(37) 研究者のホールは、ロシア外相サゾノフの政策に一貫性が欠如していたことをとくに重視し、これがゲショフの立場を悪化させ、辞職への道を加速させたと指摘している。(38) 奇しくもゲショフが辞職した五月三〇日は、ロンドンでバルカン同盟とオスマン帝国とのあいだの講和が成立した日であった。

ゲショフの辞職はすぐには公表されなかった。というのは、ブルガリアが外交上困難な立場に置かれているときに、辞職という事実が不利に作用する恐れがあったからである。ゲショフは、辞職した二日後の六月一日、ブルガリアとセルビアの国境付近の都市でセルビア首相パシッチとの「首脳会談」に臨んだ。ゲショフを含めたブルガリアの政策決定者は、この会談に大きな期待を抱いていたわけではなかった。六月三日にブルガリア国王の側近ドブロヴィッチがハプスブルク帝国公使タルノフスキに述べたところによると、ロシアの提案によって実現したこの会談では、占領地分割と条約修正は話題にならず、バルカン同盟の四カ国首脳がサロニキで会談を行なうことが議題にのぼった。そして、もしその四カ国首脳会談が成功しない場合には、ロシアがブルガリア＝セルビア間の仲裁を行なうこととされた(39)。

ゲショフがタルノフスキに直接語ったところによると、パシッチとの会談がほとんど満足のいくものではなかった。また、彼は、ブルガリア＝ギリシア間の問題を仲裁によって解決することは受け入れられないと述べただけでなく、セルビアとの問題ではブルガリアが条約修正で譲歩することはありえない一方、セルビアもそれを撤回することは考えられないため、この問題が無事に解決するなどと幻想を抱いてはいない、とも述べた(40)。パシッチとの会談のあと、ゲショフは、ペテルスブルク駐在ブルガリア公使が外相サゾノフにつぎのことを強調する旨の訓令を出した。すなわち、ブルガリアを攻撃したがっているルーマニアとオスマン帝国によってセルビアがそそのかされており、そしてセルビアとブルガリアとの「兄弟間の戦争」の危機を防止できるのが、ロシアの断固とした行動だけである、と(41)。

ゲショフも含めたブルガリア政府の閣僚たちは、戦争が不可避であると認識した（ドブロヴィッチも不可避と判断）。しかし、具体的にどうするかについては、ロンドンで第一次バルカン戦争の講和交渉に当たっていたダネフが帰国してから検討することになった（ダネフは六月五日に帰国）。その二日後の六月七日、ハプスブルク帝国公使タルノフスキはゲショフが辞職したことを確認した。なお、この日はハンガリーにティサ政権が成立した日でもあった[42]。そして、ゲショフ辞職が正式に発表されたのは六月一一日であった。

反ブルガリア同盟の成立

ブルガリアが戦争は不可避との認識を強めていった一九一三年五月末から六月初旬にかけて、ついに、セルビアとギリシアは対ブルガリア同盟の締結にこぎつけた。ギリシアは、すでに五月二日にセルビアとの同盟交渉に入ることを閣議決定していた。そして、五月五日、両国はマケドニア分割に関する協定である「同盟条約締結に関する議定書」に調印した。これは、両国が国境を接することを規定しており、もしもブルガリアがそのような見解に異論を唱えるときには、両国がそれぞれ外交支援、場合によっては軍事支援をも与えることを内容としていた。また、両国は、この調印から二〇日以内に友好条約および防衛同盟の締結を調印することも決定した[43]。

これを具体化したのが、六月一日に調印された軍事協定である（正式に両国で批准されたのは六月二一日）。内容はつぎのものである。第一に、第三国による攻撃の場合には相互に支援をすること、第二に、個別に講和条約を締結しないこと、第三に、両国の国境線はヴァルダル川の西とすること、第四に、ブルガリア＝セルビア国境およびギリシア＝ブルガリア国境は、実際の占領状態と三カ国の均衡を原則として決定すること、第五に、もしブルガリアがこの決定に同意しないことで解決が困難な場合には、両国は共同して三国協商諸国の調停もしくは仲裁に委ねること、第六に、もしその際ブルガリアがセルビアとギリシアの提案を拒否して、条約締結国に対して武力によって自分の要求を押しつけようとするときには、両国は一致して可能なかぎりの軍事力を行使して相互に支援し、個別に講和を締結しないことであった[44]。

研究者A・ロッソスは、この同盟がバルカン同盟システムの終焉を意味するものと捉えている。というのは、このセルビア＝ギリシア同盟が、オスマン帝国支配下のキリスト教徒の解放を表面上主張していたバルカン同盟の実際の目的と、まったく関係ないものだったからである。セルビア＝ギリシア同盟の目的は二つ、ひとつは、一九一二年のブルガリア＝セルビア条約で同意されていた領土分割の方法を破棄することであり、もうひとつは、セルビア＝ギリシア間で新たに取り決められた内容をブルガリアに押しつけることであった。それゆえ、バルカン同盟諸国のあいだで交渉による事態の解決は、事実上不可能となってしまった(45)。

そうしたなかで、ロシア外相サゾノフは、もはやロシア皇帝ニコライ二世の介入だけがバルカン同盟内の対立を解決する方法であると判断した。六月八日に私的書簡というかたちで、ニコライ二世はセルビアとブルガリア両国にアピールを送り、バルカン同盟諸国が相互に戦争の準備をしていることを遺憾とすること、そして、両国が条約の条項に関するすべての問題をロシアに委ねることを勧めた。そして書簡は、脅しとも受け取れるようなつぎのような文章で締めくくられていた。「余は、戦争を始める国家がスラヴ民族全体に対して責任を負わねばならないであろうこと、さらに、そのようなけしからぬ戦争から派生する結果に関連して、ロシアがどのような態度をとるかを決定する権利を留保すると宣言する必要があると思う」。ブルガリア国王の返答は、一九一二年の同盟条約の規定にもとづくかたちでロシアの仲裁を要請するものであった。それに対して、セルビア国王の返答は、すべての問題を討議することは賛成であるものの、条約の規定にとらわれないかたちで問題を討議すべきだ、というものであった。ここには、セルビア政府が従来から主張していた考え、つまり一九一二年のブルガリアとの同盟条約の修正が必要であるとの考えが存在していた。ロシア外相サゾノフはこれらの返答を受けて、ペテルスブルクにバルカン同盟の四カ国の首脳を招待することにした(46)。そこで、ギリシアは六月一四日に招待を受諾し、その後セルビアも同様に受諾した。

ブルガリアのダネフ新政権

ブルガリアでは一九一三年六月一五日に、急進自由党の指導者ダネフを首相とする新政権が誕生した。新政権はゲショフ前政権の連立をそのまま引き継ぎ、閣僚もほとんど変わらなかった。外相も兼任することになったダネフはロシア寄りの態度をとる一方で、現在ブルガリアが抱える隣国との問題についてはいかなる妥協にも反対の姿勢をとった。連立パートナーである国民党は、指導者がゲショフからT・テオドロフに替わったものの、ゲショフの政策を堅持し、サロニカをギリシアへ譲渡することを主張した。ダネフはペテルスブルクでの首脳会談の開催について、この会談ではあくまでも、議論ではなく、仲裁が行なわれなければならず、仲裁も一九一二年のセルビアとの条約の枠内で行なわれるべきであると考えていた。さらに彼は、仲裁の実施までは、ブルガリアとセルビアによるマケドニア共同占領の実行をセルビアが認めるべきだ、と主張した。ロシア外相サゾノフは、ダネフがペテルスブルクへ来るように仕向けた。そこで、ベオグラード駐在ロシア公使N・H・ハルトヴィヒは、セルビア政府に対して、一九一二年のブルガリアとの条約にもとづくロシアによる仲裁の受諾宣言を行なうよう要請した。しかし、セルビア政府はこの要請を拒否した(47)。

ソフィア駐在墺公使タルノフスキが六月一八日の報告で述べているように、ダネフはつぎのような持論を展開している。第一に、ブルガリアは対セルビア関係では条約にもとづく仲裁に従っており、セルビアの条約修正要求は論外である。第二に、セルビアがそれを撤回しなければ、間違いなく戦争になる。ブルガリアは自分がマケドニアにおいて当然獲得すべきものを得るためにのみ、セルビアと戦争をするであろう。第三に、ブルガリアの領土拡大はハプスブルク帝国にとっても利益である。それゆえ、ハプスブルク帝国はいまブルガリアを見捨てるべきではない(48)。その後、六月二〇日にダネフは、セルビアがブルガリアの要求に応じない場合にはペテルスブルク行きを中止する旨、ロシアに通告した。

六月二二日、ブルガリアは仲裁問題に関する閣議を開いた。ダネフは戦争が不可避であるとみなしており、いつの段階で開戦すべきかが主な課題であると考えていた。「ついに最後のときがきた。長い説明を行なうまでもない。私の心は決まっている。もしセルビアがマケドニアでの共同管理を受け入れない、もしくはセルビアが一九一二年の条約を基礎に仲裁を受諾しないときは、われわれは戦争を宣言しなければならない」[49]。それに対して、連立パートナーであり、かつてゲショフが所属していた国民党系の閣僚は、戦争に反対の意を表明した。彼らは、ロシア皇帝がブルガリアのために行動することを期待していた。国民党指導者で蔵相のテオドロフは、「オスマン帝国に対する解放戦争のあとでキリスト教徒同士で戦争することは恥ずべきこと」であり、ダネフに「ペテルスブルクに行けば、望むものは何でも手にできる」と主張した[50]。

閣議休会後、ブルガリア国王フェルディナント、首相ダネフ、蔵相テオドロフ、国王側近ドブロヴィッチ、そして参謀総長M・サヴォフ将軍の五人は協議を行なった。その結果、セルビア代表団がペテルスブルクに向けてベオグラードを出発すると同時に、ダネフがソフィアを出発すること、また、ブルガリアが一九一二年の条約にもとづいてロシアに仲裁を要請することが決定された。その際、仲裁が遅れることを懸念して、彼らはロシアが七日以内（その後八日以内と変更）に仲裁を行なうべきであるとした。そして、この条件をロシアが受諾するかどうかを遅くとも六月二四日までにブルガリアに返答すること、それが確認されたうえで、ダネフが六月二五日にペテルスブルクに向けて出発することをロシアに要求した。六月二五日、ペテルスブルク駐在ブルガリア公使は、ロシア外相サゾノフに面会したとき、セルビアからの仲裁受諾の返答が到着したかどうかを照会した。しかし、返答はまだ届いていなかった。そこでブルガリア公使は、前日にダネフからの訓令に従い、期限をつけた要求がロシアに受け入れられなかったことを不満とし、われわれはこれ以上の交渉を行なうことはできない、と告げた。さらに、彼は、ベオグラード駐在ブルガリア公使の本国への召還を行なうことも告げた。これを聞いたサゾノフは激怒した[51]。サゾノフは公使に対して、召還が宣戦布告を惹起すると警告したうえで、つぎのように述べた。「君たちは自由だ。われわれからは何も期待しないで欲しい。一九〇二年から現在までロシアとブルガリアのあいだに存在するあらゆる協定のことは忘れて欲しい[52]」。

ダネフはサゾノフのこの態度に驚き、釈明にまわらなければならなかった。彼は、軍部の行動を抑えておくためには期限をつけることが必要であった、と弁明した。実際、軍部は、戦争を行なうかどうかの決定を即座にすることを政府に要求していた。サゾノフもこのあと態度を軟化させた。彼は、セルビアからの仲裁に関する返答を待っており、返答があれば一週間以内に仲裁を完了させることをブルガリア側に告げた。これを聞いたダネフは六月二九日、ソフィア駐在ロシア公使に対して、もしセルビアが仲裁を受諾するとの報告が二九日の午後ペテルスブルクに到着すれば、自分が翌三〇日にペテルスブルクに向けて出発すると約束した。

事態が緩和されるかにみえたが、六月二九日から三〇日に日付けが変わった数時間後の午前二時、ついにブルガリア軍はセルビア軍を攻撃した。第二次バルカン戦争の勃発であった。

改善しないブルガリア＝ルーマニア関係

では、ブルガリアのダネフ政権は、ハプスブルク帝国がつねに望んでいたルーマニアとの関係をどのように考えていたのであろうか。以下、ダネフ政権下でのブルガリア＝ルーマニア関係をみていこう。そしてハプスブルク帝国は、それにどのように対応しようとしたのであろうか。

一九一三年六月に入っても、セルビアとギリシアのルーマニアへの接近は続いていた。ルーマニア首相兼外相マイオレスクはブカレスト駐在墺公使フュルステンベルクに対して、ギリシアからの同盟締結の要請についてしばしば述べている。彼はフュルステンベルクに、六月初旬に二度にわたりギリシアから同盟締結を要請されたものの、二度とも断ったと述べた。その理由として彼は、ギリシアとセルビアとの関係の密度について正確な情報を得られないため、ルーマニアとしては対応できないことをあげた。しかし、六月三日のフュルステンベルクの報告によると、マイオレスクは、もしもバルカン同盟内で戦争が勃発すれば、ルーマニアは絶対に動員をかけなければならないだろう、と述べている。(53) なお、一〇日のブカレスト駐在ドイツ公使の報告によると、マイオレスクがブルガリア公使に対して、ルーマニアがブルガリアとセルビアの両方に動員をかけることを告げている。(54) その一方で、ソフィア駐在ドイツ公使の報告によると、ブルガリア外務省内では、ルーマニアの中立を最終的には確保できるであろうとの期待が支配的であった。(55)

六月一二日、フュルステンベルクは、ブルガリアに対抗するセルビア゠ギリシア゠モンテネグロ同盟が成立したことをマイオレスクから聞き、ブルガリアがはやくルーマニアと交渉に入らなければ、ルーマニアがセルビアおよびギリシアとの同盟条約に応じるのではないか、との印象を受けた。(56) このような印象を受けた会見の翌日、マイオレスクはフュルステンベルクに対して、自分が首相の地位にいるかぎりセルビアもしくはギリシアとの協定には応じないと述べる一方で、つぎのようなことを明言した。つまり、もしブルガリアがルーマニアの了解なしに戦争を開始すれば、ルーマニアは、戦争に参加しないかたちで、黒海沿岸のブルガリア領であるトゥルトゥカイからバルチクの地域を占領する、と。(57)

このように、ルーマニアの態度は依然として強硬なものであった。それに対して、ブルガリアの首相ダネフは、「戦争が勃発すれば、ブルガリアはルーマニアに対して好意的中立のみを期待する」ことを、ハプスブルク帝国公使タルノフスキに明らかにしている。(58) 六月二〇日、ハプスブルク帝国外相ベルヒトルトはこのダネフの発言から、ブルガリアが対セルビア戦の際にルーマニアの中立を獲得するため、何らかの譲歩をルーマニアに対して行なうであろうと予想した。(59) しかし、ダネフは二五日、ブルガリアには譲歩するつもりがないため、ルーマニアとの直接交

渉は無意味であり、トゥルトゥカイ＝バルチク線を放棄することは絶対にありえない、と発言している。(60)

六月後半に入っても、ルーマニアの態度は強硬なものであった。六月二〇日にルーマニア国王カロルに謁見したドイツ公使は、国王がハプスブルク帝国のバルカン政策を批判し、ブルガリアがルーマニアに対して強硬な態度をとっているのはハプスブルク帝国に原因があるといったことを、本国に報告している。国王はさらに、ブルガリア＝セルビア戦争の際にはルーマニアがもはや中立を維持することができないと述べただけでなく、マイオレスクが主張したように、ルーマニアがセルビアとは共同行動をとらないものの、ブルガリア領のトゥルトゥカイからバルチクまでの地域を占領する、とも述べた。(61) ハプスブルク帝国は、ルーマニアに対してこれ以上圧力をかけて無理に自分たちの意向に従わせることはできないと考える一方、ブルガリアに対しては従来どおり、将来の外交方針が示され、われわれに敵対しないとの義務が明確にされないかぎり、要請を受け入れることはできないと結論づけた。参謀総長コンラートも、この見解に立った。彼は、ブルガリアがルーマニアへさらなる譲歩をすることで同国と合意に達するときにのみ、ハプスブルク帝国の支持をあてにできると宣言すべきである、と考えていた。(62)

六月二四日にハプスブルク帝国外務第二次官F・サーパーリがソフィア駐在墺公使タルノフスキに宛てた電信には、タルノフスキが首相ダネフに告げるべき内容が記されていた。第一に、ハプスブルク帝国は、ブルガリアを犠牲にするかたちでのセルビアの強化を自らの利益と対立するものと考えていること。この場合、ブルガリアはハプスブルク帝国のシンパシーだけでなく、条件つきではあるものの、積極的支持をもあてにすることができる。その条件とは、コンラートが主張するように、ブルガリアがルーマニアの希望をある程度実現し、ルーマニアの中立確保のために両国が了解に達することである。以上の内容は、二五日のベルリン駐在墺大使宛ての電信でも言及されており、ハプスブルク帝国が「場合によっては、紛争への介入を行なう」ことが明らかにされている。(63) 第二に、ハプスブルク帝国が把握しているルーマニアについての情報は、ブルガリアがセルビアと戦争する際にはルーマニアは中立を維持しないこと。第三に、ルーマニアが自国の中立を維持する反対給付としてトゥルトゥカイ＝バルチク線の譲渡を考えていることである。しかし、完全な情報が欠如しているために、ハプスブルク帝国としてはルーマニアの要求内容を明確にするには、ブルガリアとルーマニアとの直接交渉しかない、としている[64]。

以上のような外務省高官の見解を受けるかたちで、ベルヒトルトはドイツに対して、ブルガリア＝ルーマニア間の合意形成のために協力するよう要請した[65]。しかし、ドイツはそれを拒否した。その理由としてドイツ外相G・ヤゴーは、ルーマニアを無理にブルガリアと了解させるならば、ルーマニアが三国同盟から離れていく恐れがあるからであるとした。彼は、むしろ逆に、ドイツにとってブルガリア＝ルーマニア関係はあまり意味をもつものではないので、この関係を疎遠なものにしようとする三国協商側の動きを支持したいとも考えていた[66]。

ブカレストとソフィアに駐在する二人のハプスブルク帝国公使も、ルーマニアがブルガリアとの交渉を真剣に考慮していないと判断していた[67]。それは、ルーマニア国王カロルが、六月二三日にハプスブルク帝国公使フュルステンベルクに述べた発言からみてとることができる。国王は、ブルガリアがルーマニアの中立を確保することで戦争を開始する気になり、場合によってはセルビアを絶滅させるかもしれない、と述べた。また、全マケドニア地方とトラキア地方を領有するブルガリアはルーマニアにとって恒久的に危険な存在であり、ブルガリアがバルカンで最強国家になることを認めることはできない、とも述べた[68]。そこで、ベルヒトルトはこのような国王の見解を変えるべく、二五日にブカレストに電信を出した。そのなかで彼は、ルーマニアの真の政策がブルガリアとの良好な関係の構築であり、強い隣国ブルガリアの友好から利益を引き出すことだ、とした[69]。しかし同日、ルーマニア政府がソフィア駐在公使に出した訓令には、「ルーマニアはもはやブルガリアと交渉をしない」と書かれてあった。その翌日には、この新たな訓令を受けた公使がブルガリア首相ダネフに対し、ブルガリア＝セルビア戦争の際にはルーマニアは動員するであろうことを伝えた（二八日には、ルーマニア公使がブルガリアに対して軍事行動にでることをダネフに通告した[70]。

このルーマニアによる交渉拒絶の態度は、すぐにハプスブルク帝国外務省にも伝えられた。六月二七日、ベルヒトルトはベルリン宛ての電信のなかで、「われわれは、ブカレストにおいて長期にわたり、ブルガリア＝ルーマニア協定成立のために説得を行なってきたものの、残念ながら成果をおさめることはできなかった」と述べるまでになっていた[71]。しかし、それでもベルヒトルトらはあきらめなかった。ソフィア宛ての電信は、セルビアとルーマニアとのあいだで協力する雰囲気が形成されていること、ブルガリアがルーマニアから出されたトゥルトゥカイ－バルチク線の割譲に応じるかどうか決心してもらわねばならない（もしこれにブルガリアが同意すれば、ブルガリア側の具体的提案が必要になるともつけ加えている）ことを首相ダネフに伝えるよう、タルノフスキに要請した[72]。

ダネフにとっては、対セルビア関係と比較すると、ルーマニアとの問題は切羽詰まったものではなかったようである。ハプスブルク帝国からのたびたびの要請にもかかわらず、特使のルーマニアへの派遣やソフィアのルーマニア公使に交渉の打診をするなどはさしてみられなかった。ブルガリア＝ルーマニア関係は、このような状態で第二次バルカン戦争を迎えることになったのである。

第6章　第二次バルカン戦争

　ブルガリア軍の攻撃で始まった第二次バルカン戦争は、同国に不利なかたちで進展していった。さらに、ルーマニアとオスマン帝国も反ブルガリア側として参戦したことで、ブルガリアの敗戦はほぼ確実となった。ルーマニアの斡旋でブカレストにて開催された講和交渉によって、正式に第二次バルカン戦争は終了した。いわゆるブカレスト講和条約により、ハプスブルク帝国の一体性に大きな脅威とうつっていたセルビアが戦勝国となった。戦争中、ハプスブルク帝国は、ブルガリア救済のためにこの戦争に軍事介入、つまりセルビアへの軍事侵攻を検討していたのである。この章では、まず、戦争勃発当初からハプスブルク帝国が軍事介入を考えていたことを指摘し、それに対する同盟国のドイツとイタリアの立場を紹介する。つぎに、ブカレスト講和会議を検討するが、なかでもハプスブルク帝国も利害関係をもつ、エーゲ海に面する港湾都市カヴァラをめぐる交渉を取り上げる。最後に、ハプスブルク帝国が第二次バルカン戦争に軍事介入しなかった原因と、この戦争がハプスブルク帝国に与えた影響を検討する。

一　ルーマニアの参戦

緒戦でつまづくブルガリア

一九一三年六月二九日深夜から三〇日未明にかけて始まったブルガリアの攻撃は、たちまちセルビア軍とギリシア軍の反撃を受けることになったが、それにはいくつかの要因がある。

まず、ブルガリア軍の攻撃が、そもそもセルビアとギリシアに対する戦争として開始されたものではなかったことである。ブルガリアの参謀総長M・サヴォフ将軍は、二九日から三〇日にかけての軍事行動を政治的デモンストレーションとして位置づけていた(1)。攻撃することで、ロシアやセルビアがブルガリアの要求に、よりいっそう真剣に耳を傾けるであろうことを期待していた。参謀総長は政治制度上認められていた帷幄上奏を使って、直接ブルガリア国王から攻撃に関する承認をもらった。ブルガリア首相S・ダネフへの事前の了承は求められていなかったが、彼は攻撃の報告を聞いてもそれほど驚かなかった。その一方で、ダネフ以外の閣僚は驚いた。たとえば、ソフィア駐在墺公使A・タルノフスキはウィーンの外務省に対して、ブルガリア政府が参謀本部に不意打ちを食らった、と報告している(2)。ブルガリア政府内の軍事行動に関する意志疎通が、きちんと行なわれていなかったのである(3)。

つぎに、ブルガリア軍の兵士たちに蔓延していた疲労感・厭戦感である。一九一二年一〇月からの開戦以来、ブルガリアの兵士たちは戦場で戦い続けていた。セルビア軍やギリシア軍がアルバニアや西部マケドニアでオスマン帝国軍と戦ったものの、それほど深刻な戦いに悩まされることはなかった。ブルガリア軍はそれとは反対に、マケドニア東部でのオスマン帝国軍との戦い、とくにアドリアノープル攻略で激しい抵抗に遭遇した。五月末にオスマン帝国軍との講和が成立しても、兵士の疲労は回復せず、彼らは動員解除の命令も出されないまま、引き続きセルビア軍およびギリシア軍と対峙しなければならなかった[4]。

ブルガリア首相ダネフは攻撃の報告を聞くと、サヴォフ将軍にただちに攻撃中止の命令を出した。その一方で、国王はひそかに、ある人物を介してサヴォフ将軍に攻撃の継続を要求した。この混乱のなか、七月三日に国王は、サヴォフ将軍を命令に従わなかったとの理由で解任し、その後任にR・ディミトリエフ将軍が就任した。これは、戦争を中止するためにロシアに介入して欲しいとの、国王の意思表示であった[5]。ダネフは、七月一日、ただちにセルビアおよびギリシア両政府に戦闘中止のメッセージを送ったものの、両国はこの要請に耳を貸さなかった。セルビアもギリシアも、ブルガリアが攻撃してくるのを待ちかまえていたのである[6]。ブルガリア軍は各地で両軍に敗北した。また、ブルガリア軍とギリシア軍が共同占領していたエーゲ海の港湾都市サロニキでは、開戦二日目でブルガリア軍が降伏した。ギリシア軍はその後、サロニキから撤退するブルガリア軍を追撃するかたちで、部隊を旧ブルガリア国境に向けて進撃させた。

軍事介入という選択肢

第二次バルカン戦争勃発直後のハプスブルク帝国の対応は、それ以前とほとんど変化がない。ベルリン宛ての七月一日の書簡でハプスブルク帝国外相L・ベルヒトルトは、ブルガリアとのあいだには共通の利益があると述べ、具体的内容として、大セルビアがハプスブルク帝国に与える危険性と、ブルガリア領マケドニアを犠牲にしたセルビアの拡大を防止することをあげている。またベルヒトルトらは、ルーマニアを犠牲にしてブルガリアを優遇しているとの批判が間違いである、とも主張する。彼らの言い分は、まず、ハプスブルク帝国が依然としてルーマニアとの密接な関係を維持しようと努力していること、そして、ハプスブルク帝国が対ブルガリア政策を改善するのは、ブルガリアがセルビアやロシアに有利な政策ではなく、自らのための政策を追求し、反ハプスブルク帝国的な連合に参加しないときのみ可能だということである[7]。

同日の七月一日に行なわれたベルヒトルトとウィーン駐在ドイツ大使との会見で、大使は、ルーマニアがブルガリアとの関係改善に拒否的な態度をとり続ければ、ドイツ政府がこれ以上ルーマニア政府に対してブルガリアとの妥協を要請するつもりはない、また、強すぎるブルガリアに反対するルーマニアの態度にドイツ政府が十分に理解を示す、と告げた。それに対して、ベルヒトルトは、ルーマニアの軍事行動が原因で大セルビアが実現する可能性を指摘した。ドイツ大使が自己の見解、つまり、ブルガリアが圧倒的勝利をおさめた際にはロシアがセルビアのために介入することが予想されること、そして、そのときにはハプスブルク帝国が対抗するのではないか、との見解を述べると、ベルヒトルトは、その際にはペテルスブルクでの直接行動か、もしくはセルビアの首都ベオグラードの占領か何かを考えている、と答えた。さらに、もしも反対にセルビアが決定的勝利をおさめ、かつ大セルビアが成立する脅威が生じれば、ハプスブルク帝国はロシアとは無関係に介入する必要があるだろう、と述べた。ただし、この場合の「大セルビア」が具体的に何を意味するかについてはまったく言及されていない[8]。

実は、セルビアへの軍事介入というベルヒトルトの選択肢は、すでに六月二一日の参謀総長F・コンラートとの会見のなかにみることができる。コンラートがブルガリア＝セルビア間で戦争が勃発した際の対応を尋ねると、ベルヒトルトは「われわれは傍観し、待ち続けるつもりである」と答えた。さらに、コンラートがブルガリアが短期間で敗北する場合の対応と尋ねると、ベルヒトルトは「介入するつもりだ」と述べた。そこで、コンラートが武力介入のことかどうかを確認すると、ベルヒトルトはそれを肯定したのである。この会見のなかで、ベルヒトルトは、ブルガリア＝ルーマニア間の協定が成立しないことを予想していた。また、ルーマニアがブルガリアに軍を進める場合、ロシアがルーマニアを威嚇する可能性を示唆している。ベルヒトルトは、そのような場合には、ドイツがロシアの動きを抑えてくれることを期待しているものの、もしもロシアがドイツの要請を無視する場合には、われわれがロシアに対して断固とした行動をとらなければならないであろう、と述べた。コンラートはそれを聞いて、「それは戦争だ。ロシアとの戦争の可能性が発生する」と述べた(9)。

ルーマニア、総動員令発令

一九一三年七月二日、ブカレスト駐在墺公使K・E・フュルステンベルクは、ルーマニア国王カロルが首相兼外相T・マイオレスクの反対にもかかわらず、軍部や日和見主義者たちの圧力で参戦する可能性を指摘した(10)。ベルヒトルトは、ルーマニア参戦を回避するためには、ブルガリアがルーマニアの望んでいるトゥルトゥカイ‐バルチク線を譲渡することを唯一の解決法とみていた(11)。このような解決策をソフィア宛ての電信として送った七月三日、ついにルーマニアは総動員令を布告した。ブカレスト駐在フランス公使は、「動員令の内容を知らない人々は、ルーマニアがついにハプスブルク帝国と戦争を開始するのだと勘違いしていた」、とフランス本国に報告した。彼は、街にあふれたプラカードには、「ハプスブルク帝国打倒」や「裏切り者ハプスブルク帝国」など反ハプスブルク帝国的な内容が多数占めており、「ブルガリア打倒」というものがひとつだけあったこと、そして「フランス万歳」、「ロシア万歳」といったものがあったことを報告している(12)。フュルステンベルクは、ルーマニアが動員令を出したいまとなっては、外務省が考えるようなトゥルトゥカイ‐バルチク線の譲渡だけではもはや不十分で、時代遅れのものであると考えた(13)。彼はまたマイオレスクに対して、ルーマニア国内の反ハプスブルク帝国的なデモについて抗議した。これに対してマイオレスクは、このデモを非難する声明を新聞紙上に発表することを約束した(14)。

七月四日のベルリン宛ての電信のなかで、ベルヒトルトは以下のように考えていた。まず第一に、戦場での推移から判断してセルビア勝利の可能性を覚悟した。しかしながら、セルビアの勝利はハプスブルク帝国の死活的利益と抵触するので、傍観することはできない。また、セルビアの決定的勝利は、ハプスブルク帝国にとって伝統的に敵対関係にある隣人、セルビアの道義的かつ物質的強化を意味するだけでなく、過小評価できない大セルビア思想の増大をもたらすことは間違いなく、ハプスブルク帝国は、セルビアが過度に強くなることを阻止するために「積極的に」介入せざるをえない。ドイツ、イタリア、さらにルーマニアにとって、ハプスブルク帝国が介入せざるをえない状況を除去することは、介入にともない間違いなく発生する（ヨーロッパ戦争のような最悪の）事態を防止することになる。これは明らかに三国同盟およびルーマニアの利益である。

第二に、しかしながら、ハプスブルク帝国はルーマニアの態度を前記の考えと矛盾するものと理解している。つまり、たとえルーマニアがセルビアと協力していなくても、ブルガリアへ圧力をかけること自体がセルビアの行動を手助けしていることになる。それゆえ、七月三日のルーマニアの総動員令を非常に危険な行為だとみなした。

第三に、ハプスブルク帝国はルーマニアの軍事行動によって、以下の二つの可能性が生じるとみなした。まず、ブルガリアの崩壊と、それにともなうブルガリアのロシア陣営への移動である。これは三国同盟の利益に反する。つぎに、ブルガリアの第二次バルカン戦争での軍事的敗北である。これによってハプスブルク帝国は、各国が望んでいない（軍事）介入を実行するであろう。この軍事介入は防衛行動的な性格のものであるものの、これによってロシアがふたたび傍観者の役割を放棄し、三国同盟とルーマニアをロシアとの戦争に引きずり込む恐れがある。それはヨーロッパ戦争へと発展する可能性がある(15)。

また、同じ七月四日のウィーン駐在ドイツ大使との会見で、ベルヒトルトは前記の第一点目の内容に触れ、介入の方法については環境しだいであると述べ、まずはセルビアとの外交交渉を行ない、成果のないときは軍事的圧力をかけると述べた。軍事介入という政策と関連して、彼は、これがけっしてハプスブルク帝国にとって冒険的政策ではないと強調した。彼がドイツ大使に述べたことは、ただハプスブルク帝国の南スラヴ人居住地域の所有を維持したいだけである、ということであった。また、彼にとって好ましいことは、戦争で打ちのめされ、縮小されたセルビアであるとも述べた[16]。しかし、実際に行なわれているバルカン諸国間の戦争では、ベルヒトルトの希望が実現する見込みはほとんどなかった。

七月五日、ベルヒトルトは皇帝フランツ・ヨーゼフに謁見した。皇帝は彼に、ハプスブルク帝国が戦争に巻き込まれないことを希望する、と述べた。そこでベルヒトルトは、皇帝に対して三つのシナリオを提示した。それは、第一に、ブルガリアの敗北と、ハプスブルク帝国に敵対心をもつ大セルビアの成立、第二に、ハプスブルク帝国に脅威を与えているバルカン同盟の再結成をめざしたロシアの介入、第三に、アルバニアへのセルビアの進撃、であった。ベルヒトルトは、ルーマニアが状況の鍵を握っていること、ハプスブルク帝国単独ではルーマニアの政策に大きな影響を与えることができないこと、それゆえドイツに協力を要請したものの、ドイツ国内ではセルビアの勝利の報道にもかかわらず、最後にはブルガリアが勝つなどの楽観主義が充満しているように思われることを告げた。皇帝との謁見で、ベルヒトルトは、皇帝が事態の深刻さを理解していないと感じた。「要するに、皇帝陛下は、われわれの生死が問題になるときに、自分たちが孤立することになるという状況の困難さにほとんど耳を貸そうとはなさらなかった[17]」。

こうしたなか、ハプスブルク帝国を真っ先に「孤立」させないよう協力してくれるはずのドイツの見解は、第二次バルカン戦争をめぐってはハプスブルク帝国のそれと大きく異なるものであった。たとえば、ドイツ首相T・ベートマン＝ホルヴェークは、ハプスブルク帝国がこれまでの外交成果、つまりセルビアのアドリア海進出問題、スクタリ問題、「兄弟間の戦争」である第二次バルカン戦争の勃発によるセルビアとブルガリアの弱体化で満足すべきだ、と考えた。そのうえで、ベルヒトルトが主張するようなルーマニアに対する外交措置は、同国をロシアの腕に押しやってしまううえに、同国内の反ハプスブルク帝国的雰囲気を増大させてしまうため反対であった。彼は、ルーマニアが三国同盟陣営にいること自体が、この同盟の利益であるとみなしていた。また、ハプスブルク帝国の軍事介入問題については、ベートマン＝ホルヴェークはつぎのような見解をもっていた。第一に、セルビアはアドリア海を獲得できないため、かりに勝利しても、それが大セルビアへの道につながるものではない。第二に、ハプスブルク帝国はセルビアを武力で新しい占領地域から追い出すべきではない。というのは、それがヨーロッパ戦争を惹起するからである。以上の点から彼は、ハプスブルク帝国が「大セルビアの悪夢」に動揺するのではなく、いまは「さらなる待ちの態度」をとるべきである、と結論づけた[18]。

また、ドイツ外相G・ヤゴーは、ドイツがバルカン半島に有する政治的利益はイタリアのそれよりも小さく、また、ハプスブルク帝国のそれとはほとんど一致するものではないと考えた。ドイツは今回の戦争では、イギリス外相E・グレイがロンドン大使会議で主張したように不介入の立場をとるべきであるとした[19]。六「大国」のなかでこれに賛同したのは、ドイツとイギリスのほか、イタリアとフランスであった[20]。ヤゴーは、諸「大国」の介入による第二次バルカン戦争の解決ではなく、交戦国間の直接交渉が望ましいものの、しかし、交渉の最終結果はベルリン条約締結国による裁可が必要であると考えていた[21]。外相代理を務めるA・ツィンマーマンはベートマン＝ホルヴェークとほぼ同じ見解、つまり、ハプスブルク帝国の危惧する大セルビアの可能性は深刻なものではない、という見解をもっていた。また彼は、ドイツの任務がハプスブルク帝国をおとなしくさせ、同帝国の軽率さを除去し、ドイツに黙って何らかの最終決定をしないことであるとした[22]。

イタリアも、ハプスブルク帝国のセルビアへの軍事介入には反対であった。イタリア外相A・サンジュリアーノはローマ駐在墺大使K・メーレイに対し、つぎの三点を指摘した。まず、ドイツもフランスから攻撃を受けているものの、逆に攻撃を仕掛けてはいない。ハプスブルク帝国の場合、切迫した危険は存在せず、とくに帝国の存立に重大な脅威が問題になっているわけではない。つぎに、ハプスブルク帝国のケースでは蓋然的な将来の危険が問題となっており、それは戦争以外の方法で解決できる。最後に、ハプスブルク帝国のセルビアへの攻撃は、三国同盟の条項が適用されるものではない。そしてこれに関連して、外相は「必要な場合には、ハプスブルク帝国の後ろ裾を握ってでも介入しないようにするつもりだ」とまで述べた[23]。

さて、ブルガリアは七月三日のルーマニアの総動員令の報告を受けて、なんとかこの危機的状況を打開しようとした。しかし、ブルガリア国内では、ただちにルーマニアとの交渉を開始し、セルビアとギリシアとの戦争が終結するまでは交渉を継続するという意見、数年たてば取り戻すことができるので、ルーマニアから要求される土地だけを譲渡すべきだという意見、ルーマニアにすべてを約束すべきだとの意見など、ばらばらであった[24]。そのなかで七月七日、ブルガリア国王フェルディナントが、トゥルトゥカイ-ドブリチ（都市を含む）線からカリアクラ岬の北のある海岸線までの土地を割譲する用意がある、とソフィア駐在墺公使タルノフスキに伝えてきた[25]（前掲一四六〜七頁、図6参照）。その一方で、ブルガリア首相ダネフは、ルーマニア側の要求が不明確なため、こちらから何かを提案することは困難であること、そしてルーマニアと了解するためには何でも受け入れることをタルノフスキに述べた[26]。

タルノフスキはブルガリア国王側近S・ドブロヴィッチとの会見のなかで、ブルガリアが現在不利な状況にいるため、ハプスブルク帝国がわれわれに積極的な支持を与えるとの宣言を行なって欲しい、と要請された。これに対しタルノフスキは、そのための条件として、ブルガリアが事前にルーマニアとの合意に達することである、と指摘した。また国王の新提案として、ドブロヴィッチは、もし戦争が好ましいかたちで進展すればトゥルトゥカイ-ドブリチ-サブラ岬までの領土を譲渡すると述べたが、バルチクについては言及しなかった。というのは、「バルチクは黒海からブルガリアを追い出すことと同じ意味になる」からであった[27]。

七月一〇日、ベルヒトルトはソフィア宛て電信を作成した。そのなかで彼は、このようなブルガリアの新提案ではルーマニアが満足しないことは明白であると考えた。また、ブルガリアが現在の危機的状況にいるのは、すべてブルガリア自身の責任であり、ハプスブルク帝国の助言を聞き入れなかったからである、ともした。さらに、ハプスブルク帝国は激しいダネフ内閣批判を展開した。批判はつぎの二点であった。その内容はまず、ブルガリアが、ハプスブルク帝国に対抗することをつねに含んでいるバルカン同盟を継続しようとする考えを完全に放棄できなかったこと、そして、ロシアの関心を失わないようにしようとしたことである。[28] ベルヒトルトは日記のなかで、一方ではハプスブルク帝国に軍事介入を要請し、他方ではロシアとの関係を喪失しないようにするブルガリアの不誠実な態度に、憤慨しているさまを書き記している。[29] そこで、彼が承認したソフィア宛ての電信のなかで、ブルガリアの行なうべき対ルーマニア政策として、大きな犠牲を払ってでもルーマニアの参戦を阻止することをあげた。[30]

ルーマニア軍のブルガリア侵攻

外相ベルヒトルトが右の訓令を作成した七月一〇日、ルーマニア政府はついにブルガリア領への進軍を命令し、翌一一日、ルーマニア軍はドブルジャ地方での軍事行動を開始した。ルーマニア軍はブルガリア軍の大きな抵抗を受けることなく南下し、一二日にはペテルスブルク大使会議で諸「大国」による決定で譲渡が決定した都市シリストリア、一三日には、数日前にブルガリア国王が提案した黒海沿岸の都市ドブリチを占領した。また、七月一六日にはオスマン帝国も参戦し、五月三〇日のロンドン講和条約で決められたブルガリアとの新しい国境線であるエノス゠ミディア線を越えて、ブルガリア軍と交戦しはじめた。オスマン帝国軍は七月二二日にアドリアノープルを奪回し、さらに西へ進み、八月七日には旧国境にまで到達した。

バルカン半島の状況が大きく推移していくなかで、ハプスブルク帝国内では、ベルヒトルトがこれまで追求してきた「セルビアに対抗する釣り合いおもりとしてのブルガリア」の実現と、ブルガリア゠ルーマニア間の妥協はもはや実行不可能であり、バルカン半島の強国の地位はブルガリアから大セルビアに取って代わられ、われわれの政策は破綻した、との意見が登場した。国防大臣A・クロバティンや外務省の政治顧問R・ポガチャー、官房長A・ホヨスらは、この立場であった。しかし、ベルヒトルトは彼らの意見に必ずしも同意しなかった。彼は、「ロシアに救いの手を求めているブルガリアを加勢するために、われわれの同盟国であるルーマニアと協力しているセルビアに対して戦争することは、まったくナンセンスであろう」と、七月一〇日の日記に書いている。参謀総長コンラートもベルヒトルトと同じ立場であり、バルカン半島の紛争には距離を置いて観察すべきだ、との見解であった。ハンガリー首相S・ティサのウィーンでの代理人を努めていたS・ブリアーンは、ブルガリアがハプスブルク帝国になびくまでは待つべきだという立場であった(31)。ハンガリー政府の立場を表明していたブリアーンは、ルーマニアに対して厳しい態度をとった。彼はベルヒトルトとの話し合いの場で、「ルーマニアが第七番目の『大国』としてふるまっている」、「ルーマニアはわれわれの国境に目を走らせている」などと、批判した。ベルヒトルトの見解では、ブリアーンは少なくとも「大ルーマニア」を「大セルビア」と同じくらいに危険なものとみなしていた(32)。

七月一五日、ハプスブルク帝国は各国駐在大使への電信として、第二次バルカン戦争終結のためには、諸「大国」がそれぞれの代表を通じて、セルビア、ギリシア、そしてブルガリアの各政府に対し敵対行為の中止を急遽勧告することが適当であることを伝えるよう要請した(33)。しかし、ロシアはハプスブルク帝国の提案に反対した。というのは、ペテルスブルク駐在墺大使がロシア外相S・D・サゾノフから聞いたところによると、まず、ロシアがブルガリアから要請されていた仲介を一五日に拒否し、その代わりに交戦国の首脳による直接交渉を勧告していたからである。そして、この勧告が実を結び、一六日にセルビアとギリシアによる首脳会談が開催される予定であり、また数日中に、ブルガリア代表がセルビアおよびギリシアと直接交渉を開始する予定となっているからであった(34)。フランスもロシアと同じ見解であった(35)。

ハンガリー首相ティサ

ティサの代理人ブリアーン

この時期、ベルヒトルトは外相職を放棄したくなるほど精神的に苦しんでいたようである。たとえば、七月一六日には皇帝フランツ・ヨーゼフに謁見した際、彼は「外交状況が非常に困難なので、自分がこの責任を負いたくはない」と述べ、これを引き継ぐ能力のある者に自分のポストを与えるよう要請した。そこで彼は、外相候補の第一番目の者としてブリアーン、第二にパリ駐在大使のN・セーセン、もしくはローマ駐在大使のメーレイの名をあげた。すでに、ベルヒトルトは七月四日の日記に、「ブリアーンが外相になるべきだ。彼はバルカンのことを熟知しているし、賢明かつ冷静な判断能力をもっている。この困難な状況下できちんと指導できる」と記していた。[36] しかし、皇帝は、ベルヒトルトの更迭要請に対して「貴殿はよく任を全うしてきた」と述べ、辞職を認めなかった。皇帝はブリアーンを外相に「したくなかった」し、セーセンもメーレイも「よくない」と述べた。[37] こうして、ベルヒトルトの辞職は取りやめとなった。

二　ブカレスト講和会議

講和交渉に向けて

さて、バルカン半島に目を向けると、ブルガリア国内では、首相ダネフが七月一三日に辞職し、一七日にV・ラドスラヴォフが新首相に就任した。また、外相にはN・ゲナディエフが就任した。彼は、ハプスブルク帝国がこれまでブルガリアに主張してきたような内容、つまりルーマニアの要求するすべて領土の譲渡に応じる用意があることを、ソフィア駐在イタリア公使に伝えた。同日、ハプスブルク帝国外務官房長ホヨスはソフィア宛て電信のなかで、ブルガリアのとるべき政策をつぎのように主張している。[38] 第一に、ブルガリアが、一二時間以内にルーマニアとの協定のため自発的にトゥルトゥカイ＝バルチク線の譲渡を決定し、ブルガリア国王がルーマニア国王に直接アピールするというかたちで行なうべきであること。これは、パリ駐在墺大使が一六日に、ルーマニア軍の先遣隊がブルガリアの首都ソフィアに一七日にも到達するとのパリ駐在ブルガリア公使の話を報告したことと、ブカレスト駐在墺公使フュルステンベルクが一五日に、首相兼外相マイオレスクの話として、ルーマニアはトゥルトゥカイ＝バルチクの地域だけを手に入れようとし、それ以外の占領地からは講和成立後に撤退するということを伝えたことも、影響していると思われる[39]。第二に、ブルガリア国王がルーマニア国王に要請する際には、現在のままではブルガリア王朝崩壊の危険性があること、ルーマニアがセルビア・ギリシアとブルガリアとのあいだの敵対行為中止のために行動して欲しいこと、そして、ルーマニアがブルガリアに条件の提示を行なって欲しいことを述べるべきであること。第三に、国王のこのアピールは二つの理由から成功するはずであること。①ルーマニアの行動原理がバルカンでの勢力均衡にもとづいていること、②ルーマニアがセルビアの必要以上の巨大化を希望していないこと。そして第四に、ブルガリア＝ルーマニア協定が以上の結果成立すれば、ハプスブルク帝国はバルカン半島の領土問題の最終的解決の際に、ブルガリア寄りの修正を主張するつもりである、ということであった。

七月一八日、ブルガリア新外相ゲナディィエフは、ルーマニアはトゥルトゥカイ＝バルチク線で満足するものの、停戦と講和の実現まではブルガリアからの撤退を行なわない、その理由は、ブルガリアがルーマニア軍撤退のあとセルビアに対して戦争を継続するかもしれないからである、とのルーマニアの見解を知った。ゲナディィエフはルーマニアからの要求内容について、以下のような見解を述べた。第一に、ルーマニアの要求によって、ブルガリアが完全に敗北すること。第二に、ブルガリアが停戦を希望していること。第三に、ルーマニアの講和交渉への参加はブルガリアにとって長所であること。第四に、ルーマニア軍がブルガリアから撤退しなければ、セルビアとギリシア両軍がブルガリア軍をさらに攻撃し、数日以内にブルガリアは降伏してしまうこと。これに加えて、ゲナディィエフはハプスブルク帝国に対して、ブルガリアがトゥルトゥカイ－バルチク線をルーマニアへ譲渡する代償として、ルーマニア軍がブルガリアから撤退することを働きかけるよう要請した。彼はその際、ブルガリアの外交政策を親ハプスブルク帝国的なものにすることが重要であると述べ、自らの外交政策の方針を明らかにした。[40]

ロシアからハプスブルク帝国に外交の軸を変更するというゲナディエフの見解は、ブルガリア国王フェルディナントにもみられた。ただし、この話を国王の側近ドブロヴィッチから聞いたタルノフスキは、いまになって外交方針を変更したからといって、ハプスブルク帝国がいま以上熱心にブルガリアを支援するわけではなく、従来と同じように行動するだけである、と冷淡に返答した。[41] ともかく、七月二一日にブカレストに届いたブルガリア国王からルーマニア国王への書簡には、ルーマニアの要求を全面的に受諾することが述べられていた。[42]

同七月二一日、ブルガリア外相ゲナディエフはタルノフスキに対して、敵対行為の即時中止をめざす介入を諸「大国」に要請することを告げた。これを受けて、ハプスブルク帝国外務省は翌二二日、セルビア、ギリシア、モンテネグロに駐在する各公使に、この件を各政府に伝えるよう訓令を出した。[43] ベルヒトルトは、ブルガリアが、ルーマニアの要求の無条件受諾というこれまでのハプスブルク帝国の主張に応じたことに、とても満足した。[44]

ルーマニアも、戦争の終結に向けての具体案を各国に示しはじめた。ブカレスト駐在イタリア公使に対して、ルーマニア軍が当分のあいだソフィアの四〇キロメートル手前で停止することを告げた首相兼外相マイオレスクは、特使として派遣されたハプスブルク帝国外務官房長ホヨスと七月二一日に会談を行なった。その際、彼は、ハプスブルク帝国と同様にルーマニアも、ブルガリアが絶滅することには反対であり、ブルガリアと戦っているギリシアの要求を分別ある内容にしなければならない、と述べた。彼はすでにブカレスト駐在ギリシア公使に対して、分別ある態度をギリシアがとらなければ、ルーマニアがブルガリアと同盟を締結するかもしれないと述べていた。第二次バルカン戦争を終結させるためには、彼は、交戦国の軍事代表がただちにバルカン半島のいずれかの場所に集合し、敵対行為の中止を協議し、その後にブカレストで仮講和の交渉を開始すべきである、という見解を披露した[45]。ハプスブルク帝国は、このルーマニア首相兼外相マイオレスクの交渉案の受諾をすぐにセルビアとギリシアに要請すると同時に、ドイツに対しても受諾を働きかけるよう行動することを要請した。最終的には七月二四日、マイオレスクは、セルビア、ギリシア、モンテネグロがブカレストにおける停戦、仮講和および講和に関する交渉を行なうことに同意したことを受けて、ブルガリアに対し代表を派遣することを要請した。交戦国であるオスマン帝国も交渉への参加を希望したが、キリスト教徒同士の領土変更を協議するという理由で拒否された[46]。

七月三〇日、ブカレストでセルビア、ギリシア、モンテネグロ、ブルガリア、そしてルーマニアの五カ国の代表が集合し、三一日正午から五日間の停戦を決定した。第二次バルカン戦争終結のためのブカレスト講和会議が、こうして始まったのである。

ブカレスト講和会議

ブカレスト講和会議は、ヨーロッパの諸「大国」がコミットしないかたちで、つまりバルカンの「小国」のあいだだけで新秩序を形成しようとした点では画期的なものであった。講和会議参加国は一九一三年八月四日に三日間の停戦の延長を行ない、七日に講和締結にたどり着いた。講和会議は、ブルガリア＝セルビア間およびブルガリア＝ギリシア間の国境の線引きで紛糾した。とくに講和会議の進行に大きな悪影響を及ぼしたのは、エーゲ海に面しサロニキよりも東に位置する港湾都市カヴァラをめぐる、ブルガリアとギリシアの対立であった。第一次バルカン戦争では、ブルガリアがこの都市を占領していた。また、カヴァラの帰趨をめぐっては、諸「大国」間でも議論が対立した。この対立は、三国同盟と三国協商とのあいだの対立というよりも、むしろそれぞれの陣営内での意見の対立であっただけに深刻であった。カヴァラ港は、コンスタンティノープル－サロニキ間の鉄道に接続していないものの、オスマン帝国領ヨーロッパにおけるタバコ栽培地帯の輸出港であった（たとえば、一九一一年当時、カヴァラ港はタバコ貿易で九五二九トンを扱い、それに対してサロニキ港は一七八八トンであった）。また、カヴァラには、オスマン帝国のタバコ専売局と取引のあるヨーロッパの大小約一五〇もの企業、とくにハプスブルク帝国の企業が集まっていた。それゆえ、ハプスブルク帝国にとって、どの国がカヴァラを領有するかは大きな関心事であった。それに対し、ドイツにとっては、カヴァラはそれほど重要な問題ではなかった。(47)

ブカレスト講和会議のとりまとめ役であるルーマニアは、カヴァラ問題が原因で会議が紛糾し、失敗に終わることを危惧した。そこでルーマニアは八月一日、諸「大国」に対し、カヴァラに関する会議の決定については、諸「大国」が講和条約の内容の修正を要求する権利を留保することを宣言するよう要請した。(48)また、二日のパリ駐在墺大使の報告によると、ルーマニア首相兼外相マイオレスクは諸「大国」の外交官に対して、カヴァラ問題をめぐって意見の一致を見いだすことが困難かもしれないため、この問題を会議の議題からはずし、諸「大国」の仲裁裁定に任せてはどうか、と伝えてきた。(49)ルーマニアがこのような諸「大国」の介入を考えたのは、講和会議に出席しているギリシア首相E・ヴェニゼロスが、会議の後の諸「大国」の圧力に対してならばカヴァラの放棄を行なってもよい、と述べたことに由来する。(50)ハプスブルク帝国は二日に、「もし諸『大国』の代表のうちのひとりでもルーマニア案を認める訓令を受け取れば」、ルーマニア案に同意することとした。(51)また、ロシアもルーマニア案に同意した。(52)しかし一方で、イギリスとイタリアは、「もし他の『大国』も同意するなら」との条件つきでルーマニア案に同意する旨、ブカレスト駐在イギリス公使に訓令を送り、フランスはドイツとともに反対した。(53)

ハプスブルク帝国とロシアは、ブカレスト講和条約の内容の修正を要求する権利の留保と並んで、カヴァラの帰属についてもブルガリア領にすべきだという点で同意見であった。それに対して、ドイツとフランスは、カヴァラをギリシア領にすべきだという意見であった。

ベルヒトルトは七月二五日にブカレスト駐在墺公使フュルステンベルクに宛てた書簡で、ブルガリアがマケドニアから完全に排除されてはならず、ブルガリアはエーゲ海の沿岸と諸港、そして内地と沿岸地帯を結ぶ地域を保持しなければならないと記していた[54]。ロシア外相サゾノフは同日、ペテルスブルク駐在墺大使に対して、カヴァラとタソス島をブルガリア領にしたい旨を述べている[55]。彼は八月四日のパリ駐在大使A・P・イズヴォルスキ宛ての書簡のなかで、カヴァラをブルガリア領にしなければならない理由を、つぎの三点としている。第一に、ギリシアはすでにサロニキとオルファノ湾を獲得しており、経済的にカヴァラ港はまったく必要ないこと。しかし、ブルガリアにとってはエーゲ海に面する唯一の港として不可欠である。すでにブルガリアには諸「大国」によってタソス島の領有が約束されており、それはカヴァラ領有にとって必要な前提である。第二に、ロシアはギリシアの海軍力強化には乗り気であるものの、それによってギリシアの関心がダーダネルス海峡に向くようになるなどまったく望んでいないこと。またロシアは、ブルガリアがカヴァラとタソス島を手に入ることで、ギリシアのそのような動きに対する防壁として十分な役割を演じると考えていた。第三に、カヴァラをブルガリアに与えたいというハプスブルク帝国の見解が正当なものであることから、もしこれを支持しないときは、ロシアがバルカン政策で困難な立場に立たされること[56]。

ハプスブルク帝国は、カヴァラ問題をめぐってはロシアと同じ立場であることを確認し、八月五日、ドイツに対してハプスブルク帝国の見解を支持するよう要請した。その際、ギリシアへのカヴァラ譲渡は、都市モナスティルのようなマケドニア内陸部での代償をブルガリアのために用意し、それをブルガリアが受け入れるときにのみ可能である、と主張した[57]。しかし、ドイツ外相代理ツィンマーマンは、ハプスブルク帝国の要請を拒否した。

ブカレスト講和会議では、セルビアが四つの係争都市のひとつだったストゥルミツァのブルガリア領有を認めたことを受けて、ブルガリア代表は八月六日の全体会議において、その他のすべての都市の請求権を放棄することを

図9　バルカン戦争後のセルビアとモンテネグロ

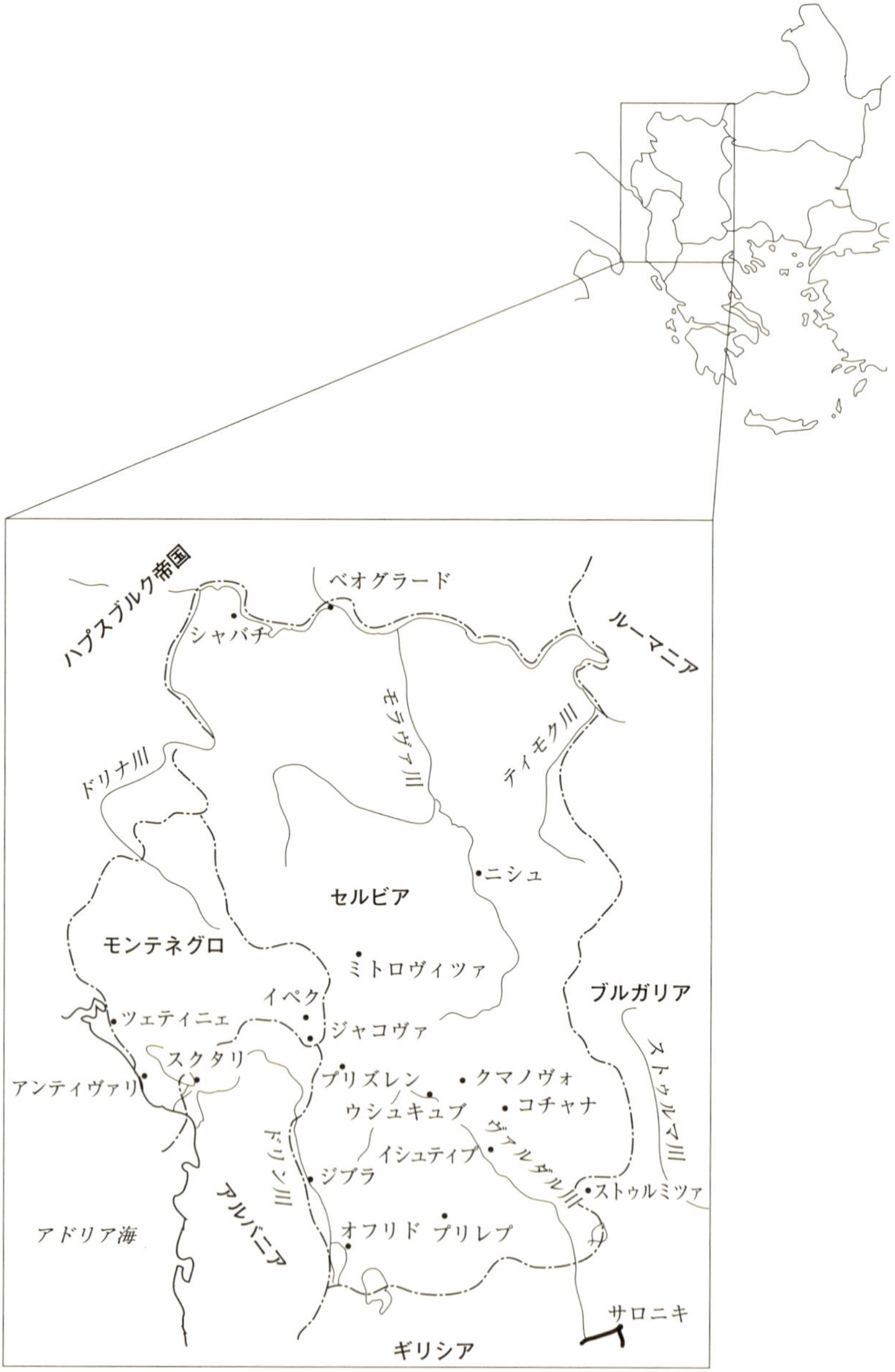

宣言した。ブルガリア代表のこの動きの背後には、ハプスブルク帝国とロシアが、将来、ブカレスト講和条約の内容を有利に修正してくれるとの、ブルガリア政府の期待があった。事実、ハプスブルク帝国はブルガリアにそのような働きかけを行なっていた。こうしてようやく、八月七日にブカレスト講和条約が締結され、一〇日に調印された[58]。

ブカレスト講和会議の結果

結果として、ブカレスト講和条約で、戦勝国のセルビアとギリシアはその領土を非常に拡大させた。セルビアはイシュティプ、コチャナを含むヴァルダル峡谷を手に入れた。しかし、ギリシアとの軍事協定で計画されたエーゲ海への回廊の獲得は実現しなかった[59]。そして、ギリシアは、カヴァラを含むエーゲ海沿岸地域と南部マケドニアを獲得した。敗戦国のブルガリアは第一次バルカン戦争で獲得した占領地の多くを喪失した。また、エーゲ海沿岸の領有はかろうじて維持できたものの、ブルガリアが強く希望していたカヴァラの領有は前記のとおり獲得できなかった。一方で、ブルガリアはエーゲ海の都市クサンティを領有することができた。この都市について、ベルヒトルトは「良港をもたない生産性の低い山岳地帯」と評している[60]。

その後も、ベルヒトルトはブカレスト講和条約の修正を強く主張したものの、依然としてドイツの賛同もルーマニアの賛同も得られなかった。ドイツ政府は、ドイツ皇帝ヴィルヘルム二世がルーマニア国王カロルへ送った祝電を一〇日付けの新聞に掲載した。また、ドイツ皇帝はギリシア国王を「元帥」に任命し、ギリシア皇太子とルーマニア首相兼外相マイオレスクにドイツの勲章を与える、と発表した[61]。こうして、ドイツがハプスブルク帝国の要請に応じる気配はまったくなかった。また、ルーマニアは講和会議における自分たちの努力が否定されることを恐れた。そこでマイオレスクはブカレストのハプスブルク帝国公使館の職員に対して、もしもある「大国」がブカレスト講和条約の修正を要求するようなことがあれば、ルーマニアはその国を敵対的な国家とみなす、とも告げた[62]。また、ロシア外相サゾノフも条約調印後、急速に修正要求の意志を喪失していった。それは、フランスの支援を受けることができなかったことと、セルビアとの関係を考慮すると講和条約の修正を行なうことはできないと判断したからである。サゾノフは、ハプスブルク帝国がセルビアの機嫌を損ねない程度に講和条約の修正を試みることを望んでいる、とペテルスブルク駐在イギリス大使に述べていた（八月九日の大使の報告[63]）。また、イギリス大使は八月一九日に、サゾノフがブカレスト講和条約を受け入れ、カヴァラ問題での修正要求を取り下げたことを報告している。この背景にあるものとして、大使はカヴァラ問題をめぐるロシアとフランスのあいだの意見の相違を指摘している[64]。

ベルヒトルトは、これ以上の努力は無駄だと判断し、八月一六日にオーストリアおよびハンガリーの両首相に修正要求の放棄を提案し、一七日に皇帝フランツ・ヨーゼフに謁見して了承を得た[65]。諸「大国」の行動に大きな期待を抱いていたブルガリアは、戦場で、講和条約で、そして講和条約の修正で打ち負かされた[66]。その後、ブルガリアは八月後半になってようやくオスマン帝国との講和交渉に臨み、九月二九日に講和条約を調印した[67]。

三　エッグダンス

なぜハプスブルク帝国は軍事介入しなかったか？

さて、以上みてきた第二次バルカン戦争とハプスブルク帝国の関係において、つぎの二点が重要であると思われる。ひとつは、ハプスブルク帝国の戦争への軍事介入と、もうひとつは、第二次バルカン戦争がハプスブルク帝国に与えた影響である。

ハプスブルク帝国は結局、ブルガリア＝セルビア戦争に軍事介入しなかった。そこで問題となるのは、そもそもハプスブルク帝国、とくに外相ベルヒトルトが軍事介入する意図をもっていたのか、もしもっていたらなぜ実際に介入しなかったのか、ということである。これまでの研究では、以上の点について三つの説にまとめることができる。第一に、そもそもハプスブルク帝国は軍事介入する意図などもっていなかったとする説（以下、この立場を「無関係派」とする）、第二に、介入の意図はあったものの、ドイツとイタリアの三国同盟のパートナーに支援を拒否されたことが決定的要因となって中止したとする説（以下、「直接派」とする）、第三に、介入の意図はあったものの、ドイツとイタリアの拒否が必ずしも決定的要因ではないとする説（以下、「間接派」とする）である。「無関係派」は、ハプスブルク帝国外交史研究者であるF・R・ブリッジやベルヒトルトの伝記で有名なH・ハンチュ、S・R・ウィリアムソン、そしてL・アルベルティーニの主張にみることができる。「直接派」は、古くはS・B・フェイ、E・ブランデンブルク、H・シートン＝ワトソン、第二次世界大戦後になるとJ・ガラーンタイ、F・フィッシャー、F・フェルナー、最近ではH・アフラーバッハの主張に、また、「間接派」はE・C・ヘルムライヒの主張にみることができる。

まず、「無関係派」の主張からみていこう。ウィリアムソンは、軍事介入を主張する者は政策決定者たちのなかにはいなかった、としている。その理由として以下の点を指摘する。皇帝フランツ・ヨーゼフと皇位継承者フランツ・フェルディナントが軍事行動に反対していたこと、ハンガリー政府、つまり首相ティサと彼の代理人のブリアーンが介入に反対していたこと、そして軍部が国内的事情により、この時期、強硬な態度にでることができなかったことである。とくに最後については、二点を理由として指摘できる。第一に、第一次バルカン戦争中のスクタリ危機の際に、ボスニア・ヘルツェゴヴィナ・ダルマチアで召集された予備役兵と現役兵との混在にともなう軍の運用上の問題が発生したことである。第二に、軍の諜報機関のトップであるレードルがロシアに軍事機密を長期間漏洩していたことが明るみになり、軍の威厳が失墜した事件、いわゆる「レードル事件」である。[68] また、ウィリアムソンは、ドイツとイタリアに反対されたことは補足的要因にすぎないもの、と位置づけている。[69]

ブリッジは、第二次バルカン戦争の勃発によって、ハプスブルク帝国の軍事介入の恐怖がヨーロッパに広まったことは、まったく根拠のないものであると考える。彼は、ハプスブルク帝国が、国内環境と国際環境の両面において、軍事介入を行なえる状況になかったことを指摘する。国内環境については、第一に、経済的側面をあげることができる。バルカン戦争の長期化によってすでに、ハプスブルク帝国の対バルカンおよび近東貿易はかなり深刻なダメージを受けていた。そこに、一九一三年五月のいわゆるスクタリ危機による動員措置によって、ハプスブルク帝国東部のガリツィアでパニックが生じ、それに関連して国内で経済に対する不信が発生した。さらに、人々は商品の買いだめに奔走することになり、市中では通貨不足が発生した。それらの結果、不況が到来し、失業者が増加した。第二に、政治的側面では、皇帝も皇位継承者も強く平和を望んでいた。また、社民党による反戦プロパガンダも展開されていた。第三に、軍事的・社会的側面では、ウィリアムソンの主張のように、ボスニア・ヘルツェゴヴィナ・ダルマチアの戦時体制解除の要求がわき起こっていた。そして国際環境については、ブルガリアがロシアに助力を求めていたこと、ルーマニアのバルカン戦争への参戦、三国協商諸国がルーマニアで熱心に活動しているとの報告、そして皇帝や皇位継承者がルーマニアに敵対するような政策を裁可する見込みがなかったこと、などをあげている。[70]

ハンチュの主張をみてみよう。彼は、六月中旬のベルヒトルトはブルガリアのためにセルビアとの戦争に巻き込まれたくなかった、と主張する。そこで、ベルヒトルトの外交に関するコンセプトを、①ヨーロッパ諸「大国」と協力するかたちで可能なかぎり平和を維持すること、そして、②ハプスブルク帝国の軍事力は最後の最後でのみ使用することであるとした。後者の場合でも、目的はあくまでもハプスブルク帝国の利益の保護であった。そこで、ハンチュは、ベルヒトルトの政策を防衛的なもの、「大国」としてのハプスブルク帝国のイメージ維持を最重要視すべきものと位置づけている。したがって、ベルヒトルトは、ハプスブルク帝国の領土拡大という考えをほとんどもっていなかった。ハンチュは、七月初旬の諸発言からみてもベルヒトルトが少しも好戦的でないことが明らかであるとし、「しかし、ベルヒトルトは世論などの諸圧力の結果、武力行使せざるをえない状況を危惧した」としている。ハンチュは、自説の正しさを七月二六日のベルヒトルトの日記を引用することで強化しようとしている。ベルヒトルトは日記のなかで、ブルガリアのためにハプスブルク帝国＝セルビア戦争を主張する外務省高官たちの声に対して、「なんと愚かな考えだ」と記している。さらに、七月下旬（二八日以降）のコンラートとの会談に関して、ベルヒトルトの「セルビアがわれわれにとって消化しにくい食べ物であり、しかもこれを高い金を払って得なければならない。コンラートはこのことを理解していない」との記述も引用している。[71]

さらに、アルベルティーニの主張をみてみよう。彼は、ベルヒトルトの対応が、前外相A・エーレンタールの伝統的な政策に影響されたものであることを指摘する。エーレンタールは、ブルガリアとセルビアがウシュキュブ（現在のスコピエ）の領有をめぐって戦争することを予想し、そのときが到来すれば、セルビアを犠牲にするかたちで、大ブルガリアの形成のためにブルガリア側につくことを主張していた。第二次バルカン戦争に関する項目の見出しを「ハプスブルク帝国介入の脅しは、ドイツとイタリアの不承認に出くわす」としたアルベルティーニは、ベルヒトルトがなぜ脅しを実行しなかったのかについて、つぎのような見解をとる。すなわち、「第二次バルカン戦争において、大セルビアの誕生を防止するというベルヒトルトの目的が失敗したのは、ドイツとイタリアの拒否によるものではなく、ベルヒトルトが武力を使って自己の目的を達成しようとの意図をまったく持ち合わせていなかったことによる」。彼は、かりにベルヒトルトが武力によるブルガリアを犠牲にしたセルビアの拡大を真剣に考えていたなら、ルーマニアに対してセルビアと提携しないよう警告を出していたはずだが、実際にはそれを行なわなかったことを最大の理由としてあげている。また、もし介入するつもりであれば、事前に共通閣僚会議の場でその承諾を得ようと努力していたであろうし、政策の実行に必要不可欠な皇帝の承諾を得ようと、当時皇帝がいたバートイシュルに行っていたであろうが、実際には行っていない、とも主張する。(72)

つぎに、「直接派」の主張をみてみよう。彼らは「無関係派」ほど詳細な主張をしているわけではない。ガラーンタイは、バルカンでの危機のさなか、ハプスブルク帝国の軍指導部だけでなく政治指導部もたびたび軍事介入を希望していたものの、結局介入しなかったのは、軍事介入はハプスブルク帝国の一存で決定し、実行できるものではないとわかったからである、と主張する。それゆえ、第二次バルカン戦争に介入する、つまり対セルビア戦を行なうためには、ドイツの了解をともなってこそ可能であった、と結論づける。また、ガラーンタイはつぎの点も指摘している。七月にハンガリー首相ティサと彼のウィーンでの代理人ブリアーンが、ハンガリーの国内的要因によって大ルーマニア主義に対抗しようとブルガリアに有利な政策を主張した際に、ベルヒトルトもこれに賛同し、ブルガリアに肯定的な返答をするつもりになったという点である。この重大な方向転換は、「ドイツの意志に反しては実行できなかった」とする。ガラーンタイがこれに関連して、ハンガリー議会のM・カーロリイ議員の「私は自由な行動ができ、かつドイツ帝国主義の提灯持ちではないかたちの外交政策を希望いたします」、という発言を引用している。そしてさらに、ドイツの重要性を強調するガラーンタイは、「彼ら〔すなわちティサとブリアーン〕は、オーストリアの商工界、オーストリア政府、皇位継承者、軍部、皇帝、外相、同盟国ドイツと並んでハプスブルク帝国外交政策の重要ファクターのひとつになった」（傍点は筆者による）と論じる。(73) フィッシャーも、「イタリアとドイツの強い圧力に直面して、ハプスブルク帝国は第一次バルカン戦争のときと同様に、武力介入を思いとどまらざるをえないと感じた」と述べる。(74)

フェルナーとアフラーバッハは、三国同盟史研究の視点から軍事介入を検討する。フェルナーの主張に沿ったかたちで自己の説を展開するアフラーバッハは、つぎのように主張する。セルビアの大勝利を歓迎していなかったのは、ハプスブルク帝国だけでなく、実はフランス、イタリア、ロシアもそうであった。というのは、彼らはセルビアが大勝利をおさめた場合、ハプスブルク帝国は自暴自棄的行動にでてセルビアに介入し、それによってヨーロッパ規模の全面戦争になるかもしれないと危惧したからであった。しかし、ハプスブルク帝国の政策決定者は、三国同盟のパートナーであるドイツとイタリアの協力なしには、セルビアに進軍することはできないと感じていた。なぜなら、両国が、ハプスブルク帝国のセルビアへの介入がヨーロッパ戦争にエスカレートする危険性を、完全に認識していたからである。ドイツとイタリアが支援を拒否した結果、一九一三年七月のハプスブルク帝国の「独断的な（eigenmächtig）」行動は回避することができた。しかし、このドイツとイタリアの態度が、とくにイタリアに対するハプスブルク帝国の不信感を惹起させることになった[75]。

最後に「間接派」の主張をみてみよう。ヘルムライヒは、ハプスブルク帝国にセルビア攻撃を止めさせたのがドイツもしくはイタリアの影響によるという考えは、正しくないと考える。彼は、ある時期まではベルヒトルトがこの両国に、ブルガリアとルーマニアとの和解のために協力を要請していたことを指摘し、彼が両国の協力を獲得することでブルガリアの敗北を防止しようとした、と述べる。たしかに、ドイツもイタリアも、実際にはハプスブルク帝国の要請を拒否したが、しかし、ヘルムライヒはベルヒトルトの計画を台無しにしたのは、本当はルーマニアのバルカン戦争への参戦だと主張する。同盟国ルーマニアが参戦した以上、その不利になるようなセルビアへの攻撃は、ハプスブルク帝国にとってもはや不可能となったからである[76]。

では、以上のような各論者の主張などを参考にして、ハプスブルク帝国の立場というよりも、むしろ外交のトップにいた外相ベルヒトルトの立場について筆者なりの見解をまとめてみよう。第二次バルカン戦争勃発以前に、ベルヒトルトが軍事介入の可能性を覚悟していたことは、ほぼ間違いないであろう。一九一三年六月二一日のコンラートとの会談におけるベルヒトルトの発言が、それを物語っている。ベルヒトルトは、ブルガリア＝セルビア戦争が勃発した場合には「待ちの姿勢」をとるものの、短期間でブルガリアが敗北する場合には軍事介入すると発言していた。また彼は、ハプスブルク帝国が介入する場合にはセルビアに対してまず外交交渉を行ない、それでも問題が解決しない場合に介入すると述べていた。しかし、筆者は、ブルガリアが敗戦により降伏する時間と、セルビアとの外交交渉により事態の解決を図ろうとする時間とを比較すれば、前者のほうが短時間で事態が進展したものと考える。ベルヒトルトとしては、セルビアとの外交交渉の際にロシアの参与を期待していたのかもしれないが、この点については、ベルヒトルトの認識の甘さを認めざるをえない。

筆者は、ハプスブルク帝国、つまりベルヒトルトが軍事介入を断念した最大の原因は、同盟国のドイツとイタリアが支援することを拒否したことではなく、七月三日のルーマニアの総動員令であろうと考える。ベルヒトルトは回顧録のなかでつぎのように書いている。「一九一三年七月四日。状況は混乱して満足いかない。ルーマニアの動員、ドイツの消極性、ロシアとフランスの陰謀、ブカレストでの敵対的世論、アルバニアでのセルビアの不当な干渉、ブルガリアの無礼な態度[77]」。並列的に不満足の原因をあげているものの、最初に「ルーマニアの動員」をあげている。彼としては、第一次バルカン戦争直後から、長期にわたってハプスブルク帝国外交の懸念材料であったブルガリア＝ルーマニア関係は、一九一三年七月の介入問題まで解決できない問題であり続けた。一九一三年七月一〇日にルーマニアがブルガリアへの進軍命令を出し、翌一一日から領内に侵攻すると、ベルヒトルトにとって、ブルガリアを救済するために軍事介入することはほぼ不可能になっていたに違いない。ルーマニアがハプスブルク帝国から離脱しつつあることは、ベルヒトルトの目にも明らかだったはずである。しかし、彼は、もっとも理想的な解決法と考えていた、ブルガリアとルーマニアの協定の可能性に期待を寄せ続けていた。そのルーマニアがブルガリアと交戦状態にあり、セルビアもブルガリアと交戦状態にある。たとえ同盟関係になくても、ルーマニアとセルビアの共通の敵はブルガリアなのである。ハプスブルク帝国がセルビアに軍事介入することは、ルーマニア国内でいっそうの反ハプスブルク帝国的な雰囲気を形成することにつながっていたであろう。

「エッグダンスは続く」

以上の経過から、一九一三年七月末には、ルーマニアがイニシアティヴをとって終戦とブカレスト講和会議の成立に尽力するようになったため、ベルヒトルトは軍事介入の必要性がないと考えたのではないだろうか。それゆえ、ハンチュが引用しているように、ベルヒトルトは七月二六日に、ブルガリアのためにセルビアとの戦争をすることは「馬鹿げている」としたのである。ベルヒトルトは回顧録でつぎのように述べている。「七月二八日。われわれの側にはセルビア攻撃という意思はなかった。むしろ反対に、ブルガリア＝ルーマニア協定の成立によって、そのような介入をどうでもよいものにできるだけしたいと思っていた」[78]。ベルヒトルトにとっては、ハプスブルク帝国の対ブルガリアおよび対ルーマニア政策の整合性を見いだすことは困難であった。そのことを、彼は七月一七日の日記に、つぎのように書いている。「ルーマニアとブルガリアとのあいだでの〔ばらまいた卵のあいだを踊るように困難な〕エッグダンスは続く[79]」。

ベルヒトルトが「エッグダンス」を行なわねばならなかった理由は、セルビアの拡大に対抗するためであった。このセルビアの拡大および脅威に対するハプスブルク帝国＝ドイツ間の意見の相違は、すでにみたとおりである。ブカレスト講和会議が開催された七月末には、セルビアの拡大とブルガリアの敗北がほぼ決定的となった。そこで、八月一日、ベルヒトルトはベルリン駐在墺大使に、ドイツ政府に伝えるべく訓令を出した。この訓令は長文なもので、研究者のなかには、第一次世界大戦の「七月危機」においてハプスブルク帝国がドイツに送った重要な訓令に

「エッグダンス」(『ツァイト(*Zeit*)』紙に掲載された諷刺画,1912年4月30日)

匹敵するものである、との価値を与えている者も多い。以下、その内容を検討しておきたい。

第一に、ベルヒトルトは、セルビア問題と同じ意味である南スラヴ問題を、ハプスブルク帝国の抱えるバルカン問題のなかでもっとも重要なものである、と位置づける。このセルビア問題は、ハプスブルク帝国の死活的利益にもっとも関係するものである。ハプスブルク帝国とセルビアの対立の根源について、ベルヒトルトは、セルビアの政策が最終目標としてすべてのセルビア人の統一をめざしていることにある、と指摘する。これは、ハプスブルク帝国からセルビア人が居住する地域の切り離しを意味する。ベルヒトルトは、この対立が恒久的かつ調停不可能なものであるとみなしている。というのは、すべてのセルビア人を統一するという大セルビア思想を実現するためには、セルビアの発展に必要な海への出口としての領土を創出することにつながるからであった。それゆえ、第一次バルカン戦争の際に、セルビアが「アドリア海への出口」を要求したとき、ハプスブルク帝国は断固として拒否した。その理由は、セルビアの領土取得によってアドリア海での均衡が崩壊するからであり、また、ハプスブルク帝国に居住する南スラヴ人がセルビアの魅力に引きつけられることになるからであった。

第二に、ベルヒトルトは、二つのバルカン戦争の結果、ヨーロッパからオスマン帝国がほぼ駆逐されたことにより、セルビアがハプスブルク帝国を攻撃する可能性がいっそう増加したと考える。バルカン戦争勃発までは、セルビアはオスマン帝国領内のセルビア人の解放に矛先を向けていた。いまや、この目標は達成されたため、セルビアは野心を西への拡大に向けるであろう。このことは長期にわたり不安定な状況をつくりだす。それゆえ、彼は近い将来、セルビア問題の解決を武力によって行なうことになるであろう、と予想する。しかし、ベルヒトルトは、セルビアに対する攻撃的意図はもっておらず、その領土を獲得するつもりもない、と述べる。というのは、ハプスブルク帝国がセルビアを組み込むことが、必ずしも自国の強化につながるわけではないからであった。

第三に、ベルヒトルトは、ハプスブルク帝国がバルカン戦争の勃発以来平和的態度をとっていること、そして、ヨーロッパの平和はそれによって維持されてきたことを主張する。そこで、彼は、このような態度をとった理由としては、セルビアが大セルビアを実現することは不可能であろうとハプスブルク帝国が予想していたからであり、また、セルビアに対抗する「釣り合いおもり」をバルカン半島で見つけることができるだろうとの予想があったことをあげる。当初、ハプスブルク帝国は、この「釣り合いおもり」としてブルガリアを考えていた。その後、ブルガリアがハプスブルク帝国とロシアとのあいだの「シーソー政策」を放棄して、ハプスブルク帝国への接近を模索するようになり、同盟条約の締結を要請するようにもなっていた。

第四に、ベルヒトルトは、ドイツに対して、一九一三年に入ってから半年にわたり維持していたブルガリアへの拒絶的態度を放棄するよう要請している。彼は、ドイツがこれまでブルガリアに対して冷徹な態度をとってきた理由として、その政策が信頼できないことと、同国を厚遇することでルーマニアが三国同盟から離れていくことをあげる。そもそも、これらの理由が根拠のないものとみていたベルヒトルトは、現状では完全にそのような根拠が否定される、と主張する。ひとつは、前述のブルガリアによる同盟締結の要請であり、もうひとつは、ルーマニアがハプスブルク帝国の政策を自国にも好意的なものであって、正当な利益をきちんと考慮している、と理解したからである。かつてルーマニアが懸念したようなブルガリアの過剰な強化という恐怖は、同国の敗戦によって払拭された。以上の点から、ベルヒトルトは、ブルガリアとルーマニアの密接な関係を構築するハプスブルク帝国の政策、およびブルガリアを三国同盟に引きずり込むという政策は、ドイツにも利益をもたらすものであると主張する。また彼は、三国同盟がブルガリアを獲得することが、ドイツの懸念するルーマニアの安全保障にもつながることを指摘する。そして、ルーマニアがヨーロッパ戦争に巻き込まれたときには、ブルガリアによってルーマニアの背後が脅かされることはなく、結果的にルーマニアが同盟条約上ドイツに負っている義務を実行することができる、と述べている。

第五に、ブルガリアの代わりにギリシアを三国同盟に接近させようとする考えについて、ベルヒトルトは、全体的な判断からすれば、やはりブルガリアのほうが三国同盟にとって利点が多いと考える。彼は、ブルガリアに対して、ルーマニアの友になりセルビアの敵になることを要求しなければならないと考える一方で、三国同盟諸国がブルガリアをロシアの攻撃から守ることをも考慮しなければならない、と補足する。もしブルガリアによるハプスブルク帝国への同盟提案を拒否して、ギリシアによる三国同盟への接近に応じる場合には、ギリシアが三国同盟にとってあまり重要でない問題をめぐって支援を要求してくるであろう。ベルヒトルトは、具体例として、三国協商諸国の艦船からのギリシア沿岸の防衛、ブルガリアの復讐に対する支援、そして小アジアにおける汎ギリシア主義への支援などの要求をあげている。さらに、ベルヒトルトがギリシアよりもブルガリアとの関係強化を望む理由として、第二次バルカン戦争でギリシアがセルビアと同盟関係にあったことを重視する。彼は、ハプスブルク帝国とセルビアの戦争が勃発した場合には、ギリシアの支援はほとんど期待できないと予想していた。(80)

以上のようなベルヒトルトの見解のなかにもみられるように、ハプスブルク帝国にとって第二次バルカン戦争は、ドイツとの関係悪化や国内の南スラヴ人への影響、バルカン半島における通商関係などに大きな影響を与えた。ウィリアムソンが指摘するように、第一次バルカン戦争はハプスブルク帝国を困難な立場に陥れたが、第二次バルカン戦争はその運命を決定したのである。(81)また、ガラーンタイは、バルカン戦争を境にして「自分たちの民族的権利保障と民族的自治」を要求していたハプスブルク帝国内のボスニア・クロアチア・ハンガリーに住むセルビア人が、「セルビア人の民族的統一と主権の獲得」へと要求を変化させていった、と主張する。(82)バルカン諸国も、その関心をハプスブルク帝国領内の自民族の住む地域にうつしていった。(83)そして、セルビアはボスニアに、ルーマニアはハンガリーのトランシルヴァニア地方に目を向けはじめた。オスマン帝国がヨーロッパの勢力均衡のアクターの地位から事実上追放されたいま、ハプスブルク帝国がいよいよ「瀕死の大国」の地位に押し上げられていったのである。

第7章　ハプスブルク帝国対セルビア——一九一三年「一〇月危機」

第二次バルカン戦争が終了しても、セルビアは、独立することが決まったアルバニアから兵を撤退させなかった。ハプスブルク帝国はセルビアに対してたび重なる抗議を繰り返したが、事態の進展はみられず、その結果、一九一三年一〇月一八日、いよいよ最後通牒を送ることになった。これは一九一四年七月の、サラエヴォ事件後のハプスブルク帝国によるセルビアへの最後通牒とは異なり、それほど厳しい内容ではなかったものの、要求を受諾しない場合には、ハプスブルク帝国が「要求実現のために適した手段を用いる必要性を考慮する」ことが記されていた。「要求実現のために適した手段」とは、セルビアに対する武力行使、場合によっては戦争を示唆するということは、当時の各国政治家にとっては自明であった。この二つの最後通牒は、期限付きの返答の要求、発令をめぐる三国同盟諸国内の一枚岩的ではない対応、そして三国協商諸国、とくにイギリスの対応などの共通点をもつといわれる。第二次バルカン戦争後のアルバニア問題をめぐる、ハプスブルク帝国とセルビアの関係を中心とするいわゆる「一〇月危機」は、あるハンガリー人研究者の表現を借りれば、「一九一四年七月の序幕」といえる(1)。そこで、この章でも同じような視点から、ハプスブルク帝国がセルビアに対してどのような態度をとったのかを検討する。

一　アルバニア＝セルビア間の国境問題の激化

撤退しないセルビア軍

一九一三年四月、ロンドン大使会議はアルバニア東北部および北部の国境線の大枠を決定し、アルバニアに軍を駐留させていたセルビアに対して撤退を要請した。しかし、八月になってもセルビア軍は撤退せず、アルバニア領内三〇〜四〇キロメートル深く侵入していた。アルバニア北部の中心都市スクタリのハプスブルク帝国総領事は八月一日付けの報告のなかで、ミルディタ地方の中心であるオロシが依然としてセルビアの占領下にあり、同地のセルビア軍司令官が、ミルディタ地方はセルビア領であること、またセルビアの国境線が黒ドリン川左岸地帯であることを発表した、ということを告げた(2)。この報告に対してセルビア外務省は、「セルビア軍総司令部は政府に対して、アルバニア領内にはもはや軍隊はいないと報告している」、とベオグラード駐在墺代理公使W・シュトルクに述べている(3)。

一方、七月下旬のロンドン大使会議において決議された少数民族の保護とアルバニア領からの軍の撤退要求に関して、八月一二日になってようやく、ベオグラード駐在のハプスブルク帝国、ドイツ、イタリア、イギリス、フランス、ロシアの六「大国」代表は共同抗議に参加する訓令を受け取った。六「大国」代表は、当時セルビア首相N・パシッチが不在であったため、彼の帰国後の一七日、セルビア政府に共同抗議書を手交した。パシッチは、新しくセルビア領になる地域に居住するアルバニア人がセルビア憲法により十分保護されていること、セルビア政府が撤退要請を受諾するつもりでいること、軍と協議することの三点を、その返答とした。[4] この抗議書に対してセルビアのある新聞は、アルバニア人を「読み書きのできない人々」と位置づけ、セルビアが六「大国」により「未成年」のごとく扱われている、と激しく非難した。[5]

しかし、セルビア軍は八月末になってもオロシから撤退しなかった。[6] そこで、ハプスブルク帝国外相L・ベルヒトルトは共同抗議が失敗に終わったと理解し、六「大国」がいまいちど共同で抗議を行なうべきであるとの訓令を、各首都のハプスブルク帝国代表に送った。これに対する各国の反応はさまざまだった。ドイツ、フランス、イタリアの三カ国はベオグラード駐在の代表に訓令を与えることを約束し、イギリスは「すべての『大国』が訓令を受ければ（si omnes）」との条件つきでベルヒトルトの提案に賛同した。ロシアは、ベルヒトルトの考える共同抗議の実施に難色を示した。その理由としてロシアは、セルビア軍に代わって秩序を維持する組織が存在しない状態で同軍が撤退した場合、アルバニア人の暴動が発生する恐れがあることをあげた。だが最終的には、イギリスと同様の条件をつけて行動に参加することを約束した。[7]

このような各国の対応に対して、当事者であるセルビアは、アルバニア領内のアルバニア人がセルビア領内に居住するアルバニア人を扇動して暴動を企図している、との報告が国境付近から届いたことを、ベオグラード駐在墺代理公使シュトルクに知らせた。シュトルクはセルビア側の代表者に、「セルビア軍がジャコヴァの市場への一般来訪者をアルバニア領へ連れ戻し、銃殺したことが暴動の原因である」と主張した。同席していたセルビア政府顧問は銃殺について、「ある種の個人的復讐のたぐいであろうと言葉につかえながら話した」。[8]

九月一三日の段階でベオグラード駐在のロシアとフランスの代理公使は、ベルヒトルトの提案とは異なる訓令を本国から受け取っていた。フランス代理公使はオロシからの撤退に関する訓令のみを、またロシア代理公使は、ベルヒトルトの共同抗議には参加せず、セルビアに「友好的方法」によって撤退を促す旨の訓令を受け取っていた。

実は、ロシア代理公使はすでに一二日、セルビアへの勧告を実施していたのである。ロシアの勧告に対してセルビア政府は、「ロンドン大使会議で決定された憲兵隊がアルバニアに設立され、秩序の形成が行なわれるまで、セルビア軍はアルバニア人からの攻撃に対する防衛を目的に、高地と隘路を継続して占領しなければならない」と返答した。これを受けてロシア側は、共同抗議を新たに行なうのではなく、当分のあいだセルビア政府の決定を見守るとの見解に立った。(9)

ハプスブルク帝国外務省のJ・フォルガーハは、フランスが考えているようなある特定の場所からの撤退ではなく、ロンドン大使会議で決議されたアルバニアからのセルビア軍の完全撤退が問題であると主張し、また、ロシアの対応については、「共同抗議の実施が、ロシア代表の訓令によってのみ阻止されている」と不快感をあらわにした。(10)

六「大国」の意見不一致のために共同抗議書の作成は行なわれず、九月一三日、ハプスブルク帝国代理公使シュトルクは単独でセルビア外相代理M・スパライコヴィッチを訪問し、アルバニアからのセルビア軍撤退を要請した。一六日には、シュトルクは、セルビア政府が軍司令官から完全撤退の報告を受け取ったことを、外務省から報告された。しかし、外相代理は同日、イギリス公使館代理公使D・クラカンソープに、ロンドン大使会議で決定された国境線の西約二五キロメートルの地点を流れる黒ドリン川左岸への部隊撤退が命じられたと告げ、クラカンソープはこれをシュトルクに伝えた。シュトルクはこれを確認すべく外務省を訪れ、クラカンソープの受けた報告が正しいことを知ったのである。(11)

セルビアの税関開設とその余波

シュトルクが部隊の撤退を確認した翌九月一七日、ベルヒトルトは、ベオグラードの新聞に掲載されたセルビア蔵相の政令について報告を受けた。それによると、セルビア領になる地域の国境に、まもなく五つの税関が設立されることになっていた。それらが「間違いなく、ロンドン大使会議で決定されたアルバニア領となる地域にある」との見解をもっていた彼は、各国駐在大使に対して、撤退抗議にこの税関問題をさらに加えるべきだと提案するよう訓令を出した。この税関の設置は、アルバニア人がこれまで利用していた市場を彼らから切り離すことを意味していた。ところが、一八日には、ウィーン駐在セルビア公使がハプスブルク帝国外務省に、五つのうち四つの税関開設を中止することを報告してきた。一方、ベオグラードでは同日付けのセルビア官報で、新たにプリズレンとジブラに税関を設置することが布告された（最終的には、一〇月九日までにすべての税関の開設中止も決定された）[12]。さらに一八日、セルビアはアルバニア人の不穏な状態を理由に、アルバニア領内に居住するアルバニア人に対してジャコヴァとジブラの市場を閉鎖し、国境を閉鎖する措置にでた[13]。この問題をめぐって、翌一九日、ジャコヴァ周辺に住むあるアルバニア人指導者の使者が、スクタリのハプスブルク帝国総領事を訪問した。彼はジャコヴァ周辺の住民の絶望的な状況について説明し、指導者がアルバニア人および配下にいる者たちを飢餓から救出するためジャコヴァを攻撃することを決定した、と告げた[14]。

以上のような経過ののち、ハプスブルク帝国外務省は九月二三日、ウィーン駐在セルビア公使からの覚書を受け取った。そこには、セルビア政府による見解について記されているが、その主張はつぎの六点であった。①セルビア軍はアルバニア領内にいる軍隊の撤退を開始した。部隊が駐留していた理由は、アルバニア人のセルビア領への侵入を防止するためである。②現在、アルバニア人武装勢力がセルビア軍を攻撃しているという報告を受けている。③アルバニア人がセルビア領内に入り込み、そこに住むアルバニア人を扇動し暴動を起こさせようとしている。④以上のことから、セルビアはアルバニアに住むアルバニア人を市場から閉め出し、国境を閉鎖した。⑤アルバニア人の武力攻撃が継続されれば、武力によって撃退しなければならない。⑥暴動が大規模化した場合には、セルビア軍はアルバニア領内の戦略上の拠点を安全のために占領する予定である[15]。セルビアが主張するような国境付近の緊迫した様子については、ベオグラード駐在墺武官も、ジブラへのアルバニア人の攻撃をウィーンへ報告している（ジブラは二四日、アルバニア人勢力により占領された）。また、各地で戦闘が勃発し、五個師団を中核とするセルビア軍のうち一個師団と一個旅団に動員令が布告された[16]。

セルビアの主張を耳にしたハプスブルク帝国外務第一次官K・マッチオは、二四日付けのローマ宛て電信のなかで、各地での戦闘の激化については、暴動がセルビア当局によるアルバニア人への弾圧的措置によって引き起こされたこと、また、暴動に関与している者が、アルバニア領内の①セルビア軍占領地区と、②市場の閉鎖により飢餓が発生した地区のアルバニア人だけである、との見解を示した。また彼は、ロンドン大使会議決議の遵守のために、ハプスブルク帝国とイタリアの両国が共同で抗議を行なう必要性があるとした[17]。ベオグラードの各国代表団のあいだでも、市場の閉鎖、つまりアルバニア人が生活の糧を得るための売買の場所を奪われたことが暴動の原因であるという共通見解があった[18]。それに対して、当時、外相S・D・サゾノフが休暇中のためにロシア外務省を率いていた外相代理A・A・ネラトフは、ハプスブルク帝国大使と会見した際、ジブラがアルバニア人勢力に占領されたことに関連して、セルビアに撤退要求を行なうのは時期尚早であるとの見解をもっている旨を示している[19]。

こうしたなか、九月二五日にハプスブルク帝国代理公使シュトルクとセルビア外務省事務局長代理M・シャイノヴィッチとのあいだで会見が行なわれたが、そこで後者は強硬な発言をした。つまり、シュトルクが「セルビアは三回目のバルカン戦争〔アルバニア人の暴動鎮圧〕を十分に回避できたかもしれない」と述べると、事務局長代理は「セルビアは戦争に慣れており、今日でも四回目の戦争を行なえる状態にある」と答えた。これに対してシュトルクは、「この四回目の戦争がわれわれに対する戦争ではないことを希望する」と締めくくった[20]。事務局長代理が、このときハプスブルク帝国との戦争を暗に示唆していたことは明らかであろう。その後、二七日にはセルビアにおいて、陸相が自由に部隊を召集することを可能にする政令が布告された。シュトルクによると、当時セルビア軍の動員は必ずしも順調ではなく、住民には厭戦気分が充満していたという。しかし、一六日付けのセルビアの新聞『スタンパ（*Stampa*）』紙は、反ハプスブルク帝国的な論調を展開している。同紙は、セルビアの真の目的がアドリア海の港の獲得であり、第二次バルカン戦争とオスマン帝国によるアドリアノープル再占領後は、ロンドン大使会議の決議がベオグラードの世論にとって単なる紙切れにすぎない、と主張している(21)。

このようなセルビア側の対応に対して、ベルヒトルトは九月二七日のウィーン駐在イギリス大使との会見のなかで、過去の政策を反省する発言を行なった。イギリス大使によると、ベルヒトルトは、「もし『大国』が本当にバルカンの平和回復を望むなら、新国家アルバニアからジブラ、ジャコヴァ、イペク、そしてプリズレンを切り離したのは政治的過ちであった。それによって、新国境のアルバニア側に住むアルバニア人住民は、彼らの商業的中心地から切り離され、その結果、ある意味では餓死させられている」と述べた(22)。

機能しない「ヨーロッパ協調」

ローマ駐在墺参事官は、九月二四日付けの訓令を受けてイタリア外相A・サンジュリアーノと協議した。セルビア軍がアルバニア領内に侵入し、ロンドン大使会議を尊重せず、一時的に戦略上の拠点を再占領する意図をもっているとのハプスブルク帝国外務省の見解に対して、イタリア外相はそれらと相反する見解を示した。彼は、ベオグラード駐在イタリア代理公使に友好的方法でセルビアに抗議する訓令を出したと告げ、ドイツ、イギリス、フランスにセルビアを説得すべく共同で警告すること、さらに、ロシアの重要性を考慮して各国が働きかけて抗議書に参加させるべきこと、との見解を示した(23)。各国駐在のイタリア代表は外相の見解に従って、それぞれイタリア政府案を紹介した。

二八日、ベオグラード駐在イタリア代理公使がセルビア外相代理スパライコヴィッチと会見した際、スパライコヴィッチはこれまでの発言における語気をやわらげた。また翌日には、スパライコヴィッチはシュトルクに対して、セルビアがロンドン大使会議の決議を尊重すること、アルバニアを犠牲にしたセルビアの領土拡大の意志はないこと、セルビアは防衛的行動にのみ着手しており、純粋に軍事戦術的な理由からやむをえず、一時期だけアルバニア国境を越える場合もありうることを述べ、くわえて、セルビアがアルバニアから完全撤退を行なっていないことも認めた。セルビアがこのように柔軟発言へ転じた理由について、イタリア代理公使とシュトルクの共通見解は、セルビアが所望しているフランスからの借款が中止したことと、ブルガリアを脅威に感じているというものであった。その背景には、スパライコヴィッチがイタリア代表との会見の際に、対ブルガリア防衛のために一個師団の動員を開始したことを明らかにしたことがあった(24)。

ハプスブルク帝国=イタリア間の見解の相違は、ベオグラード駐在イタリア代理公使への訓令にも反映された。彼は、ハプスブルク帝国の提案する両国による共同抗議への参加に関する訓令を与えられず、ただ「すべての『大国』により行なわれる抗議」にのみ参加するように、との訓令を受け取った。イギリス政府も、イタリアと同様の条件つきの参加を決定した。その一方で、フランス政府は、共同抗議への参加に関する訓令をベオグラード駐在代理公使に送らなかった。これに関連し、フランス外務省政治局長G・M・パレオローグはパリ駐在墺大使に、フランスがイタリアの提案に理解を示していること、そして、当時パリを訪問していたセルビア首相パシッチにそれを紹介したことを報告した。また、ドイツ政府は、三国同盟の各代表とともに「友好的ではあるが、しかし強い調子」でセルビア政府に警告する旨の訓令を送った(25)。

ロシアは、他の「大国」とまったく異なる対応を示した。各国との交渉の窓口役であった外相代理ネラトフは、以前よりもセルビア支持を鮮明にし、以下のような、これまでと同様の見解を繰り返した。すなわち、セルビアが現在までロンドン大使会議の決議を破る意図をみせておらず、そもそも遵守を要求する抗議書を作成する必要のないこと、セルビアが現在行なっている戦闘は本来『大国』により中立を保証された一国家〔アルバニア〕」の攻撃に対する自己防衛に起因すること、したがって、自己の領土防衛のためにアルバニア領内のセルビアとの国境付近にある戦略上の拠点を占領することは、もちろん暫定的占領ではあるが、自然なことである。さらにネラトフは、国際国境線画定委員会が、詳細な国境線画定に際して係争地点におけるセルビア寄りの裁定を下すことを期待し、その作業の開始までセルビア軍の撤退が延期されることが望ましい、と主張した。ネラトフはロンドン駐在ロシア代表に宛てた訓令において、上記のようなセルビアの権利を認める一方で、セルビアが理性的態度を示し、国内だけの一時的措置だけで我慢することを希望していた[26]。

暦が一〇月になっても、ロシアとフランスの両代理公使は依然として共同抗議への参加に関する訓令を受け取っていなかった。そうしたなかで、ベオグラード駐在墺代理公使シュトルクは、一〇月一日にセルビア外務省を訪れ、外相代理スパライコヴィッチと会見した。スパライコヴィッチはシュトルクに、「セルビアはアルバニア人の攻撃に対する防衛的行動しか企てていない。セルビアはアルバニア領の占領は考えておらず、またロンドン大使会議の決議を遵守することを決定した」という、イタリア代理公使に与えた返答と同じ内容の文面を渡した。これに対して、シュトルクは事前に作成していた抗議書を手交せず、セルビアに有利な箇所を一部削除した抗議書を読み上げた。「ハプスブルク帝国政府はセルビア政府に、ロンドン大使会議の決議を侵害し、……非常に憂慮すべきアルバニアに対する軍事行動の結果に注意していただきたい。〔セルビア〕王国政府は、ロンドン大使会議の決議を厳密に遵守することによって、この結果を容易に回避することができるであろう[27]」。これは、ハプスブルク帝国によるセルビアへの単独抗議であった。

この単独抗議は、ある意味では、ハプスブルク帝国のヨーロッパ協調からの逸脱とみることができる。そこで、つぎにハプスブルク帝国の対応を、一〇月三日に開催された共通閣僚会議を中心に検討してみたい。

二　一〇月三日の共通閣僚会議

「断固とした行動」

前章でも述べたように、この時期のハプスブルク帝国の動向で注目すべき点は、ハンガリー首相にS・ティサが就任したことである。彼は、アルバニアにおけるセルビア軍撤退問題について「断固とした行動（entschiedene Stellung）」を主張していた。彼の見解では、危険を冒してでもハプスブルク帝国の威信を回復することが重要であった。ティサの「断固とした行動」という考えは、彼のウィーンにおける代理人であるS・ブリアーンと、ドレスデン駐在公使の任務を終えて外務省に戻っていたフォルガーハの両名によって支持された(28)。

ティサと並んで参謀総長F・コンラートもまた、強硬な意見の持ち主であった。彼は、第一次バルカン戦争勃発以前より、セルビアに対して軍事的手段も加味した外交政策の実施を主張していた。セルビアが一個師団と一個旅団を動員したことに関する、一九一三年九月二五日のベオグラード駐在墺武官からの報告について、コンラートは、ハプスブルク帝国には武力的な解決方法しか残されていないと確信し、セルビアと平和的な議論を行なうのは不可能であるとみなした。その理由は、セルビアが「大国」になろうとする欲求があまりにも大きくなりすぎたからであった(29)。

九月二九日、コンラートはハプスブルク帝国外相ベルヒトルトと会見した。コンラートは、ハプスブルク帝国にはセルビアとアルバニアの国境問題に対して無関心を装うか、もしくは政治的行動としてセルビアとの戦争を起こす決定を下すかの、二つの選択肢しかないと述べた。さらに、もし後者を選択する場合には、セルビアを戦争で敗北させ、ハプスブルク帝国に併合することを主張した。ベルヒトルトはその日の日記のなかで、コンラートの二つの選択肢のいずれも実行不可能である、と記している。それは、前者の場合には、セルビアの行動によって「取り返しのつかない既成事実」がつくられ、後者の場合には、「ハンガリーを含む全ヨーロッパを敵に回してしまう」ことになるからであった(30)。

ベルヒトルトはコンラートに対して、セルビアの都市シャバチを占領することによって圧力をかけ、セルビアへはアルバニアから撤退するまで占領を継続する旨、伝えることを提案した。コンラートは、その案について「〔セルビアが〕われわれを嘲笑するか、または、われわれに襲いかかるかのどちらかであろう。前者は致命的なもので、後者は戦争である。したがって、われわれには、われわれが戦争を欲するか、そうでないかしか残されていない。……最後通牒〔を発令し〕もし二四時間後に〔セルビアとモンテネグロが〕アルバニアから出ていかなければ、動員を行なう〔べきだ〕」と反論した。ベルヒトルトの「では、その結果どうなるのか」との問いに対して、彼は「わからない、しかし、いまはそれをあえて実行するときである」と返答した。さらに、他国の干渉を防止するため、最後通牒の期限が過ぎると同時に進軍すること、そして戦争をした場合にはセルビアの領土を縮小するのではなく、ハプスブルク帝国に併合すべきことを主張した(31)。これらのことから、九月末の段階では、ベルヒトルトがどのような行動を採択しようか決めかねていたと思われる(32)。

ティサやコンラートと異なり、皇帝フランツ・ヨーゼフは、セルビアとの戦争が避けられないことを懸念していた。したがって、セルビアに対して断固として立ち向かうつもりはなく、合法的な手段は厳密に維持しなければならないとの立場をとっていた(33)。

こうしたなかで、一〇月三日、五カ月ぶりにハプスブルク帝国共通閣僚会議が開催された。出席者は、議長役の外相ベルヒトルト、オーストリア首相K・シュトゥルク、ハンガリー首相ティサ、共通蔵相L・ビリンスキー、共通国防相A・クロバティン、オーストリア国防相F・ゲオルギ、ハンガリー国防相S・ハーザイ、オーストリア蔵相W・ツァレスキー、ハンガリー蔵相J・テレッキー、参謀総長コンラート、海軍提督A・ハウスの一一名、議題は一九一四年第一期の共通予算の概算であった。

議題を検討する前に、現在の政治状況に関する報告がベルヒトルトによって行なわれた(34)。ベルヒトルトは、セルビアが自国内で必要な抑圧的手段をとる権利は当然のことながら認められているものの、セルビアにはロンドン大使会議で決定されたアルバニアとの国境線を遵守する義務がある、と述べた。そこで、ベルヒトルトは現在の問題に対処するために、九月二九日のコンラートとの会見のなかで彼が明らかにしたように、①セルビアによってつくられた既成事実を甘受する、もしくは②アルバニア領からの撤退に関する最後通牒をセルビアに送る、という二つの選択肢のどちらかを、ハプスブルク帝国は選ばなければならないと主張した。ベルヒトルトが国境問題を重視した理由は、ハプスブルク帝国にとってのアルバニアという国家の位置づけと関係していた。彼にとってアルバニアは、ハプスブルク帝国のアドリア海の勢力関係において不利益とならない唯一の存在だったものの、「大国」との妥協により、存在能力が最低限のレヴェルにまで低下してしまった。その結果、「もし妥協すれば、ハプスブルク帝国の威信に損害を与えるだけでなく、アルバニアの将来にも困難をもたらす」ことになる。ここで注目すべきは、ベルヒトルトのアルバニアに対する見解が、同年五月に決着をみたアルバニア北部の都市スクタリをめぐるモンテネグロとヨーロッパ諸「大国」との対立におけるそれとほぼ同じである、ということである。

参謀総長コンラートは、諸悪の根源が、セルビアの増長と、フランスおよびロシア、そしてルーマニアを味方につけようとするセルビアの動きであり、大セルビア主義がハプスブルク帝国の南スラヴ人の住む南部地域にとって「汚染」である、との見解を述べた。さらに、セルビアに対して平和的方法での完全な国家併合、もしくは戦争による国家併合かの、どちらを希望するかを問いただすべきであると主張した。

ハンガリー首相ティサは、発言の冒頭で一〇月一日のハプスブルク帝国の単独抗議の実施を賞賛し、単独でもロンドン大使会議の決議を実施する用意のあることをヨーロッパ全体に対して公にすべきだ、と説いた。また彼は、態度を決する必要性を主張し、一九一二年の一連の出来事を振り返ると、「ヨーロッパの名において」行なわれたことすべてがほとんど諸「大国」の「物笑い」にされることが明らかになった、と自己の見解を述べた。そこで、「断固たる抗議」が功を奏さない場合には、セルビアに対して外交的、場合によっては軍事的敗北を与えるために最後通牒を発令しなければならない、と結論づけた。セルビアをハプスブルク帝国に併合するというコンラートの案には、行動が非現実的である点とヨーロッパ全体が反対するという点から難色を示した。

オーストリア首相シュトゥルクは、ロンドン大使会議が経済的利益に反してアルバニア人の元来の移動の可能性を制限したアルバニアをつくった、と批判した。さらに、統治者としてのアルバニア侯の即位、中央行政機構、また国際国境線画定委員会の作業なども含むアルバニアの統治機構の創出を急いで行なう必要性を説き、「この国家を『何人にも属せざるもの（res nullius）〔セルビアなどの国に支配させないようにすること〕』として存在させるかぎり、〔われわれは〕すべてを覚悟しなければならない」と論じた。コンラートの対セルビア戦争案について、彼は、もしセルビアに対して行動を開始する場合には、ハプスブルク帝国がセルビアによって明白に侵害されたことが必要である、と述べた。また、コンラートの平和的方法でのセルビア併合についても反対する一方で、「今日、セルビアの威信がわれわれの威信を犠牲にして大きくなったとみなされているがゆえに、セルビアには大きな魅力が形成されつつある。もしセルビアの躍進がさらに進めば、われわれの南スラヴ人はますます引き込まれるであろう」、とセルビアの拡大に危惧を表明した。

共通蔵相ビリンスキーも、コンラート案に反対の姿勢を示した。その理由として、対セルビア戦争が実行不可能のように思われること、決定には議会の承認が必要であるが、その議会が反対すること、現在誰もが平和を望んでいることをあげた。「セルビアが『大国』になった現在、どのような圧力のもとでこれを行なうのであろうか」、と彼は疑問を呈した。しかしビリンスキーは、セルビアがボスニア・ヘルツェゴヴィナにおいて多数派を占めるセルビア系住民を扇動していることにも触れ、同国がハプスブルク帝国の南部地域を奪取する意志をもっているため、われわれは財政的問題が存在するにもかかわらず、セルビアとの戦争の準備を行なわなければならない、と主張した。[35]

さまざまな見解が述べられたにもかかわらず、会議では最終的な決定は下されなかった。アルバニア領内におけるセルビアの軍事行動について、ベルヒトルトのなかでは、ティサの主張する「断固たる行動」に対する希望と、その行動がもたらすであろうヨーロッパにおける孤立化に対する恐怖が存在していた。少なくとも、ベルヒトルトをはじめとする参加者、そして皇帝フランツ・ヨーゼフおよび皇位継承者フランツ・フェルディナントも、コンラートの見解には同調していなかった。[36]

さて、セルビア首相パシッチは一〇月三日、フランス訪問からの帰途ウィーンに立ち寄り、ベルヒトルトとの首脳会談を行なった。そこでは、パシッチはセルビア政府の以前の主張を繰り返したにとどまり、事態の進展はなかった。同日の昼食会には、一九一四年六月のサラエヴォ事件後の重大決定を下すことになる登場人物のほとんどすべて、つまり、ベルヒトルト、ティサ、シュトュルク、ビリンスキー、マッチオ、フォルガーハが顔をそろえた。だが、その場では誰もアルバニア問題を切り出さず、貴重な会見は成果のないままに終わった。[37]

三　最後通牒発令とヨーロッパの対応

進撃するセルビア軍

アルバニアとセルビアの国境線では、依然として混乱状態が続いていた。一〇月四日に都市セナスティルからウィーンの外務省へ報告されたところによると、二日にセルビア軍がアルバニア人勢力からオフリドを奪回し、同軍による虐殺行為が行なわれた(38)。一方、ベオグラード駐在墺武官は、現地からの情報不足および情報の錯綜、とくにアルバニア人勢力が支配する地域に関する情報の錯綜のために、「セルビア政府の公式発表を信頼するならば」との条件をつけて、セルビア軍が黒ドリン川の地域をアルバニア勢力から奪回し、多くの戦略上の拠点を占領したこと、そしてセルビア軍に不利な状況はプリズレンをめぐる戦闘だけである旨、ウィーンに報告した(39)。

一〇月七日、セルビア首相パシッチとハプスブルク帝国代理公使シュトルクとの会見が行なわれた。パシッチは三日のウィーンでの発言と同様に、セルビア軍の前進が一時的なものであり、セルビアは新たなる領土拡大の意図をもっておらず、国際管理委員会が国境を画定し、諸「大国」がアルバニアに安寧秩序をもたらせば、再撤退を即刻実施することを述べた。二日後の両者の会見でも、パシッチは同じ発言を繰り返した(40)。

これと並行して、ハプスブルク帝国外務省には、セルビア軍がジブラ南西のアルバニア領の村々に放火し、プリズレン付近の村々を占領してルマ地方へ進軍中、との報告が到着した。この報告は、パシッチの返答とは明らかに異なっていた。また、ジブラの代表七名がドゥラッツォのハプスブルク帝国総領事を訪問し、ジブラの紛争の唯一の原因はセルビア人の暴虐と暴力行為である、との嘆願書を提出した(41)。そこでハプスブルク帝国外務省は、共同抗

図10　ハプスブルク帝国の軍部が作成したセルビア軍の反撃ルート

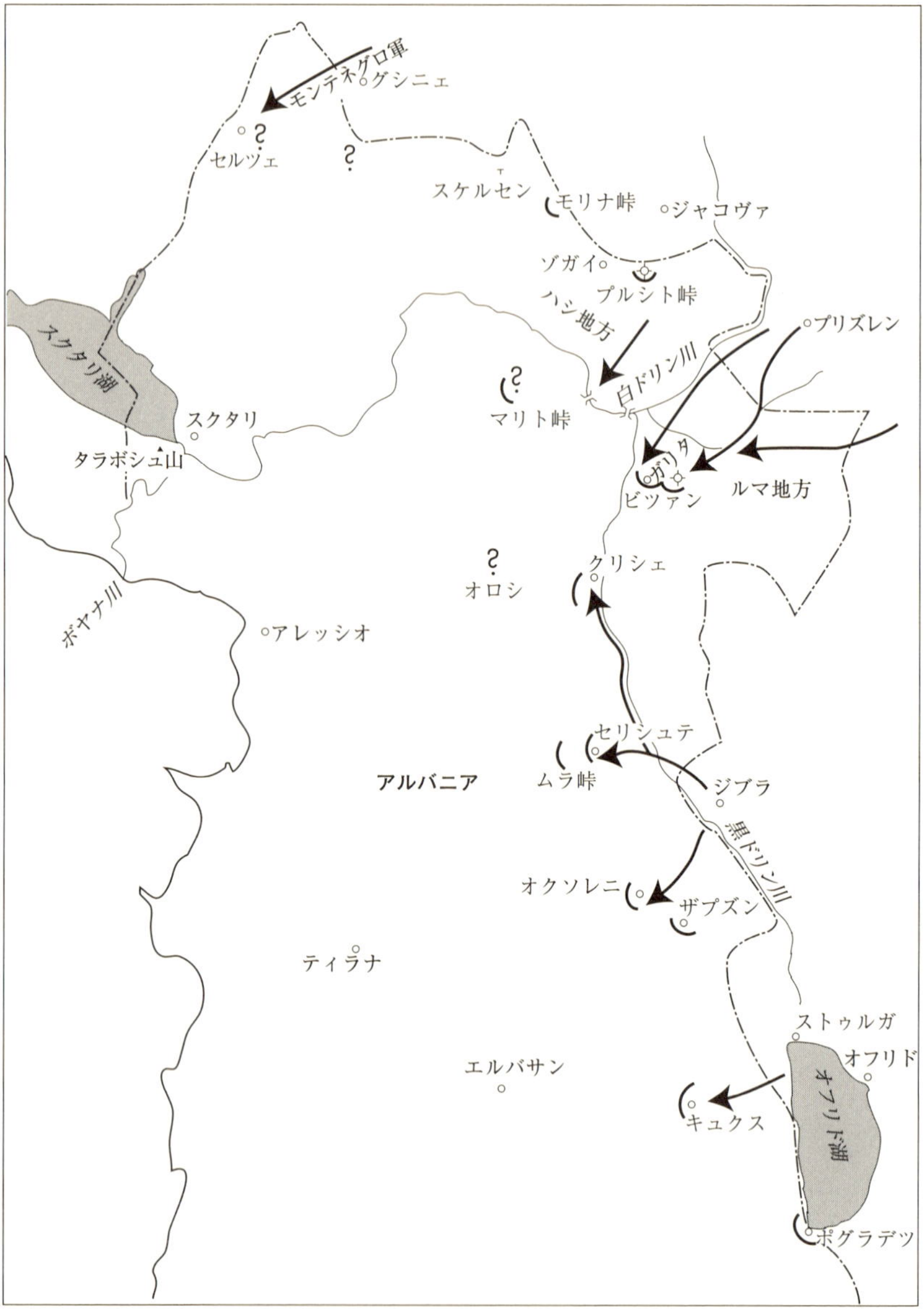

議という手段ではなく、各国が独自にセルビアへ警告し、アルバニア領内での軍事行動の中止とロンドン大使会議の決議の遵守を要求するほうが得策であると考え、ドイツ政府がベオグラード駐在ドイツ代表にベルヒトルトの見解に沿った訓令を出すよう、ベルリン駐在墺大使を通じて要請した。このように政策を若干変更した理由として、六「大国」による共同抗議の実行をただひたすら待つことは、単なる時間の無駄であるとの判断があったと思われる。事実、ベオグラード駐在ロシア公使N・H・ハルトヴィヒが、アルバニア問題における態度は完全に正しいとの見解を明らかにしている。イタリア外相サンジュリアーノも、「友好的な方法で」セルビアを説得しようとしていた。(42)

ティサ、コンラート vs. 皇位継承者フランツ・フェルディナント

ここで、ハプスブルク帝国の共通閣僚会議以後の動きをみてみよう。

ハンガリー首相ティサは、ハプスブルク帝国外相ベルヒトルトに宛てた一九一三年一〇月九日付けの書簡のなかで、アルバニアとセルビアの国境問題がハプスブルク帝国にとって死活的問題であるとみなし、ハプスブルク帝国が積極的な態度を示さないため、その威信が日々低下しつつあり、このままヨーロッパ協調を外交の基盤にするならば、国益の維持はもはや不可能であると主張した。また、彼は、以上の内容をベオグラード、ベルリン、ローマにおいて宣言すべきである、と記している。(43)

これに対して、ベルヒトルトとティサの代理人ブリアーンは、セルビアの二つの郡（Kreis）を場合によっては軍事占領することで意見の一致をみた。彼らはこれにより、アルバニアからセルビア軍を撤退させることができると予測した。この意見は、のちにティサによっても支持された。(44)

参謀総長コンラートは以前と同じ強硬路線を主張し続けた。ベルヒトルトとの協議の場で、彼は、一九一三年五

月のボスニア・ヘルツェゴヴィナでの予備役召集と同様に何の成果をもたらさない動員をもういちど行なえば、軍部は政府を支持しないと述べ、「私はこの六年間、われわれにとって最重要事項が南スラヴ問題と大セルビア問題であると主張してきた。われわれはぬかるみ（Brei）を避けては通らない」、とセルビアとの対決姿勢をよりいっそう鮮明にした。両者の協議に途中から加わったO・チェルニンは、皇帝フランツ・ヨーゼフと皇位継承者フランツ・フェルディナントが戦争に賛成していない、と発言した。(45)

皇位継承者フランツ・フェルディナントは一〇月一二日付けのベルヒトルト宛ての書簡において、ティサが提唱し、ベルヒトルトも賛同しはじめた「断固とした態度表明」、いいかえれば戦争の危険も意識した政策の必要性に対する強い不満と、ティサおよびコンラートに対する不信感を明らかにした。

セルビアがドゥラッツォなどへ進軍することに関して……どこから情報を得ているのであろうか。本当に、完全に信頼すべき公式な報告なのであろうか。コンラートもしくは戦争をも辞さない、多方面から称賛を浴びているティサの魔女の厨（Kriegshexenkuchen）からの扇動報告なのであろうか。〔残念ながら〕私にはわからない。……彼らは帝国を是が非でも戦争へと扇動しようと欲している。……この国〔セルビアをさす〕は戦争を欲していない。……私は、まだ他の方法があるかぎりは、われわれの側からの武力による介入には反対である。……したがって、もし私に旧友として貴殿に助言を与えることが許されるのならば、……外交的手段を尽くし、ドイツへ強く接近し、強い支持の獲得に努め、外務省内でコンラートとティサの精神を回避し、完全に払いのけ、締め出すことを希望する。(46)

一〇月一三日の協議

一〇月三日の共通閣僚会議以後のハプスブルク帝国外交政策に関して必ず取り上げられるのが、一〇月一三日に行なわれたシェーンブルン宮殿での協議である。しかし、この協議をめぐっては、実際にそれが行なわれたのかどうかということが、かつて問題視されたことがある。というのは、この協議が『オーストリア＝ハンガリー外交文書』にも、ウィーンの国立文書館（Haus-, Hof- und Staatsarchiv）にある共通閣僚会議の記録にも掲載されておらず、一九二二年に出版された参謀総長コンラートの回顧録のなかで、「一〇月一三日、閣僚会議がベルヒトルトのもとシェーンブルンで開催された」と述べられているだけだったからである。現在では、この協議（共通閣僚会議ではない）が実際に行なわれたことは確認されている[47]。日記をもとに書かれた回顧録のなかで、外相ベルヒトルトは一〇月一三日について以下のように記している[48]。

午前中　——ティサと会見。彼はベオグラードでの断固とした行動を主張。セルビアからの返答が満足のいくものでなければ最後通牒。

一二時　——帰国していたローマ駐在大使K・メーレイと会見。ティサとは反対の意見。アルバニアのために素早い対応をとるべきではない。情報が不正確かもしれないので、さらなる情報を待つべきであると主張。

一三時半——シェーンブルンの附属建物で朝餐。参加者ティサ、シュトゥルク、ビリンスキー、ブリアーン、コンラート、マッチオ〔、ベルヒトルト〕。長時間協議。

一六時半——皇帝陛下に謁見。

一八時　——メーレイとふたたび会見。セルビアと各国に対する手続きの方法を協議。

ハンガリー首相ティサは一〇月一三日午前中の主張を繰り返し、セルビアの完全撤退のみを要求するべきだと述べた。オーストリア首相シュトュルクはティサの主張に同意し、対セルビア戦を主張した。共通蔵相ビリンスキーはセルビアを抑圧する必要性を主張したが、皇帝フランツ・ヨーゼフは戦争の実施に最終的には反対していると述べた。ティサの代理人ブリアーンは、ベルヒトルトとのあいだで一致した一部地域の占領という見解を展開した。ベルヒトルトはセルビアに対する行動の必要性を述べる一方で、そのような行動をとった場合のロシアとルーマニアの干渉、そしてドイツとイタリアがハプスブルク帝国側に立つかどうかについて参加者に質問した。コンラートは依然として軍事的成果を追求することを主張した。この主張に関連してティサは、もしロシアとの戦争という事態を考えれば、結果的には将来よりいまのほうが好ましいと考えていた。

さまざまな意見が出されたものの、ブリアーンの日記にあるように、参加者は「セルビアに対して断固とした行動をとらなければならないことで一致」した[49]。そして、この行動に関して、ハプスブルク帝国はまず、最後通牒を視野に入れたかたちでセルビアへ抗議書を送る、セルビアが要求に屈しない場合には、ハプスブルク帝国がとりうる可能性のある行動をドイツとイタリアへ報告し、最後に、セルビアが本当に撤退したか否かの調査の目的で、民間人の格好をした軍人四名をアルバニア国境付近へ派遣する、という三段階の対応策を決定した。協議の参加者は、セルビアが撤退を拒否した場合の武力行使の実施に同意した。翌日、ブリアーンは皇帝フランツ・ヨーゼフに謁見し、皇帝は参加者の意見が一致したことに満足した。皇帝は武力行使に同意したものの、コンラートの見解には同意せず、セルビアが最終的に譲歩することを期待した。

一〇月一三日の協議の決定はすぐに実施された。翌一四日、ベルヒトルトはベオグラード駐在墺代理公使シュトルクに訓令を出し、シュトルクは一五日にセルビア首相パシッチと会見し、ハプスブルク帝国の抗議書を手交した。シュトルク宛ての訓令でベルヒトルトは、以下の四点について主張および質問を行なった。①セルビア政府は反乱鎮圧に際してロンドン大使会議の決議を遵守し、防衛的行動に徹底すると宣言したにもかかわらず、パシッチ本人は、シュトルクに対してアルバニア領の「一時占領」という表現を使った。しかしながら、②「一時占領」ですら、ロンドン大使会議の決議に抵触している。したがって、③セルビア政府はアルバニア侵入のための軍事的準備の一時中止を行なう予定があるのかどうか。また、④すでにアルバニア領内にいるセルビア軍を、ある一定期間内に撤退させる命令を出す予定があるのかどうか。[50]

これに対して首相パシッチは、アルバニアにおけるさらなる進軍についてはすでに停止命令が出ていること、アルバニア領からの撤退が同国内の状況の進展しだいであること、しかし、ムスリム系アルバニア人が好戦的態度をとるかぎり、セルビア軍の撤退は行なわないことを伝え、そして「自己に有利になるように国境線変更に関する希望を述べることは、すべての国家に認められている」と主張した。シュトルクは、パシッチの返答を「まったく満足のいくものではない」と評価した。一六日にハプスブルク帝国外務省に提出されたウィーン駐在セルビア公使からの覚書も、ほぼ同様の内容であった。[51]

セルビア゠アルバニア国境付近のハプスブルク帝国外交官からの報告は、状況に変化の兆しがみられないことを伝えている。プリズレンからは、「信頼できる筋からの情報によると、一二の村々にセルビア軍が放火し、セルビア軍が再占領したすべての村で男性住民が銃殺刑にされた」との報告が届き、ルマを除くハシ地方全域をセルビア軍が占領し、アルバニア領内にさらに進出していることも伝えられた。また、ハプスブルク帝国参謀本部は、一六日にはセルビア軍先遣隊がジブラの北西三〇～四〇キロメートルのマチ川上流の地点に到達した、との情報を得た。[52]

ベルヒトルト――「こんどは譲歩しない」

そして、一〇月一五日には、外相ベルヒトルトはベオグラードからの報告を待たずに、ベルリンとローマに対し、一三日の協議の決定に従って、ハプスブルク帝国が「セルビアの不当な干渉にこれ以上黙って耐えるつもりはなく、もしセルビアが自発的に行動を中止しなければ、さらなる手段をとる必要がある」と通告した[53]。また、その日のウィーン駐在ドイツ大使とのあいだで行なわれた会見について、ベルヒトルトは業務日誌報告のなかで、「セルビアによる国境付近における既成事実がこのまま積み重ねられると、アルバニアの建国を断念するだけでなく、バルカン半島でのハプスブルク帝国の威信、とくに南スラヴ世界での信用を喪失してしまう」と発言したことを、自ら記している[54]。

会見相手のドイツ大使が本国に宛てた報告書では、ベルヒトルトがセルビアの返答が好ましいものでないときは、期限を設定した撤退要求を行なうことと、「ハプスブルク帝国はこんどは譲歩しないことを固く決意した」との、ベルヒトルトの発言が記されている。大使は続けて、ベルヒトルトの発言をつぎのように伝えている。

しかしながら、アルバニアの存在はスラヴ民族を阻止するため、そして、ハプスブルク帝国とイタリアのあいだの〔意見の〕一致を維持するために絶対に必要である。さらに、ハプスブルク帝国の譲歩は、とくに帝国の南スラヴ人を考慮すれば、重大な結果を招くような〔外交政策の〕完全な放棄を意味するであろう。……したがって、セルビアがさらに拒否した場合には、最悪の事態まで突き進まねばならないであろう。スラヴの洪水を阻止することに自ら大きな利益をもっているドイツが、この問題において、道義的にしっかりとハプスブルク帝国の背後に立ってくれることを期待している。その理由は〔ベルヒトルトの見解では〕ロシアもフランスも戦争を欲しておらず、ただ道義的支持だけが多分に重要だからである[55]。

この報告を読んだドイツ外相代理A・ツィンマーマンは、「道義的支持」を拒否することはできないと考え、一六日、ウィーンおよびベオグラード駐在ドイツ代表にハプスブルク帝国の行動を支持することを伝えた。また、彼はロンドン駐在ドイツ大使に、イギリスがベオグラードでの抗議に参加することを要請する訓令を出した(56)。

最後通牒の手交

ついに、ウィーンでは一〇月一六日午後一〇時より、外相ベルヒトルト、オーストリア首相シュトュルク、共通蔵相ビリンスキー、ティサの代理人ブリアーン、そしてボスニア・ヘルツェゴヴィナ総督O・ポティオレクらがセルビアへの最後通牒の文面を検討し、翌一七日午前中、ベルヒトルト、ブリアーン、ローマ駐在大使メーレイの三名で、その仕上げと各国へのコミュニケの作成が行なわれた。そして、同日の午後一二時半、ベルヒトルトは皇帝フランツ・ヨーゼフに謁見した。皇帝は最後通牒の内容に同意し、八日間の期限を設定した。午後四時、ベルヒトルトはウィーン駐在イタリア大使に八日間の期限つきの撤退要求をすることが決定された、と報告した。その後、彼はドイツ大使と会い、アルバニア問題に関して全力でハプスブルク帝国を支持することを告げられた。ドイツ大使は、「ベルヒトルト伯はこの報告について非常に喜び、ドイツの支持に心からの感謝を述べた」と報告した(57)。

こうして、一九一三年一〇月一八日午前〇時一〇分、ウィーンの外務省からベオグラードのハプスブルク帝国代表に向けてセルビア政府に口上書を述べる旨の訓令が発信され、約一時間後には各国の駐在代表にコミュニケの発信が行なわれた。

一九一三年一〇月一八日正午、代理公使シュトルクがセルビア政府に手交した抗議書はつぎのようなものであった。

ベオグラードのハプスブルク帝国公使館は、本国の訓令によりセルビア王国外務大臣に対して、ロンドン大使会議の決定の厳粛な尊重の必要性および、諸「大国」によりアルバニアに与えられた領土内でのすべての軍事行動の中止の必要性について、数度にわたり要求してきた。ハプスブルク帝国のこの観点は、ロンドン大使会議がすでに問題の国境線に関して、セルビアによる正式な希望を考慮しているだけにますます正当化されるものである。したがって、ハプスブルク帝国は、アルバニア国境に関する国際的取り決めをセルビアの有利になるよう修正することには、どのようなかたちであれ同意できないであろう。ハプスブルク帝国公使館へ与えられたセルビア王国政府の最近の返答は、セルビア首相がハプスブルク帝国外務大臣に提出された覚書の内容と同じように、ほとんど満足のいくものではない。事実、セルビア軍の進軍中止命令は十分であるとは考えられない。ハプスブルク帝国政府の見解では、セルビア政府が、ロンドン大使会議により決定された国境線を越え、アルバニアとなるべき一部の領土を占領している〔セルビア軍〕部隊の即時撤退を行なうことが不可欠である。ハプスブルク帝国政府は、セルビア政府が八日以内にアルバニア領からの撤退を行なうことを希望する。もしそれが実行されない場合には、ハプスブルク帝国政府は、遺憾ながら、われわれの要求実現のために適した手段を用いる必要性を考慮するであろう。(58)

ハプスブルク帝国政府のこの行動に対して、国内の愛国者や新聞は大いに喜び、またそれまでバルカン半島での戦争で大きな被害をこうむっていた経済界は安堵した。(59)

各国の反応

しかし、各国政府は期限つき抗議書の内容に驚愕した。それは、この抗議書の最後の箇所が、事実上の戦争を考慮する最後通牒を意味していたからであった。ベルヒトルトが道義的支持をとりつけたドイツですら、驚きを隠せない状況であった。「ウィーンは事前にわれわれとの協議をせずに、積極的に行動することを決定した」とドイツ外相代理ツィンマーマンは主張している。だが、ツィンマーマンは、もはやハプスブルク帝国に譲歩するよう助言することは不可能であると考え、最後通牒の手交後もドイツ政府が全面的に（voll und ganz）支持する旨の発言をした。また彼は、セルビア軍撤退に関してベオグラードでセルビア政府に助言を与えることは、もはや遅すぎると考えていた。ドイツ首相T・ベートマン＝ホルヴェークも支持を表明し、また、ドイツ皇帝ヴィルヘルム二世もハプスブルク帝国がセルビアに譲歩しないと決意したことに満足した。ベオグラード駐在ドイツ公使には、ハプスブルク帝国支持を積極的に継続する旨の訓令が送られた(60)。

ハプスブルク帝国大使が病気のため、その代理人O・ガウチがイギリス外務省を訪問したとき、外相E・グレイは不在であった。そのため、外務省高官E・クロウがコミュニケと最後通牒を受け取った。ベオグラードでの最後通牒の手交以前に、グレイとクロウは、「大国」との事前の協議をせずにハプスブルク帝国が最後通牒を送ることを非難する文章を作成していた（グレイは一七日、クロウは一六日）。グレイはそれを作成した理由について、「必要な場合に備えて時間の節約のため」としている。グレイはそのなかで、「ハプスブルク帝国にとって、セルビアに最後通牒を送り、その後に他国の支持を要求することは、ある意味では諸『大国』に最後通牒を突きつけることである」と述べ、そしてクロウは、「最後通牒を送ることは……何の警告もなく〔ヨーロッパ〕協調を破壊することに等しい」と主張した。一八日にクロウがガウチから報告を受けたとき、クロウはより詳しい情報を要求した。しかしガウチは、ロンドンのハプスブルク帝国大使館には最後通牒とコミュニケ以外に何も送られていなかった、と返答した。最終的には、グレイはハプスブルク帝国の最後通牒の目的には同意するものの、その手続き、つまり事前協議なしの手交には賛成しかねる、との見解を示した。その後、ベオグラード駐在イギリス代理公使には、「全員が一致すれば」という、これまでの文言を削除した訓令が送られた(61)。

また、コミュニケを受け取ったフランス外務省政治局長パレオローグはハプスブルク帝国大使に対して、アルバニア人の反乱についてハプスブルク帝国＝フランス間では意見が異なることを明らかにし、場合によってはその行動がまったく正当化できないと述べた。ロシア外相代理ネラトフは、以前と同様にセルビアのとった行動の正当性を主張する一方で、八日間の期限を短いものとみなした。(62)

同盟国イタリアにベオグラードでの最後通牒の手交が報告されたのは、その六時間後であった。そのときイタリア外相サンジュリアーノがローマに不在だったために、コミュニケは事務局長G・マルティーノが受け取った。マルティーノは最後通牒について、「最後の文章が軍事作戦をともなう脅し以外の何ものでもない」として、ハプスブルク帝国大使館参事官L・アンブロージに自己の見解を述べた。ベオグラード駐在イタリア代理公使は最後通牒に関する報告をイタリア外務省から受け、その日のうちにセルビア首相パシッチを訪問し、ロンドン大使会議の決定を遵守するよう要請した。翌一九日のマルティーノとアンブロージの会見で、マルティーノはセルビアが譲歩しない場合のハプスブルク帝国の対応について質問した。アンブロージは、ハプスブルク帝国はイタリアとのあいだに存在する協定と一致しないアルバニア占領を行なわないであろう、と返答した。さらに、マルティーノは「では、貴殿らはセルビアへ軍を進め、〔セルビアと〕戦争をするのか」と質問した。それに対してアンブロージは、「私は何も知らされていない」とだけ返答した。(63)

一〇月二〇日にローマに戻ってきたイタリア外相サンジュリアーノは、ただちにアンブロージと会見した。外相はハプスブルク帝国の行動に対する不満を吐露し、「ハプスブルク帝国の高圧的なやり方は、セルビア国内で大きな怒りを呼び起こし、三国同盟の利益、とりわけハプスブルク帝国の利益を害するものだ。また、ハプスブルク帝国の同盟国〔ドイツとイタリアをさす〕にとって、突然そのような重大状況に置かれることは不愉快である」と述べた。アンブロージはこの発言に対して、一九一一年の伊土戦争の際にはイタリアがハプスブルク帝国とドイツへの事前の相談なしに戦争を始めた、と反論した。それに対してイタリア外相は、「あのときは、応戦義務発生事由（casus foederis）をつくりだされなかった。いまはそれが発生するかもしれない」と返答した[64]。しかし、このようなイタリア側の態度について、ハプスブルク帝国外務省では諸々の情報を総合した結果、イタリアが最終的にはわれわれを支持するだろうとの見解にいたった[65]。

さて、最後通牒を受け取ったセルビアは会議を行ない、対応策を検討した。最後通牒の報告を本国から受け取ったイギリス代理公使が一九日にセルビア外務省事務局長Ｄ・ステファノヴィッチのもとを訪れたとき、事務局長は、セルビアが最終的には譲歩せざるをえないとの個人的意見を表明した[66]。実際、翌日には、ハプスブルク帝国代理公使シュトルクに対して、セルビア政府が撤退を決定し、二〇日早朝に命令を出したと報告し、「八日以内に撤退が完了するであろう」と述べた[67]。同二〇日、このことはウィーン駐在セルビア公使よりベルヒトルトに伝えられた。ハプスブルク帝国外務第一次官マッチオは、翌日のシュトルク宛ての訓令のなかで、撤退声明によりセルビアとの戦争の可能性はほとんどない、と記した[68]。

撤退するセルビア軍

その後、コソヴォ州のウシュキュブ、モナスティル、プリズレンといった諸都市に駐在するハプスブルク帝国代表からも、また、一〇月一三日のウィーンでの決定にもとづき国境付近へ派遣された四軍人からも、セルビア軍兵士が国境から撤退する様子がウィーンに報告された。ただし、同時に、撤退にともなう現地でのアルバニア人殺害や住宅への放火についても報告された[69]。二五日、セルビアはロンドン大使会議で決定されたアルバニア国境からの完全撤退を公表し、ウィーンでもベルヒトルトがウィーン駐在セルビア公使より報告を受けた。国境地帯からの報告もほぼ同様のことを伝えてきたが、セルビアは撤退した部隊の動員をすぐに解除したわけではなかった。セルビ

セルビアで販売された絵葉書。セルビア王ペーテルがボスニアの解放者としてたちふるまっている。ペーテルが鎖に繋がれた女性を救出（女性はハプスブルク帝国領ボスニア・ヘルツェゴヴィナを意味）している。

〈報告書に記載されている内容〉：ベオグラード駐在公使ウグロンは，セルビア首相パシッチに説明を求めたところ，これについては知らなかったと返答。また，パシッチは絵葉書の公式の販売を中止することはできる，と言った。

ア首相パシッチがハプスブルク帝国公使S・ウグロンに述べたところによると、動員解除はアルバニア国境線が画定された後にただちに行なわれる予定であった[70]。その後も、セルビア軍はアルバニアとの国境付近に展開し続けた。

こうして、ハプスブルク帝国が要求したアルバニア領からのセルビア軍の撤退は実現した。ベルヒトルトは、今後の国境付近での紛争再燃防止のため、セルビアに、アルバニアに対する挑発の回避と、ロンドン大使会議の決議事項（少数派保護とジブラとジャコヴァの市場の開放）の実行を要求するだけでなく、さらに、建国が決まったアルバニアに対しても、憲兵隊の組織化とアルバニア侯の設置、そして、アルバニア人によるジブラ攻撃の再発防止が必要であると考えた[71]。

国境問題は完全に鎮静化した、と誰もがみなしたわけではなかった。一〇月二九日、ハプスブルク帝国参謀総長コンラートが外相ベルヒトルトに送った書簡のなかに、附属品として、セルビア政府がさきごろ一般向けに作成させたセルビアとモンテネグロの地図が含まれていた。コンラートは、この地図上では、ロンドン大使会議および第二次バルカン戦争の講和条約であるブカレスト講和条約などの一連の国際的取り決めや条約と矛盾し、プリズレン、ジブラ、オフリド湖、そしてモンテネグロとアルバニア国境付近が、セルビアおよびモンテネグロ領になっていることを指摘した。彼はこれを、セルビアが諸協定に従う意思のないことを意味しているとみなした[72]。

たしかに、国境線はロンドン大使会議において詳細に及んで決定されていたわけではなく、現地に派遣されることになっていた、六「大国」から一名ずつ参加する国際国境線画定委員会が、係争点を調整することになっていた。モンテネグロとセルビア国境線を担当する北部・北東部委員会は一九一三年九月二三日、スクタリで第一回会合を開催した。しかし、作業開始地点をめぐり議論が紛糾した。彼らはアルバニア中部の都市ティラナ、エルバサンを経て一〇月二三日にオフリド湖に到着し、この地点から作業を開始した。黒ドリン川沿いの地点の調査後、委員会は一一月中旬にジブラ周辺、一二月初旬にプリズレン周辺の調査作業を行なった。しかし雪によって調査不能の状態となり、委員会の作業は一時中断、一九一四年四月に再開された。その後、同委員会はモンテネグロとアルバニアの国境付近の調査には着手したものの、第一次世界大戦の勃発により、作業は途中で中断せざるをえなくなるのであった。

四　最後通牒とハプスブルク帝国＝ドイツ関係

足並みのそろわない諸「大国」

以上みてきたように、各国は「一〇月危機」においてさまざまな対応をした。ハプスブルク帝国はセルビアに対して積極的に行動し、逆にロシアはセルビア支持を明らかにした。ドイツはハプスブルク帝国とイタリアを支持することに専念した。一方、イギリス、イタリア、フランスはそれほど積極的には行動しなかった。また、セルビアは、いままでみてきたように表面的には「大国」の圧力に従う姿勢を示したものの、実際には部隊の撤退を最後通牒が手交されるまで行なわず、「大国」に対して拒否の姿勢を貫いていた。研究者のアルベルティーニは、ハプスブルク帝国がイタリアと事前に協議しないまま最後通牒をセルビアに突きつけ、すでに手交された最後通牒をイタリア外相のローマ不在時に同外務省事務局長に渡したという一連の経過をあげて、「一〇月危機」においてハプスブルク帝国がヨーロッパ戦争に発展する可能性のある手段を講じていた、と主張している(73)。

ドイツの「道義的支持」

さて、実際にヨーロッパ戦争に発展した一九一四年六月のサラエヴォ事件以後の状況のなかで、注目された点のひとつにドイツのハプスブルク帝国支援、いわゆる「白紙委任状」をめぐる問題がある。そこで、「一〇月危機」におけるこの両国関係を検討してみよう。

これまで述べてきたように、ハプスブルク帝国外相ベルヒトルトはドイツに「道義的支持」を要請していた。その理由は、ロシアとフランスがヨーロッパ規模の戦争を望んでいないため、事件の解決に際しては道義的支持で十分である、とベルヒトルトが考えていたからであった。もちろん、ベルヒトルトが対セルビア戦争を望んでいたとは必ずしもいえない。それは、ベルヒトルトが最後通牒発令前にある親しい人物と会ったとき、その人物の「戦争以外の準備を真剣に行なわねばならない」という発言に、彼が同意したことからも明らかである[74]。その一方、ベルヒトルトはセルビア領の一部を軍事占領することも考慮していたが、それがもたらす結果については真剣に考えていなかったように思われる。しかし、参謀総長コンラートのような「セルビアを完全に敗北させる戦争を絶対に行なわねばならない」という考えは、ベルヒトルトのなかに存在していなかった。

道義的支持を要請されたドイツでは、当時の外交文書からみても明らかなように、首相でもなく外相でもなく、外相代理ツィンマーマンが指揮をとっていた。前述のように、ツィンマーマンは、ハプスブルク帝国からの道義的支持の要請を受諾する立場をとった。彼はその理由として、支持をしない場合には、ハプスブルク帝国内部に存在するロシアおよびフランスとの提携を主張する集団の影響力が増大し、ハプスブルク帝国がドイツから離れてしまうことを恐れていた点、そして、ハプスブルク帝国が「軽率な行動」をとることを恐れていた点をあげている[75]。ドイツ皇帝ヴィルヘルム二世は、ツィンマーマンとは大きく異なり、セルビアに対するハプスブルク帝国の断固たる措置を承認していた。一〇月一六日から四日間にわたりライプツィヒで開催された式典において、ドイツ皇帝はコンラートに対して、「余は汝らと共に進む。他国はまだ準備ができていない。彼らは何も反対しないであろう。数日内には貴殿らはベオグラードにいるに違いない。私は常に平和の支持者であった。しかし、それにも限界がある」と述べた。ここから、ハプスブルク帝国にセルビアとの戦争を勧める皇帝の意思を読みとることができる(76)。

道義的支持を与えるというツィンマーマンの政策は、それまでの「ハプスブルク帝国とイタリアへの共同歩調に対する支持」という、ドイツによる政策の放棄を意味した。その理由は、アルバニア国境問題をめぐるハプスブルク帝国の外交的敗北、それによる同国の弱体化の危険が予想されたからであった。また、ベルヒトルトが、ハプスブルク帝国が国境問題のために戦争を冒すつもりはないとドイツに確約したことと、ロシアは戦争に訴えてまでセルビアの野望を弁護しないであろうと予想していたこともあげることができる。したがって、ツィンマーマンは支持の必要性を主張し、首相もこれに同意した(77)。一〇月一六日、ツィンマーマンは、皇帝ヴィルヘルム二世の最終的決定を待たずにウィーンへ支持表明を伝えたが、これは、彼が皇帝の同意を得られることが明らかだとみなしていたからであった。皇帝の決定は一八日に出された(78)。また、ツィンマーマンは、ハプスブルク帝国の抗議書へ参加することをイギリスにも要請したが(79)、これは、イギリスに接近するというバルカン戦争初期からのドイツの政策の継続とみることができる。

しかし、ここで注目しておかねばならないことは、ウィーンからの抗議書の内容についてツィンマーマンが知らされていなかったことである。彼は、手交される内容に軍事的措置を示唆する文言が含まれているとは知らなかったようだ。前述のように、最後通牒を意味する抗議書の作成は一〇月一六日の夜一〇時から開始されていた。ただし、一七日のウィーンからの報告で、ベルヒトルトが「いかなる状況下でも最悪〔の選択〕までがんばり抜く」こと、さらに「皇帝陛下は、……必要な場合には最悪の結果（äußerste Konsequenzen）をとられることをご決断なされ、私にアルバニアからのセルビア軍の完全撤退に八日間の期間設定をなされた」と発言したことは聞き及んでいる(80)。一八日のベオグラードにおける抗議書の手交、事実上の最後通牒の手交の内容を聞かされたツィンマーマンが驚愕したことから判断して、このベルヒトルトの発言をツィンマーマンがいかに解釈していたかは想像に難くない。

フィッシャーの言葉を借りれば、一九一四年のサラエヴォ事件以後と異なり、ツィンマーマンは「この時点でのヨーロッパの大戦争」の勃発を防止しようとしたのである。[81] 最後通牒の手交後、ツィンマーマンは、ハプスブルク帝国が場合によっては、つまり、セルビアが譲歩しない場合には軍事介入することを確信した。[82] だから、ハプスブルク帝国の単独行動を回避するためにはセルビア軍の一刻も早い撤退が必要であると考えていた彼は、イギリスの支持をとりつけることに尽力したのである。[83] イギリス側はそれを受けて、セルビアにロンドン大使会議の決議と軍隊の即時撤退を遵守するよう要請したのであった。

セルビアが最後通牒を受諾した理由

さて、「大国」の要請を拒否し続けてきたセルビアが譲歩に応じ、アルバニア領内からの軍隊の完全撤退を受諾した理由について検討してみよう。一九一三年秋の時点ですみやかに解決されるべき問題としては、アルバニアとセルビアの国境問題だけではなく、イタリア＝ギリシア間の南部アルバニア国境をめぐる問題もあった。多くの「大国」は、前者よりも後者により多くの関心を払っていた。[84] そこに突然、ハプスブルク帝国の最後通牒発令という事態が生じたため、国境問題で戦争に巻き込まれたくないと考えていた諸「大国」はセルビアに対して譲歩を勧めた。とくに、セルビアへの支持を表明していたロシアにとっては、これまで以上に支持することは戦争という危険をともなってのみ可能だったであろう。外相ベルヒトルトが予想したように、ロシアもフランスも戦争を欲していなかったため、両国はセルビアのために外交的な弁護を何も行なわなかった。これはある意味では、最後通牒への消極的な支持といえるかもしれない。[85] サラエヴォ事件以後の情勢とは異なり、「大国」はヨーロッパ戦争の危険を冒してまでセルビアの要求を実現しようとは思わなかったのである。

だが、ロシアとフランスは黙ってセルビアを見捨てたわけではなかった。両国は、セルビアを説得することによって、起きる可能性のあるハプスブルク帝国とセルビアの戦争を回避しようとした。戦費の調達などにより財政が悪化していたセルビアは、パリの金融市場で公債を上場していた。パリで調達した資金が軍事費に使われることを懸念していたフランス政府は、セルビアに対して国境問題の鎮静化までは上場させないことを、銀行団を通じて表明していた。パリ駐在ロシア大使が一〇月一八日付けでロシア外務省へ報告したところによると、パリを訪問していたロシア外相サゾノフとフランス外相S・ピションが協力して、パリ駐在セルビア公使にアルバニア領内のセルビア軍の撤退を勧告した。その代償として、フランスはこれまで難色を示していたセルビア公債（二億フラン）の上場に応じることにした。セルビア側の真の撤退の理由について断言することは困難であるものの、少なくとも、資金の調達が確保されたことは、それを実行にうつすにあたり大きなきっかけになったことは確実である。[86]

帝国の威信

ここで再度、ハプスブルク帝国とセルビアをめぐる関係をまとめてみよう。これまでみてきたように、ハプスブルク帝国は、まず「六『大国』による共同歩調」による問題の解決をめざしていた。ヨーロッパ協調を体現するロンドン大使会議も一九一三年八月中旬にすでに無期散会していたため、以前に比べて意見の一致を見いだすことが困難な状況であった。とくにロシアの対応は、ハプスブルク帝国のそれと大きく異なっていた。ロシア国内では、外相サゾノフが夏期休暇のため、より強硬路線をとる外相代理ネラトフが指導することとなった。また、ロシアとしては、二つのバルカン戦争を通じて半島における影響力を低下させていたことから、強硬な態度をとる必要性もあったと思われる。

また、「大国」に示したセルビアの態度は、ハプスブルク帝国により強硬な措置をとらせた大きな要素のひとつであった。ベルヒトルトらからみれば、一方では撤退の終了を表明し、他方ではアルバニアとの国境で戦闘を継続するセルビアの姿勢は、「二枚舌外交」であった。しかし、セルビア側にすれば、諸「大国」が決定したアルバニアとの国境線の向こうから、セルビア領内の秩序を破壊する目的で越境してくるアルバニア人に対して、何らかの行動をとらざるをえなかったのは、至極当然のことであった（セルビアの新聞が主張したように、セルビア政府もまたアドリア海の再進出を目論んでいたならば話は別であるが）。

諸「大国」による共同抗議の失敗、そして単独による抗議にも失敗したハプスブルク帝国としては、それにまさる何らかの措置をとるしか方法はなかった。それが一九一三年一〇月一八日の期限つき抗議書の手交、つまり「事実上の最後通牒」の手交であった。ハプスブルク帝国の政策決定者をそのような行動にかりたてたのは、帝国の「威信」が低下していくことに対する彼らの恐怖感であった。一〇月三日の共通閣僚会議と一三日のシェーンブルン宮殿での協議における参加者の発言をみると、非合理的な要素を多く含むこの「威信」について、政策決定者が議論していたことがわかる。彼らにすれば、バルカン半島におけるハプスブルク帝国の「威信」は、セルビアの強大化により低下しつつあった。また同時に、このセルビアの強大化は、国家として誕生することが決定していたアルバニアの生存能力の低下をも意味していた。したがって、ハプスブルク帝国がセルビアに対する緩衝国家として重要視していたアルバニアの危機は、ハプスブルク帝国の危機でもあった[87]。

ハプスブルク帝国が、この「事実上の最後通牒」の手交に際して、以前から主張していた「ロンドン大使会議の決議の遵守」という大義名分をもっていたことは注目に値する。それゆえに、イギリス、フランス、ロシアの国々も、その行動の目的については承認せざるをえなかった。アルバニアとセルビアの国境問題がヨーロッパ戦争へと発展する危険性は無事に回避された。しかし、セルビアが最後通牒を拒否した場合の措置について、ハプスブルク帝国の政策決定者はどのような計画をもっていたのであろうか。ベルヒトルトが主張したような、セルビア領の一部占領は、ロシアにとって黙認できないことであった。また、そのようなかたちの占領は、ベルヒトルトがセルビアとの全面戦争を望んでいなくとも、それに発展する素地を十分にもっていた。なるほど、「ロシアとフランスは戦争を欲していない」とのベルヒトルトの予想は当たった。しかし、ここでは、第一次世界大戦勃発の過程が誤解の連続だったことを思い起こすべきであろう。

フランス外相ピションが、ハプスブルク帝国とセルビアとの紛争が近い将来新たに生じるかもしれないことを懸念したように、「一〇月危機」の結果、セルビア国内では、軍部と「黒手組」を中心にハプスブルク帝国に対する反感が高まった[88]。このセルビア国内における状況を、現地のあるハプスブルク帝国外交官はつぎのように書いた。「遅かれ早かれ、セルビアとの戦争、ひょっとすると他のバルカン諸国との戦争が到来するに違いない」[89]。ロシアも、ハプスブルク帝国の政策については不満を抱いていた。ロシア外相代理ネラトフと異なり穏健派として名を馳せていたロシア首相W・N・ココフツォフですら、一一月中旬に訪問していたパリで、セルビア公使に向かって「同じ行動を繰り返させてはならない」と述べた[90]。

ハプスブルク帝国は「一〇月危機」において、武力介入を示唆するという「恐喝」をもって、セルビアに対してだけでなく、三国協商側に対しても勝利した。しかし、ベルヒトルトが期待したような、ハプスブルク帝国内における南スラヴ人に対する威信（もしくは信頼）の回復には成功しなかった。われわれは、ベルヒトルトをはじめとするハプスブルク帝国指導者が、危機の解決に際して「利益」と「威信」を混同しつつ、最終的には後者が彼らの思考を支配する過程として「一〇月危機」を理解することもできるであろう[91]。

そして、ハプスブルク帝国の「威信」はその後も低下し続け、サラエヴォ事件を迎えることになる。皇位継承者フランツ・フェルディナント暗殺は、「威信」を重視するようになった政策決定者にすれば、もっとも「威信」が傷つけられた事件であった。それまで政策決定者集団内には、ベルヒトルトを中心にして戦争に歯止めをかけようとする皇帝フランツ・ヨーゼフと皇位継承者フランツ・フェルディナントが、そして反対の極には、コンラートを筆頭にティサやボスニア・ヘルツェゴヴィナ総督ポティオレクらの軍事派、ないし強硬派が位置していた。ティサとコンラートをことごとく非難していたフランツ・フェルディナントが一九一四年六月二八日にサラエヴォで暗殺されたことは、ある意味では戦争防止の砦が失われたに等しかったのである。

終　章　第一次世界大戦への道

ハプスブルク帝国とバルカン戦争

本書では、一九世紀後半から第一次世界大戦にいたるまでのハプスブルク帝国によるバルカン外交政策を、おもに一九一二年に勃発するバルカン戦争と、外相L・ベルヒトルトに焦点を当てながらみてきた。その際、「ヨーロッパ協調の帰依者」といわれるベルヒトルトが、協調外交に「幻滅」していく過程をできるだけ詳細に描くことに努めたつもりである。本書を締めくくるにあたり、ハプスブルク帝国とバルカン戦争の関係を再度まとめてみよう。

第一次バルカン戦争前期におけるセルビアのアドリア海進出問題では、ハプスブルク帝国、ドイツ、イタリア、イギリス、フランス、ロシアのヨーロッパの六「大国」はロンドン大使会議を開催する以前に、すでに問題を解決することができた。これは、セルビアの進出が単にハプスブルク帝国にとって死活的問題であっただけでなく、イタリアにとっても同様だったことが、協調外交というかたちでの問題解決を可能にしたといえるであろう。また、ロシアは「海への出口」問題において、ハプスブルク帝国およびドイツとの関係を犠牲にしてまで、セルビアを是が非でも支援する必要があるとは認識していなかった。ベルヒトルトにとっては、国際環境は協調外交を展開するのに十分なものであった。

しかし、第一次バルカン戦争後期におけるモンテネグロをめぐるスクタリ問題では、六「大国」は、ヨーロッパ協調が機能した最後の機会といわれるロンドン大使会議での解決をめざすものの、ハプスブルク帝国とロシアの意見の不一致でかなり時間がかかった。諸「大国」による「小国」モンテネグロへの撤退要請も功を奏さなかった。アルバニアを安全保障上のひとつの要《かなめ》としてみていたハプスブルク帝国、とくにベルヒトルトは、スクタリ陥落に直面し、単独行動を模索するようになった。だがここで重大なことは、スクタリからの撤退を実現させるためにハプスブルク帝国が選択したモンテネグロへの限定攻撃を、ベルヒトルトがロンドン大使会議の決議を履行させるための行動と位置づけようとした点である。外交的方法が機能しなかったために、彼は諸「大国」から委任されたかたちでの軍事行動、つまり「ヨーロッパの警察官」として行動を正当化したのである。バルカン戦争勃発当初から平和理に危機を解決しようとしていたベルヒトルトにとって、スクタリ危機は協調外交に対する「幻滅」の始まりであった。

諸「大国」は、セルビアのアドリア海進出を承認せず、アルバニアの建国を決定したが、戦争当事国間には意見の不一致が徐々に表面化していった。バルカン同盟のメンバーであるブルガリアは、ハプスブルク帝国にとって重要な潜在的パートナーであった。それは、ハプスブルク帝国がブルガリアを、自らの存立に大きな脅威だったセルビアに対する「釣り合いおもり(カウンターバランス)」として位置づけていたからである。セルビアの拡大を抑えるためにはブルガリアを支援しなければならないと考えていたハプスブルク帝国は、実際の同盟国であるルーマニアとの関係を悪化させないことが至上課題となっていった。ハプスブルク帝国は、それをブルガリアとルーマニアの両国による直接交渉によって防止しようと考えていたものの、結局はここでも、諸「大国」とともに解決することになった。
スクタリ問題が危機的な局面を迎える前の一九一三年四月に開催されたペテルスブルク大使会議では、ヨーロッパ協調はうまく機能しなかった。六「大国」は三国同盟と三国協商という二つの軍事同盟に分かれて意見を戦わせ、妥協点を見いだそうとしたものの、見つけることはできなかった。さらに、ハプスブルク帝国は重要な同盟パートナーであるドイツからも、大使会議において無条件の支援を受けることができなかった。ハプスブルク帝国は、ブルガリアが都市シリストリアをルーマニアに譲渡する代償をエーゲ海沿岸地域で見つけようと試みたが、それは失敗に終わった。ブルガリア＝ルーマニア問題において、ベルヒトルトはヨーロッパ協調が形式的にのみ機能したことに不満を抱き、それだけでなく、ハプスブルク帝国の死活的利益を理解していない同盟国ドイツにも「幻滅」した。

J・W・メイソンは、戦間期に活躍したオーストリアの研究者A・F・プリブラムの説に依拠して、ベルヒトルトの外交政策をつぎのように捉えている。つまり、バルカンの領土に関する現状を維持しセルビアの拡大を抑えるために、ベルヒトルトは、第一にヨーロッパ協調に依拠し、第二にブルガリアに依拠していた、と[1]。ベルヒトルトは第二次バルカン戦争が勃発する前にすでに、ヨーロッパ協調に幻滅もしくは失望していた。第二次バルカン戦争においてはブルガリアが壊滅的な打撃を受け、セルビアに対する「釣り合いおもり」の役割を担わせることは、もはや不可能であった。ハプスブルク帝国は、ブルガリアの崩壊を回避するための外交が展開できなくなり、ブルガリアとセルビアとの戦争に軍事介入するという選択肢を真剣に考慮するようになった。ここにはスクタリ危機のときとは異なり、六「大国」の決議を履行するなどの大義名分はなかった。あったのは、ハプスブルク帝国の敵であるセルビアの拡大を武力を使ってでも防止しなければならないという、ベルヒトルトの単独主義的な考えであった。同盟国のドイツとイタリア、とくに後者から支援を強く拒否されたという事情もあったものの、ハプスブルク帝国が軍事介入を中止したのは、ブルガリアに対するルーマニアの参戦であった。

一九一三年一〇月のセルビア軍のアルバニアからの撤退問題では、ハプスブルク帝国は「小国」セルビアに対して、軍事行動をも含む「断固とした行動」を示す決意をした。ヨーロッパ協調を具体化した六「大国」によるロンドン大使会議は、すでに無期散会状態になっていた。自国にとって死活的存在と位置づけていたアルバニアをセルビアから保護するために、ハプスブルク帝国は、軍事行動を示唆した最後通牒をセルビアに手交した。それは、外相ベルヒトルト、ひいては当時のハプスブルク帝国が、ヨーロッパ協調を自国の安全を保障するものとは、もはやみなしていなかったことを意味する。しかし重要な点は、ハプスブルク帝国が、形式的には、最後通牒の手交の理由をセルビアが諸「大国」の決議を遵守しないことに求めたことである。

「一〇月危機」以降の外交課題

一九一三年の「一〇月危機」が終結すると、ハプスブルク帝国がこれまでバルカン半島にもっていた影響力はかなり喪失していた。そして、「一〇月危機」以降のハプスブルク帝国が取り組まなければならない外交的課題となったのは、つぎのようなものであった。

第一に、アルバニアの国家建設である。アルバニアを侯国（Fürstentum）にすることになったものの、アルバニア侯の人選にはかなり手間取り、最終的にはドイツ貴族のW・ヴィートが就任した(2)。また、アルバニアの国境線画定は、六「大国」の諸代表によってつくられた国際国境線画定委員会が、北部と南部でそれぞれ活動するかたちで行なわれた。画定活動は交通の不便さや悪天候などによって困難を極め、一九一四年に一応終了した。さらに、憲法を含めた行政制度も、六「大国」が中心となって整備されることになった。アルバニアは財政的には自立できない状況であったため、ハプスブルク帝国とイタリアが中心となり財政支援をしていった。その一方で、アルバニア各地では中央政府に対する反乱が起こり、安定した国家の運営からはほど遠い状態であった。

第二に、セルビアのさらなる拡大を阻止することである。これには、当時噂になっていたセルビアとモンテネグロの統一問題も含まれていた。たしかに、「一〇月危機」終結から一九一四年六月二八日のサラエヴォ事件発生の間までは、ハプスブルク帝国とセルビアとのあいだに重大な事件は発生しなかった。しかし、ベルヒトルトが一九一三年一一月に明言したように、ハプスブルク帝国にとってセルビアは「われわれの脇腹にいる、ロシアとフランスに連なる存在」であった。また、ベルヒトルトは、「セルビアとルーマニアとの良好な関係は、当分のあいだはブルガリアに対してのみ向けられるかもしれない。しかし、将来においては、ハプスブルク帝国に対して向けられるかもしれない」と考えていた[3]。それゆえ、南スラヴ問題で対立しているハプスブルク帝国とセルビアとの関係は、セルビアの領土をその痕跡を残さないまでに削減するか、場合によっては消滅させてしまわないと、自らの存在が根底から危うくなってしまうものであった[4]。このような関係は、明らかに武力によってしか解決できないことを意味していた。

第三に、バルカン戦争中から未解決の問題だったブルガリアおよびルーマニアとの関係である。ハプスブルク帝国が一八八二年に秘密軍事同盟を締結していたルーマニアは、バルカン戦争中に徐々に離脱傾向をみせはじめていた。その原因は、前述のように、ルーマニアがバルカン戦争中のハプスブルク帝国の政策を、ブルガリア寄りのものと判断したからであった。さらに、ハプスブルク帝国のハンガリー領内のルーマニア系住民が居住するトランシルヴァニア地方に、ルーマニアが関心をもっていたからであった。そこで、ハプスブルク帝国は対ルーマニア政策のてこ入れのために、一九一三年一〇月下旬にブカレスト駐在公使としてO・チェルニンを派遣した。チェルニンは皇位継承者フランツ・フェルディナントから信頼されていた外交官で、一九一二年に外相エーレンタールが死去した際にも、後継外相として名前があがっていた大物外交官であった。フランツ・フェルディナントからチェルニ

ブカレスト駐在公使チェルニン

ンの公使就任を強く要請されたベルヒトルトは、彼を適切な人物と考えていた。(5) チェルニンのルーマニア問題についての考え方は、まず、ハプスブルク帝国内のルーマニア人問題は外交政策と絶対に切り離すことができないものであること、そしてつぎに、ハプスブルク帝国とルーマニアとの良好な関係は、ハンガリー政府に領内のルーマニア系住民と和解（アウスグライヒ）させることに成功すれば構築できる、というものであった。(6)

ルーマニアとの関係改善を模索するベルヒトルトは、一九一三年一一月一三日のベルリン駐在大使宛ての私的書簡にみられるように、ルーマニアとの密接な関係こそがハプスブルク帝国のバルカン政策の支柱であると述べる一方で、ブルガリアを三国協商側に追いやってはいけないとも考えていた。(7) バルカン戦争中から行なわれていたブルガリアのハプスブルク帝国への接近は、「一〇月危機」以降も継続していた。ハプスブルク帝国は、このブルガリアの試みを拒否すべきではないとの立場であった。しかし、一一月六日にウィーンを訪問したブルガリア国王フェルディナントに対しベルヒトルトが発した言葉は、それと矛盾するように思われるものであった。ブルガリアのハプスブルク帝国への接近を実現可能なものとみなしているか、との質問に対して、ベルヒトルトは、「そのような政策はハプスブルク帝国とルーマニアの関係を考慮するかたちでのみ可能であろう」と返答した。ベルヒトルトによると、この返答を聞いたブルガリア国王は、「きわめて奇妙なもの」と述べている。報告書のなかでは、ベルヒトルトは、自分の返答がブルガリア国王に不快な印象を与えたように思われる、と記している。(8)

ブルガリアを三国同盟側に立たせ続けることの必要性を認めつつ、他方ではブルガリア国王に冷淡な返答を行なうということは、一見矛盾したことのようにみえる。これは、ハプスブルク帝国とブルガリアの関係を深化させることによって、ルーマニアの離反傾向が加速することになるのではないか、との懸念にもとづく。ハプスブルク帝国の外交政策は、依然としてルーマニアとブルガリアとのあいだで「エッグダンス」を続けていたのであった。

では、ルーマニアとブルガリア国内の状況はこの時期、つまり一九一三年後半から一九一四年初頭にかけてどのようなものだったのであろうか。

ブルガリアとルーマニアの国内状況

まず、ブルガリアからみてみよう。ブルガリアでは一九一三年一二月中旬に総選挙が実施された。その結果、親ロシア派政党が議席を減らしたものの、社会党や農民党が大きく議席を伸ばしたことで、親ハプスブルク帝国派のラドスラヴォフ連立与党は少数与党になった。このことは、有権者がブルガリア国王とハプスブルク帝国を拒絶したことを示しており、革命の可能性が浮上してきたことをも意味した。[9] 連立パートナーの外相N・ゲナディエフが辞職願を提出したため、混乱した事態の収拾に努める首相V・ラドスラヴォフは、一九一四年一月に国会を解散し、三月に選挙を実施することで乗り切ろうとした。他方、ブルガリア国王は、国内の安定を創出するためにはハプスブルク帝国一辺倒の外交政策の危険性を感じ、その選択肢を増やすためロシアとの関係改善に乗り出した。しかし、ブルガリア国王と親ハプスブルク帝国派政権は、一九一四年一月に新しくソフィアにやってきたロシア公使と折り合いが悪かった。国王はあるハプスブルク帝国外交官に対して、この公使がロシアの外交官のなかでもっとも危険な人物と非難し、ロシアがブルガリアを自国の地方総監区（Satrapie）として扱っている、と不満を述べている。[10]

一九一三年後半からのラドスラヴォフ政権の重要課題のひとつに、財政を立て直すための借款を外国から引き出すことがあった。これに関して、ロシア外相S・D・サゾノフは、ブルガリアをロシアとフランスの側にいっそう接近させるため政府にブルガリア向けの借款を検討するよう要請したが、資金を提供するフランス銀行団はそれに乗り気ではなかった。そのため、ブルガリアはフランスの金融市場からベルリンに関心を向けるようになり、結局、第一次世界大戦が勃発する直前、ドイツがブルガリアの希望する借款を提供することになった。[11]

つぎに、同時期のルーマニアの状況をみてみよう。「一〇月危機」以降、ルーマニアは国王も含め、トランシルヴァニア問題でハプスブルク帝国に対して強硬な姿勢を見せはじめるようになった。実際、ハプスブルク帝国・ドイツ寄りのルーマニア国王カロルは、一九一三年一二月に墺公使チェルニンに対して、国内の雰囲気は反ハプスブルク帝国的である、と告げている。さらに国王は、現在の国内状況を考慮すると、両国の共同での軍事行動はほとんど考えられないと述べた。しかし同時に、もしトランシルヴァニア問題でハプスブルク帝国が譲歩するのならば、ルーマニア国民の雰囲気は変化するであろう、と発言している[12]。そうしたなか、一九一四年一月にルーマニアで政権交代があり、親ドイツ派の保守党政権に替わって親フランス派の自由党政権が誕生した。新首相J・ブラチアヌはかつて、ハプスブルク帝国・ドイツとの秘密軍事同盟条約の更新時の一九一三年二月、ルーマニア国王に対し、自分が首相ならば更新しないと断言した人物であった[13]。以上の状況から一九一三年末以降、ハプスブルク帝国の対ルーマニア政策は大きな決断を迫られることになっていった。

外相ベルヒトルトは、一九一三年一一月二六日付けブカレスト駐在墺公使チェルニン宛て訓令のなかで、第二次バルカン戦争の講和条約であるブカレスト講和条約以降、ルーマニアとセルビアとの密接な関係はハプスブルク帝国にとって甘受できない、事実上の同盟に等しいものであることを表明するとともに、ルーマニアに対し、ハプスブルク帝国との秘密軍事同盟の存在を公表するよう圧力をかけるべきである、と記した[14]。しかし、一二月に入って、ルーマニア国王が両国の共同軍事作戦を否定する発言をしたとの報告を受けて、ベルヒトルトは、当分のあいだ圧力を差し控えることをチェルニンに要請した[15]。また、ハンガリー首相S・ティサは、トランシルヴァニア地方のルーマニア系住民との交渉を、この時期に開始した。彼は、ハンガリー議会でのルーマニア人議員の増員で妥協を図ろうと試みたものの、結局、その交渉は一九一四年二月中旬に物別れに終わった。

ブカレスト駐在墺公使チェルニンは一九一四年一月になると、ウィーンの外務省に対し、つぎのような対ルーマニア政策の提案を行なってきた。すなわち、ハプスブルク帝国がブルガリアと同盟を締結したという偽りの情報をルーマニアに送ることで、同国はこちら側に接近してくるであろう、と。しかし、ベルヒトルトも、チェルニンの後見人的な存在である皇位継承者フランツ・フェルディナントも、この案には反対であった。この提案が拒絶されると、チェルニンは三月に別の策を提案してきた。彼は、三国同盟側に立ち、ルーマニア＝ブルガリア＝ギリシア間で締結される同盟を提案した。彼によると、この同盟を成立させるためには、第二次バルカン戦争でルーマニアによって奪われた国境地帯の領土の奪回の意志をブルガリアに放棄させねばならず、そのためは、セルビアを犠牲にするかたちでブルガリアの野望を満足させる必要性があった。このような提案の背景には、ハプスブルク帝国とルーマニアとのあいだの秘密軍事同盟が、もはや「価値のないぼろぼろになった紙切れ」になってしまったとの考えを、チェルニンがもっていたことがある。また、彼は対セルビア戦の必要性も主張した。その理由は、この戦争がセルビアの併合を目的とするものではなく、前述のようにセルビアの領土を必要最低限度にまで削減することでブルガリアの野望を満足させ、さらにギリシアをもこれによって満足させることが可能となり、結果的には、間接的にルーマニアをも満足させることができるからであった。さらなる理由としては、セルビアの領土を削減することでアルバニアを国家として完全なものに仕上げることができ、ハプスブルク帝国がアルバニアと国境を接するようになるからであった(16)。

ベルヒトルトは、チェルニンのルーマニア＝ブルガリア＝ギリシア同盟案に対して、そのような同盟など不可能であると考えた。さらに、政治顧問R・ポガチャー、第二次官J・フォルガーハ、ベルヒトルトの三人で作成した三月二六日付けチェルニン宛ての文書において、彼らは、ハンガリー政府とトランシルヴァニアのルーマニア系住民との交渉が失敗し、ルーマニアにおいて親ハプスブルク帝国派の政権の可能性がなくなったいまとなっては、ルーマニアにハプスブルク帝国との秘密軍事同盟の存在を公表するよう圧力をかけることは好ましくないことを明らかにしている。その背景には、ベルヒトルトらが、ルーマニア国内の雰囲気をハプスブルク帝国に不利なものであると認識しており、激しく圧力をかけることで同国をロシア陣営に追いやりかねないことを危惧していたからであった[17]。

ハンガリー首相ティサも、ルーマニア情勢がハプスブルク帝国にとってかなり不利であることをきちんと認識していた。三月一五日付けの外交政策に関する長い覚書のなかで、彼は、ルーマニア国内の雰囲気がハプスブルク帝国にまったく好ましくないものとみている。また、ハプスブルク帝国とドイツのヨーロッパ政策においてもっとも重要な地域がバルカンである、と捉えている。それは、ロシアがバルカン諸国による反ハプスブルク帝国同盟の結成をめざしており、フランスがこのようなロシアの動きを強く支援しているからであった。彼はまた、ロシアとフランスは現在軍事の増強に余念がないが、反ハプスブルク帝国的な同盟が成立しないあいだは戦争を開始しないであろう、と考えている。このようなロシアとフランスの動きに対抗するためには、ハプスブルク帝国のバルカン政策をドイツのそれと一致させるだけでなく、行動の一体性も必要であり、このつながりこそがハプスブルク帝国の対ルーマニア政策を好転させるものである。結論として、ティサは、ハプスブルク帝国がドイツと協力して、バルカン諸国において両国に好ましい集団をつくりださねばならない、と説いた。その際、「ルーマニアとギリシアをセルビアから引き離すことが第一の課題であろうし、ブルガリアとルーマニアおよびギリシアとの和解をめざす、それも、セルビアを犠牲にするかたちでのブルガリアの拡大を基礎に和解をめざす」べきであるとした[18]。

ロシアは長年にわたりルーマニアへの接近を試みていたが、ついにひとつの成果を得た。一九一四年三月下旬のルーマニア皇太子夫妻による約三週間のロシア訪問がそれである。さらに、六月一四日には、ロシア皇帝ニコライ二世が外相サゾノフらとともにルーマニアを訪問した。サゾノフと会談の場をもったルーマニア首相ブラチアヌは、サゾノフに対して、ルーマニアの利益が危険に晒されないいかなる戦争にも参加する義務はない、と告げた。これを聞いたサゾノフは、ルーマニアがもはや、ハプスブルク帝国との同盟義務に拘束されていないことを自ら表明したことを意味するものである、と判断した。しかし、彼は、ルーマニアがロシア陣営に味方するとは考えずに、より強いほうに、またより多く獲得物を手にできるほうに味方するのだ、と理解した。[19]

ハプスブルク帝国の政策決定に関わる多くの者は、ルーマニアがハプスブルク帝国および三国同盟から完全に離脱していった、と考えるようになった。五月には参謀総長コンラートが、ルーマニアをもはや同盟国とみなすことはできないし、可能なかぎり敵としてのみ考慮しなければならないと主張するようになった。[20] フランツ・フェルディナントも、以前ほど反ブルガリア的な主張をしなくなった。ハンガリー首相ティサのウィーンでの代理人であるS・ブリアーンが伝えるところでは、「ベルヒトルトによると、皇位継承者〔フランツ・フェルディナント〕はわれわれがブルガリアを政治的に支持すべきであること、そして、ブルガリアを将来のルーマニアからの攻撃に対する釣り合いおもりとして支持すべきであることの必要性を、いまやようやく認められた[21]」のであった。

マチェコ覚書

そうしたなかで、ベルヒトルトは外務省高官のF・マチェコに、これからのハプスブルク帝国外交政策のあり方に関する覚書の作成を命じた。『オーストリア＝ハンガリー外交文書』の編者によると、日付けのないこの覚書は一九一四年六月二四日から二八日のあいだに作成されたものとなっている。この覚書は、マチェコが草案を書き、第二次官フォルガーハと外相ベルヒトルトによって加筆・修正された。[22] また、この草案は六月二八日のサラエヴォ事件以後にふたたび加筆・修正されたので、第一草案と第二草案として区別される。[23] アメリカの研究者S・R・ウィリアムソンは、この第一草案が皇帝フランツ・ヨーゼフ、皇位継承者フランツ・フェルディナント、ハンガリー首相ティサ、そしてドイツ帝国という読者を想定して書かれたと考えている。[24]

この覚書は、バルカン戦争後の全体的状況がハプスブルク帝国にとってけっして好ましいものではない、との見解から始まり、セルビアの海への進出に対する「釣り合いおもり」として自立したアルバニアの創設に成功したことを評価している。また、ギリシアに関しては、セルビアとの同盟の存在にもかかわらず、ハプスブルク帝国の敵とは必ずしもみることができないと述べる。ブルガリアについては、ロシアの「催眠状態」から解放され、もはやロシアの代理人（Exponent）とみなすことはできないこと、そして三国同盟へのより密接な関係の構築をめざそうとしている、と評価している。

以上のような好ましい状況について検討したのち、覚書は、好ましくない状況についてオスマン帝国がバルカン半島から追放されたこととセルビアの領土拡大を指摘し、つぎの二点を詳細に検討している。それは、ロシアおよびフランスのバルカン政策と、ルーマニアの政策についてである。

まず、覚書は、ハプスブルク帝国およびドイツの政策が平和的なものであり、三国同盟が純粋に防御同盟であると規定する一方で、ロシアとフランスの政策は攻撃的なものであり、この二国がヨーロッパの平和の攪乱要因であると位置づける。またロシアの政策について、以前からキリスト教徒のバルカン諸民族をオスマン帝国の支配から解放するという思想をもっていたが、近年では三国同盟の軍事的優位を覆すために「バルカン諸国とバルカン同盟」に一体化させようという考えが存在する、と批判的に論じている。そして、この「バルカン同盟」が、今日の状況においてはオスマン帝国に対する共同行動ではなく、ハプスブルク帝国に対するものとなっており、この同盟の成立が最終的にはハプスブルク帝国の領土的一体性を犠牲にしてのみ可能である、とする。

つぎに、覚書は、ルーマニアがハプスブルク帝国との同盟政策と一致しない外交を展開するようになった要因のひとつに、ロシアとフランスのルーマニアに対する積極的な働きかけがある、と指摘する。両国はこれだけでは満足しておらず、ルーマニアを新しくつくられる「バルカン同盟」に参加させようとして、行動をいっそう活発化させている。覚書は、ハプスブルク帝国とロシアのあいだに武力紛争が生じた際には、ハプスブルク帝国はもはやルーマニアに軍事支援を期待することはできず、せいぜいルーマニアを中立化させることであろうとしたうえで、この中立もルーマニア国王カロルの約束によって保証されているだけである、とする。場合によっては、ハプスブルク帝国は、ルーマニアがロシア側について軍事行動を起こすことも考慮しなければならないことにまで言及し、その際には、帝国軍の一部をルーマニア国境に配備せざるをえないであろうとしている。そして、ロシアとフランスの陣営に行ってしまったルーマニアに対する「釣り合いおもり」として覚書のなかで指摘されているのが、ブルガリアであった。

覚書は、以上のようなロシアとフランス、およびルーマニアの動向に関連して、ルーマニアに対してはハプスブルク帝国との関係を明確にさせることが三国同盟全体、とくにドイツにとっても重要なことであると述べ、ハプスブルク帝国とドイツの共同行動の必要性を訴えている。ロシアが、世界政策を追求しないハプスブルク帝国を包囲する意図をもっていることは明らかであり、そして、その最終的な政治目標はドイツの抵抗を不可能にすることである。それゆえに両国の利害は一致する、と。

以上のように、覚書からは、ハプスブルク帝国があくまでも外交的手段を使って問題を解決しようという意図がうかがえる。覚書のなかで「小声でひそひそ（sotto voce）」と語られる程度の対セルビア政策についても、軍事力を使って南スラヴ問題を即時に解決するという見解は見あたらない(25)。

そうしたなか、皇位継承者フランツ・フェルディナントは予定されていたボスニアでの軍事演習に参加するため、一九一四年六月二三日にウィーンの南駅を出発、イタリア国境の港湾都市トリエステに到着したのち、船でボスニア・ヘルツェゴヴィナに向かった。二五日にボスニアの州都サラエヴォに到着した彼は、軍事演習に参加したあと、二八日にはサラエヴォ市庁舎を表敬訪問した。すでに沿道には、銃と手投げ弾を持った一団が身をひそめており、標的フランツ・フェルディナントが車に乗ってやってくるのを待ち構えていたのであった。

注記

序章　第一次世界大戦、バルカン戦争、ハプスブルク帝国

（1）John Leslie, "Österreich-Ungarn vor dem Kriegsausbruch", in Ralph Melville, Claus Scharf, Martin Vogt und Ulrich Wengenroth (hrsg.), *Deutschland und Europa in der Neuzeit*, 2. Halbband (Stuttgart: Franz Steiner Verlag, 1988), S. 675.

（2）ジェームズ・ジョル（池田清訳）『第一次大戦の起原』（みすず書房、一九八七年）、一六～二〇頁。

（3）ジョル『第一次大戦の起原』、四八頁。Edward Grey, *Twenty-five Years 1892-1916*, vol. 2 (New York: Frederick A. Stokes Company, 1925), p. 20.

（4）ハンス・モーゲンソー（現代平和研究会訳）『国際政治　二』（福村出版、一九八六年）、二二三頁。

（5）Kenneth N. Waltz, *Man, State and War* (New York: Columbia University Press, 1959), pp. 218f.

（6）ジョセフ・S・ナイ（田中明彦・村田晃嗣訳）『国際紛争』（有斐閣、二〇〇二年）。

（7）Stephen Van Evera, "Offensive, Defense, and the Causes of War", *International Security*, vol. 22, no. 4 (Spring 1998); Scott D. Sagan, "1914 Revisited: Allies, Offense, and Instability", *International Security*, vol. 11, no. 2 (Fall 1986). ハプスブルク帝国とドイツの両参謀本部が攻勢だけでなく防御も十分検討していたことを指摘するのは、モーラーである。John H. Maurer, *The Outbreak of the First World War* (Westport: Prager, 1995).

（8）Glenn H. Snyder, *Alliance Politics* (Ithaca: Cornell University Press, 1997).

(9) Jack S. Levy, "Preferences, Constraints, and Choices in July 1914", *International Security*, vol. 15, no. 3 (Winter 1990/91), pp. 151–186.

(10) James Joll, "The Intellectual Milieu as an Explanation: The Unspoken Assumptions", in Samuel R. Williamson, Jr. (ed.), *The Origins of a Tragedy, July 1914* (St. Louis: Forum Press, 1981), pp. 52–63. 高橋進はこの観点から七月危機を検討している。高橋進「一九一四年七月危機」坂本義和編『世界政治の構造変動　二』(岩波書店、一九九四年)所収。

(11) フリッツ・フィッシャー(村瀬興雄監訳)『世界強国への道　一』(岩波書店、一九七二年)、vii頁。

(12) Sidney Bradshaw Fay, *The Origins of the World War*, vol. 2, 2nd ed., Revised (New York: The Macmillan Company, 1930), pp. 547–553.

(13) フィッシャー『世界強国への道　一』、vii～viii頁。

(14) リーヴィの見解をまとめると下表のようになる。これに対して、コップランドは『主要戦争の起源』のなかの「七月危機と大戦勃発」という章において、ドイツが国内およびハプスブルク帝国の支持を得たかたちでの大陸戦争をもっとも好んでおり、また現状維持や交渉による平和よりも国内およびハプスブルク帝国の支持を得たかたちでの世界戦争のほうが好ましいとみていた、と主張する。Dale C. Copeland, *The Origins of Major War* (Ithaca: Cornell University Press, 2000), p. 82.

ハプスブルク帝国	LW＞CW＞NP＞WW
ドイツ	LW＞CW＞NP＞WW
ロシア	NP＞WW＞CW＞LW
フランス	NP＞LW＞WW＞CW
イギリス	NP＞LW＞WW？CW
セルビア	NP＞WW＞CW＞LW
ドイツの選好に関する相違	
「偶然の戦争」を主張するグループ	NP＞LW＞CW＞WW
もしくは	LW＞NP＞CW＞WW
フィッシャー学派	CW＞LW＞NP＞WW
ジャック・リーヴィ	LW＞CW＞NP＞WW

NP：セルビアによる大幅かつ無条件的な譲歩にもとづく，交渉による戦争回避
LW：バルカン半島における局地的なハプスブルク帝国＝セルビア戦争
CW：ハプスブルク帝国＝セルビア戦争からドイツがハプスブルク帝国側として，ロシアとフランスがセルビア側として参加する「大陸戦争」への拡大
WW：大陸戦争からイギリスがドイツに敵対する側として介入する「世界戦争」

出典：Jack S. Levy, "Preferences, Constraints, and Choices in July 1914", *International Security*, vol. 15, no. 3 (Winter 1990/91), p. 162.

(15) Samuel R. Williamson, Jr., *Austria-Hungary and the Origins of the First World War* (London: Macmillan, 1991), p. 15.

(16) Fritz Fellner, "Austria-Hungary", in Keith Wilson (ed.), *Decisions for War 1914* (London: UCL Press, 1995), pp. 9–14. 同様の見解に

ついては、国際政治学的分析を行なったルボウが、暗殺事件がハプスブルク帝国に戦争の口実を与えたことを指摘し、七月危機におけるハプスブルク帝国のセルビアへの宣戦布告を「敵意の正当化」の一例と分類している。Richard Ned Lebow, *Between Peace and War* (Baltimore: The John Hopkins University Press, 1981), p. 26.

(17) Feldmarschal Conrad, *Aus meiner Dienstzeit*, Bd. 4 (Wien: Rikola Verlag, 1922), S. 33f.

(18) *Österreich-Ungarns Aussenpolitik von der Bosnischen Kriese 1908 bis zum Kriegsausbruch 1914*, hrsg. v. Ludwig Bittner und Hans Uebersberger, Bde. 9 (Wien und Leipzig: Österreichischer Bundesverlag, 1930)（以下、*OUA* とする）, Nr. 10.118; Robert A. Kann, *A History of the Habsburg Empire* (Berkeley: University of California Press, 1980), pp. 418f.

(19) F. R. Bridge, *From Sadowa to Sarajevo* (London: Routledge & Kegan Paul, 1972), p. 342.

(20) たとえば、Fellner, "Austria-Hungary", p. 17; Joachim Remak, "1914–The Third Balkan War: Origins Reconsidered", *Journal of Mondern History*, vol. 43 (1971). 木村真はつぎのようにいう。「バルカン戦争は、独立獲得以降、文化教育政策を含めて民族主義的な政策を追求し、領土の拡大をめざして軍備拡張を競ってきたバルカン諸国が、残されたオスマン領をめぐって争った戦争であった。……第一次世界大戦は、バルカンの文脈においては、このバルカン戦争の延長戦上《〔ママ〕》にあるといえるだろう」。柴宜弘編『新版世界各国史18 バルカン史』（山川出版社、一九九八年）、二四一頁。スタヴリアノスも同様の見解に立つ。L. S. Stavrianos, *The Balkans 1815–1914* (New York: Rinehart and Winston, 1965), p. 118.

(21) Ernst C. Helmreich, *The Diplomacy of the Balkan Wars 1912–1913* (New York: Russell & Russell, 1969, rpt. 1938).

(22) ジョル『第一次大戦の起原』、八三、三一二頁。

(23) Bridge, *From Sadowa to Sarajevo*.

(24) Franz-Josef Kos, *Die politischen und wirtschaftlichen Interessen Österreich-Ungarns und Deutschlands in Südosteuropa 1912/13. Die Adriahafen-, die Saloniki- und die Kavallafrage* (Wien: Böhlau Verlag, 1996).

(25) このほかに、ウィーン経済大学のコルムやレーディンクがいる。コルムによれば、イギリスやドイツ、フランスのような広大な植民地を有する「世界大国（Weltmacht 世界強国）」とは異なり、ハプスブルク帝国は、広大な植民地をもたなかった唯一の「大国」であり、政府の発表などでは植民地獲得を努力しなかった国家であった。しかしながら、コルムは、ハプスブルク帝国が帝国主義国家であったという。その際、同帝国が「非公式」帝国主義をめざしていたことを指摘する。というのは、バルカン半島への領土拡大は帝国内の民族問題を悪化させるだけであったからである、と述べる。ハプスブルク帝国の「非公式」帝国主義とバルカン戦争との関連について、コルムは、ハプスブルク帝国の経済的状況がバルカン戦争での対応によっても改善しなかった、と述べている。Evelyn Kolm, *Die Ambitionen Österreich-Ungarns im Zeitalter des Hochimperialismus*（Frankfurt am Main: Peter Lang, 2001）. なお、同じような経済的アプローチをとっている研究には、ドイツの研究者フリッツ・フィッシャーのもとで学位請求論文をまとめたレーディンクの研究がある。Dörte Löding, *Deutschlands und Österreich-Ungarns Balkanpolitik von 1912–1914 unter besonder Berücksichtigung ihrer Wirtschaftsinteressen*（Diss. Hamburg, 1969）.

（26）Hugo Hantsch, *Leopold Graf Berchtold*, Bde. 2（Graz: Verlag Styria, 1963）.

（27）R. J. W. Evans, "The Habsburg Monarchy and the Coming of War", in R. J. W. Evans and Hartmut Pogge von Strandmann (eds.), *The Coming of the First World War*（Oxford: Clarendon Press, 1990）, pp. 35f.

（28）Hantsch, *Leopold Graf Berchtold*, Bd. 2, S. 560f. なお、ハンチュがウィーン大学で教鞭をとっていたころ、彼のもとでハプスブルク帝国外交に関する多くの学位請求論文が提出された。このなかには、バルカン戦争期のハプスブルク帝国の軍事的対応に関する研究、各国に駐在していた外交官、たとえばコンスタンティノープル駐在大使パラヴィチーニやローマ駐在大使メーレイに関する研究、一九一二年一二月から翌年八月までバルカン戦争終結のために六「大国」の代表で構成されていたロンドン大使会議に関する研究などがある。Wilhelm Deutschmann, *Die militärischen Maßnahmen in Österreich-Ungarn während der Balkankriege 1912/13*（Diss. Wien, 1965）; Robert R. Krit, *Die Londoner Botschafter Konferenz 1912–1913*（Diss. Wien, 1960）; Elisabeth Hickl, *Erzherzog Franz Ferdinand und die Rumänienpolitik Österreich-Ungarns*（Diss. Wien, 1964）; Birgit Czurda, *Die diplomatischen Beziehungen zwischen Österreich-Ungarn und Italien von 1903 bis zum Ausbruch des Ersten Weltkrieges*（Diss. Wien, 1966）; Hansjörg Hinterlehner, *Die Beziehungen zwischen Österreich-Ungarn und Griechenland von den Balkankriegen bis zum Austritt Griechenlands aus der Neutralität*（*1912–1917*）（Diss. Wien, 1967）; Elfriede Putz, *Die Delegatione von Österreich-Ungarn und die österreichisch-ungarische Außenpolitik von 1908–1914*（Diss. Wien, 1961）.

（29）本書で使用する史料について言及しておこう。ハプスブルク帝国外務省と各国駐在の外交官との交換公文（一九〇八年から第一次世界大戦までのものではあるが）は一九三〇年に公刊された全九巻（索引集一冊含む）のなかに収められている。もともとこれらの史料はウィーンの Haus-, Hof- und Staatsarchiv の政治文書（Politische Archiv）に属し、バルカン戦争関係は史料は政治文書一二

（Politische Archiv XII）にまとめて保存されている（一二はオスマン関係）。筆者が調査したところによると、バルカン戦争に関する外務省からの訓令および外務省内で行なわれた協議の報告は、ほぼすべてが公刊された史料集（*OUA*）に収められていた。

外交官や政治家の遺品関係書類は、ウィーンの Haus-, Hof- und Staatsarchiv の “Nachlaß” として保存されている。本書で中心となる共通外相ベルヒトルトの “Nachlaß” には、日記（Tagesbuch）、一九三〇年代後半から四〇年代初期にかけて執筆されたと思われる回顧録（Memoiren）や私的な書簡などが収められている。回顧録は、日記と一九三〇年に公刊された史料集に依拠しており、この回顧録は未公刊である。なお、本書で使用したのは回顧録である。Haus-, Hof- und Staatsarchiv Wien（以下、HHStA とする）, Nachlaß Leopold Berchtold, Karton 2: Typoskript der Memoiren Berchtolds（以下、Memoiren Berchtolds とする）.

第1章　ハプスブルク帝国の政治制度とバルカン政策（一八六六～一九一二年）

（1）大津留厚はドイツ語の本来の意味である「均衡（Aus-gleich）」という意味で捉えるべきだと述べる。大津留厚『ハプスブルクの実験』（中公新書、一九九五年）、三五頁。

（2）月村太郎『オーストリア＝ハンガリーと少数民族問題』（東京大学出版会、一九九四年）、四三頁。

（3）このアウスグライヒの条文は、ハンス・コーン（稲野強ほか訳）『ハプスブルク帝国史入門』（恒文社、一九八二年）、二〇五～二一一頁を見よ。

（4）大津留『ハプスブルクの実験』、六七、七八頁。

（5）ナゴドバについては、月村『オーストリア＝ハンガリーと少数民族問題』を参照せよ。

（6）ドミニク・リーベン（袴田茂樹監修／松井秀和訳）『帝国の興亡——グローバルにみたパワーと帝国』（上下、日本経済新聞社、二〇〇二年）、三五二～三五三頁。

（7）コーン『ハプスブルク帝国史入門』、八三～八四頁。

（8）Samuel R. Williamson, Jr., *Austria-Hungary and the Origins of the First World War*（London: Macmillan, 1991）, p. 222.

（9）ハプスブルク帝国における外交と軍人との関係については、以下のものが詳しい。William D. Godsey Jr., “Officers vs. Diplomats: Bureaucrasy and Foreign Policy in Austria-Hungary 1906–1914”, *Mitteilungen des österreichischen Staatsarchivs*, Bd. 46（1998）.

（10）Williamson, *Austria-Hungary*, pp. 26f.

(11) ルネ・ジロー(渡邊啓貴ほか訳)『国際関係史 一八七一～一九一四年』(未來社、一九九八年)、九五～九七、三五五頁。

(12) 柴宜弘『図説バルカンの歴史』(河出書房新社、二〇〇一年)、一〇頁。

(13) ボスニア・ヘルツェゴヴィナは、オスマン帝国の行政区分では「州」(Vilayet: ヴィラーエト)に相当し、ボスニア、ズヴォルニク、ヘルツェゴヴィナの三つの「県」(Sandschak: サンジャック)からなる。また、ノヴィ・パザールは行政区分では「県」に相当する。「サンジャック・ノヴィ・パザール」や単に「サンジャック」という表記する論文や研究書もあるが、本書では「ノヴィ・パザール」とする。柴『図説バルカンの歴史』、八三頁参照。

(14) 大津留厚「戦時動員法成立の背景――オーストリア・一九一二年」『大阪教育大学紀要第II部門 社会科学・生活科学』第三八巻第一号(一九八九年八月)、四六～四八頁。

(15) スティーヴン・ベラー(坂井榮八郎監訳/川瀬美保訳)『フランツ・ヨーゼフとハプスブルク帝国』(刀水書房、二〇〇一年)、二四一頁。

(16) 第二節から第四節は、F. R. Bridge, *From Sadowa to Sarajevo* (London: Routledge & Kegan Paul, 1972) を参照した。

(17) E. von Wertheimer, *Graf Julius Andrássy*, Bd. 2 (Stuttgart: Deutsche Verlagsanstalt, 1913), S. 260f.

(18) ブリッジはこのライヒシュタット協定を、ハプスブルク帝国とロシアがヨーロッパ協調から撤退した主なステップと位置づけている。Bridge, *From Sadowa to Sarajevo*, p. 78 を参照。

(19) Bridge, *From Sadowa to Sarajevo*, pp. 82-85.

(20) Bridge, *From Sadowa to Sarajevo*, p. 90; Barbara Jelavich, *Habsburg Empire in European Affairs 1814-1918* (Hamden: Archon Books, 1975), p. 122.

(21) Walter Rauscher, *Zwischen Berlin und St.Petersburg. Die österreichisch-ungarische Außenpolitik unter Gustav Graf Kálnoky, 1881-1895* (Wien: Böhlau, 1993), S. 85.

(22) Bridge, *From Sadowa to Sarajevo*, p. 223.

(23) 一一月と一二月の会議におけるゴルコウスキの発言の詳細については、以下のものを見よ。Hanns Dieter Schanderl, *Die Albanienpolitik Österreich-Ungarns und Italiens 1877-1908* (Wiesbaden: Otto Harrassowitz, 1971), S. 59-60.

(24) Bridge, *From Sadowa to Sarajevo*, p. 231.

(25) Bridge, *From Sadowa to Sarajevo*, p. 236.
(26) Bridge, *From Sadowa to Sarajevo*, p. 237.
(27) Bridge, *From Sadowa to Sarajevo*, p. 237.
(28) この反乱を「イリンデン蜂起」という。詳しくはD・ジョルジェヴィチ／S・フィシャー・ガラティ（佐原徹哉訳）『バルカン近代史——ナショナリズムと革命』（刀水書房、一九九四年）、一九三〜一九五頁を見よ。
(29) Steven W. Sowards, *Austria's Policy of Macedonian Reform* (New York: Columbia University Press, 1989), p. 31; M. S. Anderson, *The Eastern Question 1774–1923* (London: Macmillan, 1966), p. 271f.
(30) Bridge, *From Sadowa to Sarajevo*, pp. 272f.
(31) 詳しくは、ジョルジュ・カステラン（山口俊章訳）『バルカン　歴史と現在——民族主義の政治文化』（サイマル出版会、一九九四年）、一七九〜一八〇頁を見よ。
(32) Bridge, *From Sadowa to Sarajevo*, p. 277.
(33) Bridge, *From Sadowa to Sarajevo*, p. 280.
(34) Bridge, *From Sadowa to Sarajevo*, p. 285.
(35) Bridge, *From Sadowa to Sarajevo*, p. 290.
(36) Bridge, *From Sadowa to Sarajevo*, p. 290. ハンス・コーンも同様に、「活発な新外交政策」を開始したエーレンタールが、ボスニア・ヘルツェゴヴィナ併合という手段によって、ハプスブルク帝国の権威を高めることをめざそうとしていたと主張する。コーン『ハプスブルク帝国史入門』、一三八頁。
(37) Hugo Hantsch, *Leopold Graf Berchtold*, Bd. 1 (Graz: Verlag Styria, 1963), S. 72; Bridge, *From Sadowa to Sarajevo*, p. 289. オーストリアの研究者ハンチュは、二月のこの覚書がベルヒトルトの手でロシア側に伝えられたことを述べているが、ベルヒトルトが覚書のなかで展開されている内容に賛同しているか否かは不明だとしている（Hantsch, *Leopold Graf Berchtold*, Bd. 1, S. 72）。また、エーレンタールが考えていたような三重制への移行が実際に可能であったか否かについては、否定的な見解が多い。
(38) Imanuel Geiss (hrsg.), *Der Berliner Kongreß 1878* (Boppard am Rhein: Harald, 1978), S. 388.
(39) 一九〇七年一一月八日にウィーンに戻っていたベルヒトルトが、エーレンタール邸での晩餐会で話題のひとつとして発言している。Hantsch, *Leopold Graf Berchtold*, Bd. 1, S. 82.

（40）ロシア側では、当時の蔵相W・N・ココフツォフ（バルカン戦争時には首相）が、ドナウ・アドリア鉄道のための資金を出すつもりがないことを述べていた。ベルヒトルトも「ロシアはセルビアの家畜輸送に役立つ、フランスとイタリアの資金で建設される狭軌の鉄道から何をもたらそうとするのであろうか」と疑問視していた。Hantsch, *Leopold Graf Berchtold*, Bd. 1, S. 95.

（41）Hantsch, *Leopold Graf Berchtold*, Bd. 1, S. 87f.

（42）Bridge, *From Sadowa to Sarajevo*, p. 299.

（43）Hantsch, *Leopold Graf Berchtold*, Bd. 1, S. 106.

（44）Hantsch, *Leopold Graf Berchtold*, Bd. 1, S. 106, 108.

（45）*OUA*, Nr. 22. ハンチュは「重要な措置」がボスニア・ヘルツェゴヴィナ併合をさすと主張する。Hantsch, *Leopold Graf Berchtold*, Bd. 1, S. 108.

（46）ベラーは、ボスニア・ヘルツェゴヴィナ併合がノヴィ・パザールからの撤退をカモフラージュするひとつの方法とみる。ベラー『フランツ・ヨーゼフとハプスブルク帝国』、二三二頁。また、ブリッジは、ハプスブルク帝国がこの併合を通じて獲得しようとした同国の利益は、本質的には保守主義的な利益であることを強調する。Bridge, *From Sadowa to Sarajevo*, p. 302.

（47）Hantsch, *Leopold Graf Berchtold*, Bd. 1, S. 116; *OUA*, Nr. 48.

（48）*OUA*, Nr. 63.

（49）これはベルヒトルトが、彼の妻を通じてイズヴォルスキを自分の居城に招待したことによって実現した。

（50）Bridge, *From Sadowa to Sarajevo*, p. 303.

（51）Bridge, *From Sadowa to Sarajevo*, p. 318.

（52）Hantsch, *Leopold Graf Berchtold*, Bd. 1, S. 130–139.

（53）Hantsch, *Leopold Graf Berchtold*, Bd. 1, S. 144.

（54）Hantsch, *Leopold Graf Berchtold*, Bd. 1, S. 146.

（55）Hantsch, *Leopold Graf Berchtold*, Bd. 1, S. 170.

（56）これを研究者のメイは、ハプスブルク帝国がボクシングの戦いでラウンドはとったものの、試合全体ではノックアウト負けに終わったと表現している。Arthur J. May, *The Hapsburg Monarchy 1867–1914*（Cambridge, Massachusetts: Harvard University Press, 1951）, p. 424.

（57） Bridge, *From Sadowa to Sarajevo*, pp. 320–323. ベラーは、併合によって独墺同盟内ではるかに強力なドイツの優越に対するハプスブルク帝国の貴重な「釣り合いおもり」であったロシアが、ハプスブルク帝国の敵となった、と表現する。ベラー『フランツ・ヨーゼフとハプスブルク帝国』、二三五～二三六頁。

（58） Bridge, *From Sadowa to Sarajevo*, p. 329.

（59） Hantsch, *Leopold Graf Berchtold*, Bd. 1, S. 200.

第2章　第一次バルカン戦争とセルビアのアドリア海進出問題

（1） Protokoll über die am 16. Okt. 1912 im Ministerium des Äußern abgehaltene Konferenz（V. Szápáry）, *OUA*, Nr. 4118.

（2） Protokoll über die am 17. und 18. Okt. 1912 im Ministerium des Äußern abgehaltenen Konferenzen, *OUA*, Nr. 4128.

（3） Protokoll über die am 19. Okt. 1912 im Ministerium des Äußern abgehaltene Konferenz, *OUA*, Nr. 4140.

（4） Franz-Josef Kos, *Die politischen und wirtschaftlichen Interessen Österreich-Ungarns und Deutschlands in Südosteuropa 1912/13. Die Adriahafen-, die Saloniki- und die Kavallafrage*（Wien: Böhlau Verlag, 1996）, S. 50–56. これに対してレーディンクは、一〇月一六～一九日の外務省の協議のほかに、一〇月二六日に討議された通商政策に関するアクションプログラムを紹介したうえで（マッチオが書き上げたものとレーディンクは考えている）、これらすべての議論が一一月初旬に共通大蔵省に提出され、共通大蔵省はバルカン諸国との関税同盟をオーストリアの工業にとって利点とみていた、と述べており、コシュの共通大蔵省に関する見解と異なっている。Dörte Löding, *Deutschlands und Österreich-Ungarns Balkanpolitik von 1912–1914 unter besonderer Berücksichtigung ihrer Wirtschaftsinteressen*（Diss. Hamburg, 1969）, S. 40–42.

（5） Memoiren Berchtolds, 2. Okt. 1912; József Galántai, *Die Österreichisch-ungarische Monarchie und der Weltkrieg*（Budapest: Corvina Kiadó, 1979）, S. 103; Denkschrift des Chefs des Generalstabs an den Kaiser, 28. Sept. 1912 Res. Nr. 3832, *OUA*, Nr. 3869.

（6） Denkschrift, 2. Okt. 1912（V. Hoyos u. Berchtold; G. Hoyos）, *OUA*, Nr. 3928. ここで示している "V", "G" および後に出てくる "S" は、つぎのことを意味する。S = schreiben（本文では「草案」とする）、V = verbessern und abändern（本文では「修正」とする）、

G＝genehmigen（本文では「承認」とする）。皇位継承者フランツ・フェルディナントも皇帝フランツ・ヨーゼフも、ベルヒトルトと同じ立場であった。Galántai, *Die Österreichisch-ungarische Monarchie und der Weltkrieg*, S. 104f.

（7）Aufzeichnung über eine im Ministerium des Äußern abgehaltene Konferenz, ohne Datum（zwischen 25. und 30. Okt. 1912）（S. Rappaport）, *OUA*, Nr. 4170.

（8）レオン・トロツキーは、ルポルタージュ『バルカン戦争』のなかでコソヴォの民族的複雑さについて、バルカン戦争に参加したセルビア軍の兵士の話を紹介している。「グラチャニツァからグニジラネとカラダグを経てスコピエに向かった。そこは一五〇〇メートルの山岳地帯である。われわれの任務は第一軍と第三軍を結びつけ、その地のアルバニア人の抵抗を押し潰すことであった。だが何の抵抗もなかった。街道沿いの村々はアルバニア人だけの村もあるし、セルビア人だけの村もあり、また、両方が混ざり合った村もあった。しかし、コソヴォではアルバニア人はすべてセルビア語を話し、セルビア人はアルバニア語を話す。セルビア語とアルバニア語の中間にあるような言葉を話す村々もあった」。レオン・トロツキー（清水昭雄訳）『バルカン戦争』（つげ書房新社、二〇〇二年）、一六二頁。

（9）Denkschrift, betreffend der Sandschakfrage,（25?）Okt. 1912（S. Nemes; V. Berchtold）, *OUA*, Nr. 4171. 皇位継承者フランツ・フェルディナントの側近で軍務局長のK・バルドルフの見解は、このような外務省の見解とは反対に、ノヴィ・パザールの重要性を主張するものであった。フランツ・フェルディナントはバルドルフの意見に対しては、内容全体にわたって同意していた。彼は、当初はバルカン問題のことはバルカンに任せるべきだとの立場をとっていたものの、約一カ月後の一一月一七日にベルヒトルトと会ったときには、セルビアのアドリア海への進出をハプスブルク帝国にとって死活的問題であると述べ、立場を変えている。Elisabeth Hickl, *Erzherzog Franz Ferdinand und die Rumänienpolitik Österreich-Ungarns*（Diss. Wien, 1964）, S. 96; Memoiren Berchtolds, 17. Nov. 1912.

（10）Goschen to Grey, Berlin, Oct. 25, 1912, in G. P. Gooch and H. Temperley（eds.）, *British Documents on the Origins of the War 1898–1914*（London: His Majesty's Stationery Office, 1934）, vol. IX（part II）（以下*BD*とする）, no. 61; Tel. aus Paris, 31. Okt. 1912 Nr. 128, *OUA*, Nr. 4217; Erlaß nach Rom, 3. Nov. 1912（V. Rappaport; G. Nemes）, *OUA*, Nr. 4256; Tel. aus St.Petersburg, 1. Nov. 1912 Nr. 210（Tel.）, *OUA*, Nr. 4230. ハプスブルク帝国の代議士で歴史家のレートリヒは、一〇月二八日の日記のなかで「ブルガリアとセルビアの勝利は世界史的な出来事である。たとえコンスタンティノープルがなお数年間オスマン帝国の首都であり続けることができると

しても，ヨーロッパにおけるオスマン支配は終焉を迎えたことは明らかだ」と書いている。*Schicksalsjahre Österreichs 1908–1919: Das politische Tagebuch Josef Redlichs,* Bd. 1, bearbeited von Fritz Fellner（Graz: Verlag Hermann Böhlaus Nachf. 1953）, S. 164.

（11） Erlaß nach Berlin, 30. Okt. 1912（V.u.G. Berchtold）, *OUA,* Nr. 4205.

（12） Ugron aus Belgrad, 24. Okt. 1912 Nr. 117（Ber.）, *OUA,* Nr. 4163; Tel. nach Belgrad, 27. Okt. 1912 Nr. 66（S. Nemes; G. Berchtold）, *OUA,* Nr. 4184.

（13） Tschirschky an Bethmann Hollweg, Wien, 31. Okt. 1912, in Johannes Lepsius, Albrecht Mendelssohn Bartholdy und Friedlich Thimme（hrsg.）, *Die Große Politik der Europäischen Kabinette 1871–1914*（Berlin: Deutsche Verlagsgesellschaft für Politik und Geschichte, 1922–1927）（以下 *GP* とする）, Nr. 12309.

（14） Ugron aus Belgrad, 2. Nov. 1912 Nr. 124A（Ber.）, *OUA,* Nr. 4235.

（15） Tel. nach Belgrad, 28. Okt. 1912 Nr. 67（S. Matscheko; G. Macchio）, *OUA,* Nr. 4190.

（16） Paget to Grey, Belgrade, Nov. 2, 1912, *BD,* no. 101.

（17） イギリス外相グレイも，ロンドン駐在セルビア公使からセルビアの領土要求の内容を通告されている。それによると，セルビアはコソヴォとノヴィ・パザールの両地方とアドリア海へのアクセスを要求している。Grey to Bertie, Nov. 3, 1912, *BD,* no. 111.

（18） Thurn aus St.Petersburg, 4. Nov. 1912 Nr. 43B（Ber.）, *OUA,* Nr. 4272; Thurn aus St.Petersburg, 5. Nov. 1912 Nr. 215（Tel.）, *OUA,* Nr. 4284; Pourtalès an Bethmann Hollweg, St.Petersburg, 4. Nov. 1912, *GP,* Nr. 12332; Buchanan to Grey, St.Petersburgh, Nov. 2, 1912, *BD,* no. 100. ハプスブルク帝国大使トゥルンはサゾノフのこれらの発言を聞いて，ロシアとの関係をよりいっそう改善する機会が到来したと考え，またセルビアがアドリア海に自国の港をもつことがハプスブルク帝国の利益に脅威を与えるものではないと考えた。*OUA,* Nr. 4284.

（19） Grey to Bertie, Nov. 6, 1912, *BD,* no. 139.

（20） Tagesbericht über einen Besuch des russischen Botschafters, Budapest, 5. Nov. 1912, *OUA,* Nr. 4282. ベルヒトルトがこのセルビアのアドリア海進出を認めない背景のひとつとして，沿岸地帯での領土獲得がセルビアの海軍国家の第一歩を意味するに違いないと理解していたことも指摘できる。ただし，この見解に対して，イギリス外相グレイもロシア首相ココフツォフも疑問を呈している。前者は，セルビアが港を確保したいのは他国に妨害されずに海への出口を獲得したいからであると考え，後者は，アドリア海に面するセルビア領の港を軍港として利用するよりも，すでに存在するモンテネグロの港を軍港として利用するほうが問題が少ないといっている。Tel. nach St.Petersburg, 3. Nov. 1912 Nr. 151（S. Berchtold; V.u.G. Szápáry）, *OUA*, Nr. 4257; Grey to Bertie, Nov. 7, 1912, *BD*, no. 152; Buchanan to Grey, St.Petersburgh, Nov. 17, 1912, *BD*, no. 218.

（21） Tel. nach Belgard, Budapest, 8. Nov. 1912 Nr. 2（V. Hohenlohe u. Pogatscher; G. Berchtold）, *OUA*, Nr. 4317; Tel. nach St.Petersburg, Budapest, 8. Nov. 1912 Nr. 2（S. Nemes; G. Berchtold）, *OUA*, Nr. 4326.

（22） Szögyény aus Berlin, 5. Nov. 1912 Nr. 237（Tel.）, *OUA*, Nr. 4276; Goschen to Grey, Berlin, Nov. 5, 1912, *BD*, no. 128; Kiderlen an Tschirschky, Berlin, 5. Nov. 1912, *GP*, Nr. 12327.

（23） Kos, *Die politischen und wirtschaftlichen*, S. 65–67; *Schicksalsjahre Österreichs*, S. 165–176.

（24） Kiderlen an Tschirschky, Berlin, 7. Nov. 1912, *GP*, Nr. 12338; Szögyény aus Berlin, 7. Nov. 1912 Nr. 245（Tel.）, *OUA*, Nr. 4305; Goschen to Grey, Berlin, Nov. 7, 1912, *BD*, no. 51.

（25） Poutalès an das Auswärtige Amt, St.Petersburg, 9. Nov. 1912, *GP*, Nr. 12351.

（26） Buchanan to Grey, St.Petersburgh, Nov. 9, 1912, *BD*, no. 171.

（27） Buchanan to Nicolson, St.Petersburgh, Nov. 14, 1912, *BD*, no. 205.

（28） Thurn aus St.Petersburg, 16. Nov. 1912 Nr. 227（Tel.）, *OUA*, Nr. 4458; Buchanan to Grey, St.Petersburgh, Nov. 17, 1912, *BD*, no. 216.

（29） Buchanan to Grey, St.Petersburgh, Nov. 19, 1912, *BD*, no. 235.

（30） Thurn aus St.Petersburg, 15. Nov. 1912 Nr. 226（Tel.）, *OUA*, Nr. 4449.

（31） Ugron aus Belgrad, 16. Nov. 1912 Nr. 217（Tel.）, *OUA*, Nr. 4453.

（32） Tagesbericht über eine Besuch des serbischen Gesandten, 11. Nov. 1912（S. Berger; V.u.G. Szápáry）, *OUA*, Nr. 4365; Ugron aus Belgrad, 10. Nov. 1912 Nr. 187（Tel.）, *OUA*, Nr. 4351.

（33） Grey to Paget, Nov. 13, 1912, *BD*, no. 190; Grey to Rodd, Nov. 15, 1912, *BD*, no. 210; Grey to Buchanan, Nov. 18, 1912, *BD*, no. 224; Mensdorff aus London, 13. Nov. 1912 Nr. 109（Tel.）, *OUA*, Nr. 4404.

（34） Nicolson to Paget, Nov. 13, 1912, *BD*, no. 197.

（35） Bertie to Grey, Paris, Nov. 22, 1912, *BD*, no. 255.

(36) Szécsen aus Paris, 11. Nov. 1912 Nr. 141 (Tel.), *OUA*, Nr. 4372.

(37) Grey to Goschen, Nov. 21, 1912, *BD*, no. 243; Lichnowsky an das Auswärtige Amt, London, 21. Nov. 1912, *GP*, Nr. 12502.

(38) Buchanan to Grey, St.Petersburgh, Nov. 25, 1912, *BD*, no. 270. 二一日はバルカン同盟側がオスマン帝国に休戦条件を伝えた日であった。条件は、①アドリアノープルのブルガリアへの割譲、②チャタルジャ線のオスマン軍の撤退と要塞の割譲、③ヤニナ地方のギリシアへの割譲、④ドゥラッツォとジブラのセルビアへの割譲、⑤スクタリ地方のモンテネグロへの割譲、⑥チャタルジャ線以西に展開するオスマン帝国軍の完全撤退、の六点であった。Pallavicini aus Konstantinopel-Pera, 21. Nov. 1912 Nr. 628 (Tel.), *OUA*, Nr. 4540; Pallavicini aus Konstantinopel-Pera, 21. Nov. 1912 Nr. 629 (Tel.), *OUA*, Nr. 4541.

(39) Szécsen aus Paris, 21. Nov. 1912 Nr. 150 (Tel.), *OUA*, Nr. 4543.

(40) Szécsen aus Paris, 25. Nov. 1912 Nr. 152 (Tel.), *OUA*, Nr. 4613.

(41) Mensdorff aus London, 22. Nov. 1912 Nr. 56A (Ber.), *OUA*, Nr. 4565; Grey to Goschen, Nov. 21, 1912, *BD*, no. 246.

(42) Mensdorff aus London, 25. Nov. 1912 Nr. 117 (Tel.), *OUA*, Nr. 4612; Grey to Cartwright, Nov. 25, 1912, *BD*, no. 275.

(43) Tel. nach Paris, 23. Nov. 1912 Nr. 104 (G. Berchtold), *OUA*, Nr. 4581.

(44) Tel. nach Belgrad, 24. Nov. 1912 Nr. 109 (S. Rappaport; G. Berchtold), *OUA*, Nr. 4592.

(45) Erlaß nach Berlin, 28. Nov. 1912 Nr. 5527 (V.u.G. Berchtold), *OUA*, Nr. 4673; Tel. nach Paris, 29. Nov. 1912 Nr. 111 (S. Calice; V. Pogatscher; G. Berchtold), *OUA*, Nr. 4709. サーパーリはペテルスブルク駐在墺大使への私的書簡のなかで、ハプスブルク帝国がアドリア海問題ではけっして譲歩をすべきではないことを強調している。なぜなら、それはハプスブルク帝国の南スラヴ人居住地域への悪影響をもたらすからであるとした。彼によれば、ハプスブルク帝国が出す要求はけっして放棄することのできないようなものであった。Privatschreiben des Sektionschefs Szápáry nach St.Petersburg, 29. Nov. 1912 (V. Szápáry), *OUA*, Nr. 4711.

(46) *Der Diplomatische Schriftwechsel Iswolskis 1911–1914*, Bd. 2 (Berlin: Deutsche Verlagsgesellschaft für Politik und Geschichte, 1925), Nr. 583.

(47) Buchanan to Grey, St.Petersburgh, Nov. 27, 1912, *BD*, no. 291; Buchanan to Grey, St.Petersburgh, Nov. 27, 1912, *BD*, no. 308.

(48) Buchanan to Grey, St.Petersburgh, Nov. 30, 1912, *BD*, no. 312.

(49) Grey to Bertie, Nov. 27, 1912, *BD*, no. 292; Grey to Goschen, Nov. 29, 1912, *BD*, no. 310. イギリス外務省事務次官のニコルソンも

同様の意見であった。Nicolson to Buchanan, Dec. 3, 1912, *BD*, no. 322.

セルビア側の一一月後半の諸見解は以下のものであった。首相パシッチは二五日の『タイムズ』紙に掲載されたインタヴューのなかで、セルビアがアルバニアにあるドゥラッツォ港を起点に北に五〇キロメートルまでの海岸線とその後背地を要求すると宣言した（二八日にベオグラード駐在墺公使はセルビア外務省事務局長ヨヴァノヴィッチから同様のことを伝えられた）。Ugron aus Belgrad, 28. Nov. 1912 Nr. 272（Tel.）, *OUA*, Nr. 4669.

（50） Tagesbericht über einen Besuch des französischen Botschafters, 26. Nov. 1912（S. Nemes; V.u.G. Berchtold）, *OUA*, Nr. 4631.

（51） Grey to Buchanan, Nov. 25, 1912, *BD*, no. 272.

（52） Tel. nach Rom, 2. Dez. 1912 Nr. 227（S. Nemes; G. Berchtold）, *OUA*, Nr. 4745.

（53） Thurn aus St.Petersburg, 2. Dez. 1912 Nr. 248（Tel.）, *OUA*, Nr. 4746; Szécsen aus Paris, 6. Dez. 1912 Nr. 165（Tel.）, *OUA*, Nr. 4801; Thurn aus St.Petersburg, 6. Dez. 1912 Nr. 252（Tel.）, *OUA*, Nr. 4803; Szögyény aus Berlin, 9. Dez. 1912 Nr. 305（Tel.）, *OUA*, Nr. 4835; Mérey aus Rom, 11. Dez. 1912 Nr. 244（Tel.）, *OUA*, Nr. 4868; Jagow an das Auswärtige Amt, Rom, 9. Dez. 1912, *GP*, Nr. 12521.

（54） Thurn aus St.Petersburg, 7. Dez. 1912 Nr. 49B（Ber.）, *OUA*, Nr. 4820.

（55） Ugron aus Belgrad, 11. Dez. 1912 Nr. 300（Tel.）, *OUA*, Nr. 4864. なお、ロシア外務省のなかでもセルビア寄りの立場を主張し続けていたベオグラード駐在公使ハルトヴィヒも、セルビアがアルバニア領の港とそこへつながる中立化された鉄道で満足するであろうと述べるようになった。Tel. aus Belgrad, 3. Dez. 1912 Nr. 284, *OUA*, Nr. 4752.

（56） *Iswolskis*, Bd. 2, Nr. 617.

（57） Erlaß nach London, 15. Dez. 1912 Nr. 5896（V. Nemes, Pogatscher und Berchtold; G. Berchtold）, *OUA*, Nr. 4924.

（58） Erlaß nach London, 15. Dez. 1912 Nr. 5897（V.u.G. Berchtold）, *OUA*, Nr. 4925.

（59） Kiderlen an Lichnowsky, Berlin, 15. Dez. 1912, *GP*, Nr. 12540.

（60） Mérey aus Rom, 16. Dez. 1912 Nr. 252（Tel.）, *OUA*, Nr. 4935.

（61） Grey to Cartwright, Dec. 17, 1912, *BD*, no. 391.

（62） Grey to Paget, Dec. 18, 1912, *BD*, no. 392.

（63） Ugron aus Belgrad, 21. Dez. 1912 Nr. 186A（Ber.）, *OUA*, Nr. 5005.

(64) Cartwright to Grey, Vienna, Dec. 21, 1912, *BD*, no. 407.

(65) Kos, *Die politischen und wirtschaftlichen*, S. 98–101; Memoiren Berchtolds, 12. Dez. 1912.

(66) Buchanan to Grey, St.Petersburgh, Dec. 23, 1912, *BD*, no. 412.

(67) Grey to Goschen, Dec. 18, 1912, *BD*, no. 395.

第3章　モンテネグロとアルバニア北部

(1) Hubert Jedin (hrsg.), *Handbuch der Kirchengeschichte*, VI/2 (Freiburg: Herdeg, 1973), S. 193. モンテネグロは住民の九〇パーセントが正教徒であった。ハプスブルク帝国のクルトゥス・プロテクトラートについてはつぎのものを参照せよ。Herbert Peter Schwanda, *Das Protektorat Österreich-Ungarns über die Katholiken Albaniens* (Diss. Wien, 1965); Tel. nach St.Petersburg, 15. Dez. 1912 Nr. 193 (S. Berchtold), *OUA*, Nr. 4928; Hugo Hantsch, *Leopold Graf Berchtold*, Bd. 2 (Graz: Verlag Styria, 1963), S. 377f.

(2) John D. Treadway, *The Falcon and the Eagle: Montenegro and Austria-Hungary, 1908–1914* (Indiana: Purdue University Press, 1983), p. 112; Sander Buschati, *Die Entstehung des Fürstentums Albaniens* (Diss. Wien, 1940), S. 155; Mitar Durišić, "Operations of the Montenegrin Army During the First Balkan War", in Béla K. Király and Dimitrije Djordjević (eds.), *East Central European Society and the Balkan Wars* (New York: Columbia University Press, 1987), pp. 126ff.

(3) Tel. nach Cetinje, Budapest, 10. Nov. 1912 Nr. 3 (S. Nemes; G. Berchtold), *OUA*, Nr. 4355; Giesl aus Cetinje, 12. Nov. 1912 Nr. 93A (Ber), *OUA*, Nr. 4386; Tel. nach Cetinje, Budapest, 21. Nov. 1912 Nr. 5 (S. Matscheko; G. Berchtold), *OUA*, Nr. 4537; Giesl aus Cetinje, 23. Nov. 1912 Nr. 177 (Tel.), *OUA*, Nr. 4576.

(4) Mensdorff aus London, 20. Dez. 1912 Nr. 153 (Tel.), *OUA*, Nr. 4995; Mensdorff aus London, 21. Dez. 1912 Nr. 61C (Ber.), *OUA*, Nr. 5013.

(5) Tagesbericht über einen Besuch des ital. Botschafters, 21. Dez. 1912 (S. Hohenlohe; G. Berchtold), *OUA*, Nr. 5016; Tel. nach St.Petersburg, 23. Dez. 1912 Nr. 209 (G. Berchtold), *OUA*, Nr. 5048; Tel. nach Rom, 7. Jan. 1913 Nr. 35 (S. Nemes; G. Berchtold), *OUA*, Nr. 5253. ハプスブルク帝国外務省が一八九六年に作成した内部資料によると、当時のコソヴォ州には住民八六万五〇〇〇人が生活していた。彼らは、プリシュティナ、プリズレン、イペクの各県（Sandschak）の住民構成を次頁の表のように把握していた。

(6) Nicolson to Buchanan, Dec. 31, 1912, *BD*, no. 428.

(7) Feldmarschal Conrad, *Aus meiner Dienstzeit*, Bd. 2（Wien: Rikola Verlag, 1922）, S. 378; Horst Brettner-Messler, "Die Balkanpolitik Conrad v. Hötzendorfs von seiner Wiederernennung zum Chef des Generalstabes bis zum Oktober-Ultimatum 1913", *Mitteilungen des österreichischen Staatsarchivs*, Bd. 20（1967）, Sonderdruck, 185; Memoiren Berchtolds, 23. Dez. 1912; Bridge, *From Sadowa to Sarajevo*（London: Routledge & Kegan Paul, 1972）, p. 350. ハプスブルク帝国経済は戦争により完全に崩壊する可能性が十分に考えられる、というのが当時の共通蔵相の見解であった（*ibid.*）。

(8) Mensdorff aus London, 7. Jan. 1913 Nr. 23（Tel.）, *OUA*, Nr. 5244; Grey to Cartwright, Jan. 7, 1913, *BD*, no. 464; Grey to Buchanan, Jan. 14, 1913, *BD*, no. 507.

(9) Lichnowsky an Bethmann Hollweg, London, 15. Jan. 1913, *GP*, Nr. 12696; Tel. nach London, 20. Jan. 1913 Nr. 89（S. Rappaport; V.u.G. Berchtold）, *OUA*, Nr. 5459; Notiz für die deutsche Botschafter, 21. Jan. 1913 Nr. 374（S. Rappaport; G. Berchtold）, *OUA*, Nr. 5472.

(10) Lichnowsky an das Auswärtige Amt, London, 19. Jan. 1913, *GP*, Nr. 12707.

(11) Jagow an Tschirschky, Berlin, 26. Jan. 1913, *GP*, Nr. 12738.

(12) Grey to de Salis, Jan. 28, 1913, *BD*, no. 565.

(13) Lichnowsky an das Auswärtige Amt, London, 6. Feb. 1913, *GP*, Nr. 12799.

(14) Tel. nach London Nr. 126 und Berlin Nr. 123, 28. Jan. 1913（S. Rappaport u. Berger; V.u.G. Berchtold）, *OUA*, Nr. 5578; Privatschreiben nach Rom, 10. Feb. 1913 Nr. 688（S. Berchtold; V. Muslin）, *OUA*, Nr. 5748. モンテネグロへの金銭補償という考えについては、当時、彼は原則的には反対しなかった。Erlaß nach Berlin, 15. Feb. 1913 Nr. 753（S. Nemes; V. Pogatscher u. Berchtold; G. Berchtold）, *OUA*, Nr. 5804.

(15) Mensdorff aus London, 14. Feb. 1913 Nr. 134（Tel.）, *OUA*, Nr. 5801; cf. Pourtalès an Bethmann Hollweg, St.Petersburg, 10. Feb. 1913, *GP*, Nr. 12833; Buchanan to Grey, St.Petersburgh, Feb. 8, 1913, *BD*, no. 600. このロシア案に対するヘルムライヒの批判は、Ernst C.

県名	総人口	構成		
		アルバニア人	セルビア人	その他
プリシュティナ	21,4000	51,000	112,500	50,350
プリズレン	18,4000	122,000	42,000	20,000
イペク	7,5000	51,500	18,500	50,000

出典：HHStA, Nachlas Szápáry, Karton 4, Memoire über Albanien. なお同史料は，オスマン帝国領スクタリ州（面積 8,190 平方キロメートル，人口 241,000）について，222,000 人のアルバニア人（ムスリム系 150,000 人，カトリック系 82,000 人），7,500 人のセルビア人（全員正教徒）が居住していると把握していた。

Helmreich, *The Diplomacy of the Balkan Wars 1912–1913* (New York: Russell & Russell, 1969, rpt. 1938), p. 287を見よ。サゾノフは、ジブラとジャコヴァを絶対にセルビア領にすることを主張した。彼は、ジブラには正教会主教と大主教代理区の主教がいる点、またジャコヴァの商業がセルビア人の手にある点を、その理由としてあげていた。さらに、彼の国境問題に対する基礎は、まず第一に民族的見地、第二に経済的見地、そして第三に文化的見地であった。経済的見地とは、この場合、主としてスラヴ人の手に商業が握られている場所はモンテネグロとセルビアに与えられることを意味し、文化的見地とは、主教のいる、または正教会の学校のある土地はアルバニアから除外されるべきことを意味する。Pourtalès an Bethmann Hollweg, St.Petersburg, 10. Feb. 1913, *GP*, Nr. 12833.

(16) Tel. nach London, 18. Feb. 1913 Nr. 182 (S. Berger; V. Nemes; G. Berchtold), *OUA*, Nr. 5855.

(17) Thurn aus St.Petersburg, 22. Feb. 1913 Nr. 62 (Tel.), *OUA*, Nr. 5912; cf. Thurn aus St.Petersburg, 23. Feb. 1913 Nr. 64 (Tel.), *OUA*, Nr. 5920.

(18) Tagesbericht über einen Besuch des englischen Botschafters, 24. Feb. 1913 Nr. 884 (S. auf Grund eigenhändiger Notizen Berchtolds auf dem Aide-Mémoire des englischen Botschafters: Matscheko; G. Berchtold), *OUA*, Nr. 5926. ドイツ外相ヤゴーもベルヒトルトの見解にほぼ同意見であった。ヤゴーは、アルバニアにとってジブラとジャコヴァの喪失は生存可能性に大きな疑問を投げかけることになる、との意見をもっていた。Jagow an Tschirschky, Berlin, 17. März 1913, *GP*, Nr. 12982.

(19) Tel. nach St.Petersburg, 25. Feb. 1913 Nr. 164 (V. Nemes; ohne Genehmugung), *OUA*, Nr. 5941.

(20) Weinzetl aus Cetinje, 4. März 1913 Nr. 34 (Tel.), *OUA*, Nr. 6009.

(21) Mensdorff aus London, 11. März 1913 Nr. 202 (Tel.), *OUA*, Nr. 6103; Grey to de Salis, March 11, 1913, *ED*, no. 700; cf. Tel. an Weinzetl in Cetinje, 18. März 1913 Nr. 33 (V. Szápáry; G. Berchtold), *OUA*, Nr. 6197.

(22) Conrad, *Aus meiner Dienstzeit*, Bd. 3, S. 174f.

(23) Mérey aus Rom, 19. März 1913 Nr. 138 (Tel.), *OUA*, Nr. 6221.

(24) Tel. nach London Nr. 254 und St.Petersburg Nr. 205, 18. März 1913 (S. Rappaport; G. Berchtold), *OUA*, Nr. 5201.

(25) Memoiren Berchtolds, 20. März 1913.

(26) Tel. nach London Nr. 259, St.Petersburg Nr. 212, Berlin Nr. 239, Rom Nr. 294 und Paris Nr. 180, 20. März 1913 (S. Nemes; V. Poga-

tscher u. Berchtold; G. Berchtold), *OUA*, Nr. 6230.

(27) Grey to Buchanan, March 22, 1913, *BD*, no. 746.

(28) コンラートは、モンテネグロがスクタリを占領した場合の対応として、モンテネグロを国境封鎖および海上封鎖などにより飢餓状態にすることによってスクタリを譲渡させる方法、または武力行使による方法があると主張した。その際、彼の考える武力行使とは、セルビアとモンテネグロ両国に対するものであった。Conrad, *Aus meiner Dienstzeit*, Bd. 3, S. 160.

(29) Conrad, *Aus meiner Dienstzeit*, Bd. 3, S. 156.

(30) Bridge, *From Sadowa to Sarajevo*, p. 351; cf. Fritz Fischer, *Krieg der Illusionen* (Düsseldolf: Droste Verlag, 1970), S. 295.

(31) Mensdorff aus London, 22. März 1913 Nr. 233 (Tel.), *OUA*, Nr. 6261.

(32) Mensdorff aus London, 26. März 1913 Nr. 243 (Tel.), *OUA*, Nr. 6314; Lichnowsky an das Auswärtige Amt, London, 26. März 1913, *GP*, Nr. 13021. なお、艦隊派遣案はリヒノフスキーによりドイツ政府の訓令なしに提案されたものであった (*ibid.*, Fußnote)。

(33) Tel. nach St.Petersburg Nr. 229, London Nr. 265, Berlin Nr. 248, Rom Nr. 308 und Paris Nr. 189, 25. März 1913 (S. Nemes; V. Pogatscher u. Berchtold; G. Berchtold), *OUA*, Nr. 6302. ヤゴーも同様の意見であった。Szögyény aus Berlin, 27. März 1913 Nr. 162 (Tel.), *OUA*, Nr. 6325.

(34) Tel. nach London, 28. März 1913 Nr. 273 (S. Berger; V. Rappaport; G. Berchtold), *OUA*, Nr. 6346.

(35) Mensdorff aus London, 28. März 1913 Nr. 250 (Tel.), *OUA*, Nr. 6347; Grey to Bertie, March 28, 1913, *BD*, no. 762; cf. Szécsen an Berchtold, Paris, 29. März 1913 Nr. 61, P.A. XII, Karton 426.

(36) Ugron aus Belgrad, 28. März 1913 Nr. 170 (Tel.), *OUA*, Nr. 6341; Giesl aus Cetinje, 28. März 1913 Nr. 81 recte 82 (Tel.), *OUA*, Nr. 6345.

(37) Mensdorff aus London, 31. März 1913 Nr. 257 (Tel.), *OUA*, Nr. 6384; Lichnowsky an das Auswärtige Amt, London, 31. März 1913, *GP*, Nr. 13058; Grey to Buchanan, March 31, 1913, *BD*, no. 766; Grey to Cartwright, March 31, 1913, *BD*, no. 67.

(38) Giesl an Berchtold, Cetinje, 31. März 1913 Nr. 92, P.A. XII, Karton 426; Ledinegg an Berchtold, Antivari, 1. April 1913 Nr. 11, P.A. XII, Karton 426. 前者は一六隻、後者は一二隻と報告している。

(39) ドイツは地中海におけるドイツの利益保護のために、すでに地中海艦隊 (Mittelmeer Division) を一九一二年一一月に政令によって創設していた。重巡三隻、軽巡二隻を中心とするこの地中海艦隊のなかで、軽巡「ブレスラウ」は地中海艦隊のなかで重巡「ゲーベン（*Goeben*）」につぐ排水量をもつ軍艦であった。また一九一三年四月一一日には新たに軽巡二隻が加わることになる。地中海艦隊に関する研究はつぎのものを参照せよ。Volker Tutenberg, *Die deutsche Mittelmeer-Division und die Londoner Botschafter-Konferenz*（Diss. Karlsruhe, 1987）. ドイツは「ブレスラウ」または「ゲーベン」のどちらを派遣するかで意見が分かれていた。cf. Jagow an Kaiser Wilhelm II., Berlin, 1. April 1913, *GP*, Nr. 13060; Jagow an Lichnowsky, Berlin, 1. April 1913, *GP*, Nr. 13061; Jagow an Schoen, Berlin, 2. April 1913, *GP*, Nr. 13064.

（40）Bertie to Grey, Paris, April 1, 1913, *BD*, no. 771; Bertie to Grey, Paris, April 1, 1913, *BD*, no. 780; Grey to Bertie, April 2, 1913, *BD*, no. 789; Bertie to Grey, Paris, April 2, 1913, *BD*, no. 793 minute.

（41）Buchanan to Grey, St.Petersburgh, April 2, 1913, *BD*, no. 791; Buchanan to Grey, St.Petersburgh, April 3, 1913, *BD* no. 796; Thurn aus St.Petersburg, 3. April 1913 Nr. 130（Tel.）, *OUA*, Nr. 6440; Grey to Bertie, April 3, 1913, *BD*, no. 801; Grey to Cartwright, April 4, 1913, *BD*, no. 805; Treadway, *The Falcon and the Eagle*, p. 136.

（42）Tel. nach Rom Nr. 349, Berlin Nr. 277, St.Petersburg Nr. 254, Paris Nr. 212, Cetinje Nr. 74 und Lonodn Nr. 295, 5. April 1913（S. Rapaport u. Berchtold: G. Berchtold）, *OUA*, Nr. 6466.

（43）Tel. nach Rom Nr. 359, Berlin Nr. 286 und Cetinje Nr. 78, 8. April 1913（S. Nemes; G. Berchtold）, *OUA*, Nr. 6519; Tel. nach Rom, 12. April 1913（S. Nemes; V.u.G. Berchtold）, *OUA*, Nr. 6586.

（44）各国の参加主要艦船は次頁の表のとおりであった。

（45）Ledinegg an Berchtold, Antivari, 4. April 1913 Nr. 12, P.A. XII, Karton 426; Admiralty to Foreign Office, Admiralty, April 5, 1913, *BD*, no. 809.

（46）Giesl aus Cetinje, 6. April 1913 ohne Nummer（Tel.）, *OUA*, Nr. 6480.

（47）Tel. nach Berlin Nr. 273, Rom Nr. 345, Paris Nr. 210, London Nr. 292 und Cetinje Nr. 71, 4. April 1913（S. Rappaport u. Wiesner; V.u.G. Berchtold）, *OUA*, Nr. 6445; Mensdorff aus Lonodn, 6. April 1913 Nr. 282（Tel.）, *OUA*, Nr. 6482; Admiralty to Foreign Office, Admiralty, April 8, 1913, *BD*, no. 817.

（48）Szécsen aus Paris, 7. April 1913 Nr. 70（Tel.）, *OUA*, Nr. 6497; Szögyény aus Berlin, 7. April 1913 Nr. 182（Tel.）, *OUA*, Nr. 6494.

（49） K.u.k. Kriegsministerium, Marinesektion, O.K./M.S. Nr. 1765, Wien, 13. April 1913, P.A. XII, Karton 427; K.u.k. Kriegsministerium, Marinesektion, O.K./M.S. Nr. 1786, Wien, 14. April 1913, ibid.

（50） Cartwright to Grey, Vienna, April 7, 1913, *BD*, no. 812.

（51） Conrad, *Aus meiner Dienstzeit*, Bd. 3, S. 194; Tel. nach Rom, 7. April 1913 Nr. 354（S. Nemes; G. Berchtold）, *OUA*, Nr. 6498.

（52） Thurn aus St.Petersburg, 7. April 1913 Nr. 141（Tel.）, *OUA*, Nr. 6501; Buchanan to Grey, St.Petersburgh, April 9, 1913, *BD*, no. 820.

（53） コンラートの回顧録によると、ベルヒトルトも対セルビア戦および対ロシア戦の可能性をコンラートとの会見のなかで検討している。Conrad, *Aus meiner Dienstzeit*, Bd. 3, S. 195–197, 235–238.

（54） Tel. nach St.Petersburg, 10. April 1913 Nr. 271（S. Matscheko; V. Pogatscher; G. Berchtold）, *OUA*, Nr. 6566; Mensdorff aus London, 17. April 1913 Nr. 323（Tel.）, *OUA*, Nr. 6658; Mensdorff aus London, 17. April 1913 Nr. 324（Tel.）, *OUA*, Nr. 6659.

（55） Tagesbericht über einen Besuch des ital. Botschafters, 15. April 1913 Nr. 1735（V.u.G. Berchtold）, *OUA*, Nr. 6639. 両国の合併の噂は比較的多く外交文書に見ることができる。

（56） Ugron aus Belgrad, 7. April 1913 Nr. 192（Tel.）, *OUA*, Nr. 6491; Mensdorff aus London, 8. April 1913 Nr. 289（Tel.）, *OUA*, Nr. 6515; Ugron aus Belgrad, 12. April 1913 Nr. 206（Tel.）, *OUA*, Nr. 6576; Copia pro actis ad Einsichtsstück des k.u.k. Chefs des Generalstabes vom 14. April 1913 Nr. 1855, K.u.k. Militärattaché in Belgrad, Res. Nr. 134, P.A. XII, Karton 427.

ハプスブルク帝国	
戦艦 3 隻	「フランツ・フェルディナント（*Erzh. Franz Ferdinand*）」
	「ラデツキー（*Radetzky*）」
	「ツリニー（*Zringi*）」
巡洋艦 1 隻	「アスペルン（*Aspern*）」
イギリス	
戦艦 1 隻	「キング・エドワード 7 世（*King Edward VII*）」
巡洋艦 1 隻	「ダートマス（*Dartmouth*）」
イタリア	
戦艦 2 隻	「フランチェスコ・フェルッチオ（*Francesco Ferruccio*）」
	「アミラーリオ・ディ・セイント・ボン（*Ammiraglio di Saint Bom*）」
ドイツ	
巡洋艦 1 隻	「ブレスラウ（*Breslau*）」
フランス	
装甲巡洋艦 1 隻	「エドガー・キネ（*Edgar Quinet*）」

出典：筆者作成。

(57) Mensdorff an Berchtold, London, 16. April 1913 Nr. 320, P.A. XII, Karton 427; Z.Zl.4.263 / M.I.ex 1913, Wien, 12. April 1913, P.A. XII, Karton 427.

(58) Szécsen an Berchtold, Paris, 16. April 1913 Nr. 79, P.A. XII, Karton 427.

(59) Tel. nach Berlin Nr. 309, Rom Nr. 393, St.Petersburg Nr. 291, Paris Nr. 235, London Nr. 326, Belgrad Nr. 120 und Cetinje Nr. 99, 18. April 1913（S. Berger; V. Szápáry u. Berchtold; G. Berchtold）, *OUA*, Nr. 6664; Giesl aus Cetinje, 18. April 1913 Nr. 129（Tel.）, *OUA*, Nr. 6666; cf. K.u.k. Kriegsministeirum, Marinesektion, P.K./M.S. Nr. 1706, Wien, 19. April 1913, P.A. XII, Karton 427; K.u.k. Kriegsministerium, Marinesektion, P.K./M.S. Nr. 1898, Wien, 20. April 1913, P.A. XII, Karton 427.

(60) Mensdorff aus London, 21. April 1913 Nr. 333（Tel.）, *OUA*, Nr. 6695; Mensdorff aus London, 21. April 1913 Nr. 335（Tel.）, *OUA*, Nr. 6696. ドイツ外相ヤゴーは、合同艦隊による部隊の上陸・占領について同意を与える旨の訓令をドイツ司令官へ送っている。Szögyény an Berchtold, Berlin, 21. April 1913 Nr. 202, P.A. XII, Karton 427.

(61) Giesl an Berchtold, Cetinje, 21. April 1913 Nr. -, P.A. XII, Karton 427; Giesl an Berchtold, Cetinje, 29. April 1913 Nr. 44B, P.A. XII, Karton 428; Tel. nach Cetinje Nr. 126, Berlin Nr. 338, Rom Nr. 434, Paris Nr. 259, St.Petersburg Nr. 322, London Nr. 364 und Konstantinopel Nr. 212, 28. April 1913（S. Berger; V.u.G. Berchtold）, *OUA*, Nr. 6798.

(62) Cartwright to Grey, Vienna, April 22, 1913, *BD*, no. 870.

(63) Tel. nach Berlin Nr. 316, Rom Nr. 403, London Nr. 342, Paris Nr. 242, St.Petersburg Nr. 300 und Cetinje Nr. 110, 22. April 1913（S. Berger; V.u.G. Berchtold）, *OUA*, Nr. 6704; Tel. nach Berlin Nr. 317, Rom Nr. 404, London Nr. 343, Paris Nr. 243, St.Petersburg Nr. 301 und Cetinje Nr. 111, 22. April 1913（S. Berger; V.u.G. Berchtold）, *OUA*, Nr. 6705.

(64) Jagow an Pourtalès, Berlin, 12. April 1913, *GP*, Nr. 13139.

(65) Hortense von Zambaur, *Die Belagerung von Skutari*（Berlin: Verlag Georg Stilke, 1914）.

(66) Treadway, *The Falcon and the Eagle*, p. 142; Giesl an Berchtold, Cetinje, 25. April 1913 Nr. 42A–E, P.A. XII, Karton 427. もちろん、エサド・パシャが主張するような報告を送ってきたハプスブルク帝国公使もいる。Ledinegg an Berchtold, Antivari, 27. April 1913 Nr. 22, P.A. XII, Karton 428. エサド・パシャについての経歴は、Hanns Christian Löhr, *Die Albanische Frage*（Diss. Bonn, 1992）, S. 104を見よ。

（67）それによると、エサド・パシャはスクタリ引き渡しの代償として、モンテネグロ王からアルバニア領への部隊の自由な退去だけでなく、アルバニアの支配者の地位を獲得するためにモンテネグロから支持を獲得することになっていた。これは、パリで検討されていた国際財政委員会のモンテネグロ代表がパリ駐在ロシア大使イズヴォルスキに語ったものであり、信憑性があると思われる。モンテネグロ軍とエサド・パシャとのあいだで決められた引き渡しの条件によって、オスマン帝国軍は武器・弾薬類すべてを携帯してスクタリからの撤退ができること、また、オスマン帝国軍として戦争に参加した者すべてに対して戦争責任を不問に付すことが決定された。撤退することになったオスマン帝国軍の総数は二万二〇〇〇名（うち約一万人がトルコ人部隊、残りがアルバニア人部隊）であった（このほかに約五〇〇〇名のスクタリ住民の義勇兵がいた）。この二万七〇〇〇名という兵数は、当時のモンテネグロ軍よりもはるかに多かった。Jagow an Tschirschky, Berlin, 23. April 1913, *GP*, Nr. 13188 Fußnote; *Iswolskis*, Bd. 3, S. 130, 138 f.; Mérey an Berchtold, Rom, 26. April 1913, Nr. 243, P.A. XII, Karton 427; Zambaur an Berchtold, Skutari, 24. April 1913 Nr. 137, P.A. XII, Karton 427.

（68）Mensdorff aus London, 23. April 1913 Nr. 340（Tel.）, *OUA*, Nr. 6721.

（69）K.u.k. 1. Geschwaderkommando, Res. Nr. 679/m, 26. April 1913, P.A. XII, Karton 428.

（70）Fischer, *Krieg der Illusionen*, S. 297.

（71）Thurn aus St.Petersburg, 24. April 1913 Nr. 170（Tel.）, *OUA*, Nr. 6754; Thurn aus St.Petersburg, 24. April 1913 Nr. 171（Tel.）, *OUA*, Nr. 6755; Grey to de Salis, April 23, 1913, *BD*, no. 875; Buchanan to Grey, St.Petersburgh, April 25, 1913, *BD*, no. 887.

（72）Grey to Buchanan, April 24, 1913, *BD*, no. 880.

（73）*Szécsen* aus Paris, 24. April 1913 Nr. 85（Tel.）, *OUA*, Nr. 6749.

（74）Tel. nach Berlin Nr. 319, Rom Nr. 407, London Nr. 347, Paris Nr. 245, St.Petersburg Nr. 303 und Cetinje, 23. April 1913（S. Nemes; G. Berchtold）, *OUA*, Nr. 6716.

（75）Tel. nach London Nr. 349, Cetinje Nr. 113, Berlin Nr. 321, St.Petersburg Nr. 305, Paris Nr. 247 und Rom Nr. 409, 23. April 1913（S. Matscheko; G. Berchtold）, *OUA*, Nr. 6720.

（76）Cartwright to Nicolson, Vienna, April 25, 1913, *BD*, no. 891.

（77）Mensdorff aus London, 25. April 1913 Nr. 351（Tel.）, *OUA*, Nr. 6761; Thurn aus St.Petersburg, 25. April 1913 Nr. 172（Tel.）, *OUA*, Nr.

6768; Thurn aus St.Petersburg, 25. April 1913 Nr. 173 (Tel.), *OUA*, Nr. 6769.

(78) Giesl aus Cetinje, 27. April 1913 Nr. 157 (Tel.), *OUA*, Nr. 6788; Giesl aus Cetinje, 30. April 1913 ohne Nummer (Tel.), *OUA*, Nr. 6835; Giesl an Berchtold, Cetinje, 30. April 1913 Nr. 46, P.A. XII, Karton 428.

(79) Tel. nach Rom, 27. April 1913 Nr. 427 (S. Matscheko; V.u.G. Berchtold), *OUA*, Nr. 6793.

(80) Conrad, *Aus meiner Dienstzeit*, Bd. 3, S. 272; Memoiren Berchtolds, 26. April 1913.

(81) Mensdorff aus London, 28. April 1913 Nr. 356 (Tel.), *OUA*, Nr. 6804; Mensdorff aus London, 28. April 1913 Nr. 359 (Tel.), *OUA*, Nr. 6806.

(82) Grey to Buchanan, April 28, 1913, *BD*, no. 894.

(83) Thurn aus St.Petersburg, 28. April 1913 Nr. 177 (Tel.), *OUA*, Nr. 6810; Buchanan to Grey, St.Petersburgh, April 29, 1913, *BD*, no. 901.

(84) Thurn aus St.Petersburg, 28. April 1913 Nr. 179 (Tel.), *OUA*, Nr. 6812; Mérey aus Rom, 27. April 1913 Nr. 247 (Tel.), *OUA*, Nr. 6794; Mensdorff aus London, 27. April 1913 Nr. 353 (Tel.), *OUA*, Nr. 6791.

(85) Cartwright to Grey, Vienna, April 27, 1913, *BD*, no. 892; Grey to Rodd, April 28, 1913, *BD*, 897; cf. Rodd to Grey, Rome, April 30, 1913, *BD*, no. 907.

(86) Tel. nach Rom, 28. April 1913 Nr. 431 (S. Berger; V. Pogatscher; G. Berchtold), *OUA*, Nr. 6807; Mérey aus Rom, 30. April 1913 Nr. 253 (Tel.), *OUA*, Nr. 6839.

(87) Cartwright to Grey, Vienna, April 29, 1913, *BD*, no. 900.

(88) Cartwright to Grey, Vienna, May 1, 1913, *BD*, no. 919.

(89) Conrad, *Aus meiner Dienstzeit*, Bd. 3, S. 283f.; Memoiren Berchtolds, 29. u. 30. April 1913.

(90) Grey to Goschen, May 1, 1913, *BD*, no. 922.

(91) Paget to Grey, Belgrade, May 2, 1913, *BD*, no. 929.

(92) Grey to Cartwright, May 1, 1913, *BD*, no. 927.

(93) "Protokoll des zu Wien am 2. Mai 1913 abgehaltenen Ministerrates für gemeinsame Angelegenheiten, unter dem Vorsitze des Ministers des k.u.k. Hauses und des Äußern Grafen Berchtold", G.M.K.P.Z. 506 (V. Günther u. Berchtold), *OUA*, Nr. 6870.

(94) Wilhelm Deutschmann, *Die militärischen Maßnahmen in Österreich-Ungarn während der Balkankriege 1912/13*（Diss. Wien, 1965）, S. 203 Fußnote.

(95) Giesl aus Cetinje, 3. Mai 1913 Nr. 176（Tel.）, *OUA*, Nr. 6873.

(96) Memoiren Berchtolds, 4. Mai 1913. なお、三日にボスニア・ヘルツェゴヴィナにおいて動員された軍隊は九日に皇帝により非現役（nichtaktive）の状態にふたたび置かれた。Deutschmann, *Die militärischen Maßnahmen*, S. 215.

(97) Mensdorff aus London, 5. Mai 1913 Nr. 377（Tel.）, *OUA*, Nr. 6909; Mensdorff aus London, 5. Mai 1913 Nr. 378（Tel.）, *OUA*, Nr. 6910; Mensdorff aus London, 5. Mai 1913 Nr. 379（Tel.）, *OUA*, Nr. 6911; Mensdorff aus London, 5. Mai 1913 Nr. 380（Tel.）, *OUA*, Nr. 6912.

(98) Giesl an Berchtold, Cetinje, 7. Mai 1913 Nr. 185, P.A. XII, Karton 428; 1. Geschwaderkommado（Njegovan）, Res. no. 778/m, San Giovanni di Medua, 9. Mai 1913, P.A. XII, Karton 428; K.u.k. Kriegsministeirum, Marinesektion, P.K./M.S., Nr. 2070, 10. Mai 1913, P.A. XII, Karton 428.

(99) K.u.k. Kriegsministeirum, Marinesektion, P.K./M.S., Nr. 2355, Wien, 16. Mai 1913, P.A. XII, Karton 428.

(100) Nicolson to Cartwright, May 13, 1913, *BD*, no. 972; Hantsch, *Leopold Graf Berchtold*, Bd. 2, S. 420; Memoiren Berchtolds, 5. Mai 1913.

(101) Memoiren Berchtolds, 5. Mai 1913.

(102) Theodor von Sosnosky, *Die Balkanpolitik Österreich-Ungarns seit 1866*, Bd. 2（Stuttgart: Deutsche Verlags-Anstalt, 1914）, S. 336; cf. Treadway, *The Falcon and the Eagle*, p. 155. 具体的には、ハプスブルク帝国とロシアの国境での軍事的緊張にともなう関係悪化および、軍事費の支出やボスニアでの事実上の動員令による軍事費の支出を意味すると思われる。

(103) A. J. P. Taylor, *The Struggle for Mastery in Europe 1848–1918*（Oxford: Oxford University Press, 1971）, p. 496.

(104) Conrad, *Aus meiner Dienstzeit*, Bd. 3, S. 284f.

(105) Helmreich, *The Diplomacy of the Balkan Wars*, p. 325.

(106) Treadway, *The Falcon and the Eagle*, pp. 155, 203. 同様の見解をフィッシャーも支持する。アルベルティーニはこれに対して、一九一三年春にすでに「白紙委任状」を渡していたと主張する。また、ジョルはドイツがハプスブルク帝国に対して対セルビア関係においてフリーハンドを与えるつもりがなかった点から、バルカン戦争がヨーロッパ戦争へと発展しなかった、と主張する。ジェームズ・ジョル（池田清訳）『第一次大戦の起原』（みすず書房、一九八七年）、八三頁。

(107) レールは、イタリアが、王朝的理由から平和的措置のみを好んだと論じている。この場合の王朝的理由とは、モンテネグロ国王の娘がイタリア国王に嫁いでいることをさす。Löhr, *Die Albanische Frage*, S. 113.

(108) Bridge, *From Sadowa to Sarajevo*, pp. 352f.; Treadway, *The Falcon and the Eagle*, p. 108.

第4章　ブルガリア＝ルーマニア間の国境線問題——第二次バルカン戦争前史

(1) Denkschrift, 2. Okt. 1912（V. Hoyos u. Berchtold; G. Hoyos）, *OUA*, Nr. 3928.

(2) Idris Rhea Traylor, Jr., *The Double-eagle and the Fox: The Dual Monarchy and Bulgaria, 1911–1913*（Diss. Duke, 1965）, p. 163.

(3) Dörte Löding, *Deutschlands und Österreich-Ungarns Balkanpolitik von 1912–1914 unter besonder Berücksichtigung ihrer Wirtschafts-interessen*（Diss. Hamburg, 1969）, S. 15f.

(4) Cf. Uta Bindreither, *Beziehungen Österreich-Ungarn und Rumänien 1875–1888*（Wien: Böhlau, 1976）.

(5) Andrew Rossos, *Russia and the Balkans: Inter-Balkan Rivalries and Russian Foreign Policy 1908–1914*（Toronto: University of Toronto Press, 1981）, pp. 134f.

(6) Löding, *Deutschlands und Österreich-Ungarns Balkanpolitik*, S. 19.

(7) Elisabeth Hickl, *Erzherzog Franz Ferdinand und die Rumänienpolitik Österreich-Ungarns*（Diss. Wien, 1964）, S. 86.

(8) 一九一二年一二月にハプスブルク帝国参謀総長に復帰するコンラートは、ルーマニアがロシアからベッサラビアを獲得したがっているため、ルーマニアにロシアへの対抗意識をもたせることに成功すれば、ハプスブルク帝国の利益につながると考えていた。また同時に、ルーマニアのトランシルヴァニア地方への関心も十分認識していた。それゆえ、彼にとってルーマニアの位置づけは非常に重要なものであった。Feldmarschal Conrad, *Aus meiner Dienstzeit*, Bd. 2（Wien: Rikola Verlag, 1922）, S. 321.

(9) Rossos, *Russia and the Balkans*, p. 136.

(10) Löding, *Deutschlands und Österreich-Ungarns Balkanpolitik*, S. 75.

(11) Czernin aus Bukarest-Sinaia, 6. Okt. 1912 Nr. 53（Tel.）, *OUA*, Nr. 3970; Czernin aus Bukarest-Sinaia, 11. Okt. 1912 Nr. 54（Tel.）, *OUA*, Nr. 4038; Ernst Ebel, *Rumänien und die Mittelmächte*（Vaduz: Kraus Reprint Ltd., 1965, rpt. 1939）, S. 139.

(12) Fürstenberg aus Bukarest-Siania, 13. Okt. 1912 Nr. 56（Tel.）, *OUA*, Nr. 4070; Tel. nach Bukarest-Sinai, 14. Okt. 1912 Nr. 52（S. Calice;

G. Berchtold), *OUA*, Nr. 4083; Franz-Josef Kos, *Die politischen und wirtschaftlichen Interessen Österreich-Ungarns und Deutschlands in Südosteuropa 1912/13. Die Adriahafen-, die Saloniki- und die Kavallafrage* (Wien: Böhlau Verlag, 1996), S. 125.

(13) Tel. nach Bukarest, 25. Okt. 1912 Nr. 56 (S. Nemes; G. Berchtold), *OUA*, Nr. 4166; Fürstenberg aus Bukarest-Sinaia, 27. Okt. 1912 Nr. 61 (Tel.), *OUA*, Nr. 4187.

(14) Rossos, *Russia and the Balkans*, p. 138.

(15) Fürstenberg aus Bukarest, 31. Okt. 1912 Nr. 64 (Tel.), *OUA*, Nr. 4212.

(16) Rossos, *Russia and the Balkans*, p. 139.

(17) Fürstenberg aus Bukarest, 1. Nov. 1912 Nr. 57 (Ber.), *OUA*, Nr. 4225.

(18) Tel. nach Bukarest, 2. Nov. 1912 Nr. 59 (S. Nemes; G. Berchtold), *OUA*, Nr. 4237.

(19) Thurn aus St.Petersburg, 1. Nov. 1912 Nr. 211 (Tel.), *OUA*, Nr. 4231; Tel. nach Sofia, 2. Nov. 1912 Nr. 138 (S. Nemes; G. Berchtold), *OUA*, Nr. 4242.

(20) Rossos, *Russia and the Balkans*, p. 139.

(21) Tarnowski aus Sofia, 3. Nov. 1912 Nr. 303 (Tel.), *OUA*, Nr. 4259; Tarnowski aus Sofia, 3. Nov. 1912 Nr. 304 (Tel.), *OUA*, Nr. 4260.

(22) Rossos, *Russia and the Balkans*, p. 139.

(23) Tagesbericht über eine Unterredung mit dem bulgarischen Kammerpräsidenten Danew, Budapest, 10. Nov. 1912 (S. Nemes; V. Berchtold), *OUA*, Nr. 4362; Tel. nach Sofia, Budapest, 11. Nov. 1912 Nr. 7 (V. Nemes; G. Berchtold), *OUA*, Nr. 4378; Tarnowski aus Sofia, 14. Nov. 1912 Nr. 351 (Tel.), *OUA*, Nr. 4429.

(24) Tarnowski aus Sofia, 14. Nov. 1912 Nr. 351 (Tel.), *OUA*, Nr. 4429; Traylor, *The Double-eagle and the Fox*, p. 172.

(25) Tel. nach Bukarest, Budapest, 11. Nov. 1912 Nr. 3 (S. Nemes; V.u.G. Berchtold), *OUA*, Nr. 4368; Tel. nach Sofia, 16. Nov. 1912 Nr. 148 (S. Berger; G. Szápáry), *OUA*, Nr. 4460.

(26) Rossos, *Russia and the Balkans*, p. 140.

(27) Fürstenberg aus Bukarest, 21. Nov. 1912 Nr. 75 (Tel.), *OUA*, Nr. 4536.

(28) Tel. nach Sofia, Budapest, 21. Nov. 1912 Nr. 10 (S. Matscheko; G. Macchio), *OUA*, Nr. 4552.

(29) Tarnowski aus Sofia, 22. Nov. 1912 Nr. 376 (Tel.), *OUA*, Nr. 4568.

(30) Conrad, *Aus meiner Dienstzeit*, Bd. 2, S. 351; Memoiren Berchtolds, 28. Okt. 1912.

(31) Tel. nach Bukarest, 17. Nov. 1912 Nr. 60 (S. Berchtold: V.u.G. Szápáry), *OUA*, Nr. 4465; Tel. nach Berlin Nr. 170 und Rom Nr. 211, 28. Nov. 1912 (S. Matscheko; G. Berchtold), *OUA*, Nr. 4670; Instruktion für den Armeeinspektor Franz Conrad Freiherrn von Hötzendorf, 28. Nov. 1912 (V. Szápáry), *OUA*, Nr. 4698.

(32) Conrad, *Aus meiner Dienstzeit*, Bd. 2, S. 354–365; Hickl, *Erzherzog Franz Ferdinand*, S. 120–127.

(33) Hickl, *Erzherzog Franz Ferdinand*, S. 126; Ebel, *Rumänien und die Mittelmächte*, S. 154.

(34) Memoiren Berchtolds, 28. Okt. 1912.

(35) Hickl, *Erzherzog Franz Ferdinand*, S. 105–118.

(36) Fürstenberg aus Bukarest, 10. Dez. 1912 Nr. 96 (Tel.), *OUA*, Nr. 4847; Fürstenberg aus Bukarest, 12. Dez. 1912 Nr. 72 (Ber.), *OUA*, Nr. 4878.

(37) Fürstenberg aus Bukarest, 23. Dez. 1912 Nr. 77C (Ber.), *OUA*, Nr. 5040.

(38) マイオレスクやダネフの好印象的な発言と異なり、ブカレスト駐在ブルガリア公使カリンコフは、ダネフの訪問が問題解決に寄与したのではなく、逆に将来の交渉を複雑にしただけであり、ルーマニア国内でのダネフの外交官としての評価が下がる結果となった、と主張している。また、ダネフと会見したベルヒトルトは、ダネフの発言、つまりルーマニアが要求において道義的満足をめざしていると確信したとの発言を聞いて、間違った理解をしているように思われる、と回顧録のなかで述べている。Rossos, *Russia and the Balkans*, p. 142; Memoiren Berchtolds, 11. Dez. 1912.

(39) ソフィア駐在ブルガリア公使タルノフスキは、ブルガリアがサロニキを重視しているとの発言が、一二月一〇日にブダペストで行なった発言と矛盾することを指摘している。

また、ハプスブルク帝国外務省は、ウィーン駐在イタリア大使からブカレスト直接交渉の内容について把握している内容と矛盾することを聞かされたために、一二月一八日にソフィアとブカレストのハプスブルク帝国公使に調査するよう訓令を出した。ブカレスト駐在イタリア公使の報告をイタリア大使が伝えたところによると、交渉の際にブルガリアがシリストリアから黒海沿岸のカヴァルナまでの地域をルーマニアに譲渡することが取り決められ、新国境線の最終的解決がソフィアで締結されるというものであった。ブカレスト駐在墺公使が確認したところ、交渉ではたしかに譲渡の詳細な内容まで議論されたものの、取り決めは存在しなかった。彼はルーマニア側の要求がトゥルトゥカイ－バルチク線であることも報告している。Tarnowski aus Sofia, 15. Dez. 1912 Nr. 91 (Ber.), *OUA*, Nr. 4929; Fürstenberg aus Bukarest, 19. Dez. 1912 Nr. 101 (Tel.), *OUA*, Nr. 4970.

(40) Tel. nach London, 19. Dez. 1912 Nr. 114 (S. Berger u. Hohenlohe; G. Berchtold), *OUA*, Nr. 4978; Tel. nach Sofia, 19. Dez. 1912 Nr. 190 (S. Hohenlohe; V. Pogatscher; G. Berchtold), *OUA*, Nr. 4983.

(41) Tel. nach Sofia, 19. Dez. 1912 Nr. 190 (S. Hohenlohe; V. Pogatscher; G. Berchtold), *OUA*, Nr. 4983.

(42) Tarnowski aus Sofia, 20. Dez. 1912 Nr. 476 (Tel.), *OUA*, Nr. 5001; Tarnowski aus Sofia, 20. Dez. 1912 Nr. 477 (Tel.), *OUA*, Nr. 5002.

(43) Tel. nach Sofia, 28. Dez. 1912 Nr. 199 (S. Berger; V. Pogatscher u. Berchtold; G. Berchtold), *OUA*, Nr. 5100.

(44) Rossos, *Russia and the Balkans*, pp. 142f.

(45) Tarnowski aus Sofia, 5. Jan. 1913 Nr. 9 (Tel.), *OUA*, Nr. 5215.

(46) Tarnowski aus Sofia, 7. Jan. 1913 Nr. 11 (Tel.), *OUA*, Nr. 5257.

(47) Mensdorff aus London, 4. Jan. 1913 Nr. 13 (Tel.), *OUA*, Nr. 5191.

(48) Fürstenberg aus Bukarest, 5. Jan. 1913 Nr. 2 (Tel.), *OUA*, Nr. 5208.

(49) ダネフの言い分としては、イオネスクが根拠のない不当な批判を行なったから、交渉の継続を拒否したというものであった。ブルガリア政府もダネフの主張を支持し、ルーマニア側に説明を要求すると、イオネスクはそのような発言をしたことを否定した。Rossos, *Russia and the Balkans*, p. 143.

(50) Fürstenberg aus Bukarest, 10. Jan. 1913 Nr. 3 (Ber.), *OUA*, Nr. 5311.

(51) Fürstenberg aus Bukarest, 8. Jan. 1913 Nr. 4 (Tel.), *OUA*, Nr. 5262.

(52) Tel. nach Bukarest, 9. Jan. 1913 Nr. 15 (S. Nemes; G. Berchtold), *OUA*, Nr. 5276.

(53) Thurn aus St.Petersburg, 11. Jan. 1913 Nr. 6 (Tel.), *OUA*, Nr. 5349; Mensdorff aus London, 13. Jan. 1913 Nr. 45 (Tel.), *OUA*, Nr. 5374.

(54) Tel. nach Bukarest, 11. Jan. 1913 Nr. 21 (S. Nemes; V.u.G. Berchtold), *OUA*, Nr. 5334.

(55) Szögyény aus Berlin, 13. Jan. 1913 Nr. 31 (Tel.), *OUA*, Nr. 5367.

(56) Tel. nach St.Petersburg, 9. Jan. 1913 Nr. 23 (S. Nemes; G. Berchtold), *OUA*, Nr. 5299; Tel. nach Bukarest, 10. Jan. 1913 Nr. 18 (S.

Nemes; V. Pogatscher u. Berchtold; G. Berchtold), *OUA*, Nr. 5308.

(57) Fürstenberg aus Bukarest, 9. Jan. 1913 Nr. 7 (Tel.), *OUA*, Nr. 5279.

(58) Fürstenberg aus Bukarest, 10. Jan. 1913 Nr. 3 (Ber.), *OUA*, Nr. 5311.

(59) Fürstenberg aus Bukarest, 12. Jan. 1913 Nr. 4 (Ber.), *OUA*, Nr. 5359.

(60) Rossos, *Russia and the Balkans*, p. 144.

(61) Rossos, *Russia and the Balkans*, p. 145.

(62) Mensdorff aus London, 13. Jan. 1913 Nr. 45 (Tel.), *OUA*, Nr. 5374.

(63) Mensdorff aus London, 17. Jan. 1913 Nr. 56 (Tel.), *OUA*, Nr. 5428.

(64) Fürstenberg aus Bukarest, 18. Jan. 1913 Nr. 18 (Tel.), *OUA*, Nr. 5437.

(65) Fürstenberg aus Bukarest, 23. Jan. 1913 Nr. 23 (Tel.), *OUA*, Nr. 5499.

(66) Thurn aus St.Petersburg, 17. Jan. 1913 Nr. 15 (Tel.), *OUA*, Nr. 5435; Thurn aus St.Petersburg, 18. Jan. 1913 Nr. 30, P.A. XII, Karton 399.

(67) Tarnowski aus Sofia, 19. Jan. 1913 Nr. 38 (Tel.), *OUA*, Nr. 5452; Tarnowski aus Sofia, 20. Jan. 1913 Nr. 42 (Tel.), *OUA*, Nr. 5466.

(68) Tel. nach Bukarest, 23. Jan. 1913 Nr. 57 (S. Berger; V.u.G. Berchtold), *OUA*, Nr. 5497; Tel. nach London, 23. Jan. 1913 Nr. 104 (S. Hohenlohe; G. Berchtold), *OUA*, Nr. 5503.

(69) Fürstenberg aus Bukarest, 24. Jan. 1913 Nr. 24 (Tel.), *OUA*, Nr. 5511.

(70) Mensdorff aus London, 27. Jan. 1913 Nr. 81 (Tel.), *OUA*, Nr. 5557; Mensdorff aus London, 27. Jan. 1913 Nr. 83 (Tel.), *OUA*, Nr. 5558; Tarnowski aus Sofia, 27. Jan. 1913 Nr. 64 (Tel.), *OUA*, Nr. 5565; Rossos, *Russia and the Balkans*, pp. 146f.

(71) Mensdorff aus London, 29. Jan. 1913 Nr. 89 (Tel.), *OUA*, Nr. 5592; Fürstenberg aus Bukarest, 31. Jan. 1913 Nr. 31 (Tel.), *OUA*, Nr. 5621; Fürstenberg aus Bukarest, 4. Feb. 1913 Nr. 36 (Tel.), *OUA*, Nr. 5671; Rossos, *Russia and the Balkans*, p. 147.

(72) Fürstenberg aus Bukarest, 31. Jan. 1913 Nr. 31 (Tel.), *OUA*, Nr. 5621; Fürstenberg aus Bukarest, 5. Feb. 1913 Nr. 39 (Tel.), *OUA*, Nr. 5683; Fürstenberg aus Bukarest, 11. Feb. 1913 Nr. 45 (Tel.), *OUA*, Nr. 5757; Fürstenberg aus Bukarest, 11. Feb. 1913 Nr. 46 (Tel.), *OUA*, Nr. 5758.

(73) Fürstenberg aus Bukarest, 5. Feb. 1913 Nr. 39 (Tel.), *OUA*, Nr. 5683; Fürstenberg aus Bukarest, 11. Feb. 1913 Nr. 45 (Tel.), *OUA*, Nr. 5757.

(74) Tel. nach Bukarest, 10. Feb. 1913 Nr. 97 (S. Berger; G. Berchtold), *OUA*, Nr. 5737.

(75) Mérey aus Rom, 16. Jan. 1913 (Privatschreiben), *OUA*, Nr. 5411.

(76) Tel. nach Sofia, 28. Jan. 1913 Nr. 44 (S. Berger; G. Berchtold), *OUA*, Nr. 5585; Tel. nach Sofia, 28. Jan. 1913 Nr. 45 (G. Berchtold), *OUA*, Nr. 5586.

(77) Tel. nach Bukarest, 9. Feb. 1913 Nr. 96 (V. Rappaport u. Berchtold; G. Berchtold), *OUA*, Nr. 5727; Tel. nach Sofia, 9. Feb. 1913 Nr. 76 (G. Berchtold), *OUA*, Nr. 5733.

(78) Tarnowski aus Sofia, 12. Feb. 1913 Nr. 134 (Tel.), *OUA*, Nr. 5779.

(79) Richard C. Hall, *Bulgaria's Road to the First World War* (New York: Columbia University Press, 1996), p. 171.

(80) Rossos, *Russia and the Balkans*, pp. 147–149.

(81) Tarnowski aus Sofia, 14. Feb. 1913 Nr. 138 (Tel.), *OUA*, Nr. 5802.

(82) Tarnowski aus Sofia, 15. Feb. 1913 Nr. 143 (Tel.), *OUA*, Nr. 5822; Tarnowski aus Sofia, 15. Feb. 1913 Nr. 144 (Tel.), *OUA*, Nr. 5823.

(83) Mensdorff aus London, 14. Feb. 1913 Nr. 132 (Tel.), *OUA*, Nr. 5799.

(84) Tel. nach Berlin Nr. 174, Rom Nr. 198, Konstantinopel Nr. 112, St.Petersburg Nr. 147, Paris Nr. 132, Sofia Nr. 90, Bukarest Nr. 120 und London Nr. 176, 15. Feb. 1913 (S. Nemes; G. Berchtold), *OUA*, Nr. 5803; Szögyény aus Berlin, 17. Feb. 1913 Nr. 93 (Tel.), *OUA*, Nr. 5840.

(85) Tel. nach Petersburg, 16. Feb. 1913 Nr. 152 (S. Nemes; G. Berchtold), *OUA*, Nr. 5833.

(86) Fürstenberg aus Bukarest, 21. Feb. 1913 Nr. 62 (Tel.), *OUA*, Nr. 5902.

(87) Tarnowski aus Sofia, 24. Feb. 1913 Nr. 177 (Tel.), *OUA*, Nr. 5932; Tarnowski aus Sofia, 20. Feb. 1913 Nr. 168 (Tel.), *OUA*, Nr. 5882.
各大使の訓令は表現が微妙に異なっており、意見の調整に手間取った。つまり、désision、médiation、arbitrage の違いである。

(88) Tel. nach Rom, Nr. 27. Feb. 1913 Nr. 228 (S. Nemes; G. Berchtold), *OUA*, Nr. 5966; Szögyény aus Berlin, 28. Feb. 1913 Nr. 113 (Tel.), *OUA*, Nr. 5976; Mérey aus Rom, 28. Feb. 1913 Nr. 98 (Tel.), *OUA*, Nr. 5984; Tel. nach Berlin, 5. März 1913 Nr. 207, *OUA*, Nr. 6022.

(89) Tel. nach Berlin, 5. März 1913 Nr. 208 (S. Matscheko u. Berchtold; G. Berchtold), *OUA*, Nr. 6023; cf. Tel. nach Rom, 7. März 1913 Nr. 249 (S. Matscheko; G. Berchtold), *OUA*, Nr. 6057.

(90) Jagow an Tschirschky, Berlin, 8. März 1913, *GP*, Nr. 12941. イタリア外相はローマ駐在ドイツ大使に対して、サロニキをギリシアに渡さないことがイタリアにとって重大な利益であるといっている。Flotow an Bethmann Hollweg, Rom, 9. März 1913, *GP*, Nr. 12950.

(91) Szögyény aus Berlin, 8. März 1913, Nr. 122 recte 123 (Tel.), *OUA*, Nr. 6065; cf. Szögyény aus Berlin, 13. März 1913 Nr. 8B (Ber.), *OUA*, Nr. 6127.

(92) Szögyény aus Berlin, 9. März 1913 Nr. 127 (Tel.), *OUA*, Nr. 6082.

(93) Tel. nach Berlin, 5. März 1913 Nr. 208 (S. Matscheko u. Berchtold; G. Berchtold), *OUA*, Nr. 6023.

(94) Erlaß nach Berlin, 5. März 1913 Nr. 1014 (S. Matscheko; V. Pogatscher; G. Berchtold), *OUA*, Nr. 6025; cf. Tel. nach Sofia, 8. März 1913 Nr. 126, *OUA*, Nr. 6077.

(95) 会議開催の前に、決議の方法を決定しておいたほうがよいということで、参加各国は意見の調整を行なった。ロシア外相サゾノフの主張は、六カ国が参加するため多数決原則が成立しないことがあるので、そのような場合には最終決定を行なう必要がある、というものであった。彼の構想では、最終決定は賛成側と反対側から一人ずつ参加し、それに第三国の代表一人を加えた三人が決定してはどうか、というものであった。その際、サゾノフの念頭にあったのは、ペテルスブルクに大使を派遣しているヨーロッパで唯一の国家であるスペインの大使であった。このような見解にベルヒトルトもイタリア外相も反対した。ベルヒトルトは、会議にそもそも参加していない第三国が最終決定権の一部を握ることに正当性を見いだせなかった。そこで、ベルヒトルトは全会一致による決定を提唱した。ドイツ外相はその考え方には同意するものの、実行可能性について疑問を呈した。Thurn aus St.Petersburg, 9. März 1913 Nr. 84 (Tel.), *OUA*, Nr. 6084; Tagesbericht über einen Besuch des deutschen Botschafters, 9. März 1913 Nr. 1099 (S. Matscheko; V.u.G. Berchtold), *OUA*, Nr. 6081; Mérey aus Rom, 11. März 1913 Nr. 125 (Tel.), *OUA*, Nr. 6108; Szögyény aus Berlin, 14. März 1913 Nr. 134 (Tel.), *OUA*, Nr. 6139; Tagesbericht über einen Besuch des ital. Botschafters, 17. März 1913 Nr. 1191 (S. Matscheko; V. Nemes; G. Berchtold), *OUA*, Nr. 6173; Tagesbericht über einen Besuch des deutschen Botschafters, 17. März 1913 Nr. 1206 (S. Matscheko; V. Nemes; G. Berchtold), *OUA*, Nr. 6174.

(96) Tel. nach Berlin Nr. 233 und Rom Nr. 292, 20. März 1913 (S. Matscheko; G. Berchtold), *OUA*, Nr. 6227.

(97) Tel. nach St.Petersburg, 21. März 1913 Nr. 218 (S. Matscheko; G. Berchtold), *OUA*, Nr. 6246.

(98) Szögyény aus Berlin, 22. März 1913 Nr. 150 (Tel.), *OUA*, Nr. 6255; Privatschreiben des Staatssekretär des deutschen Auswärtigen Amtes von Jagow, Berlin, 23. März 1913, *OUA*, Nr. 6275.

(99) Mérey aus Rom, 22. März 1913 Nr. 150 (Tel.), *OUA*, Nr. 6265.

(100) Thurn aus St.Petersburg, 24. März 1913 Nr. 109 (Tel.), *OUA*, Nr. 6292.

(101) Tel. nach St.Petersburg, 27. März 1913, Nr. 234 (S. Hohenlohe; V. Hoyos u. Pogatscher; G. Berchtold), *OUA*, Nr. 6337.

(102) Tarnowski aus Sofia, 25. März 1913 Nr. 284 (Tel.), *OUA*, Nr. 6303.

(103) Tel. nach Bukarest Nr. 172 und Sofia Nr. 153, 26. März 1913 (S. Berger; G. Berchtold), *OUA*, Nr. 6306.

(104) Tarnowski aus Sofia, 26. März 1913 Nr. 23 (Ber.), *OUA*, Nr. 6318.

(105) Hall, *Bulgaria's Road*, pp. 174–177.

(106) Thurn aus St.Petersburg, 31. März 1913 Nr. 125 (Tel.), *OUA*, Nr. 6396; Buchanan to Grey, St.Petersburgh, March 31, 1913, *BD*, no. 769.

(107) Tel. nach St.Petersburg, 2. April 1913 Nr. 249 (S. Matscheko; G. Berchtold), *OUA*, Nr. 6423.

(108) Tel. nach Bukarest, 3. April 1913 Nr. 191 (S. Matscheko; G. Berchtold), *OUA*, Nr. 6434.

(109) Thurn aus St.Petersburg, 4. April 1913 Nr. 132 (Tel.), *OUA*, Nr. 6453.

(110) Tel. nach St.Petersburg, 5. April 1913 Nr. 255, *OUA*, Nr. 6469.

(111) Thurn aus St.Petersburg, 6. April 1913 Nr. 137 (Tel.), *OUA*, Nr. 6488; Tel. nach St.Petersburg, 7. April 1913 Nr. 259 (S. Matscheko; G. Pogatscher), *OUA*, Nr. 6499.

(112) Thurn aus St.Petersburg, 7. April 1913 Nr. 145 (Tel.), *OUA*, Nr. 6505; Thurn aus St.Petersburg, 7. April 1913 Nr. 146 (Tel.), *OUA*, Nr. 6506.

(113) サモトラケ島をブルガリアが領有することはブルガリア国王の希望とも一致していた。Pourtalès an das Auswärtige Amt, St.Petersburg, 9. April 1913, *GP*, Nr. 13124 Fußnote; Tel. nach St.Petersburg, 8. April 1913 Nr. 262 (S. Matscheko; V.u.G. Berchtold), *OUA*, Nr. 6521; Tel. nach St.Petersburg, 8. April 1913 Nr. 265 (S. Matscheko; G. Berchtold), *OUA*, Nr. 6524.

(114) Szögyény aus Berlin, 9. April 1913 Nr. 184 (Tel.), *OUA*, Nr. 6530; Mérey aus Rom, 9. April 1913 Nr. 203 (Tel.), *OUA*, Nr. 6539.

(115) Thurn aus St.Petersburg, 9. April 1913 Nr. 150 (Tel.), *OUA*, Nr. 6541.

(116) Tel. nach St.Petersburg, 10. April 1913 Nr. 271 (S. Matscheko; V. Pogatscher; G. Berchtold), *OUA*, Nr. 6556; Szögyény aus Berlin, 11. April 1913 Nr. 188 (Tel.), *OUA*, Nr. 6562.

(117) Thurn aus St.Petersburg, 11. April 1913 Nr. 154 (Tel.), *OUA*, Nr. 6573.

(118) Tel. nach St.Petersburg, 13. April 1913 Nr. 277 (S. Matscheko; V. Pogatscher; G. Berchtold), *OUA*, Nr. 6605; cf. Tel nach St.Petersburg, 14. April 1913 Nr. 282 (S. Nemes; G. Berchtold), *OUA*, Nr. 6625; Tel. nach Sofia, 14. April 1913 Nr. 284 (S. Matscheko; V. Pogatscher u. Berchtold; G. Berchtold), *OUA*, Nr. 6626.

(119) Thurn aus St.Petersburg, 15. April 1913 Nr. 158 (Tel.), *OUA*, Nr. 6641; Thurn aus St.Petersburg, 15. April 1913 Nr. 160 (Tel.), *OUA*, Nr. 6643.

(120) Tel. nach St.Petersburg, 16. April 1913 Nr. 286 (S. Matscheko; G. Berchtold), *OUA*, Nr. 6650.

(121) Thurn aus St.Petersburg, 17. April 1913 Nr. 162 (Tel.), *OUA*, Nr. 6661.

(122) Thurn aus St.Petersburg, 28. April 1913 Nr. 178 (Tel.), *OUA*, Nr. 6811.

(123) Thurn aus St.Petersburg, 9. Mai 1913 Nr. 199 (Tel.), *OUA*, Nr. 6976.

(124) Tel. nach Sofia, 16. April 1913 Nr. 193 (S. Berger; V. Pogatscher u. Berchtold; G. Berchtold), *OUA*, Nr. 6652.

(125) Tarnowski aus Sofa, 26. April 1913 Nr. 371 (Tel.), *OUA*, Nr. 6783.

(126) Fürstenberg aus Bukarest, 28. April 1913 Nr. 110 (Tel.), *OUA*, Nr. 6797.

(127) Memoiren Berchtolds, 9. Mai 1913.

第5章　バルカン同盟の崩壊――反ブルガリア同盟の成立

(1) Ernst C. Helmreich, *The Diplomacy of the Balkan Wars 1912–1913* (New York: Russell & Russell, 1969, rpt. 1938), chapters 2 & 3; Andrew Rossos, *Russia and the Balkans: Inter-Balkan Rivalries and Russian Foreign Policy 1908–1914* (Toronto: University of Toronto Press, 1981), chapter 2. 諸条約の条文は, *BD*, vol. IX (part II), pp. 1006–1025; Balkanicus (pseud.), *The Aspirations of Bulgaria* (London:

Simpkin, Marshall, Hamilton, Kent, 1915), pp. 98–117 を見よ。

（2） Rossos, *Russia and the Balkans,* p. 155.

（3） Helmreich, *The Diplomacy of the Balkan Wars,* p. 55.

（4） Rossos, *Russia and the Balkans,* pp. 161–163.

（5） Richard C. Hall, *The Balkan Wars 1912–1913* (London: Routledge, 2000), p. 61.

（6） Hall, *The Balkan Wars 1912–1913,* p. 62.

（7） Hall, *Bulgaria's Road,* pp. 166f.; Rossos, *Russia and the Balkans,* pp. 156–160.

（8） Hall, *Bulgaria's Road,* pp. 168–170; Rossos, *Russia and the Balkans,* pp. 164–171.

（9） Erlaß nach Berlin, 2. Mai 1913 Nr. 2001 (S. Matscheko; V.u.G. Berchtold), *OUA,* Nr. 6862.

（10） Memoiren Berchtolds, 8. Mai 1913; Feldmarschal Conrad, *Aus meiner Dienstzeit,* Bd. 3 (Wien: Rikola Verlag, 1922), S. 316.

（11） Fürstenberg aus Bukarest, 1. Mai 1913 Nr. 210 recte 111 (Tel.), *OUA,* Nr. 6845.

（12） Tarnowski aus Sofia, 26. April 1913 Nr. 370 (Tel.), *OUA,* Nr. 6771; Tarnowski aus Sofia, 4. Mai 1913 Nr. 387 (Tel.), *OUA,* Nr. 6901.

（13） Conrad, *Aus meiner Dienstzeit,* Bd. 3, S. 305.

（14） Tel. nach Bukarest, 5. Mai 1913 Nr. 213 (S. Matscheko; V. Pogatscher; G. Berchtold), *OUA,* Nr. 6903.

（15） Erlaß nach Sofia, 10. Mai 1913 Nr. 2147 (S. Matscheko; G. Berchtold), *OUA,* Nr. 6989.

（16） Hall, *Bulgaria's Road,* pp. 203f.

（17） Erlaß nach Sofia, 10. Mai 1913 Nr. 2147 (S. Matscheko; G. Berchtold), *OUA,* Nr. 6989.

（18） Tarnowski aus Sofia, 18. Mai 1913 Nr. 430 (Tel.), *OUA,* Nr. 7056.

（19） Erlaß nach Bukarest, 16. Mai 1913 Nr. 2255 (S. Matscheko; V. Nemes u. Berchtold; G. Berchtold), *OUA,* Nr. 7024.

（20） セルビアは四月六日、ギリシアは五月二日に同盟打診を試みている。*Report of the International Commission: To Inquire into the Cause and Conduct of the Balkan Wars* (Washington, D.C.: Carnegie Endowment for International Peace, 1914), p. 61.

（21） Helmreich, *The Diplomacy of the Balkan Wars,* p. 349.

（22） Fürstenberg aus Bukarest, 19. Mai 1913 Nr. 121 (Tel.), *OUA,* Nr. 7060; Tarnowski aus Sofia, 19. Mai 1913 Nr. 431 (Tel.), *OUA,* Nr.

7077.

(23) Fürstenberg aus Bukarest, 21. Mai 1913 (Privatschreiben), *OUA*, Nr. 7093.

(24) Tel. nach Bukarest, 22. Mai 1913 Nr. 221 (V.u.G. Berchtold), *OUA*, Nr. 7103. コンラートは五月二〇日に皇帝に謁見した際に、セルビアとギリシアがブルガリアと戦争すれば、ハプスブルク帝国はただちにセルビアに介入すべきだ、と主張していた。Conrad, *Aus meiner Dienstzeit*, Bd. 3, S. 322.

(25) Tarnowski aus Sofia, 19. Mai 1913 Nr. 431 (Tel.), *OUA*, Nr. 7070; Tarnowski aus Sofia,19. Mai 1913 Nr. 432 (Tel.), *OUA*, Nr. 7071.

(26) Tarnowski aus Sofia, 20. Mai 1913 Nr. 437 (Tel.), *OUA*, Nr. 7089.

(27) Hall, *Bulgaria's Road*, p. 205.

(28) Fürstenberg aus Bukarest, 24. Mai 1913 Nr. 129 (Tel.), *OUA*, Nr. 7138.

(29) Fürstenberg aus Bukarest, 25. Mai 1913 Nr. 131 (Tel.), *OUA*, Nr. 7153.

(30) Tarnowski aus Sofia, 23. Mai 1913 Nr. 37A (Ber.), *OUA*, Nr. 7133.

(31) Tel. nach Berlin, 27. Mai 1913 Nr. 377 (S. Berger; V. Nemes; G. Berchtold), *OUA*, Nr. 7180; Luigi Albertini, *The Origins of the War of 1914*, trans. and ed. by Isabella Massey, vol. 1 (London: Oxford University Press, 1952), pp. 405f.; cf. Tel. nach Bukarest, 25. Mai 1913 Nr. 223 (S. Matscheko; V.u.G. Nemes), *OUA*, Nr. 7152.

(32) Tel. nach Sofia, 24. Mai 1913 Nr. 255 (S. Matscheko; G. Berchtold), *OUA*, Nr. 7149; Waldthausen an das Auswärtige Amt, Bukarest, 1. Juni 1913, *GP*, Nr. 13345.

(33) Tel. nach Sofia, 28. Mai 1913 Nr. 259 (S. Matscheko; G. Berchtold), *OUA*, Nr. 7191.

(34) Tel. nach Bukarest, 29. Mai 1913 Nr. 226 (S. Matscheko; V.u.G. Berchtold), *OUA*, Nr. 7194.

(35) Ugron aus Belgrad, 16. Mai 1913 Nr. 282 (Tel.), *OUA*, Nr. 7023; Tarnowski aus Sofia, 26. Mai 1913 Nr. 478, P.A. XI, Karton 407.

(36) Memoiren Berchtolds, 29. Mai 1913; Ugron aus Belgrad, 28. Mai 1913 Nr. 317, P.A. XII, Karton 433.

(37) Rossos, *Russia and the Balkans*, p. 180; Hall, *Bulgaria's Road*, pp. 207–212.

(38) Hall, *Bulgaria's Road*, p. 212.

(39) Tarnowski aus Sofia, 3. Juni 1913 Nr. 501 (Tel.), *OUA*, Nr. 7268.

(40) Tarnowski aus Sofia, 2. Juni 1913 Nr. 488 (Tel.), *OUA*, Nr. 7252; Tarnowski aus Sofia, 2. Juni 1913 Nr. 490 (Tel.), *OUA*, Nr. 7253.

(41) Hall, *Bulgaria's Road*, p. 214.

(42) Tarnowski aus Sofia, 7. Juni 1913 Nr. 511 (Tel.), *OUA*, Nr. 7300.

(43) Rossos, *Russia and the Balkans*, p. 172; Helmreich, *The Diplomacy of the Balkan Wars*, p. 347.

(44) Rossos, *Russia and the Balkans*, pp. 177f.; Helmreich, *The Diplomacy of the Balkan Wars*, pp. 347-349.

(45) Rossos, *Russia and the Balkans*, p. 179.

(46) Rossos, *Russia and the Balkans*, pp. 182-183; Helmreich, *The Diplomacy of the Balkan Wars*, pp. 356f; S. D. Sasonoff, *Sechs Schwere Jahre* (Berlin: Verlag für Kulturpolitik, 1927), S. 108f.

(47) Rossos, *Russia and the Balkans*, pp. 183f.; Hall, *Bulgaria's Road*, pp. 229-231.

(48) Tarnowski aus Sofia, 18. Juni 1913 Nr. 554 (Tel.), *OUA*, Nr. 7408; Tarnowski aus Sofia, 18. Juni 1913 Nr. 555 (Tel.), *OUA*, Nr. 7409.

(49) Hall, *Bulgaria's Road*, p. 232.

(50) *Report of the International Commission*, p. 66.

(51) Rossos, *Russia and the Balkans*, pp. 187f.

(52) Hall, *Bulgaria's Road*, p. 233.

(53) Fürstenberg aus Bukarest, 3. Juni 1913 Nr. 140 (Tel.), *OUA*, Nr. 7263; Fürstenberg aus Bukarest, 9. Juni 1913 Nr. 143 (Tel.), *OUA*, Nr. 7308.

(54) Waldthausen an Bethmann Hollweg, Bukarest, 10. Juni 1913, *GP*, Nr. 13393.

(55) Quadt an das Auswärtige Amt, Athen, 10. Juni 1913, *GP*, Nr. 13382.

(56) Ugron aus Belgrad, 12. Juni 1913 Nr. 354 (Tel.), *OUA*, Nr. 7341.

(57) Fürstenberg aus Bukarest, 13. Juni 1913 Nr. 150 (Tel.), *OUA*, Nr. 7356.

(58) Tarnowski aus Sofia, 18. Juni 1913 Nr. 555 (Tel.), *OUA*, Nr. 7409.

(59) Tel. nach Bukarest, 20. Juni 1913 Nr. 251 (S. Matscheko; G. Berchtold), *OUA*, Nr. 7425.

(60) Tarnowski aus Sofia, 25. Juni 1913 Nr. 595 (Tel.), *OUA*, Nr. 7497; Tarnowski aus Sofia, 25. Juni 1913 Nr. 596 (Tel.), *OUA*, Nr. 7498.

(61) Tagesbericht über eine Unterredung mit dem deutschen Botschafter, 23. Juni 1913 Nr. 2979 (V.u.G. Berchtold), *OUA*, Nr. 7460; Waldthausen an das Auswärtige Amt, Bukarest, 20. Juni 1913, *GP*, Nr. 13403.

(62) Conrad, *Aus meiner Dienstzeit*, Bd. 3, S. 376.

(63) Tel. nach Berlin, 25. Juni 1913 Nr. 455 (S. Matscheko; G. Berchtold), *OUA*, Nr. 7490.

(64) Tel. nach Sofia, 24. Juni 1913 Nr. 312 (S. Matscheko; G. Szápáry), *OUA*, Nr. 7486.

(65) Tel. nach Berlin, 25. Juni 1913 Nr. 455 (S. Matscheko; G. Berchtold), *OUA*, Nr. 7490.

(66) Jagow an Tschirschky, Berlin, 26. Juni 1913, *GP*, Nr. 13423.

(67) Tarnowski aus Sofia, 23. Juni 1913 Nr. 588 (Tel.), *OUA*, Nr. 7473.

(68) Fürstenberg aus Bukarest, 23. Juni 1913 Nr. 158 (Tel.), *OUA*, Nr. 7466.

(69) Tel. nach Bukarest, 25. Juni 1913 Nr. 259 (S. Matscheko; G. Berchtold), *OUA*, Nr. 7491.

(70) Tarnowski aus Sofia, 26. Juni 1913 Nr. 603 (Tel.), *OUA*, Nr. 7510; Tarnowski aus Sofia, 27. Juni 1913 Nr. 607 (Tel.), *OUA*, Nr. 7525; Tarnowski aus Sofia, 27. Juni 1913 Nr. 608 (Tel.), *OUA*, Nr. 7526; Tarnowski aus Sofia, 28. Juni 1913 Nr. 613 (Tel.), *OUA*, Nr. 7541.

(71) Tel. nach Berlin, 27. Juni 1913 Nr. 461 (S. Nemes; V. Matscheko und Berchtold; G. Berchtold), *OUA*, Nr. 7515.

(72) Tel. nach Sofia, 28. Juni 1913 Nr. 324 (S. Matscheko; V. Szápáry u. Berchtold; G. Berchtold), *OUA*, Nr. 7539.

第6章　第二次バルカン戦争

(1) Ernest C. Helmreich, *The Diplomacy of the Balkan Wars 1912–1913* (New York: Russell & Russell, 1969, rpt. 1938), p. 366; Hans Übersberger, *Österreich zwischen Rußland und Serbien* (Köln: Verlag Hermann Böhlau Nachf., 1958), S. 158.

(2) Tarnowski aus Sofia, 1. Juli 1913 Nr. 629 (Tel.), *OUA*, Nr. 7578.

(3) Richard C. Hall, *Bulgaria's Road to the First World War* (New York: Columbia University Press, 1996), p. 237.

(4) Richard C. Hall, *The Balkan Wars 1912–1913* (London: Routledge, 2000), pp. 107–110.

(5) Hall, *The Balkan Wars 1912–1913*, p. 110.

(6) Helmreich, *The Diplomacy of the Balkan Wars*, p. 366. ブルガリア国王の側近ドブロヴィッチは七月二日にタルノフスキに対して、戦争が事実上始まり、もはや戦争を止めることはできないと述べている。Tarnowski aus Sofia, 2. Juli 1913 Nr. 638, *OUA*, Nr. 7591.

(7) Privatschreiben nach Berlin, 1. Juli 1913 Nr. 3117 (V. Szápáry u. Berchtold; G. Berchtold), *OUA*, Nr. 7566.

(8) Tagesbericht über einen Besuch des deutschen Botschafters, 2. Juli 1913 Nr. 3119 (S.u.G. Berchtold), *OUA*, Nr. 7584; Tschirschky an das Auswärtige Amt, Wien, 1. Juli 1913, *GP*, Nr. 13475. ドイツ皇帝はこの一連のベルヒトルトの発言を読んで、ドイツ大使からの報告書の欄外に「まったくもって正気の沙汰ではない。それでは戦争ではないか」と書き加えた。

(9) Feldmarschal Conrad, *Aus meiner Dienstzeit*, Bd. 3 (Wien: Rikola Verlag, 1922), S. 354; Memoiren Berchtolds, 21. Juni 1913.

(10) Fürstenberg aus Bukarest, 2. Juli 1913 Nr. 178 (Tel.), *OUA*, Nr. 7586.

(11) Tel. nach Sofia, 3. Juli 1913 Nr. 342 (S. Nemes; G. Berchtold), *OUA*, Nr. 7608.

(12) Ernst Ebel, *Rumänien und die Mittelmächte* (Vaduz: Kraus Reprint Ltd., 1965, rpt. 1939), S. 229f.; cf. Hans Übersberger, *Österreich zwischen Rußland und Serbien* (Köln: Verlag Hermann Böhlaus Nachf., 1958), S. 158.

(13) ブルガリア首相ダネフは、ルーマニアがいったん出した動員令をふたたび撤回することはもはや不可能であろう、とタルノフスキに述べている。Tarnowski aus Sofia, 5. Juli 1913 Nr. 659 (Tel.), *OUA*, Nr. 7639.

(14) Fürstenberg aus Bukarest, 6. Juli 1913 Nr. 191 (Tel.), *OUA*, Nr. 7650.

(15) Tel. nach Berlin, 4. Juli 1913 Nr. 478 (S. Berger; G. Berchtold), *OUA*, Nr. 7612.

(16) Zimmermann an Treutler, Berlin, 4. Juli 1913, *GP*, Nr. 13483.

(17) Memoiren Berchtolds, 5. Juli 1913.

(18) Szögyény aus Belrin, 6. Juli 1913 Nr. 314 (Tel.), *OUA*, Nr. 7645; Szögyény aus Belrin, 6. Juli 1913 Nr. 315 (Tel.), *OUA*, Nr. 7646; Zimmermann an Tschirschky, Berlin, 6. Juli 1913, *GP*, Nr. 13490.

(19) Jagow an Tschirschky, Berlin, 12. Juli 1913, *GP*, Nr. 13510.

(20) Mensdorff aus London, 8. Juli 1913 Nr. 508 (Tel.), *OUA*, Nr. 7690; Mérey aus Rom, 9. Juli 1913 Nr. 424 (Tel.), *OUA*, Nr. 7703.

(21) Jagow an Quadt, Berlin, 15. Juli 1913, *GP*, Nr. 13516.

(22) Szögyény aus Belrin, 5. Juli 1913 Nr. 312 (Tel.), *OUA*, Nr. 7633; Zimmermann an Treutler, Berlin, 4. Juli 1913, *GP*, Nr. 13483.

(23) Fürstenberg aus Bukarest, 12. Juli 1913 Nr. 210 (Tel.), *OUA*, Nr. 7747; Mérey aus Rom, 12. Juli 1913 Nr. 43 (Ber.), *OUA*, Nr. 7748.

(24) Tarnowski aus Sofia, 5. Juli 1913 Nr. 667 (Tel.), *OUA*, Nr. 7643.

(25) Tarnowski aus Sofia, 7. Juli 1913 Nr. 679 (Tel.), *OUA*, Nr. 7678.

(26) Tarnowski aus Sofia, 8. Juli 1913 Nr. 692 (Tel.), *OUA*, Nr. 7693; Tarnowski aus Sofia, 8. Juli 1913 Nr. 693 (Tel.), *OUA*, Nr. 7694.

(27) Tarnowski aus Sofia, 9. Juli 1913 Nr. 702 (Tel.), *OUA*, Nr. 7704; Tarnowski aus Sofia, 9. Juli 1913 Nr. 703 (Tel.), *OUA*, Nr. 7705.

(28) Tel. nach Sofia, 10. Juli 1913 Nr. 360 (S. Matscheko; G. Berchtold), *OUA*, Nr. 7715.

(29) Hugo Hantsch, *Leopold Graf Berchtold*, Bd. 2 (Graz: Verlag Styria, 1963), S. 452.

(30) Tel. nach Sofia, 10. Juli 1913 Nr. 360 (S. Matscheko; G. Berchtold), *OUA*, Nr. 7715.

(31) Hantsch, *Leopold Graf Berchtold*, Bd. 2, S. 453; Memoiren Berchtolds, 8. und 9. Juli 1913.

(32) Memoiren Berchtolds, 14. Juli 1913.

(33) Tel. nach Berlin Nr. 501, St.Petersburg Nr. 411, London Nr. 586, Paris Nr. 364 und Rom Nr. 794, 15. Juli 1913 (S. Matscheko; V. Nemes u. Berchtold; G. Berchtold), *OUA*, Nr. 7772.

(34) Tarnowski aus Sofia, 15. Juli 1913 Nr. 748 (Tel.), *OUA*, Nr. 7785; Thurn aus St.Petersburg, 16. Juli 1913 Nr. 249 (Tel.), *OUA*, Nr. 7792.

(35) Szécsen aus Paris, 16. Juli 1913 Nr. 139 (Tel.), *OUA*, Nr. 7790.

(36) Hantsch, *Leopold Graf Berchtold*, Bd. 2, S. 455.

(37) Memoiren Berchtolds, 16. Juli 1913.

(38) Tel. nach Sofia; Bad Ischl, 17. Juli 1913 o.Nr. (V. Berchtold; G. Hoyos), *OUA*, Nr. 7814.

(39) Fürstenberg aus Bukarest, 15. Juli 1913 Nr. 219 (Tel.), *OUA*, Nr. 7773; Szécsen aus Paris, 16. Juli 1913 Nr. 139 (Tel.), *OUA*, Nr. 7790.

(40) Tarnowski aus Sofia, 18. Juli 1913 Nr. 779 (Tel.), *OUA*, Nr. 7838.

(41) Tarnowski aus Sofia, 19. Juli 1913 Nr. 786 (Tel.), *OUA*, Nr. 7864.

(42) Fürstenberg aus Bukarest, 21. Juli 1913 Nr. 243 (Tel.), *OUA*, Nr. 7891.

(43) Tarnowski aus Sofia, 21. Juli 1913 Nr. 824 (Tel.), *OUA*, Nr. 7913.

(44) Tel. nach Bukarest, 22. Juli 1913 Nr. 350 (S. Nemes; G. Berchtold), *OUA*, Nr. 7922.

(45) Fürstenberg aus Bukarest, 21. Juli 1913 Nr. 244 (Tel.), *OUA*, Nr. 7892; Fürstenberg aus Bukarest, 22. Juli 1913 Nr. 246 (Tel.), *OUA*, Nr.

7925.

(46) Helmreich, *The Diplomacy of the Balkan Wars*, p. 388.

(47) カヴァラに関しては、Franz-Josef Kos, *Die politischen und wirtschaftlichen Interessen Österreich-Ungarns und Deutschlands in Südosteuropa 1912/13. Die Adriahafen-, die Saloniki- und die Kavallafrage* (Wien: Böhlau Verlag, 1996), S. 219–225 を見よ。

(48) Fürstenberg aus Bukarest, 1. Aug. 1913 Nr. 279, *OUA*, Nr. 8161; Barclay to Grey, Bucharest, Aug. 1, 1913, *BD*, no. 1191.

(49) Szécsen aus Paris, 2. Aug. 1913 Nr. 150, *OUA*, Nr. 8187.

(50) Fürstenberg aus Bukarest, 31. Juli 1913 Nr. 277, *OUA*, Nr. 8141; Barclay to Grey, Bucharest, Aug. 1, 1913, *BD*, no. 1191.

(51) Tel. nach Bukarest Nr. 388, Berlin Nr. 563 und Rom Nr. 887, 2. Aug. 1913 (S. Berger; G. Berchtold), *OUA*, Nr. 8177.

(52) Thurn aus St.Petersburg, 6. Aug. 1913 Nr. 270 (Tel.), *OUA*, Nr. 8249.

(53) Mensdorff aus London, 2. Aug. 1913 Nr. 590, *OUA*, Nr. 8185; Szécsen aus Paris, 2. Aug. 1913 Nr. 150, *OUA*, Nr. 8187; Mérey aus Rom, 4. Aug. 1913 Nr. 500, *OUA*, Nr. 8217; Mérey aus Rom, 8. Aug. 1913 Nr. 516, *OUA*, Nr. 8293; Zimmermann an Waldthausen, Berlin, 5. Aug. 1913, *GP*, Nr. 13716; Waldthausen an das Auswärtige Amt, Bukarest, 6. Aug. 1913, *GP*, Nr. 13721.

(54) Tel. nach Bukarest, 25. Juli 1913 Nr. 369 (S. Matscheko; V.u.G. Berchtold), *OUA*, Nr. 8016; cf. Telegramm an Fürstenberg, Nr. 383, Wien, 31. Juli 1913 P.A. XII, Karton 436.

(55) Thurn aus St.Petersburg, 25. Juli 1913 Nr. 257 (Tel.), *OUA*, Nr. 8030. サゾノフはそれ以前すでに、ロンドン駐在ロシア大使宛ての書簡で、ギリシアがカヴァラとドゥラマを要求していることを認めることはできないと述べ、またペテルスブルク駐在イギリス大使ブキャナンに対してはブルガリアがエーゲ海から完全に排除されることを認めることはできない、といっていた。Buchanan to Grey, St.Petersburgh, July 18, 1913, *BD*, no. 1160; Sasonow an russischen Botschafter in London, St.Petersburg, 12. Juli 1913, *Iswolski*, Nr. 955.

(56) Sasonow an russischen Botschafer in Paris, St.Petersburg, 4. Aug. 1913, *Iswolskis*, Nr. 986.

(57) Tel. nach Berlin, 5. Aug. 1913 Nr. 567 (S. Szápáry; G. Berchtold), *OUA*, Nr. 8225.

(58) この調印によって、ハプスブルク帝国は南東国境に配置していた部隊のうち約二二万人の動員解除に着手できた。この配置の費用は一九〇八年のボスニア危機の約二倍となった。Eduard Ritter von Steinitz, "Berchtolds Politik während des zweiten Balkankrieges",

Berliner Monatshefte, Juli 1932, S. 669 Fußnote.

（59） Helmreich, *The Diplomacy of the Balkan Wars*, p. 396.

（60） Memoiren Berchtolds, 7. Aug. 1913.

（61） Helmreich, *The Diplomacy of the Balkan Wars*, pp. 397f.

（62） Haymerle aus Bukarest, 13. Aug. 1913 Nr. 320（Tel.）, *OUA*, Nr. 8367.

（63） Buchanan to Grey, St.Petersburgh, Aug. 9, 1913, *BD*, no. 1228.

（64） Buchanan to Grey, St.Petersburgh, Aug. 19, 1913, *BD*, no. 1244.

（65） Memoiren Berchtolds, 16. und 17. Aug. 1913. ハプスブルク帝国の政策決定者のあいだでは、必ずしも、条約修正に関する要求について意見が一致していたわけではない。ハンガリー首相ティサのウィーンでの代理人ブリアーンは、ハプスブルク帝国が譲歩すべきではないことや、セルビア軍をヴァルダル川左岸から撤退させるためにハプスブルク帝国軍の動員をかけるべきであることを指摘し、条約修正の必要性を説いた。逆に、ブカレスト駐在公使フュルステンベルクは、夏期休暇でウィーンに戻ってきた際にベルヒトルトと会見し、条約修正をハプスブルク帝国が主張することで、ルーマニアは自分が傷つけられたと感じ、ハプスブルク帝国の敵陣営に移ってしまうおそれがあるため、条約の修正には反対を表明した。また、皇位継承者フランツ・フェルディナントもフュルステンベルクと同じ見解であった。Memoiren Berchtolds, 14. Aug. 1913.

（66） Helmreich, *The Diplomacy of the Balkan Wars*, p. 399.

（67） ブルガリアとオスマン帝国との講和交渉をめぐる動きは以下のものを見よ。Hall, *Bulgaria's Road*, pp. 256–259.

（68） レードル事件については以下のものが詳しい。Georg Markus, *Der Fall Redl*（Wien: Amalthea, 1984）.

（69） Samuel R. Williamson, Jr., *Austria-Hungary and the Origins of the First World War*（London: Macmillan, 1991）, pp. 145–148.

（70） F. R. Bridge, *From Sadowa to Sarajevo*（London: Routledge & Kegan Paul, 1972）, pp. 355f.

（71） Hantsch, *Leopold Graf Berchtold*, Bd. 2, S. 435f., 445, 464f.; Robert Elford Simmons, *German Balkan Diplomacy 1906–1913*（Diss. Auburn, 1982）, p. 397.

（72） Luigi Albertini, *The Origins of the War of 1914*, trans. and ed. by Isabella Massey, vol. Ⅰ（London: Oxford University Press, 1952）, pp. 453–469.

(73) József Galántai, *Die Österreichisch-ungarische Monarchie und der Weltkrieg* (Budapest: Corvina Kiadó, 1979), S. 120f., 137, 156–158.

(74) Fritz Fischer, *Krieg der Illusionen* (Düsseldolf: Droste Verlag, 1970), S. 306.

(75) Holger Afflerbach, *Der Dreibund* (Wien: Böhlau, 2002), S. 742f.; Fritz Fellner, *Vom Dreibund zum Völkerbund* (Wien: Verlag für Geschichte und Politik, 1994), S. 74; Erich Brandenburg, *Von Bismarck zum Weltkriege* (Berlin: Deutsche Verlagsgesellschaft für Politik und Geschichte, 1925), S. 401; Sidney Bradshaw Fay, *The Origins of the World War*, vol. 2, 2nd ed., Revised (New York: The Macmillan Company, 1930), p. 452; Hugh Seton-Watson, *The Decline of Imperial Russia 1855–1914* (London: Methuen & Co. Ltd., 1952), p. 355.

(76) Helmreich, *The Diplomacy of the Balkan Wars*, pp. 378f.

(77) Memoiren Berchtolds, 4. Juli 1913.

(78) Memoiren Berchtolds, 28. Juli 1913.

(79) Hantsch, *Leopold Graf Berchtold*, Bd. 2, S. 458.

(80) Erlaß nach Berlin, 1. Aug. 1913 Nr. 3685 (G. Berchtold), *OUA*, Nr. 8157.

(81) Williamson, *Austria-Hungary*, p. 143.

(82) Galántai, *Die Österreichisch-ungarische Monarchie und der Weltkrieg*, S. 129; cf. Idris Rhea Traylor, Jr., *The Double-eagle and the Fox: The Dual Monarchy and Bulgaria, 1911–1913* (Diss. Duke, 1965), p. 336.

(83) トランシルヴァニア地方のルーマニア人をめぐるハンガリーの対応については以下のものを見よ。Garbor Vermes, *István Tisza* (New York: Columbia University Press, 1985), pp. 197ff.

第7章　ハプスブルク帝国対セルビア――一九一三年「一〇月危機」

(1) József Galántai, "Austria-Hungary and the War: The October 1913 Crisis – Prelude to July 1914", *Studia Historica* (Academiae Scientiarum Hungaricae), vol. 162 (1980).

(2) Tel. nach Belgrad Nr. 238, London Nr. 659, Rom Nr. 890 und Berlin Nr. 563, 3. Aug. 1913 (S. Berger; G. Macchio), *OUA*, Nr. 8194; cf. Ugron aus Belgrad, 5. Juli 1913 Nr. 444 (Tel.), *OUA*, Nr. 7632; Ugron an Berchtold, Belgrad, 10. Juli 1913 Nr. 467, P.A. XII, Karton 409.

(3) Ugron aus Belgrad, 6. Aug. 1913 Nr. 534 (Tel.), *OUA*, Nr. 8238.

(4) Ugron aus Belgrad, 12. Aug. 1913 Nr. 539 (Tel.), *OUA*, Nr. 8344; Ugron aus Belgrad, 17. Aug. 1913 Nr. 550 (Tel.), *OUA*, Nr. 8410; Mérey aus Rom, 18. Aug. 1913 Nr. 543 (Tel.), *OUA*, Nr. 8415.

(5) Storck aus Belgrad, 23. Aug. 1913 Nr. 172B (Ber.), *OUA*, Nr. 8457.

(6) Tel. nach Rom Nr. 1004, Belrin Nr. 619, London Nr. 698, Paris Nr. 424, St.Petersburg Nr. 488 und Belgrad Nr. 262, 4. Sept. 1913 (S. Egger; G. Macchio), *OUA*, Nr. 8541; Crackanthorpe to Grey, Belgrade, Sept. 9, 1913, *BD*, vol. X (part I), no. 4.

(7) Trauttmansdorff aus London, 6. Sept. 1913 Nr. 637 (Tel.), *OUA*, Nr. 8552; Somssich aus Paris, 6. Sept. 1913 Nr. 172 (Tel.), *OUA*, Nr. 8553; Ambrózy aus Rom, 7. Sept. 1913 Nr. 602 (Tel.), *OUA*, Nr. 8557; Thurn aus St.Petersburg, 8. Sept. 1913 Nr. 301 (Tel.), *OUA*, Nr. 8564; Flotow aus Berlin, 9. Sept. 1913 Nr. 402 (Tel.), *OUA*, Nr. 8571; Grey to Crackanthorpe, Sept. 12, 1913, *BD*, vol. X (part I), no. 7.

(8) Storck aus Belgrad, 6. Sept. 1913 Nr. 182A (Ber.), *OUA*, Nr. 8546.

(9) Storck aus Belgrad, 13. Sept. 1913 Nr. 594 (Tel.), *OUA*, Nr. 8617; Storck aus Belgrad, 13. Sept. 1913 Nr. 186A (Ber.), *OUA*, Nr. 8618; Czernin aus St.Petersburg, 16. Sept. 1913 Nr. 311 (Tel.), *OUA*, Nr. 8646; Crackanthorpe to Grey, Belgrade, Sept. 13, 1913, *BD*, vol. X (part I), no. 9.

(10) Tel. nach Rom Nr. 1041, Berlin Nr. 633, London Nr. 704, Paris Nr. 435, St.Petersburg Nr. 496 und Belgrad Nr. 271. 11. Sept. 1913 (S. Egger; V. Rappaport; G. Forgách), *OUA*, Nr. 8596; Tel. nach Belgrad, 9. Sept. 1913 Nr. 268 (S. Berger; G. Forgách), *OUA*, Nr. 8567; Tel. nach Belgrad Nr. 274 und St.Petersburg, 15. Sept. 1913 (S. Berger; G. Rappaport), *OUA*, Nr. 8634.

(11) Storck aus Belgrad, 15. Sept. 1913 Nr. 595 (Tel.), *OUA*, Nr. 8635; Storck aus Belgrad, 16. Sept. 1913 Nr. 596 (Tel.), *OUA*, Nr. 8640; Hanns Cristian Löhr, *Die Albanische Frage* (Diss. Bonn, 1992), S. 172.

(12) Tel. nach Berlin Nr. 639, Rom Nr. 1061, London Nr. 709, Paris Nr. 440, St.Petersburg Nr. 500 und Belgrad Nr. 275, 17. Sept. 1913 (S. Berger; V. Rappaport; G. Forgách), *OUA*, Nr. 8649; Storck aus Belgrad, 18. Sept. 1913 Nr. 598 (Tel.), *OUA*, Nr. 8655; Tel. nach Berlin Nr. 643, Rom Nr. 1068, London Nr. 712, Paris Nr. 443, St.Petersburg Nr. 502 und Belgrad Nr. 277, 18. Sept. 1913 (S. Berger; G. Forgách), *OUA*, Nr. 8657; Trauttmansdorff aus London, 18. Sept. 1913 Nr. 643 (Tel.), *OUA*, Nr. 8661; Ernst C. Helmreich, *The Diplomacy of the Balkan Wars 1912–1913* (New York: Russell & Russell, 1969, rpt. 1938), pp. 421f.

(13) Storck an Berchtold, 18. Sept. 1913 Nr. 601, P.A. XII, Karton 449; Storck an Berchtold, 19. Sept. 1913 Nr. 192, P.A. XII, Karton 449.

(14) Mayrhauser an Berchtold, 19. Sept. 1913 Nr. 143, P.A. XII, Karton 449. 当時、市場周辺の山岳部族が夏に平野部に降りてきて、掠奪を行なうのはごく普通のことであった。Löhr, *Die Albanische Frage*, S. 172.

(15) Ambrózy aus Rom, 24. Sept. 1913 Nr. 56C (Ber.), *OUA*, Nr. 8697.

(16) Weinzetl aus Cetinje, 25. Sept. 1913 Nr. 268 (Tel.), *OUA*, Nr. 8710; Storck an Berchtold, 22. Sept. 1913 Nr. 603, P.A. XII, Karton 449; Storck an Berchtold, 24. Sept. 1913 Nr. 608, P.A. XII, Karton 449; Kohlruss an Berchtold, 23. Sept. 1913 Nr. 82, P.A. XII, Karton 449; Jehlitschka an Berchtold, Üsküb, 23. Sept. 1913 Nr. 126, P.A. XII, Karton 449; K.u.k. Chef des Generalstabes, Evb. Nr. 4143, P.A. XII, Karton 450; K.u.k. Chef des Generalstabes, Evb. Nr. 4176, Evidenzbureau des k.u.k. Generalstabes, Tagesbericht vom 26. Sept. 1913, Evb. Nr. zu 4200 res., P.A. XII, Karton 449; Evidenzbureau des k.u.k. Generalstabes. Tagesbericht vom 24. Sept. 1913, Evb. Nr. zu 4143, P.A. XII, Karton 449.

(17) Tel. nach Rom Nr. 1092, Berlin Nr. 650, London Nr. 718, St.Petersburg Nr. 507 und Paris Nr. 449, 24. Sept. 1913 (S. Berger; G. Macchio), *OUA*, Nr. 8696.

(18) Copia pro actis ad Einsichtsstuck des k.u.k. Chefs des Generalstabes vom 29. Sept. 1913 Nr. 4178, P.A. XII, Karton 449.

(19) Czernin aus St.Petersburg, 24. Sept. 1913 Nr. 317 (Tel.), *OUA*, Nr. 8698. アルベルティーニは、四つの点を原因としてあげている。つまり、①抑圧的なセルビア軍占領が一連の残虐行為によりアルバニア人とセルビア人を不和にしたこと、②不十分かつ配給状態の悪い部隊による占領のあと、セルビアが占領地にいかなる軍事上・行政上の組織も作り上げなかったことおよび部隊数の不足、③セルビアが国境地帯に住む人々に物資を提供するジブラとジャコヴァの市場への通行を閉鎖したことである。Luigi Albertini, *The Origins of the War of 1914*, trans. and ed. by Isabella Massey, vol. 1 (London: Oxford University Press, 1952), p. 473.

(20) Storck aus Belgrad, 25. Sept. 1913 Nr. 198A (Ber.), *OUA*, Nr. 8707.

(21) Storck an Berchtold, 27. Sept. 1913 Nr. 200, P.A. XII, Karton 449.

(22) Cartwright to Nicolson, Vienna, Sept. 27, 1913, *BD*, vol. X (part I), no. 23.

(23) Ambrózy aus Rom, 26. Sept. 1913 Nr. 678 (Tel.), *OUA*, Nr. 8718; Ambrózy aus Rom, 28. Sept. 1913 Nr. 688 (Tel.), *OUA*, Nr. 8738; Ambrózy aus Rom, 28. Sept. 1913 Nr. 689 (Tel.), *OUA*, Nr. 8739.

(24) セルビア政府とフランス銀行団とのあいだで九月初め、一〇〇〇万ポンドの借款をめぐる話し合いが行なわれた。このうち五〇〇万ポンドは一〇月末に実施されることになり、残りは好ましい時期に行なうことが決まっていた。Storck aus Belgrad, 28. Sept. 1913 Nr. 626 (Tel.), *OUA*, Nr. 8736; Storck aus Belgrad, 29. Sept. 1913 Nr. 628 (Tel.), *OUA*, Nr. 8746; Storck aus Belgrad, 29. Sept. 1913 Nr. 627 (Tel.), *OUA*, Nr. 8745; Crackanthorpe to Grey, Belgrade, Sept. 28, 1913, *BD*, vol. X (part I), no. 25.

(25) Storck aus Belgrad, 30. Sept. 1913 Nr. 630 (Tel.), *OUA*, Nr. 8754; Storck aus Belgrad, 30. Sept. 1913 Nr. 632 (Tel.), *OUA*, Nr. 8755; Somssich aus Paris, 30. Sept. 1913 Nr. 204 (Tel.), *OUA*, Nr. 8759; Grey to Crackanthorpe, Sept. 29, 1913, *BD*, vol. X (part I), no. 26; Mensdorff an Berchtold, London, 29. Sept. 1913 Nr. 655, P.A. XII, Karton 449.

(26) Czernin aus St.Petersburg, 30. Sept. 1913 Nr. 320 (Tel.), *OUA*, Nr. 8762; Czernin aus St.Petersburg, 30. Sept 1913 Nr. 322 (Tel.), *OUA*, Nr. 8763; *Iswolskis*, Bd. 3, Nr. 1059, 1060, 1066; O'Beirne to Nicolson, St.Petersburgh, Oct. 2, 1913, *BD*, vol. X (part I), no. 31.

(27) Storck aus Belgrad, 1. Okt. 1913 Nr. 634 (Tel.), *OUA*, Nr. 8764; Storck aus Belgrad 1. Okt. 1913 Nr. 635 (Tel.), *OUA*, Nr. 8765; Storck aus Belgrad, 1. Okt. 1913 Nr. 203A (Ber.), OUA, Nr. 8766; Storck an Berchtold, Belgrad, 2. Okt. 1913 Nr. 636, P.A. XII, Karton 449. 外相代理スパライコヴィッチは同日朝、イギリス代理公使と会見したとき、アルバニアに関するセルビア政府の現在の態度を説明した。彼は、セルビアの軍事行動が純粋に防衛的なものと断言し、アルバニアを併合する隠れた意図など何もないと主張した。また、アルバニア人勢力を撃退するセルビア軍は場合によっては大使会議で決定された国境線を越えざるをえないかもしれないことと、黒ドリン川西部の戦略上の拠点を占領する可能性がある、しかし、その占領後アルバニア国内に秩序が形成されるまでの一時的なものであることを述べた。Crackenthorpe to Grey, Belgrade, Oct. 2, 1913, *BD*, vol. X (part I), no. 30.

(28) Memoiren Berchtolds, 24. Sept. 1913; Galántai, "Austria-Hungary and the War", p. 19.

(29) Feldmarschal Conrad, *Aus meiner Dienstzeit*, Bd. 3 (Wien: Rikola Verlag, 1922), S. 442f.

(30) Memoiren Berchtolds, 29. Sept. 1913.

(31) Conrad, *Aus meiner Dienstzeit*, Bd. 3, S. 443f.; Hugo Hantsch, *Leopold Graf Berchtold*, Bd. 2 (Graz: Verlag Styria, 1963), S. 487f.; Galántai, "Austria-Hungary and the War", p. 20.

(32) 九月二七日のブリアーンの日記には、ベルヒトルトがティサらの進言によって断固とした行動をとることが明らかになった、と記されている。ガラーンタイは、これをブリアーンの間違いとみなしている。Galántai, "Austria-Hungary and the War", p. 19.

(33) Hantsch, *Leopold Graf Berchtold*, Bd. 2, S. 485; Conrad, *Aus meiner Dienstzeit*, Bd. 3, S. 445; Galántai, "Austria-Hungary and the War",

p. 20.

（34）『オーストリア＝ハンガリー外交文書』（*OUA*）では、この討議のやりとりのみが掲載されている。

（35）“Protokoll des zu Wien am 3. Okt. 1913 abgehaltenen Ministerrates für gemeinsame Angelegenheiten, unter dem Vorsitze des Ministers des k.u.k. Hauses und des Äußen Grafen Berchtold”（V. Günther; Stürgkh; Berchotld; G. Hoyos）, *OUA*, Nr. 8779; Conrad, *Aus meiner Dienstzeit*, Bd. 3, S. 461; Memoiren Berchtolds, 3. Okt. 1913.

（36）Hantsch, *Leopold Graf Berchtold*, Bd. 2, S. 494. ハンチュは、ベルヒトルトがティサの提案した方針を進むことを決し、三日以後のベルヒトルトの政策を検討する際には、ティサの影響力を考慮しなければならないと主張している。

（37）Samuel R. Williamson, Jr., *Austria-Hungary and the Origins of the First World War*（London: Macmillan, 1991）, p. 151.

（38）Zitkovszky an Berchtold, Monastir, 4. Okt. 1913 Nr. 122, P.A. XII, Karton 449.

（39）Evidenzbureau des k.u.k. Generalstabes, Tagesbericht vom 7. Okt. 1913, Evb. Nr. zu 4300/7 res. vom 7. Okt., P.A. XII, Karton 450.

（40）Storck aus Belgrad, 7. Okt. 1913 Nr. 650（Tel.）, *OUA*, Nr. 8797; Storck aus Belgrad, 9. Okt. 1913 Nr. 654（Tel.）, *OUA*, Nr. 8808. しかし、フランスにおけるセルビアへの借款の実施には問題が発生していた。フランス銀行団がセルビアの銀行を通じてセルビア大蔵省へ伝えたところによると、セルビアがアルバニアとの国境問題で「大国」寄りの姿勢を示さない場合には、一〇月末の四一〇万ポンドの借款の実施は停止されることになっていた。O'Beirne to Nicolson, St.Petersburgh, Oct. 2, 1913, *BD*, vol. X（part I）, no. 31.

（41）Tel. nach Rom, 9. Okt. 1913 Nr. 1182（S. Berger; V.u.G. Forgách）, *OUA*, Nr. 8810; Lejhanec an Berchtold, Valona, 8. Okt. 1913 Nr. 843, P.A. XII, Karton 449; Storck an Berchtold, Belgrad, 9. Okt. 1913 Nr. 657, P.A. XII, Karton 449; Zitkovsky an Berchtold, Monastir, 9. Okt. 1913 Nr. 92, P.A. XII, Karton 449. 嘆願書については、Hornbostel an Berchtold, Durazzo, 10. Okt. 1913 Nr. 259, P.A. XII, Karton 449を見よ。

（42）Storck aus Belgrad, 10. Okt. 1913 Nr. 660（Tel.）, *OUA*, Nr. 8815; Tel. an Flotow in Berlin, 10. Okt. 1913 Nr. 682（S. Rappaport; V.u.G. Berchtold）, *OUA*, Nr. 8816; Ambrózy aus Rom, 10. Okt. 1913 Nr. 749（Tel.）, *OUA*, Nr. 8819.

（43）Privatbericht Tiszas 9. Okt. 1913, Nachlaß Berchtold, Karton 4.

（44）Galántai, “Austria-Hungary and the War”, p. 23.

（45）Conrad, *Aus meiner Dienstzeit*, Bd. 3, S. 463f.

(46) Hantsch, *Leopold Graf Berchtold*, Bd. 2, S. 449; Robert A. Kann, "Erzherzog Franz Ferdinand und Graf Berchtold als Außenminister", *Mitteilungen des österreichischen Staatsarchivs*, Bd. 22 (1970), S. 270f. 参照、フリッツ・フィッシャー（村瀬興雄監訳）『世界強国への道 1』（岩波書店、一九七二年）、四一頁。

(47) ハンチュは著書『ベルヒトルト』のなかで、「一〇月一三日の会議については、プロトコルのなかにもベルヒトルトの日記にも回顧録にも記載はない。人々がもし、コンラートが取り違いの犠牲になったことを受け入れたくないならば、コンラートが会議と決めつけた非公式な協議が問題であるとの宣言だけが存在する。個人または数人が参加したそのような会議は、この興奮した時期には数多く開かれていた」と述べているが、筆者がベルヒトルトの回顧録を確認したところ、協議の件は本文中にあるように記載されている。また、ガラーンタイが使用したブリアーンの日記のなかでも、協議の件は確認できる。ただ、問題はブリアーンが「協議（Beratung）」と記す一方で、ベルヒトルトは「会議（Konferenz）」と記していることである。本書では、共通閣僚会議の記録として残されていないという非公式な面を強調する意味で、「協議」という言葉を使用した。Conrad, *Aus meiner Dienstzeit*, Bd. 3, S. 464-466; Memoiren Berchtolds, 13. Okt. 1913; Hantsch, *Leopold Graf Berchtold*, Bd. 2, S. 501; Galántai, "Austria-Hungary and the War", p. 23; Williamson, *Austria-Hungary*, pp. 152f.; Albertini, *The Origins of the War of 1914*, vol. 1, pp. 477f.

(48) Memoiren Berchtolds, 13. Okt. 1913.

(49) Galántai, "Austria-Hungary and the War", p. 23.

(50) Storck aus Belgrad, 20. Okt. 1913 Nr. 224A (Ber.), *OUA*, Nr. 8828.

(51) Storck aus Belgrad, 15. Okt. 1913 Nr. 671 (Tel.), *OUA*, Nr. 8834; Storck aus Belgrad, 15. Okt. 1913 Nr. 672 (Tel.), *OUA*, Nr. 8835; Légation royale de Serbie, Vienne, 3/16. Okt. 1913, P.A. XII, Karton 451; Crackanthorpe to Grey, Belgrade, Oct. 17, 1913, *BD*, vol. X (part I), no. 41.

(52) Kohlruss an Berchtold, Prisren, 14. Okt. 1913, Nr. 108, P.A. XII, Karton 451; Kohlruss an Berchtold, Prisren, 15. Okt. 1913, Nr. 109, P.A. XII, Karton 451; Evidenzbureau des k.u.k. Generalstabes, Tagesbericht vom 20. Okt. 1913, Evb. Nr. 4300/20 res., vom 20. Okt. 1913, P.A. XII, Karton 450. 一四日に外務省へ届いたシュトルクの報告書には、ミトロヴィツァのハプスブルク帝国代表からシュトルク宛ての一〇月一日から九日までの各地の状況が、日誌形式で詳細に記された報告書が同封されている。Storck an Berchtold, Belgrad, 14. Okt. 1913, Nr. 218F, Beilage, Umlauf an Storck, Mitrovitza, 9. Okt. 1913, P.A. XII, Karton 451. セルビアが黒ドリン川を国境とする希

望をもっていることについて、シュトルクはセルビア外務省事務局長の発言について興味深い報告をしている。事務局長は、彼との会見のなかで、セルビアがプリズレンをドリン谷を通る戦略鉄道によってジブラと接続する計画をもっていることを述べた。シュトルクは、この鉄道確保のためにドリン谷の両方の山腹を要求するのであるらしい、と伝えている。また、彼は複数のセルビア官吏の発言から、セルビアが最終的には、セルビアからアルバニアの一部を通過しアドリア海に面するモンテネグロ領まで鉄道を建設する計画をもっている、との見解を示した。彼は「南スラヴ人の空想みたいなものが、たしかにこの計画の原因のひとつであるかもしれない。しかし、まったくの作り事にすぎないといってはいけないであろう」と記している。Storck an Berchtold, Belgrad, 15. Okt. 1913, Nr. 219B, P.A. XII, Karton 451.

(53) Tel. nach Berlin Nr. 693, Rom Nr. 1204 und Bukarest Nr. 450, 15. Okt. 1913 (S. Rappaport; G. Berchtold), *OUA*, Nr. 8837.

(54) Tel. nach Berlin, 16. Okt. 1913 Nr. 696 (V. Rappaport; G. Berchtold), *OUA*, Nr. 8847.

(55) Stolberg an das Auswärtige Amt, Wien, 15. Okt. 1913, *GP*, Nr. 14160.

(56) Zimmermann an Wedel, Berlin, 16. Okt. 1913, *GP*, Nr. 14161; Zimmermann an Tschirschky, Berlin, 16. Okt. 1913, *GP*, Nr. 14162; Zimmermann an Schafenberg, Berlin, 16. Okt. 1913, *GP*, Nr. 14163; Zimmermann an Lichnowsky, Berlin, 16. Okt. 1913, *GP*, Nr. 14164.

(57) Memoiren Berchtolds, 16. und 17. Okt. 1913; Storck aus Belgrad, 17. Okt. 1913 Nr. 678 (Tel.), *OUA*, Nr. 8853; Tagesbericht über einen Besuch des deutschen Geschäftsträgers, 18. Okt. 1913 Nr. 4916 (S.u.G. Berchtold), *OUA*, Nr. 8860; Stolberg an das Auswärtige Amt, Wien, 17. Okt. 1913, *GP*, Nr. 14170.

(58) Tel. nach Belgard, 17. Okt. 1913 Nr. 303 (S. Mascheko; V. Rappaport; G. Berchtold), *OUA*, Nr. 8850.

(59) Hantsch, *Leopold Graf Berchtold*, Bd. 2, S. 503.

(60) Tagesbericht über einen Besuch des deutschen Geschäftsträgers, 18. Okt. 1913 Nr. 4940 (S.u.G. Berchtold), *OUA*, Nr. 8861; Storck aus Belgrad, 19. Okt. 1913 Nr. 681 (Tel.), *OUA*, Nr. 8869; Flotow aus Berlin, 19. Okt. 1913 Nr. 445 (Tel.), *OUA*, Nr. 8872; Forgách aus Dresden, 19. Okt. 1913 Nr. 30 (Tel.), *OUA*, Nr. 8873; Grey to Goschen, Oct. 18, 1913, *BD*, vol. X (part I), no. 43; Goschen to Grey, Berlin, Oct. 19, 1913, *BD*, vol. X (part I), no. 46.

(61) Ambrózy aus Rom, 18, Okt. 1913 Nr. 781 (Tel.), *OUA*, Nr. 8864; Storck aus Belgrad, 19. Okt. 1913 Nr. 680 (Tel.), *OUA*, Nr. 8868; Tagesbericht über eine Besuch des englischen Botschafters, 20. Okt. 1913 Nr. 4985 (S. Kinsky; V.u.G. Hoyos), *OUA*, Nr. 8884; Mensdorff

aus London, 22. Okt. 1913 Nr. 764 (Tel.), *OUA*, Nr. 8900; Grey to Goschen, Oct. 20, 1913, *BD*, vol. X (part I), no. 48.

(62) Czernin aus St.Petersburg, 18. Okt. 1913 Nr. 343 (Tel.), *OUA*, Nr. 8866; Czernin aus St.Petersburg, 18. Okt. 1913 Nr. 39 (Ber.), *OUA*, Nr. 8867; Somssich aus Paris, 19. Okt. 1913 Nr. 221 (Tel.), *OUA*, Nr. 8874.

(63) Ambrózy aus Rom, 18. Okt. 1913 Nr. 781 (Tel.), *OUA*, Nr. 8864; Storck aus Belgrad, 19. Okt. 1913 Nr. 682 (Tel.), *OUA*, Nr. 8870; Ambrózy aus Rom, 20. Okt. 1913 Nr. 789 (Tel.), *OUA*, Nr. 8887.

(64) Ambrózy aus Rom, 20. Okt. 1913 Nr. 790 (Tel.), *OUA*, Nr. 8888. しかし、一九一四年七月には、イタリア外相は、応戦義務発生事由を拒否して中立を宣言することになる。Albertini, *The Origins of the War of 1914*, vol. 1, p. 482. オスマン帝国は最後通牒を非常に好意的に受け取った。Löwenthal an Berchtold, Konstantinopel, 25. Okt. 1913 Nr. 63B, P.A. XII, Karton 451.

(65) Conrad, *Aus meiner Dienstzeit*, Bd. 3, S. 474.

(66) Crakanthorpe to Grey, Oct. 19, 1913, *BD*, vol. X (part I), no. 45.

(67) Storck aus Belgrad, 20. Okt. 1913 Nr. 684 (Tel.), *OUA*, Nr. 8880; Storck aus Belgrad, 20. Okt. 1913 Nr. 224A (Ber.), *OUA*, Nr. 8882. 事務局長はさらに「八日という期間は短すぎる」と発言した。シュトルクはこれに対して、「もしあなたがこの〔外務省の〕建物のなかで頻繁に保証したように、セルビア軍が国境を数キロメートルしか越えていないことが事実ならば、この短い距離の撤退のためのわれわれの期日はかなり十分なものであろう」と答えた。

(68) Tagesbericht über einen Besuch des serbischen Gesandten, 20. Okt. 1913 Nr. 4970 (S.u.G. Hoyos), *OUA*, Nr. 8878; Erlaß nach Belgrad, 21. Okt. 1913 Nr. 75791/2 (V. Schlechta; G. Macchio), *OUA*, Nr. 8892. セルビアの半官紙『サモウプラウダ(*Samoupravda*)』紙は、一〇月一八日号において、「ドイツとイタリアにより支持された」最後通牒を「不可解かつ不当」と評した。新聞界の反応は、二一日まではそれほど激しい批判を掲載しなかったものの、シュトルクによると、二二日には、批判は最高潮に達した。彼はつぎのように報告している。「人々は、〔ハプスブルク帝国〕によるセルビアに対する強盗事件、卑劣、詐欺と表現し、セルビアは通商条約改定という『わずかな報酬』を求めるハプスブルク帝国の『請願』を断固として拒否しなければならないといっている」。セルビア同様にアルバニア領に軍を進めていたモンテネグロも、一九日に撤退命令を出した。Storck an Berchtold, Belgrad, 20. Okt. 1913 Nr. 224B, P.A. XII, Karton 451; Storck an Berchtold, Belgrad, 22. Okt. 1913 Nr. 690, P.A. XII, Karton 451; Kopie pro actis, Ad Einsichtsstück des k.u.k. Chef des Generalstabes vom 27. Okt. 1913 Nr. 4611, P.A. XII, Karton 450.

(69) 殺害などの報告はつぎのものを見よ。Kohlruss an Berchtold, Prisren, 22. Okt. 1913 Nr. 96, P.A. XII, Karton 451; Mayrhauser an Berchtold, Skutari, 30. Okt. 1913 Nr. 455, P.A. XII, Karton 451; Hornbostel an Berchtold, Durazzo, 27. Okt. 1913 Nr. 235, P.A. XII, Karton 451. モナスティルのハプスブルク帝国代表は、クルコヴァ地区一三五〇家屋で五四六名が殺害されたと、表を作成してウィーンへ報告し、また、ウシュキュブからは一二カ所でセルビア軍が破壊行為し、少なくとも五七三家屋が炎上、六七二名が殺害されたと報告した。Zitkovszky an Berchtold, Monastir, 1. Nov. 1913 Nr. 132, P.A. XII, Karton 450; Jehlitschka an Berchtold, Üsküb, 3. Nov. 1913 Nr. 144, P.A. XII, Karton 450.

(70) Ugron an Berchtold, 4. Nov. 1913 Nr. 716, P.A. XII, Karton 450.

(71) Tel. nach London Nr. 764 und Rom Nr. 1248, 24. Okt. 1913 (S. Hohenlohe; V.u.G. Berchtold), *OUA*, Nr. 8910; Telegramm in Ziffern an Petrovic in Valona Nr. 30, Mayrhauser in Skutari Nr. 238 und an Hornbostel in Durazzo Nr. 141, Wien 30. Okt. 1913, P.A. XII, Karton 451.

(72) K.u.k. Chef des Generalstabes, res. Gstb., Nr. 4225, 29. Okt. 1913, P.A. XII, Karton 451.

(73) Albertini, *The Origins of the War of 1914*, vol. 1, p. 481.

(74) *Schicksalsjahre Österreichs*, Bd. 1, S. 211 (16. Okt. 1913).

(75) Zimmermann an Wedel, Berlin, 16. Okt. 1913, *GP*, Nr. 14161; cf. Fritz Fischer, *Krieg der Illusionen* (Düsseldolf: Droste Verlag, 1970), S. 310.

(76) Conrad, *Aus meiner Dienstzeit*, Bd. 3, S. 469f. フィッシャー『世界強国への道 I』、四〇頁。

(77) Löhr, *Die Albanische Frage*, S. 182f.

(78) Zimmermann an Wedel, Berlin, 16. Okt. 1913, *GP*, Nr. 14161 Fußnote. ベルリン駐在イギリス大使が一六日のツィンマーマンとの会見に関する報告から、当時のツィンマーマンの興奮した様子をうかがうことができる。「ツィンマーマンが昨日〔一六日〕私に読み上げてくれた電信によると、ハプスブルク帝国が非常に興奮しているだけでなく、本気であるように思われる。ツィンマーマンは私にドイツ語で非常に早口で読んだ。大げさな身振り手振りによって、すべてを聞くことはできなかった。しかし、私が聞いたなかで、とくに『この場合だと、われわれは譲歩しないであろう』、そしてもし彼らが迅速かつ満足のいく返答を受け取らないかぎり、彼らは最後通牒を送るところの『期間』を設定するであろう、との言葉に不快な印象を受けた。……ツィンマーマンは非常に興奮していたので、電信を私に読み上げる際に、彼は電信のなかの『ロシアとフランスによりおそらく扇動されたセルビアがアルバニア領に進出した』との箇所を省略し忘れた。彼は途中で読むのを止めたものの、すでに遅かった。それで彼はその箇所を最後まで読み上げ、そしてこう言った。『このことは内密に』」。Goschen to Nicolson, Berlin, Oct. 17, 1913, *ED*, vol. X (part I), no. 42.

(79) Zimmermann an Lichnowsky, Berlin, 16. Okt. 1913, *GP*, Nr. 14164.

(80) Stolberg an das Auswärtige Amt, Wien, 17. Okt. 1913, *GP*, Nr. 14170.

(81) フィッシャー『世界強国への道 Ⅰ』、四〇頁。

(82) Zimmermann an Lucius, Berlin, 20. Okt. 1913, *GP*, Nr. 14178.

(83) Cf. Goschen to Grey, Berlin, Oct. 19, 1913, *BD*, vol. X (part I), no. 46.

(84) Hantsch, *Leopold Graf Berchtold*, Bd. 2, S. 502f.

(85) Löhr, *Die Albanische Frage*, S. 187.

(86) *Iswolskis*, Nr. 1093, 1096; Helmreich, *The Diplomacy of the Balkan Wars*, p. 426. ハーバート・ファイス(柴田匡平訳)『帝国主義外交と国際金融 一八七〇—一九一四』(筑摩書房、一九九二年)、二一〇～二一一頁。

(87) Fischer, *Krieg der Illusionen*, S. 309.

(88) *Iswolskis*, Nr. 1101.

(89) Williamson, *Austria-Hungary*, p. 154.

(90) Helmreich, *The Diplomacy of the Balkan Wars*, p. 427.

(91) Williamson, *Austria-Hungary*, p. 155.

終　章　第一次世界大戦への道

(1) John W. Mason, *The Dissolution of the Austro-Hungarian Empire 1867–1918*, 2nd ed. (London: Longman, 1997), p. 67. メイソンが依拠したのは、Alfred Francis Pribram, *Austrian Foreign Policy 1908–1918* (London: George Allen and Unwin, 1923) である。

(2) ヴィートがアルバニア候として活動したことを未公刊印刷物として記録したものに、つぎのものがある。Wilhelm, Fürst von Albanien, Prinz zu Wied, *Denkschrift über Albanien* (ohne Datum).

(3) Privatschreiben nach Berlin, 13. Nov. 1913 Nr. 5341. Konz. (S.u.G. Berchtold), *OUA*, Nr. 8990.

(4) Erlaß nach den Gesandten Grafen Ottokar Czernin in Bukarest, 26. Nov. 1913 Nr. 5520. Konz. (S. Matscheko; V.u.G. Berchtold), *OUA*, Nr. 9032.

(5) Elisabeth Hickl, *Erzherzog Franz Ferdinand und die Rumänienpolitik Österreich-Ungarns* (Diss. Wien, 1964), S. 174.

(6) Hickl, *Erzherzog Franz Ferdinand*, S. 177f. フランツ・フェルディナントもチェルニンと同じ考えであった (*ibid*., S. 178)。

(7) Privatschreiben nach Berlin, 13. Nov. 1913 Nr. 5341. Konz. (S.u.G. Berchtold), *OUA*, Nr. 8990.

(8) Tagesbericht über eine am 6. Nov. geführte Unterredung mit König Ferdinand von Bulgarien, 8. Nov. 1913 Nr. 5262. (S. Berchtold), *OUA*, Nr. 8969.

(9) Luigi Albertini, *The Origins of the War of 1914*, trans. and ed. by Isabella Massey, vol. 1 (London: Oxford University Press, 1952), p. 494.

(10) Tarnowski aus Sofia, 21. März 1914 Nr. 33A (Ber.), *OUA*, Nr. 9499.

(11) 借款問題の詳細は以下のものを見よ。Richard C. Hall, *Bulgaria's Road to the First World War* (New York: Columbia University Press, 1996), pp. 265–270; ハーバート・ファイス(柴田匡平訳)『帝国主義外交と国際金融 一八七〇—一九一四』(筑摩書房、一九九二年)、二二八〜二二九頁。

(12) Czernin aus Bukarest, 7. Dez. 1913 Nr. 405 (Tel.), *OUA*, Nr. 9062; Czernin aus Bukarest (Privatschreiben), 8. Dez. 1913, *OUA*, Nr. 9066.

(13) Albertini, *The Origins of the War of 1914*, vol. 1, p. 501.

(14) Erlaß nach Bukarest, 26. Nov. 1913 Nr. 5520. Konz. (S. Matscheko; V.u.G. Berchtold), *OUA*, Nr. 9032. 参謀総長コンラートはこの考えに賛同であったものの、ハプスブルク帝国の同盟国ドイツは公表に反対の立場であった。Albertini, *The Origins of the War of 1914*, vol. 1, p. 499.

(15) Erlaß nach Bukarest, 18. Dez. 1913 Nr. 5856. Konz. (S. Matscheko; V.u.G. Berchtold), *OUA*, Nr. 9103.

(16) Bericht aus Bukarest (Czernin), 11. März 1914 Nr. 18A, *OUA*, Nr. 9463.

(17) Erlaß nach Bukarest, 26. März 1914 Nr. 1286. Konz. (S. Matscheko; V. Pogatscher, Forgách und Berchtold; G. Berchtold), *OUA*, Nr. 9521; Robert A. Kann, "Erzherzog Franz Ferdinand und Graf Berchtold als Außenminister", *Mitteilungen des österreichischen Staatsarchivs*,

Bd. 22（1970）, S. 274. 公表延期については、フランツ・フェルディナントも同意見であった。なお、彼はルーマニアとギリシアが三国同盟にとってスラヴの流れを阻止する「カベ」のようなものを評していた。Hick., *Erzherzog Franz Ferdinand*, S. 195, 197.

（18） Denkschrift von Tisza, Budapest, 15. März 1914, *OUA*, Nr. 9482. ガーボール・ヴェルメースは、このティサの覚書の言外に含まれる意味は非常に重要であることを指摘している。彼によれば、ティサの見解はバルカンの現状を根底から覆さなければ実現できないものであった。ロシアによって支援される、セルビア主導のバルカン同盟の形成によってドイツとハプスブルク帝国の包囲が完成する、そして、その完成によってロシアとフランスがドイツを攻撃するというティサの主張を、ヴェルメースはこじつけであるという。Garbor Vermes, *István Tisza*（New York: Columbia University Press, 1985）, p. 212.

（19） Albertini, *The Origins of the War of 1914*, vol. 1, pp. 527–529.

（20） József Galántai, *Die Österreichisch-Ungarische Monarchie und Weltkrieg*（Budapest: Corvina Kiadó, 1979）, S. 194.

（21） Galántai, *Die Österreichisch-Ungarische Monarchie und Weltkrieg*, S. 200–202.

（22） Denkschrift des Sektionsrates Franz Freiherrn von Matscheko, ohne Datum（vor 24. Juni 1914）, Erste Fassung, Konz.（S. Matscheko; V. Forgách）, *OUA*, Nr. 9918.

（23） この二つの草案を比較した日本における研究としては、滝田毅「一九一四年『七月危機』におけるオーストリア＝ハンガリー二重帝国の外交政策の転換」『上智史學』二二号（一九七七年）がある。

（24） Samuel R. Williamson, Jr., *Austria-Hungary and the Origins of the First World War*（London: Macmillan, 1991）, p. 165.

（25） Williamson, *Austria-Hungary*, p. 172.

あとがき

筆者がハプスブルク帝国とバルカン戦争の関係についての研究に着手したのは、一九九六年の秋だったと記憶している。翌一九九七年一〇月からはオーストリア政府給費留学生として、ウィーン大学東欧・南東欧研究所（現在の東欧史研究所）に籍を置き、研究に専念する機会に恵まれた。平日昼間は、首相府の横にあり、ハプスブルク帝国時代の一次史料が保管されている文書館（Haus-, Hof- und Staatsarchiv）や、ウィーン大学図書館、国立図書館で過ごした。とくに、文書館は開館日や開館時間が限られており、「いりびたり」の状態になった。文書館に通い続ける日本人は珍しかったようで、スタッフとはすぐに親しくなり、史料収集の面では多大なる協力をしてくださった。文書館や図書館と学生寮を往復する毎日だったが、非常に充実した留学生活であった。

現在、研究者として筆者があるのも数多くの方々のおかげであり、その方々なくしてはこうして本書を刊行することもできなかったであろう。

筆者が学部と大学院修士課程を過ごした愛媛大学では、政治系院生の数が少なかったこともあり、スタッフの集団指導体制のもとで多くのことを学ばせていただいた。なかでも、指導教官の南充彦先生には修士論文の完成までいろいろと面倒をみていただいた。

大阪市立大学法学研究科後期博士課程に入学してからは、自由な雰囲気のなか、優秀なスタッフ、大学院の先輩方から多大な知的刺激を受けた。最初の指導教官であった石田憲先生（現千葉大学）は、教員として初めて赴任した先にすでに院生が待っていた状態をどのように思われたであろうか。にもかかわらず、先生は元来のんびり屋の筆者に対してじっくりと腰を据えて指導してくださった。一九九七年一〇月に先生が千葉大学に移られたあとも公私にわたり何かと相談にのってくださり、博士論文にも目を通していただいた。二〇〇三年五月の博士論文の公聴会にもわざわざ大阪に足を運んでくださり、貴重なご意見を伺うことができた。また、博士論文の出版先を紹介してくださったのも先生であった。

筆者の留学中と帰国後の指導教員になってくださった野田昌吾先生には、博士論文の問題点を的確に指摘していただいた。先生は大阪市立大学大学院の先輩にあたり、院生時代の先生を知っている者が指導院生になったことで、さぞやりづらかったことであろう。博士論文の副査を引き受けてくださった加茂利男先生には、政治学の立場から博士論文の大枠の問題点について指摘していただいた。同じ副査を引き受けてくださった永井史男先生は、研究対象が東南アジア地域であるにもかかわらず、博士論文を丁寧に読んでくださり、多くのご指摘をいただいた。また、副査ではないにもかかわらず、博士論文を読んでくださった政治系スタッフの稲継裕昭先生、宇羽野明子先生、大西裕先生（現神戸大学）にも感謝の意を表したい。

このようにして、筆者が二〇〇三年六月に大阪市立大学から学位を授与された博士論文が、本書のもとになった「オーストリア＝ハンガリーとバルカン戦争（一九一二〜一三年）――第一次世界大戦への道」である。その後、いくつかの学会や研究会において本書に関するテーマで報告する機会を得、多くのご意見、ご批判をいただいた。

それぞれの報告のときの司会役・討論役を引き受けてくださった木村眞先生（東洋大学）、柴宜弘先生（東京大学）、羽場久浘子先生（法政大学）、三宅立先生（明治大学）（以上五〇音順）にはこの場を借りて感謝申し上げる。以上のような経緯で、博士論文に加筆・修正を加えてまとめ直したのが本書である。なお、本書第3章「モンテネグロとアルバニア北部」の原形は、「オーストリア＝ハンガリーとスクタリ問題（一九一二〜一九一三年）――オーストリア＝ハンガリー外相ベルヒトルトの対応を中心に」として、大阪市立大学の『法学雑誌』第四七巻第四号（二〇〇一年三月）に発表している。

また、長年にわたりハプスブルク史研究の面でご指導いただいているのは、大津留厚先生（神戸大学）である。先生の薦めがなかったらオーストリア留学は実現しなかったであろう。留学前には本来、受け入れ先となっていただく教官に承諾を得るのが普通だが、世間知らずの筆者は、受け入れ教官を決めないまま政府留学生の試験を受けてしまった。受け入れ教官となっていただいたウィーン大学のホルスト・ハーゼルシュタイナー先生（Univ. Prof. Dr. Horst Haselsteiner）は、いきなりやってきた見ず知らずの日本人を快く受け入れ、一院生の筆者を「同僚」として扱ってくださった。先生から「ゼミ出席は月一回の論文執筆者ゼミのみ、報告は一セメスターに一回のみ」としていただけたおかげで、留学期間を通じて自分の研究に集中し、博士論文の全体像を作り上げることができた。留学という貴重な経験を与えてくださった大津留先生とハーゼルシュタイナー先生には、あらためて感謝の意を表するものである。

留学時代に知り合った数多くの仲間にも感謝したい。日本人留学生仲間との交流は、筆者の留学生活をより充実したものにしてくれた。さらに、外国人研究者との交流も忘れがたいものである。なかでも、アルバニア人で当時ティラナ大学助手のサリアン・チュルハイ氏（Salian Çullhai／専門：ドイツ地域研究）とクロアチア人で当時ザグレブ大学助手（現教授）のティホミール・チペック氏（Tihomir Cipek／専門：政治思想史）は、筆者が一年目に過ごした寮の仲間であり、チュルハイ氏からはドイツ語の、チペック氏からはバルカン半島の歴史・政治についての貴重な手ほどきを受けた。筆者が留学時代に得たものは貴重な財産となっている。

本書の出版にあたり、法政大学出版局の勝康裕氏には大変お世話になった。この場を借りて厚く御礼申し上げる。なお、本書は独立行政法人日本学術振興会平成一七年度科学研究費補助金（研究成果公開促進費）の助成を受けて刊行するものである。

最後に、大学院進学というわがままを許してくれた両親、とくに母には深く感謝している。本書が少しでも親孝行になれば幸いである。そして、留学中を含め、つねにそばで筆者を支え、専門分野は違えども一研究者としての立場から助言をしてくれた妻友恵には、心から感謝したい。結婚直後に本書を出版することが正式に決まり、新婚生活だけでなく、初めて二人で迎える正月も本書の校正作業に明け暮れたにもかかわらず、根気よく最後まで協力してくれた。本書の刊行をともに祝えることは、この上ない幸せである。

二〇〇六年正月

馬場　優

《著者紹介》

馬 場　優（ばば　まさる）

1967年，宮崎県生まれ。1997〜99年，オーストリア政府給費留学生としてウィーン大学東・南東ヨーロッパ研究所（現在の東欧史研究所）に留学。2001年，大阪市立大学大学院法学研究科後期博士課程単位修得退学。2003年，大阪市立大学より博士号（法学）取得。2001年から2012年3月まで奈良産業大学，立命館大学，龍谷大学などで非常勤講師。2012年4月より福岡女子大学国際文理学部准教授。

【主要業績】論文に「独墺同盟締結」『法学雑誌』第44巻第4号（大阪市立大学，1998年），「1914年のアルバニア侯国憲法とラヨシュ・タローシ」『ゲシヒテ』第3号（ドイツ現代史研究会，2010年），共著に『ポピュリズム時代のデモクラシー』（法律文化社，2013年），『ハプスブルク史研究入門』（昭和堂，2013年），『ヨーロッパのデモクラシー〔改訂第2版〕』（ナカニシヤ出版，2014年），『第一次世界大戦開戦原因の再検討』（岩波書店，2014年），翻訳にマイケル・ハワード『第一次世界大戦』（法政大学出版局，2014年）など。

オーストリア＝ハンガリーとバルカン戦争
──第一次世界大戦への道

2006年2月28日　初版第1刷発行
2015年5月11日　　　第2刷発行

著　者　馬 場　優

発行所　一般財団法人　**法政大学出版局**

〒102-0071　東京都千代田区富士見2-17-1
電話03(5214)5540／振替00160-6-95814
製版・印刷　平文社／製本　誠製本

ISBN978-4-588-62515-2　Printed in Japan

事項・地名索引

［ア　行］
アウスグライヒ（Ausgleich: 妥協） 18, 21, 24, 27, 279, 291
アトス（Athos）山 78
アドリア（Adria）海 12, 14, 15, 29, 39, 49, 55, 59, 62, 64, 65, 67-69, 71, 73-75, 77-82, 84-86, 88-90, 115, 177, 178, 190, 207, 208, 231, 241, 246, 269, 273, 274
アドリアノープル（Adrianopel） 70, 71, 78, 132, 138, 145, 152, 162, 180, 181, 190, 202, 210, 241
「R」計画 106
アルバニア（Albanien） 11, 15, 16, 26, 39, 40, 47, 59-61, 64, 65, 67, 70, 71, 73-75, 77-84, 86-90, 92, 93, 95, 96, 98, 99, 101, 104-106, 110, 113, 115, 118-120, 177, 202, 207, 228, 235-249, 251, 253-258, 263, 264, 266-269, 274, 276, 282, 285, 300, 303, 331, 332, 334, 337
　――の国境線 89, 90, 98
　――の国境問題 92, 244
　――北部 15, 39, 68, 87, 88, 99, 182, 236, 246
　生存可能な（lebensfähig）―― 77, 88
アルバニア人 61, 62, 64, 65, 82, 92, 96, 98, 109, 115, 236-241, 243, 247, 249, 255, 260, 261, 263, 269, 296, 330
アルメニア（Armenie） 38, 42
アレッシオ（Alessio） 89
アンティヴァリ（Antivari） 103, 104, 108
イギリス（政府）（England） 3, 5, 6, 11, 28, 32, 36-42, 44, 46, 47, 50, 53-55, 58, 63, 74, 75, 77, 79-82, 86, 90, 95, 103, 104, 110, 111, 113-115, 118-120, 165, 174, 208, 218, 235-237, 241, 242, 257, 264, 266, 267, 269, 273, 289
　――外務省 50, 113, 259
イシュティプ（Istip） 221
威信 51, 115, 247, 251, 269, 270
　ハプスブルク帝国の―― 9, 47, 51, 60, 116, 244, 246, 256, 269
イスラム
　――教 25
　――教徒（ムスリム） 25, 88
イタリア（政府）（Italien） 3, 11, 28, 29, 35-39, 44, 47, 49, 53, 58, 61, 63, 64, 73-75, 81-84, 86, 89, 90, 92, 97, 99, 101, 103, 105, 106, 108, 110, 112-116, 118-120, 156, 157, 162, 167, 170, 174, 178, 201, 206, 208, 218, 223-228, 236, 237, 240-242, 254, 256, 260, 261, 264, 266, 267, 273, 275, 276, 286, 294, 311, 317, 335
イペク（Ipek） 83, 90, 92, 93, 95, 241, 301
イリンデン蜂起 293
イレデンタ（民族領土回復運動） 46, 49, 62
イレデンティズム 13
ヴァルダル（Vardar）川 153, 176, 192, 327
ヴァルナ（Varna） 129, 135
ウシュキュブ（Üsküb） 69, 225, 261, 296, 336
海への出口 49, 55, 59, 68-70, 73, 75, 81, 85, 88, 177, 231, 273, 297
エウクシングラード（Euxingrad） 142
エクレネ（Ekrene） 141
エーゲ海（Ägäis） 11, 41, 61, 65, 73-75, 77-79, 82, 83, 132, 152, 156, 157, 163, 175, 177, 178, 201, 203, 217, 219, 221, 275, 326
　――島嶼 82, 157, 166, 168
エッグダンス（Eiertanz） 222, 229, 279
エノス（Enos） 168, 210
エピルス（Epirus） 70
「M」計画 116
エルゲネ（Ergene）川 162
エルバサン（Elbassan） 263
応戦義務発生事由（casus foederis） 261, 335

オーストリア（Österreich） 6, 12, 15, 18, 20, 21, 26, 38, 45, 49, 52, 57, 63, 95, 131, 226, 295
オスマン帝国（政府）（Osmanische Reich） 1, 11, 12, 15, 17, 23, 25-32, 34, 37, 38, 40, 43-54, 58, 60, 61, 63-65, 70, 71, 78, 80, 82-84, 89, 102, 104, 108, 109, 119, 124-126, 128, 129, 131, 134, 139-141, 145, 148, 149, 152, 160, 168, 169, 171, 174-180, 189-191, 195, 201, 202, 210, 217, 218, 222, 231, 233, 241, 285, 289, 296, 297, 299, 308, 327, 335
オフリド（Ochrid） 83, 90, 95, 249
　──湖（Ochridsee） 69, 90, 92, 175, 176, 263
オブレノヴィッチ（Obrenović）家 45
覚書 29, 43, 48, 51, 52, 55, 63, 65, 124, 136, 239, 255, 258, 284-286, 293
　ティサの── 283, 339
　二月── 43
　マチェコ── 284
　リードル── 136
オルテニツ（Oltenitz） 129
オルファノ（Orfano）湾 219
オロシ（Orosi） 236, 237

［カ 行］
海峡 34, 39, 40, 50, 51, 53, 167
　ダーダネルス── 164, 167, 168, 219
　ボスポラス・ダーダネルス（Bosporus und Datrdancllcn）── 34, 39, 40, 50, 52, 166, 168, 179
海上封鎖 102, 104, 106, 108, 110, 113, 115, 118, 304
外務省 6, 11, 23, 27, 37, 49, 62, 64, 65, 79, 83, 85, 89, 134, 136, 143, 152, 153, 167, 169, 173, 202, 205, 236, 238, 243, 244, 249, 252, 257, 260, 281, 295, 335
回廊 69, 71, 73-75, 78-80, 221
カヴァラ（Kavalla） 14, 61, 132, 179, 201, 217-219, 221, 222, 326
カヴァルナ（Kavarna） 129, 142-145, 150, 151, 154, 313
語られざる諸前提 4
カッタロ（Cattaro） 62, 108, 116
カトリック
　──教国 88
　──教徒 39, 88, 98
カラジョルジェヴィッチ（Karageorgević）家 45
カリアクラ岬（Kali Akra） 151, 154, 155, 209
ガリツィア（Galizien） 91, 224
カリュブディス 119
関税同盟 15, 45, 61, 62, 65, 67-69, 73, 85, 134, 136, 295
　秘密── 45, 46
艦隊 97, 102-104
　──示威行動 102
　──派遣 97, 304
　合同──101, 102, 104, 105, 108-110, 112, 118, 307
　合同──派遣 102
　ドイツの地中海── 304, 305
　ハプスブルク帝国── 97
　ロシアを除く5カ国の── 103
官報
　セルビア── 239
帰依者 13
　ヨーロッパ協調の── 11, 14, 15, 55, 58, 273
議会 21, 23, 131, 189, 248
　オスマン帝国── 53
　共通── 20
　帝国── 18, 20
　ハンガリー── 20, 226, 281
議定書
　（セルビア＝ギリシア）同盟条約締結に関する── 192
急進自由党（ブルガリア） 194
急進自由党（ルーマニア） 281
旧兵役経験者 116
協議 60-62, 64, 65, 77, 82, 83, 101, 118, 137, 139, 166, 195, 251-254, 256, 259, 261, 264, 295
　シェーンブルン宮殿での── 253, 269
　ソフィア── 153
　ブカレスト── 137
　ロンドン── 140
兄弟間の戦争 174, 191, 207

協調　87, 101, 109, 113, 121, 188
——維持派　106
——外交　99, 121, 273, 274
——体制　112
ヨーロッパ——　4, 11, 13, 15, 78, 105, 109, 116, 120, 121, 241, 243, 251, 259, 268, 274-276, 292
共通閣僚会議　9, 21, 24, 38, 115, 116, 120, 226, 244, 245, 251, 253, 269, 333
協定　29, 30, 35, 36, 40, 41, 55, 113, 148, 155, 177, 181, 183, 185, 187, 189, 192, 196, 197, 260, 263
墺露——　29, 37, 40-42, 44, 46
セルビア＝ブルガリア経済——　45
地中海——　36-40, 47
ハプスブルク帝国＝ルーマニア防衛——　35
ブダペスト——　30, 31
ブルガリア＝ルーマニア——　215, 228, 229
ミュルツシュテーク——　43, 44, 50
ライヒシュタット——　30-32, 292
ロシア＝ブルガリア——　125, 148
共同抗議　112, 116, 236-238, 242, 243, 251, 269
——書　101, 110-112, 236, 238
ギリシア（政府）（Griechenland）　11, 12, 16, 25, 26, 30, 32, 40, 42, 46, 49, 60, 64, 65, 70, 75, 83, 84, 86, 105, 124, 136, 139, 149, 152, 153, 156-159, 161, 163, 167, 168, 172-174, 177-181, 185, 186, 188, 189, 192-194, 196, 197, 202, 203, 209, 211, 215-219, 221, 233, 282, 283, 285, 299, 317, 320, 321, 326, 339
キリスト教的利益　96
キリスト教徒　29, 32, 43, 96, 193, 195, 217, 285
——大虐殺　38
クサンティ（Xanthi）221
クセロス（Xeros）湾　162
クツォヴラフ　42, 46, 129, 131, 135, 137, 141, 149, 150, 166, 170
クルトゥス・プロテクトラート　88, 301
クレタ（Kreta）　30, 40, 70, 177
黒ドリン（Schwarzer Drin）川　236, 238, 249, 263, 331, 333　→ドリン川もみよ
軍事介入　16, 201, 203, 204, 206, 208, 210, 222-224, 226, 228, 229, 276
ハプスブルク帝国の——　86, 224
ハプスブルク帝国の第二次バルカン戦争に対する——　201, 222
軍事協定　63, 176, 177, 221
セルビア＝ギリシア——　192
ブルガリア＝ギリシア——　177
ブルガリア＝セルビア——　176
ロシア＝ブルガリア秘密——　125
軍事攻勢ドクトリン　4
軍部　23, 24, 32, 37, 51, 63, 134, 171, 190, 196, 223, 226, 252, 270
ブルガリアの——　190
警察官（ヨーロッパの）　120, 274
係争地（ブルガリア＝セルビア間）　176, 178
建国　110, 263
アルバニアの——　90, 119, 256, 274
憲兵隊　238, 263
国際——　44
攻勢礼賛　4
合同委員会　170
ブルガリアとルーマニアによる——　170
講和条約　192, 218, 263, 281
対ドイツ——　4
ブカレスト——　26, 201, 221, 222, 263, 281
ブルガリア＝オスマン帝国間の——　222
ロンドン——　119, 121, 171, 210
国際委員会　96
国際管理　118, 139
——委員会　249
——下の鉄道　59
タンジールの——　70
国際国境線画定委員会　243, 247, 263, 264, 276
国際財政委員会　308
国土防衛軍（Landwehr, Honvéd）　20
国民党（ブルガリア）　194
御前会議　21
ルーマニアの——　149
コソヴォ（Kossovo）　296
——州　63, 64, 69, 261, 297, 301
コチャナ（Kochana）　221

黒海（Schwarzes Meer）34, 129, 133, 142, 144, 145, 148, 154, 164–167, 170, 183, 197, 209, 210, 313
国会　280
　ブルガリア――（Kammer）　138, 185
ゴレム（Golem）山　175, 176
コンスタンティノープル（Konstantinopel） 28, 35, 52, 53, 64, 70, 78, 129, 132, 166, 217

［サ　行］
最後通牒　1, 2, 11, 15, 16, 55, 117, 235, 245–247, 249, 253, 254, 257–261, 264–267, 269, 276, 335, 336
サブラ（Sabla）　167, 209
サモトラケ（Samothrake）島　166, 167, 318
サラエヴォ（Sarajevo）　1, 13, 117, 270, 286
　――事件　1, 6, 9, 235, 248, 264, 267, 270, 277, 284
サロニキ（Saloniki）　41, 58, 61, 65, 67, 70, 79, 83, 132, 139, 152, 156–164, 166, 177–181, 191, 203, 217–219, 313, 317
　――問題　14, 65, 157, 158
三国協商　3, 54, 101, 111, 120, 123, 135, 160, 161, 163, 165–170, 192, 199, 217, 224, 233, 235, 270, 275, 279
サン・ジョヴァンニ・ディ・メドゥア（San Giovanni di Medua）→メドゥアを見よ
七月危機　5, 6, 9, 11, 12, 229, 288, 289
ジブラ（Dibra）　90, 92, 95, 96, 239–241, 249, 255, 263, 299, 303, 330, 334
ジャコヴァ（Djakova）　90, 92, 93, 95, 96, 98, 99, 101, 154, 237, 239, 241, 263, 303, 330
シャバチ（Šabac）　245
社民党（ハプスブルク帝国）　224
シャール（Shar, Sar Planina）山脈　175, 176
　○月危機　233, 264, 265, 270, 276, 277, 279, 280
条約　31, 33–35, 38, 129, 174, 176, 177, 189, 190, 193–195
　ヴェルサイユ――　4
　墺露中立――　44, 45
　サン・ステファノ――　25, 31, 32, 34
　ハーグ――155
　ブルガリア＝ギリシア（防衛同盟）―― 174, 177
　ブルガリア＝セルビア（友好同盟）―― 125, 148, 174–177, 181, 190, 193
　ベルリン――　25, 33, 40, 164
上陸　108, 111, 112, 307
　分遣隊の――　108, 111
シリストリア（Silistria）　126, 127, 129, 131, 133, 135, 137, 138, 140–144, 148–167, 169–171, 183–187, 210, 275, 313
スキュラ　119
スクタリ（Skutari）　68, 86–90, 92, 95, 97–99, 101, 102, 105, 106, 108–120, 154, 182, 236, 239, 263, 274, 304, 308
　――湖　88, 89, 93, 99
　――大司教区　88
　――地方　299
　――の陥落　109, 274
　――の占領　89, 109–111, 115, 304
　――平野　93
　――問題／危機　15, 86, 88, 90, 92, 93, 105, 106, 109, 111, 115, 117–119, 120, 121, 223, 224, 274, 275
優れた業績　172
『スタンパ』（*Stampa*）（セルビアの新聞） 241
ストゥルマ（Struma）川　175
ストゥルミツァ（Strumica）　219
スピッツァ（Spizza）　104
スムラ（Sumla）　135
税関　239
　セルビアの――　238
正教会（東方正教会）　78, 96
青年トルコ党　49, 50, 51, 53
勢力均衡　3, 4, 15, 61, 89, 178, 215
　ヨーロッパの――　3, 5, 83, 233
セルビア（政府）（Serbien）　1, 2, 5, 6, 9, 11–13, 15, 16, 25–32, 34, 35, 39–42, 45, 46, 49, 53–55, 57–65, 67–71, 73–75, 77–85, 88–93, 96, 98, 99, 101, 102, 104–106, 114–116, 120, 121, 123–125, 134, 136, 143, 148, 149, 153, 158, 162, 163, 172–178, 180–211, 215–217, 219, 221–229, 231–233, 235–249, 251–261, 263–270, 273–277, 281–283, 285
　――軍　59, 74, 89, 97, 102, 106, 143, 176,

196, 202, 203, 236-241, 243, 249, 251, 255, 258, 261, 263, 266-268, 276
セレシュ（Seres） 61, 179
宣戦布告 1-3, 12, 13, 30, 31, 35, 60, 73, 121, 128, 176, 177, 196
戦争 1-6, 9, 12-14, 25, 26, 30, 31, 35, 39, 40, 55, 58-63, 71, 74, 87, 91, 99, 105, 106, 112, 114-116, 119-121, 128, 130, 131, 134, 140, 142, 148, 149, 154, 158, 176, 177, 181, 185, 191-197, 201-203, 205-209, 211, 215, 216, 222, 224, 225, 227, 229, 232, 235, 240, 244-248, 252, 254, 256, 258, 260, 261, 264-271, 274, 282, 283, 302, 308, 324
　伊土―― 260
　第一次バルカン―― 11, 15, 16, 59, 60, 121, 123, 124, 174, 178, 186, 191, 217, 221, 223, 226, 228, 231, 233, 244, 273, 274
　第二次バルカン―― 12, 16, 121, 123-125, 172-174, 196, 200, 201, 203, 206, 208, 211, 216, 217, 222, 224-227, 233, 235, 241, 263, 275, 281, 282
　大陸―― 288
　ハプスブルク帝国＝セルビア―― 225, 233, 268
　バルカン―― 1, 11-16, 21, 23, 24, 26, 47, 59, 82, 83, 125, 127, 137, 224, 227, 231, 233, 240, 266, 268, 273, 274, 277, 279, 284, 289, 290, 291, 294, 296, 310
　豚―― 46
　ブルガリア＝セルビア―― 187, 188, 198, 199, 204, 223, 228, 275
　露土―― 25, 31, 34, 125, 126, 131
センメリンク（Semmering） 52
占領 11, 27, 29-33, 38, 52, 60, 65, 73, 89, 108-113, 115, 128, 132, 138, 143, 148, 153, 162, 178, 204, 208, 243, 245, 249, 254, 255, 260, 269, 307, 330, 331
　分遣隊の―― 108

［タ　行］

第一次世界大戦 1, 3-6, 12-14, 16, 23, 85, 229, 264, 270, 273, 280, 289, 290
大使会議 83, 86, 89, 92, 102, 110-113, 167, 169, 275, 331
　ペテルスブルク――（Petersburger Botschafterkonferenz） 123, 124, 155, 160-171, 183-185, 210
　ロンドン――（Londoner Botschafterkonferenz） 13, 15, 82-85, 87, 88, 90-93, 95, 96, 98, 99, 101-104, 106, 108-112, 116, 118, 148, 155, 178, 236, 238-243, 246, 247, 251, 255, 258, 260, 261, 263, 267-269, 273, 274, 276, 290
代償 31, 51, 53, 54, 61, 83, 92, 93, 104, 108, 111, 114, 123, 131, 138, 157, 160-166, 168, 169, 183, 216, 219, 268, 275
対ブルガリア同盟 12, 173, 174, 192
タソス（Thasos）島 166, 219
ダチョウ政策 109
タバコ（貿易） 61, 218
タラボシュ（Tarabosch） 95
ダルマチア（Dalmatien）地方 29, 48, 55, 63, 73, 116, 117, 223, 224
　南―― 97
断固とした行動（entschiedene Stellung） 191, 205, 244, 253, 254, 276
単独行動 87, 103, 113, 121, 274
　ハプスブルク帝国の―― 101, 110-114, 116, 267
地中海（Mittelmeer） 30, 34, 36, 39, 103, 164, 304
チャタルジャ（Chataldhza） 299
仲裁（médiation） 123, 132, 133, 148, 155, 156, 172, 181, 191-196
　――者 125, 155, 176
ツィベフドシェ（Zibefdsche） 61
通商条約 34, 35, 55, 136
　ハプスブルク帝国＝セルビア―― 34, 57
　ハプスブルク帝国＝ブルガリア―― 125
　ハプスブルク帝国＝ルーマニア―― 35, 126
ツェティニェ（Cetinje） 89, 112, 116
釣り合いおもり（Gegengewicht） 123, 182, 210, 232, 274, 275, 284-286
提督委員会 104, 106, 108, 110, 118
ティラナ（Tirana） 263
デチャニ（Dečani） 95, 96
テッサリア地方（Thessalien） 30

鉄道
オリエント——（Orientalische Eisenbahn）67, 85
サンジャック——（Sandschakbahn） 49
ドナウ・アドリア——（Donau-Adria-Bahn） 49, 73
ボスニア—— 49
ドイツ（政府）（Deutschland） 1-6, 11, 13, 14, 24, 27-29, 33, 35-39, 42, 44-46, 48, 50, 52-55, 57, 58, 63, 67, 73-75, 77, 78, 80, 81, 84, 86, 90, 95, 99, 102-104, 108, 110, 118, 120, 121, 126, 134, 156-161, 165, 167, 169, 170, 182, 188, 201, 204-208, 217-219, 221, 223-229, 232, 233, 236, 237, 241, 242, 251, 252, 254, 256-260, 264-266, 273, 275, 280, 281, 283-286, 288, 289, 295, 304, 335, 338, 339
——外務省 110
動員（Mobilisierung） 63, 116, 117, 129, 199, 228, 241, 242, 245, 252, 261, 310, 327
——令 2, 3, 112, 117, 205, 240, 310, 324
ルーマニアの総——令 205, 206, 209, 228
道義的支持 256, 258, 264-266
同盟 3, 34, 45, 63, 135, 143, 151, 185, 192, 208, 216, 281-283, 285
三国—— 3, 37, 41, 47, 73, 84, 101, 111, 123, 126, 127, 133, 134, 144, 152, 156-161, 163, 165, 168, 169, 182-184, 187, 198, 206, 208, 209, 217, 223, 232, 233, 260, 275, 279, 282, 284-286, 339
三帝—— 29, 33, 35, 36, 44, 45, 47, 56
セルビア＝ギリシア—— 193
独墺—— 33, 48, 295
露仏—— 47
同盟条約 34, 42, 193, 197, 232
ハプスブルク帝国＝セルビア—— 34
ハプスブルク帝国＝ルーマニア—— 35, 42
同盟条約締結に関する議定書（セルビア＝ギリシア間の対ブルガリア同盟） 192
ドゥラッツォ（Durazzo） 69, 74, 80, 81, 88, 89, 104, 110, 249, 299, 300
ドゥラマ（Drama） 179, 326
ドゥルチノ（Dulcigno） 108
トゥルトゥカイ（Turtukai） 129, 130, 133, 141, 143, 144, 150, 197-199, 205, 209, 215, 216
ドブリチ（Dobrič） 143, 150, 209, 210
ドブルジャ（Dobrudscha） 126, 128-131, 135, 138, 141, 149, 150, 176, 210
北—— 126, 127, 131, 135
南—— 127, 128
トラキア（Thrakien）地方 70, 178, 179, 199
トランシルヴァニア（Transylvania / Siebenbürgen） 27, 127, 233, 277, 280-282
トリエステ（Triest） 286
ドリナ（Drina） 51
ドリン（Drin）川 92, 93, 104 →黒ドリン川も見よ

［ナ　行］
ナゴドバ（Nagodba: 妥協） 20, 291
ナショナリズム 17, 25, 26, 28, 127
ギリシア・—— 11, 25
セルビア・—— 11, 25, 28
ブルガリア・—— 11, 25
南スラヴ・—— 17
ナロードナ・オブドラナ 1
何人にも属せざるもの（res nullius） 247
ニシュ（Niš） 32
ノヴィ・パザール（Novi Pazar） 25, 30, 34, 39, 40, 49-52, 60-65, 68, 69, 71, 73, 95, 292, 294, 296, 297

［ハ　行］
白紙委任状 120, 265
ハシ（Hasi） 255
ハプスブルク帝国（政府）（Habsburger Monarchie/Österreich-Ungarn） 1-6, 9, 11-18, 20, 21, 24-33, 37-63, 67-69, 71, 73-75, 77, 79-93, 95, 97-99, 101, 103, 105, 108, 110-121, 123-127, 129-137, 139-141, 143, 144, 149, 151-153, 155-158, 160-164, 167, 168, 170-173, 176, 178, 182-185, 187-190, 194, 196, 198-201, 203-211, 214-219, 221-229, 231-233, 235, 236, 240, 242-248, 251, 254, 256-260, 263-270, 273-277, 279-292, 294, 296, 299, 310, 311, 321, 326, 327, 335,

336, 339
——外務省　60, 62, 68, 80, 82, 128, 131, 143, 144, 167, 171, 186, 200, 216, 239, 241, 249, 255, 261, 290, 301, 313
バルカン（Balkan）　3, 25, 27-29, 35-37, 40, 44, 45, 49, 70, 75, 79, 125, 129, 136, 139, 159, 161, 178, 199, 214, 215, 217, 226, 241, 275, 283
——戦争　1, 9, 11-15, 21, 23, 24, 26, 47, 59, 82, 83, 125, 127, 137, 224, 227, 231, 233, 240, 266, 268, 273, 274, 277, 279, 284
——同盟　11, 12, 16, 26, 60, 64, 82, 83, 98, 124, 125, 128, 135, 140, 152, 158, 160, 171, 173, 174, 182, 184, 188, 190, 192, 207, 210, 274, 285, 299, 339
——半島　5, 11, 15, 17, 23, 25-27, 30-37, 39, 40-42, 44, 45, 47, 58, 60, 61, 64, 89, 119, 123, 125, 126, 128, 136, 138, 158, 173-175, 182, 188, 208, 210, 211, 214-216, 232, 233, 256, 258, 268, 269, 276, 285
バルチク（Balčik）　129, 130, 142-144, 150, 153, 183, 197, 198, 199, 200, 205, 209, 215, 216
ハンガリー（Ungarn）　15, 18, 20, 21, 26, 27, 30, 38, 45, 47, 49, 57, 63, 127, 192, 211, 223, 226, 233, 245, 277, 279, 282
——議会　20, 226, 281
東ルメリア（Ostrumelien）　31, 32, 34, 35
「B」計画　63, 106, 116
秘密軍事同盟（ハプスブルク帝国＝ルーマニア）　277, 281, 282
ピュロスの勝利　119
ピレウス（Piräus）　159
ピロト（Pirot）　32
フィッシャー論争　5
ブカレスト（Bukarest）　133-135, 137, 139, 141-144, 148, 152, 155, 184, 199-201, 216, 217, 228
——講和会議　201, 214, 217-219, 221, 229
——講和条約　26, 201, 221, 222, 263, 281
ブフロヴィチェ（Buchlovice）52-54
フランス（政府）（Frankreich）2, 3, 6, 11, 37, 38, 44, 46, 47, 53-55, 57, 58, 63, 75, 77, 79-82, 84, 90, 95, 99, 102-104, 106, 108, 110, 111, 113, 118, 127, 157, 205, 208, 211, 218, 222, 227, 228, 237, 238, 241, 242, 246, 248, 256, 260, 264, 265, 267-269, 273, 277, 280, 283, 285, 286, 289, 294, 332, 336, 339
——銀行団　330, 332
プリシュティナ（Priština）　301
プリズレン（Prizren）　83, 90, 92, 93, 95, 97, 175, 239, 241, 249, 255, 261, 263, 301, 334
プリレプ（Prilep）　69
ブルガリア（政府）（Bulgarien）　1, 11, 16, 25, 26, 31, 32, 34-36, 39, 41-43, 45, 46, 48, 52-54, 58, 60, 61, 64, 69-71, 74, 83, 123-145, 148-207, 209-211, 214-219, 221-229, 232, 233, 242, 274-277, 279-286, 296, 299, 313, 314, 318, 320, 326, 327
——外務省　153, 196
「ブレスラウ」（*Breslau*:ドイツ地中海艦隊所属軍艦）　103
フロリナ（Florina）　179
分遣隊　108, 118
合同——　110, 111
国際——　111, 112
ベオグラード（Belgrad）　2, 28, 67, 73, 85, 105, 195, 204, 238, 239, 241, 251, 253, 255, 257, 259, 260, 265, 266
ベッサラビア（Bessarabien）　30, 31
南——　126, 127
保守党（ルーマニア）　281
ボスニア（Bosnien）　26, 29, 40, 49, 55, 73, 116, 233, 286, 310
ボスニア危機　326
ボスニア・ヘルツェゴヴィナ（Bosnien und Herzegovina）　1, 9, 13, 24-27, 29-32, 34, 38, 40, 48-58, 63, 65, 91, 117, 124, 223, 224, 248, 252, 286, 292, 293, 294, 310
ボヤナ（Bojana）川　88, 92, 95, 99

［マ　行］
マケドニア（Mazedonien）　11, 26, 31, 32, 34, 39, 42-44, 48, 61, 64, 65, 67, 71, 83, 125, 128, 129, 131, 135, 137, 141, 153, 171, 174, 178-180, 185, 188, 192, 194, 195, 199, 202, 203, 219, 221
——人　25, 179

マチ（Mati）川　255
マリツァ（Maritza）　70, 162
マンガリア（Mangalia）　145, 148, 166
ミディア（Midia）　168, 210
ミトロヴィツァ（Mitrovica）　333
南スラヴ
　――人　25, 26, 28, 57, 62, 231, 233, 246, 247, 256, 270, 299, 334
　――・ナショナリズム　17
　――問題　6, 26, 57, 58, 62, 106, 114, 125, 182, 183, 231, 252, 277, 286
ミルディタ（Mirdita）　236
民族国家（Nationalstaat）　84
ムスリム（系）25
　――系アルバニア人　96, 255
メドゥア（Medua）　69, 73-75, 77-79, 88, 89, 103, 115　→サン・ジョヴァンニ・ディ・メドゥア
モナスティル（Monastir）　64, 219, 249, 261, 336
モンテネグロ（Montenegro）　11, 15, 25-27, 29-32, 40, 45, 49, 53-55, 57, 60-65, 67, 69, 73, 75, 79, 84-93, 95, 97-99, 101, 102, 104-106, 108-118, 120, 124, 128, 136, 217, 245, 246, 263, 264, 274, 277, 298, 301-304, 308, 334

［ヤ　行］
ヤニナ（Janina）　64, 299
要塞　109, 110, 118, 134, 141, 149, 150, 165, 166, 170, 299
　スクタリの――　118
　メディディエ（Medzhidie）――　141, 145, 148, 149, 154, 165
ヨーロッパの意志　102, 105, 120

［ラ　行］
『ライヒスポスト』（*Reichspost*）（新聞）　117
リチェニホティト（Liceni Hotit）　96
ルーマニア（政府）（Rumänien）　16, 25, 27, 30, 32, 35, 41, 42, 46, 67, 79, 123, 124, 126-145, 148-157, 160-174, 176, 183-189, 191, 196-211, 214-218, 221, 222, 224, 226-229, 232, 233, 246, 254, 274-277, 279-286, 311, 313, 314, 324, 327, 339
ルセ（Russe）　129, 141
ルマ（Ljuma）　95, 96, 249, 255
レカ（Reka）　96
レードル事件　224, 327
ロヴチェン（Lovćen）　62
ロシア（政府）（Rußland）　2, 3, 5, 6, 9, 11, 13, 15, 23-25, 28-55, 57, 58, 61, 63, 68, 69, 73-75, 77, 79-82, 84-86, 89-93, 95, 96, 98, 99, 101-106, 113, 116, 120, 125-128, 130-135, 137, 138, 141, 144, 145, 148-150, 153, 154, 156-161, 163, 165-167, 174-176, 178, 181-184, 188, 190, 191, 193-196, 202-207, 210, 211, 216, 218, 219, 221, 222, 224, 227, 228, 232, 233, 236-238, 241, 242, 246, 254, 256, 264-270, 273, 274, 277, 280, 283-286, 292, 293-295, 302, 310, 311, 336, 339
　――外務省　103, 168, 240, 268, 300
ロドプ（Rodope）山脈　175

人名索引

（　）で括ったページは肩書きで登場

［ア　行］

アスキス　Asqiuth, Herbert Henry　イギリス首相（任 1908-1916）　108

アフラーバッハ　Afflerbach, Holger　研究者　223, 227

アルベルティーニ　Albertini, Luigi　研究者　223, 225, 264

アレクサンデル一世　Alexander I. Obrenović　セルビア国王（位 1889-1903）　41, 45

アレクサンデル二世　Alexander II.　ロシア皇帝（位 1855-81）　31

アンドラーシ　Andrássy, Julius Graf　ハプスブルク帝国外相（任 1871-79）　27-33

アンドリアン　Andrian-Werbung, Leopold Freiherr von　ハプスブルク帝国外務省一等書記官　1, 6

アンブロージ　Ambrózy von Séden, Ludwig Freiherr von（1913 年 8 月より Graf）　ローマ駐在ハプスブルク帝国大使館参事官　260

イオネスク　Jonescu, Take　ルーマニア内相（任 1912-14）　130, 135, 140, 142, 144, 148, 149, 314

イズヴォルスキ　Iswolsky, Alexander Petrowitsch　ロシア外相（任 1906-10），パリ駐在ロシア大使（1910-17）　47, 49-58, 74, 148, 219, 294, 308

ヴァン・エヴェラ　Van Evera, Stephen　研究者　4

ヴィート　Wied, Wilhelm Prinz zu　アルバニア侯（Fürst von Albanien: 位 1914-15）　276, 337

ウィーン駐在イギリス大使　→カートライト

ウィーン駐在セルビア公使　→ヨヴァノヴィッチ

ウィーン駐在ドイツ大使　→チルシュキ

ウィーン駐在ロシア大使　→カプニスト

ヴィッケンブルク　Wickenburg, Dr. Markus Graf von　ハプスブルク帝国外務省通商局長　60

ウィリアムソン　Williamson, Samuel R., Jr.　研究者　6, 24, 223, 224, 233, 287

ヴィルヘルム二世　Wilhelm II.　ドイツ皇帝（位 1888-1918）　183, 221, 259, 265, 266, (324)

ヴェニゼロス　Venizelos, Eleutheros　ギリシア首相（任 1910-15）　178-180, (181), 218

ウォルツ　Waltz, Kenneth N.　研究者　3

ウグロン　Ugron zu Ábránfalva, Stephan von　ベオグラード駐在ハプスブルク帝国公使（任 1911-13）　68, 69, 73, 75, 85, 263, (300)

エヴァンズ　Evans, R. J. W.　研究者　14

エサド・パシャ　Essad Pascha Toptani　オスマン軍スクタリ駐屯司令官　97, 102, 109, 110, 307, 308

エッカルト　Eckardt, Heinrich von　ツェティニェ駐在ドイツ公使（任 1911-14）　(108), 110

エーレンタール　Aehrenthal, Alois Freiherr（1909 年より Graf）　ハプスブルク帝国外相（任 1906-12）　6, 9, 37, 41, 42, 44, 47-58, 124, 225, 277, 293

大津留　厚　研究者　26

［カ　行］

ガウチ　Gautsch von Frankenthurn, Dr. Oskar Freiherr　ロンドン駐在ハプスブルク帝国大使館書記官　259

カートライト　Cartwright, Sir Fairfax Leighton　ウィーン駐在イギリス大使（任 1908-13）　(84), (85), (108), 111, (118), (241)

カプニスト　Kapnist, Peter Alexejewitsch Graf　ウィーン駐在ロシア大使（任 1895–1905）　42
ガラーンタイ　Galántai, Jósef　研究者　223, 226, 233
カリーチェ　Calice, Heinrich Freiherr von　コンスタンティノープル駐在ハプスブルク帝国大使（任 1880–1906）　37
カリンコフ　Kalinkow, Georgi　ブカレスト駐在ブルガリア公使（任 1911–13）　184
カールノキ　Kálnoky von Köröspatak, Gustav Graf　ハプスブルク帝国外相（任 1881–95）　35, 36
カーロリイ　Károlyi von Nagy-Károly, Michael (Mihály) Graf　ハンガリー議会議員　226
カロル一世　Karol（Karl）I.　ルーマニア国王（位 1881–1914）　126,（127）, 128, 129, 132, 134,（135）,（136）, 137, 138, 141, 142,（143）, 149, 151, 171, 187, 198, 199, 205,（215）,（216）, 221, 281, 286
ギカ　Ghika, D. I. Prinz　ソフィア駐在ルーマニア公使（任 1911–13），アテネ駐在公使（任 1913）　153–155
ギースル　Giesl von Gieslingen, Wladimir Freiherr　ツェティニェ駐在ハプスブルク帝国公使（任 1909–13），ベオグラード駐在ハプスブルク帝国公使（任 1913–14）　89, 108, 110, 117
キダーレン＝ヴェヒター　Kiderlen-Wächter, Alfred von　ドイツ外相（任 1910–12）　55, 73
クラカンソープ　Crackanthorpe, Dayrell Eardley Montague　ベオグラード駐在イギリス公使館書記官（任 1912–15），代理公使　238,（259）,（261）,（331）
グレイ　Grey（of Fallodon）, Sir Edward（later Viscount）　イギリス外相（任 1905–16）　2, 3, 77–82, 84–86, 90, 92, 95–99, 101–103, 108, 111–115, 117, 118, 155, 208, 259, 297
クレマンソー　Clémenceau, Georges　フランス首相（任 1906–09）　52
クロウ　Crowe, Eyre　イギリス外務省次官補（任 1912–20）　259
クロバティン　Krobatin, Alexander Ritter　ハプスブルク帝国共通国防相（任 1912–17）（91）, 115,（116）,（117）, 211, 246
ゲオルギ　Georgi, Friedrich Freiherr von　オーストリア国防相（任 1909–17）　246
ゲショフ　Geschow, Ivan E.　ブルガリア首相（任 1911–13）　125, 130–133, 139–142, 145, 154, 163, 171, 179, 181,（183）, 184, 185, 187, 189–192, 194, 195
ゲナディエフ　Ghenadiew, Nikola　ブルガリア外相（任 1913）　214–216, 280
ココフツォフ　Kokowzow, Wladimir Nikolajewitsch　ロシア首相（任 1911–14）　75, 270, 294, 297
コシュ　Kos, Franz-Josef　研究者　14, 63, 73
ゴルコウスキ　Gołuchowski von Gołuchowo, Agenor Graf　ハプスブルク帝国外相（任 1895–1906）　25, 36–42, 44–48, 50, 292
ゴルチャコフ　Gortschakow, Alexander Michajlowitsch Fürst　ロシア外相（任 1856–82）　30–32
コンラート　Conrad Freiherr Hötzendorf, Franz　ハプスブルク帝国参謀総長（任 1906–11 / 1912–1917），軍事総監（Armeinspektor: 任 1911–12）　9, 91, 97, 99, 106, 112, 114, 117, 120, 134–136, 182, 183, 198, 204, 205, 211, 228, 244–248, 251–254, 263, 265, 270, 284, 304, 306, 311, 321, 333, 338

［サ　行］
サヴォフ　Savow, Mihail　ブルガリア参謀総長，中将，総司令官補佐（任 1912–13）　195, 202, 203
サゾノフ　Sasonow, Sergej Dimitriewitsch　ロシア外相（任 1910–16）　2, 69, 70, 74, 75, 77, 78, 80–82, 96, 103, 105, 110, 111, 113, 130, 141, 143, 145, 148, 153, 154,（160）, 162–171, 178, 190, 191, 193–196, 211, 219, 222, 240, 268, 280, 283, 297, 303, 317, 326
サーパーリ　Szápáry von Szápár, Friedrich Graf　ハプスブルク帝国外務省第二次官（Zweiter Sektionschef: 任 1912–13），ペテ

ルスブルク駐在ハプスブルク帝国大使（1913-1914） 23, 60, 62, 132, 198
サラフォフ　Sarafow, Mihail　ブルガリア外務省官吏　153
サンジュリアーノ　San Giuliano, Marchese Antonino di　イタリア外相（任 1910-14） 97, 110, 113, 156, 161, 167, 208, 241, 251, 260, (317), (335)
シェベコ　Schebeko, Nikolaus Nikolajewitsch　ブカレスト駐在ロシア公使（任 1912-13） 148
シェムア　Schemua, Blasius　ハプスブルク帝国参謀総長（任 1911-12） 63
シートン＝ワトソン　Seton-Watson, Hugh　研究者　23, 223
シャイノヴィッチ　Šainovic, M.　セルビア外務省事務局長代理　240
シュトュルク　Stürgkh, Karl Graf　オーストリア首相（任 1911-16） 115, (116), (117), 246-248, 253, 254, 257
シュトルク　Storck, Wilhelm Ritter von　ベオグラード駐在ハプスブルク帝国代理公使（任 1913-14） 236-238, 240-243, 249, 254, 255, 257, 261, 334, 335
ジョージ五世　George V.　イギリス国王（位 1910-36） 113
ジョル　Joll, James　研究者　4, 12
ジロー　Girault, René　研究者　24
ステファノヴィッチ　Stefanović, Dragomir　セルビア外務省事務局長　261, (334), (335)
スナイダー　Snyder, Glenn H.　研究者　4
スパライコヴィッチ　Spalajković, Miroslav　ソフィア駐在セルビア公使（任 1911-13），セルビア外相代理　238, 242, 243, 331
セーガン　Sagan, Scott D.　研究者　4
セーセン　Szécsen von Temerin, Nikolaus Graf　パリ駐在ハプスブルク帝国大使（任 1911-14） (79), 214, (215), (218), (242), (260)
ソスノスキー　Sosnosky, Theodor von　政治・軍事評論家　119
ソールズベリ　Salisbury, Robert Arthur Talbot Gascoyne-Cecil　イギリス首相（任 1886-92 / 1895-1902） 38, 39, 83

［タ　行］

ダネフ　Danew, Stoyan　ブルガリア国会議長（任 1911-12），首相（任 1913） 125, 131-134, 137-145, 149, 150, 153, 154, 163, 179, 191, 194-200, 202, 203, 209, 214, 313, 314, 324
タルノフスキ　Tarnowski von Tarnow, Adam Graf　ソフィア駐在ハプスブルク帝国公使（任 1911-16） 130, 132, 133, (139), 140, 142, 149, 163, 171, 183, (187), 188, 192, 194, 198, 200, 202, 209, 216, 323, 324
チェルニン　Czernin von und zu Chudenitz, Ottokar　ブカレスト駐在ハプスブルク帝国公使（任 1913-16） 252, 277, 279, 281, 282, 338
チルシュキ　Tschirschky und Boegendorff, Heinrich von　ウィーン駐在ドイツ大使（任 1907-16） (95), (118), (204), (206), (256), (324)
ツァレスキー　Zaleski, Wenzel Ritter von　オーストリア蔵相（任 1911-13） 115, (116), 246
ツィンマーマン　Zimmermann, Alfred　ドイツ外務次官補（任 1911-16），ドイツ外相代理　143, 208, 219, 256, 259, 265-267, 336
ティサ，コロマン（カールマン） Tisza de Boros-Jenö, Koloman von　ハンガリー首相（任 1875-90） 30
ティサ，ステファン（イシュトバーン） Tisza de Boros-Jenö, Stephan (István) von　ハンガリー首相（任 1903-05 / 1913-17） 211, 223, 226, 244-248, 251-254, 257, 271, 281, 283, 284, 331, 332
ディミトリエフ　Dimitriew, Radko　ブルガリア将軍　203
テオドロフ　Teodorow, Teodor　ブルガリア蔵相（任 1911-13） 145, 149, 194, 195
デルカッセ　Delcassé, Théophile　ペテルスブルク駐在フランス大使（任 1913-14） 163, 168

テレツキー　Teleszky, Johann　ハンガリー蔵相（任 1912–17）　115, 246
トゥルン　Thurn und Valsássina, Duglas Graf　ペテルスブルク駐在ハプスブルク帝国大使（任 1911–13）　69, 81, (96), (130), (161), (211), (219), (240), 297
ドブロヴィッチ　Dobrović, Strashimir　ブルガリア国王側近　142, 162, 187, 191, 195, 209, 216, 321
トロツキー　Trotsky, Leon　ロシアの革命家　296

［ナ　行］
ナイ　Nye, Joseph S.　研究者　3
ニコライ一世　Nikolaus (Nikita) I.　モンテネグロ国王（位 1910–19）　(89), (104), (108), (110), (113), (117), (308)
ニコライ二世　Nikolaus II.　ロシア皇帝（位 1894–1917）　56, 105, (125), 148, 193, (195), 283
ニコルソン　Nicolson, Sir Arthur　イギリス外務省事務次官（任 1910–16）　77, 90, 118, 299
ネゴヴァン　Njegovan, Maximilian　ハプスブルク帝国海軍少将（Kontreadmiral），対モンテネグロ合同艦隊司令官（任 1913）　103, 108
ネメシュ　Nemes von Hidvég, Albert Graf　ハプスブルク帝国外務省高官　60, 62, 65, 96
ネラトフ　Neratow, Anatol Anatoljewitsch　ロシア外相補佐（任 1911–1914），外相代理　240, 242, 243, 260, 268, 270

［ハ　行］
ハイメルレ　Haymerle, Heinrich Freiherr von　ハプスブルク帝国外相（任 1879–81）　33–35
ハウス　Haus, Anton　ハプスブルク帝国海軍提督，共通国防省海軍部局長（任 1913）　246
ハーザイ　Hazai, Samuel Freiherr von　ハンガリー国防相（任 1913–17）　246
パジェット　Paget, Sir Ralph Spencer　ベオグラード駐在イギリス公使（任 1910–13）　69
パシッチ　Pašić, Nikola　セルビア首相（任 1906–1919）兼外相（任 1906–08, 1912–18）　67, 73, 75, 80, 85, 180, 189, 191, 236, 242, 248, 249, 254, 255, (258), 260, 263, 300
バッテンベルク　Battenberg, Alexander von　ブルガリア侯（位 1879–85）　35, 36
バーニー　Burney, Sir Cecil　イギリス海軍中将，対モンテネグロ合同艦隊司令官　104, 105, 108, 118
パリ駐在ハプスブルク帝国大使　→セーセン
パリッチ　Palić, Luigi　カトリック神父　97
ハルトヴィヒ　Hartwig, Nikolaus Henrikowitsch von　ベオグラード駐在ロシア公使（任 1909–14）　74, 75, 194, 251, 300
バルドルフ　Bardolff, Karl　フランツ・フェルディナンド側近（任 1912–14）　296
パレオローグ　Paléologue, Georges Maurice　フランス外務省政治局長（任 1912–14）　242, 260
ハンチュ　Hantsch, Hugo　研究者　14, 223–225, 229
ピション　Pichon, Stephan　フランス外相（任 1913）　268, 270
ビスマルク　Bismarck, Otto Fürst von　ドイツ首相（任 1871–90）　3, 33, 36, 75
ビリンスキー　Bilinski, Leon Ritter von　ハプスブルク帝国共通蔵相（任 1912–15）　(92), 115, (116), (117), (120), 246–248, 253, 254, 257
ヒルミ・パシャ　Himi Pascha, Hussein　ウィーン駐在オスマン帝国大使（任 1912–18）　43
フィッシャー　Fischer, Fritz　研究者　5, 223, 226, 267
フェイ　Fay, Sidney Bradshaw　研究者　5, 223
フェルディナント一世　Ferdinand I.　ブルガリア侯（Fürst von Bulgarien: 位 1887–1908），ブルガリア国王（König von Bulgarien: 位 1908–18）　53, 125, (133), (143), 148, (157), (162), 170, (171), 190, (193),

195, 209, 216, 279, (318)
フェルナー　Fellner, Fritz　研究者　6, 9, 223, 227
フォルガーハ　Forgách von Ghymes und Gács, Dr. Johann Graf　ドレスデン駐ハプスブルク帝国公使（任 1911-13），外務省第二次官（任 1913-17）　23, 238, 244, 248, 282, 284
ブカレスト駐在ブルガリア公使　→カリンコフ
ブキャナン　Buchanan, Sir George William　ペテルスブルク駐在イギリス大使（任 1910-17）　74, 326
フュルステンベルク　Fürstenberg, Karl Emil Prinz zu　ブカレスト駐在ハプスブルク帝国公使（任 1911-13）　127, (128), 133, 136, 141, (143), 144, (164), 183, 186, 187, 196, 197, 199, 205, 215, 219, (314), 327
ブラチアヌ　Bratianu, Ioan J. C.　ルーマニア首相（任 1914-18）　135, 281, 283
フランス外務省政治局長　→パレオローグ
フランツ・フェルディナント　Franz Ferdinand　ハプスブルク帝国皇位継承者　1, 6, 21, 23, 92, 99, 105, 132, 134, 136, 223, 248, 251, 252, 270, 277, 282, 284, 286, 296, 327, 338, 329
フランツ・ヨーゼフ　Franz Joseph I.　ハプスブルク帝国皇帝（位 1848-1916）　18, 21, 23, 27, 29-32, 40, 41, 56, 63, 92, 98, 99, 105, 112, 118, 132, 134, 222, 223, 245, 248, 252, (253), 254, 270, 284, 296, (321)
ブランデンブルク　Brandenburg, Erich　研究者　223
ブリアーン　Burián von Rajecz, Stephan Freiherr von　ティサの代理人，ウィーン駐在対王宮交渉担当大臣（任 1913-15）　211, 214, 223, 226, 244, 251, 253, 254, 257, 284, 327, 331
ブリッジ　Bridge, F. R.　研究者　11, 13, 14, 31, 41, 53, 56, 223, 224
プリブラム　Pribram, Alfred Francis　研究者　275
プリンチプ　Princip, Gavrilo　サラエヴォ事件の犯人　1
ベオグラード駐在イギリス代表　→パジェット
ベック　Beck, Friedrich Ritter von　ハプスブルク帝国軍人，軍官房議長（Vorstand der Militärkanzlei: 任 1867-81）　29, 37
ペーテル一世　Peter I., Karageorgević　セルビア国王（位 1903-21）　45, (180), (193)
ペテルスブルク駐在イギリス大使　→ブキャナン
ペテルスブルク駐在フランス大使　→デルカッセ
ベートマン＝ホルヴェーク　Bethmann Hollweg, Theobald von　ドイツ首相（任 1909-17）　5, 93, 207, 208, 259
ベルヒトルト　Berchtold von und zu Ungarschitz, Leopord Graf　ペテルスブルク駐在ハプスブルク帝国大使（任 1906-11），ハプスブルク帝国外相（任 1912-15）　6, 9, 11, 13-15, 23, 27, 47, 49-52, 56-58, 63, 65, 68, 70, 71, 73, 79-83, 85, 88, 90-92, 95-99, 101, 102, 104-106, 108, 109, 111-118, 120, 121, 124, 128-133, 136, 139, 140, 143, 149, 152, 155-157, 159, 160, 162, 164-166, 168-172, 182-189, 197, 199, 200, 203-207, 209-211, 214, 216, 219, 221-229, 231-233, 237, 238, 241, 244-246, 248, 251-258, 261, 263, 265-270, 273-277, 279, 281, 282, 284, 293, 294, 296, 297, 306, 317, 327, 331-333
ヘルムライヒ　Helmreich, Ernst C.　研究者　12, 223, 227
ベンケンドルフ　Benckendorff, Alexander Konstantinowitsch Graf　ロンドン駐在ロシア大使（任 1903-17）　(81), 92, 93
ポガチャー　Pogatscher, Rudolf　ハプスブルク帝国外務省政治顧問（politischer Konsulent: 任 1910-18）　23, 60, 62, 166, 211, 282
ポティオレク　Potiorek, Oskar　ボスニア・ヘルツェゴヴィナ総督（任 1911-14）　91, 257, 271
ホヨス　Hoyos, Alexander Graf　ハプスブル

ク帝国外務官房長（任 1912–17） 23, 61, 63, 124, 211, 214, 216
ホール Hall, Richard C. 研究者 178, 190
ポワンカレ Poincaré, Raymond フランス首相兼外相（任 1912–13） 70, 77, 78

［マ 行］

マイオレスク Majorescu, Titu ルーマニア首相兼外相（任 1912–14） 129, 135, 137, 140–145, 148–151, 154, 183, 185–187, 196–197, 205, 215–218, 221, 313
マサリク Masaryk, Thomas Garrigue 大学教授，オーストリア議会議員 85
マチェコ Matscheko, Franz Freiherr von ハプスブルク帝国外務省官吏 284
マッチオ Macchio, Karl Freiherr von ハプスブルク帝国外務省第一次官（Erster Sektionschef: 任 1912–17） 23, 60, 62, 133, 240, 248, 253, 261, 295
マルティーノ Nobile Giacomo de Martino イタリア外務省事務局長（任 1913–19） 260
ミス Mişu, Nikolas ロンドン駐在ルーマニア公使（任 1912） 138, 140, 142, 144, 145, 150
ミハイロヴィッチ大公 Mihailovich（Mikhailovna）, Militsa ロシア大公 135, 136
ミラン一世 Milan I., Obrenović セルビア国王（位 1882–89） 34, 35, 41
メイソン Mason, John W. 研究者 275
メーレイ Mérey von Kapos-Mére, Kajetan ローマ駐在ハプスブルク帝国大使（任 1910–15） (97), 112, 152, 208, 214, 253, 257
メンスドルフ Mensdorff-Pouilly-Dietrichstein, Albert Graf von ロンドン駐在ハプスブルク帝国大使（任 1904–14） 79, 82, 90, 92, 93, 96, 98, 102, 112, (139), 142, 149
モーゲンソー Morgenthau, Hans J. 研究者 3
モンテネグロ国王 →ニコライ一世（Nikolaus/Nikita I.）

［ヤ 行］

ヤゴー Jagow, Gottlieb von ドイツ外相（任 1913–16） 109, 110, 155–157, 167, 208, 303, 304, 307, (317)
ヨヴァノヴィッチ Jovanović, Jovan M. セルビア外務省事務局長，外相代理（任 1912），ウィーン駐在セルビア公使（任 1912–14） 68, 69, 73, (239), (255), (261), 300

［ラ 行］

ラッパポルト Rappoport, Alfred Ritter von ハプスブルク帝国外務省第一，二課課員 60, 62
ラドスラヴォフ Radoslavow, Vasil ブルガリア首相（任 1913–18） 214
ラムスドルフ Lamsdorff, Wladimir Nikolajewitsch Graf ロシア外相（任 1901–06） 42
リーヴィ Levy, Jack S. 研究者 4, 5
リードル Riedl, Dr. Richard ハプスブルク帝国通商省（商務省）課長 136
リヒノフスキー Lichnowsky, Karl Max Fürst ロンドン駐在ドイツ大使（任 1912–14） (78), 92, 93, 101, (257), 304
ルカーチ Lukács, Ladislaus von ハンガリー首相（任 1912–13） 115
ルーマニア国王 →カロル一世
レートリヒ Redlich, Josef 大学教授，オーストリア議会議員 73, 85
レードル Redl, Alfred ハプスブルク帝国軍プラハ駐留第八軍参謀長（任 1908–13），ロシアのスパイ（1913 自殺） 224
レンナー Renner, Dr. Karl オーストリア議会議員 23
ロイド＝ジョージ Lloyd George, David イギリス首相（任 1916–22） 5
ロシア皇帝 →ニコライ二世
ロッソス Rossos, Andrew 154
ローマ駐在ハプスブルク帝国参事官 →アンブロージ
ロンドン駐在ドイツ大使 →リヒノフスキ
ロンドン駐在ロシア大使 →ベンケンドルフ

ハプスブルク帝国関連年表（1866-1914年）

年　月　日	出　　来　　事
1866.	普墺戦争でハプスブルク帝国がプロイセンに敗北
1867.	ハプスブルク帝国の再編（オーストリア＝ハンガリー二重帝国誕生）
1873.10.22	ハプスブルク帝国，ドイツ，ロシアによる三帝同盟が成立
1875. 6.22	ハプスブルク帝国＝ルーマニア通商条約
1875. 7.15	ボスニア・ヘルツェゴヴィナでキリスト教徒の反乱が発生
1876. 7. 8	ハプスブルク帝国とロシアの両外相が会談し，ライヒシュタット協定が成立
1876. 6.30	セルビアがオスマン帝国に宣戦布告（モンテネグロは7月2日）
1877. 1.15	ハプスブルク帝国とロシアとのあいだでブダペスト協定が成立
1877. 4.24	ロシアがオスマン帝国に宣戦布告し，露土戦争が勃発
1878. 3. 3	露土戦争の講和のためのサン・ステファノ条約が成立
1878. 6.13	ベルリン会議開催
1878. 7.13	ベルリン条約調印。セルビア，モンテネグロ，ルーマニアの独立，ブルガリアのオスマン帝国の自治国化，ハプスブルク帝国によるオスマン帝国領ボスニア・ヘルツェゴヴィナ州の管理権獲得が決定
1878. 7.29	ハプスブルク帝国軍がボスニア・ヘルツェゴヴィナ進駐を開始
1878.10. 7	独墺同盟が成立
1878.10. 8	ハプスブルク帝国外相アンドラーシが辞職し，ハイメルレが後継外相に就任
1881. 6. 6	ハプスブルク帝国＝セルビア通商条約調印
1881. 6.18	ハプスブルク帝国，ドイツ，ロシアとのあいだで三帝同盟が調印
1881. 6.28	ハプスブルク帝国＝セルビア同盟調印
1881.10.10	ハプスブルク帝国外相ハイメルレ急死
1881.11.20	ハプスブルク帝国外相にカールノキが就任
1882. 5.20	三国同盟調印
1883.10.30	ハプスブルク帝国＝ルーマニア同盟調印
1885. 9.18	ブルガリアが，オスマン帝国領自治州の東ルメルアとの合同を発表し，ブルガリア問題が発生
1887. 3. 7	ハプスブルク帝国，イギリス，イタリアの地中海協定が成立（5月にスペインが加盟）
1887. 6.	ブルガリア問題が原因で，三帝同盟が消滅
1895. 5.16	ハプスブルク帝国外相カールノキが辞職し，ゴルコウスキが後継外相に就任
1895. 7.	オスマン帝国領アルメニアでキリスト教徒虐殺事件が発生
1896. 8.末	オスマン帝国領アルメニアでキリスト教徒虐殺事件がふたたび発生
1897. 2.	オスマン帝国領のクレタ島でギリシア系住民が反乱
1897. 4. 9	ギリシア＝オスマン戦争が勃発

年　月　日	出　　来　　事
1897. 4. 29	ハプスブルク帝国皇帝と外相のロシア訪問と，墺露協定の成立
1903. 2.	ハプスブルク帝国とロシアがマケドニア問題に関する二月覚書を調印
1903. 10. 2	ハプスブルク帝国とロシアがマケドニアに関するミュルツシュテーク協定を調印
1903. 6. 15	セルビアでクーデターが起こり，国王アレクサンデルが殺害。新国王にカラジョルジェヴィッチ家のペーテルが即位
1904. 10. 15	墺露中立条約締結
1906. 10. 24	ハプスブルク帝国外相ゴルコウスキが辞職し，エーレンタールが後継外相に就任
1908. 1. 28	ハプスブルク帝国外相エーレンタールがハンガリー代議団に対してノヴィ・パザール鉄道の建設案を発表
1908. 6.	青年トルコ党革命が発生
1908. 9. 16	エーレンタールとロシア外相イズヴォルスキとの会談
1908. 10. 5	ブルガリアがオスマン帝国からの独立を宣言
1908. 10. 7	ハプスブルク帝国がボスニア・ヘルツェゴヴィナの併合を実施
1912. 2. 17	ハプスブルク帝国外相エーレンタールが急死し，ベルヒトルトが後継外相に就任
1912. 3. 12	ブルガリア＝セルビア友好同盟条約締結
1912. 4. 29	ブルガリア＝セルビア軍事協定締結
1912. 5. 30	ブルガリア＝ギリシア防衛同盟条約締結
1912. 10. 5	ブルガリア＝ギリシア軍事協定締結
1912. 10. 8	モンテネグロがオスマン帝国に宣戦布告（第一次バルカン戦争勃発）
1912. 10. 18	セルビア，ブルガリア，ギリシアがオスマン帝国に宣戦布告
1912. 10. 23	ルーマニア国王がハプスブルク帝国公使にブルガリアへの領土的代償の要求の可能性を示唆
1912. 11. 3	ルーマニアがブルガリアに領土的代償を正式に要求
1912. 11. 7	モンテネグロ軍がアルバニア沿岸の港湾都市メドゥア港を占領
1912. 11. 18	ギリシア軍がエーゲ海の港湾都市サロニキを占領
1912. 11. 19	セルビア軍がアルバニア沿岸の港湾都市アレッシオを占領
1912. 11. 21	ドイツがイギリスに対して，バルカン問題のための諸「大国」の会議の開催を提案
1912. 11. 29	ハプスブルク帝国参謀総長コンラートがルーマニアを訪問
1912. 11. 30	セルビア軍がアルバニア沿岸の港湾都市ドゥラッツォを占領
1912. 12. 3	バルカン同盟諸国とオスマン帝国とのあいだで停戦が成立
1912. 12. 16	バルカン同盟諸国とオスマン帝国がロンドンで講和交渉を開始
1912. 12. 17	バルカン戦争終結をめざした六「大国」によるロンドン大使会議が開催
1913. 1. 3	ブルガリア代表とルーマニア代表が，ロンドンで国境線修正に関する協議を実施
1913. 1. 10	ブルガリア代表とルーマニア代表が，ロンドンで国境線修正に関する第

年　月　日	出　来　事
	2回協議を実施
1913. 1.17	ブルガリア代表とルーマニア代表が，ロンドンで国境線修正に関する第3回協議を実施
1913. 1.26	ブルガリア代表とルーマニア代表が，ロンドンで国境線修正に関する第4回協議を実施
1913. 1.29	ブルガリア代表とルーマニア代表が，ロンドンで国境線修正に関する第5回協議を実施（ロンドン協議終了）
1913. 1.30	バルカン同盟諸国＝オスマン帝国間の停戦が終了し，戦争再開
1913. 2.12	ブルガリア代表とルーマニア代表が，ソフィアで国境線修正に関する協議を実施
1913. 2.14	ロンドン大使会議で，イギリス外相グレイがブルガリア＝ルーマニア問題の諸「大国」の仲裁による解決を提案
1913. 2.15	ブルガリア代表とルーマニア代表が，ソフィアで国境線修正に関する第2回協議を実施（ソフィア協議終了）
1913. 2.末	セルビアがブルガリアに占領地の分配に関する再協議を要請
1913. 3.18	サロニキでギリシア国王暗殺
1913. 3.22	ロンドン大使会議において，セルビアとモンテネグロに対する共同抗議書を作成
1913. 3.22	ロンドン大使会議で，ハプスブルク帝国が都市ジャコヴァのアルバニアへの編入案を放棄
1913. 3.28	六「大国」がモンテネグロに対して，アルバニアからの撤退を求める共同抗議書を手交
1913. 3.29	六「大国」がセルビアに対して，アルバニアからの撤退を求める共同抗議書を手交
1913. 3.31	ブルガリア＝ルーマニア問題解決のための六「大国」による会議が，ペテルスブルクで開催（ペテルスブルク大使会議）
1913. 4. 4	ペテルスブルク大使会議第2回会合
1913. 4. 4	ロンドン大使会議の決定にもとづき，モンテネグロ沖でのロシアを除く五「大国」による合同艦隊が行動開始
1913. 4. 7	ペテルスブルク大使会議第3回会合
1913. 4. 8	セルビア政府，スクタリ包囲軍の増強中止を宣言
1913. 4.10	合同艦隊による対モンテネグロ海上封鎖が開始
1913. 4.11	ペテルスブルク大使会議第4回会合
1913. 4.12	セルビアがスクタリ攻撃の中止を宣言
1913. 4.15	ペテルスブルク大使会議第5回会合
1913. 4.17	ペテルスブルク大使会議第6回会合
1913. 4.21	モンテネグロがカッタロとの郵便等を遮断
1913. 4.23	モンテネグロがスクタリ占領
1913. 4.23	ロンドン大使会議において，モンテネグロに対する共同抗議書作成

年　月　日	出　来　事
1913. 4.24	合同艦隊の提督委員会がスクタリへの派遣部隊の構成を決定
1913. 4.27	モンテネグロへの六「大国」共同抗議書の手交
1913. 4.28	ペテルスブルク大使会議第7回会合が開催され，最終議定書を作成
1913. 4.	セルビアとギリシアがルーマニアへの接近工作を実施（～5月）
1913. 5. 2	ハプスブルク帝国共通閣僚会議が開催され，ボスニアの予備役兵の召集を決定
1913. 5. 3	サラエヴォで非常事態宣言
1913. 5. 4	ロンドン駐在モンテネグロ代表がイギリス外相に対して，スクタリからの無条件撤退の決定を報告
1913. 5. 5	ロンドン大使会議で，モンテネグロがスクタリの管理を合同艦隊の提督委員会に移譲することが発表
1913. 5. 5	セルビアとギリシアが「同盟条約締結に関する議定書」を調印
1913. 5. 9	ペテルスブルク大使会議第8回会合が開催され，六「大国」代表が最終議定書に調印
1913. 5.14	モンテネグロ軍が都市スクタリを放棄
1913. 5.14	提督委員会と合同艦隊の派遣部隊がスクタリに入城し，提督委員会が海上封鎖の中止を発表
1913. 5.25	セルビアがブルガリアに占領地の分配に関する再協議を要請
1913. 5.30	第一次バルカン戦争終結のためのロンドン講和条約調印
1913. 5.30	ブルガリア首相ゲショフが辞職
1913. 6. 1	ゲショフとセルビア首相パシッチとの首脳会談
1913. 6. 1	ブルガリアに対抗するための，セルビア＝ギリシア軍事協定調印
1913. 6. 7	ハンガリーにティサ政権が成立
1913. 6.11	ゲショフの辞職が正式に発表
1913. 6.15	ブルガリアにダネフ新政権が成立
1913. 6.21	セルビア－ギリシア軍事協定が正式に批准
1913. 6.30	ブルガリア軍がセルビア・ギリシア両軍を攻撃することで，第二次バルカン戦争が勃発
1913. 7. 3	ルーマニアが総動員を発令
1913. 7.11	ルーマニアがブルガリア領内に侵攻
1913. 7.12	ルーマニアが都市シリストリアを占領
1913. 7.13	ルーマニアがドブリチ占領
1913. 7.13	ブルガリア首相ダネフが辞職
1913. 7.16	オスマン帝国がブルガリアに宣戦布告し，第二次バルカン戦争に参加
1913. 7.17	ブルガリアの新首相にラドスラヴォフが就任
1913. 7.22	オスマン軍帝国が，都市アドリアノープルをブルガリアから奪回
1913. 7.30	第二次バルカン戦争終結のためのブカレスト講和会議の開催
1913. 8. 7	セルビア，ギリシア，モンテネグロ，ブルガリアのあいだで，ブカレスト講和条約が締結

年　月　日	出　来　事
1913. 8.10	ブカレスト講和条約が調印
1913. 8.17	六「大国」代表が，セルビア首相に対して，アルバニアからの軍の撤退を要求
1913. 9.13	ベオグラード駐在墺公使が単独でセルビア外務省に軍の撤退を要求
1913. 9.17	セルビアがアルバニアとの国境に税関を設置する政令を公表
1913. 9.18	セルビアが，ジャコヴァとジブラの市場を閉鎖し，アルバニアとの国境封鎖を実行
1913. 9.23	アルバニア国際管理委員会の北部・北東部国境線委員会が第1回会合をスクタリで開催
1913. 9.29	ブルガリアとオスマン帝国が，講和条約に調印
1913.10. 1	ベオグラード駐在墺公使が単独で，セルビア政府に正式にアルバニアからの軍の撤退を要求（単独抗議）
1913.10. 3	ハプスブルク帝国共通閣僚会議開催
1913.10.13	ベルヒトルト，コンラート，ティサら7名が，シェーブルン宮殿でセルビア政策を協議
1913.10.14	ハプスブルク帝国皇帝フランツ・ヨーゼフが，セルビアに対する武力行使に同意
1913.10.16	ベルヒトルト，ブリアーンら5名が対セルビア最後通牒の文面を検討
1913.10.17	ベルヒトルト，ブリアーン，メーレイの3名が最後通牒の最終文面を作成し，皇帝の承諾を獲得
1913.10.18	ベオグラード駐在墺公使がセルビア政府に対して，アルバニアからの撤退を要求する期限付きの最後通牒を手交
1913.10.20	アルバニアからの撤退を決定したことをセルビアがハプスブルク帝国に通知
1913.10.25	セルビアが，アルバニアからの軍の撤退の完了を発表
1913.10.25	チェルニンがブカレスト駐在墺公使として赴任
1913.12.下旬	ブルガリア総選挙の結果，親墺派のラドスラヴォフ政権が少数与党に
1914. 1.	ルーマニアで親仏派の自由党政権が誕生
1914. 2.中旬	ハンガリー政府とトランシルヴァニア地方のルーマニア系住民との交渉が失敗
1914. 3.下旬	ルーマニア皇太子夫妻のロシア訪問
1914. 6.14	ロシア皇帝と外相サゾノフのルーマニア訪問
1914. 6.24-	ハプスブルク帝国外務省内でマチェコ覚書を作成（24日から28日の間に作成）
1914. 6.28	ボスニアの州都サラエヴォで皇位継承者フランツ・フェルディナントが暗殺（サラエヴォ事件）される
1914. 7.23	ハプスブルク帝国がセルビアに期限付きの最後通牒を手交
1914. 7.28	ハプスブルク帝国がセルビアに宣戦布告

出典：筆者作成。

参考文献

未公刊資料

Haus-, Hof- und Staatsarchiv Wien:

Politische Archiv III（Preußen）

Karton 170　Berichte, Weisungen, Varia 1912–1913.

Politische Archiv XII（Türkei）

Karton 382　Balkankrieg 1912–1913:

1）Initiation des Grafen Berchtold betreffs einen Meinungsaustausch der Mächte im Interesse der Erhaltung der Ruhe am Balkan 1912 VIII–IX.

Karton 383　2）Diplomatische Verhandlungen während der Mobilisierung der Balkanstaaten 30. IX. 1912–8. X. 1912.

Karton 384　dtto, 9.–18. X. 1912.

Karton 385　3）Die Nachrichten über die militärischen Vorgänge, 1912 X.

Karton 386　dtto, 1912 XI.

Karton 387　dtto, 1912 XII.

Karton 388　dtto, 1913 I.

Karton 389　dtto, 1913 II.

Karton 390　dtto, 1913 III.

Karton 391　dtto, 1913 IV.

Karton 392　dtto, 1913 V–VI.

Karton 393　4）Verhandlungen zwischen den Mächten zur Beilegung der Balkankonflagration 1912, 13. X–7. XI.

Karton 394　1912, 8.–19. XI.

Karton 395　1912, 21.–30. XI.（sowie 2 Karton der Balkanhalbinsel）.

Karton 396　1912, 1. 12. XII.

Karton 397　1912, 13.–26. XII.

Karton 398　1912, 27. XII–1913. 7. I.

Karton 399　1913, 8.–21. I.

Karton 400　1913, 22. I.–10. II.

Karton 401　1913, 11.–25. II.

Karton 402　1913, 26. II–13. III.

Karton 403　1913, 14. III–31. III.

Karton 404　1913, 1.–16. IV.

Karton 405 — 1913, 17.–30. IV. außerdem: Frage der Überlassung von Saloniki an Bulgarien 1913.

Karton 406 — 1913, 1.–15. V.

Karton 407 — 1913, 16. V.–31. V.

Karton 408 — 1913, 1. VI.–30. VI.

Karton 409 — 1913, VII–VIII.

Karton 410 — 1913, VIII–XI.

Karton 411 — 5) Diverses aus der Zeit des Balkankrieges 1912 X–1913 VIII.

a) Varia Variorum 1912 IV–1913 VI.

Karton 412 — b) Maßnahmen gegen Anwerbung von Untertanen der Monarchie in die Armeen der Balkanstaaten 1912 X–1913 VIII.

c) Teilnahme unserer Militär-Attaches an den Operationen 1912 X–1913 VIII.

d) Subsidäre Übernahme des Schutzes der ottomanischen Untertanen in den Balkanstaaten 1912 X–1913 II.

Karton 413 — e) Schutz unserer Kultusanstalten in den von den Armeen der Balkanstaaten okkupierten Teilen der Türkei 1912 X–1913 VII.

f) Übertritt türkischen Militärs nach Bosnien (im Dep. 7 gelaufen).

g) Übertritt türkischer Zivilbevölkerung nach Bosnien und Österreich-Ungarn, 1912 X–XII.

h) Frage der Übernahme der Vorsorge für die von Montenegro gemachten Kriegsgefangen, 1912 X.

i) Schutz der österreichisch-ungarischen Kolonie in Konstantinopel 1912 X–1913 IX (Entsendung der "Aspern").

k) Schutz der österreichisch-ungarischen Kolonie in Saloniki (Entsendung der "Maria Theresia"), 1912 X–XII.

Karton 414 — l) Entsendung der schweren Division der Escadre in die Levante, 1912 XI–1913 II.

m) Schutz unserer Kolonien in verschiedenen Orten, 1912 XI–1913 I.

n) Vorsorge für türkische Zivilbeamte und deren Familien zwecks Repatrierung 1912 XII–1915 III.

o) Vorschriften an die Konsulate für den Verkehr mit den Behörden in den von den Balkanstaaten eroberten Gebieten, 1912 X–1913 VI.

Karton 415 — p) Die Affairen unserer Konsuln in Prisren: Prohaska, und in Mitrowitza: Tahy, 1912 XI–1913 XI.

qu) Vermittlung einer Anleihe für die Türkei, 1913 I.

r) Entsendung von Schiffen nach Durazzo, Valona und an die albanesische Küste überhaupt, 1913.

s) Entsendung von "Maria Theresia" und "Elisabeth" in die asiatischen Gewässer, 1913 I–VIII.

t) Heimbeförderung serbischen Militärs aus Albanien via Triest, Fiume etc. 1913 I-V.

Karton 416 w) Ermordung des P. Luigi Palic, 1913 III (bis 1914 IV).

Karton 417 6) Albanesische Angelegenheiten 1912-1913.

b) Spezialverhandlungen mit Italien 1912 XI-1913 V.

c) Die Unabhängigkeitserklärung vom 26. XI. 1912 (1912 X-1913 XII).

Karton 418 d) Tätigkeit der albanischen Delegation in London 1912 XII-1913 VII.

e) Prinz Wied, 1913.

Karton 419 Kandidaten für den albanesischen Thron 1912 XI-1913 XII.

Karton 420 f) Varia 1912 XI-1913 IX (außer 1913 IV-VI).

Karton 421 Varia 1913 IV-VI, X-XI.

o) Ismail Kemal's Europareise 1913 III-VI.

t) Entsendung österreichisch-ungarischer und italienischer Kriegsschiffe nach Valona, 1913.

Karton 422 g) Klagen über das griechenfeindliche Auftreten des k.u.k. Konsuls in Janina, Bilinski, 1912 XII-1913 III.

h) Gerüchte über Waffenschmuggel unsererseits nach Albanien, 1913 II-III.

i) Serbisch-albanesische Abmachungen 1913 II-VIII.

k) Albanesenkongreß in Triest, 1913 III.

l) Untersstützung albanesischer Flüchtlinge durch Bezirkshauptmannschaft in Cattaro, 1913 I-VIII.

m) Diverse Spenden für hilfsbedürftige Albanesen und Andere, 1913 I-VII.

n) Materielle Unterstützung der notleidenden albanesischen Bevölkerung in Valona und Umgebung, 1913-1914.

qu) Albanesische Bank 1913 IV.

s) Ausweisung von 3 Italienern aus Valona 1913 VI.

w) Frage der Schaffung einer albanesischen Flagge, 1913.

x) Polizei-, und Gendarmerie-Organisation in Skutari, 1913 IX.

z) Albanesische Flüchtlinge aus dem albanesisch-serbischen Aufstandsgebiete, 1913 X-1914 II.

Karton 423 6) r: Essad Pascha's Abzug aus Skutari, 1913.

Karton 424 y: Neuerliche Umtriebe Essad Pascha's 1913 IX-1914 I.

7) Militärische Maßnahmen Rußlands, 1912 XI-1913 IX.

Karton 425 8) Unsere militärischen Maßnahmen 1912-1913.

9) Vorkehrungen Serbiens gegen Österreich-Ungarn während Balkankrieges 1912-1913-.

10) Vorkehrungen Montenegros gegen Österreich-Ungarn, 1912-1913.

Karton 426 11) Unsere Einschreiten gegen Montenegro, 1913 III-IV, Internationale Flot-

tendemonstration an der montenegrinischen und albanesischen Küste, 1913.

Karton 427 Aktion gegen Montenegro 1913 IV.

Karton 428 Aktion gegen Montenegro 1913 V.

Karton 429 Aktion gegen Montenegro Hilfsaktion für Skutati, Skodra-Affaire, unsere Grenzsperre und beabsichtigte Blockade, 1913.

Karton 430 12) Internationale Administration von Skutari, 1913.

Karton 431 13) Pariser Kommission für die zwischen der Türkei und den Balkanstaaten zu bereinigenden finanziellen Fragen 1913.

Karton 432 14) Zweiter Balkankrieg, diplomatische Verhandlungen 16.-30. VI. 1913.

Karton 433 Zweiter Balkankrieg, diplomatische Verhandlungen 28. V.-15. VI. 1913.

Karton 434 Zweiter Balkankrieg, diplomatische Verhandlungen 1.-18. VII. 1913.

Karton 435 Zweiter Balkankrieg, diplomatische Verhandlungen 19.-24. VII. 1913, Verhandlungen und Abschluß des Friedens von Bukarest, 10. VIII. 1913.

Karton 436 Verhandlungen der Balkanstaaten über Verteilung der eroberten Gebiete, 25. VII.-VIII 1913.

Karton 437 15) Zweiter Balkankrieg, diplomatische Verhandlungen, 4.-31. VII. 1913.

Karton 438 Zweiter Balkankrieg, diplomatische Verhandlungen, VI-3. VII. 1913, Korrespondenz über die im Kriege der Balkanstaaten vorgefallenen Greueltaten, 1913 VII-XII.

Karton 439 Zweiter Balkankrieg, diplomatische Verhandlungen, 1913 VIII-IX.

16) Finanzielle Entschädigung an Montenegro, 1913 VI-XII.

17) Bulgarische Gebietsabtretung an Rumänien, 1913 VI-XII.

19) Internationale Grenzkommission für die türkisch-bulgarische Grenzlinie: Enos-Midia 1913 VI-IX.

20) Internationale Kontroll-Kommission für Albanien, 1913 VII-X.

Karton 440 22) Grenzverhandlungen zwischen Bulgarien, Serbien, Montenegro und Griechenland, 1913-1914.

Tagesbericht des Evidenzbüros des k.u.k. Generalstabes, 1912 X-1913 I.

Karton 441 Tagesbericht des Evidenzbüros des k.u.k. Generalstabes, 1913 II-VIII.

Karton 442 18) Delimitation Albaniens, 1913 VII-VIII. 1914 I-III.

Karton 443 Delimitation Albaniens, 1913 VI-XII.

Karton 444 Delimitation Albaniens, 1913 X-XI.

Karton 445 Delimitation Albaniens, 1913 XI-XII.

Karton 446 Archiv der Delegierten bei der internationalen Kommission zur Bestimmung der Süd-, und Südostgrenze Albaniens, 1913 IX-XII.

Karton 447 Archiv der Delegierten bei der internationalen Kommission zur Bestimmung der Süd-, und Südostgrenze Albaniens, 1913 IX-XII.

Karton 448 21) Türkischer Vormarsch gegen Adrianopel etc. und türkisch-bulgarischer Frieden von Konstantinopel, 1913 VIII-X.

Karton 449 23) Neuer Angriff auf Albanien durch Serbien 1913.

a 18. IX–13. X. 1913) Haltung Serbiens.

1913 XI–XII) Haltung Serbiens.

b Angriff Montenegros 1913 IX–XII.

c Angriff Griechenlands 1913 IX–XI.

Karton 450 d Militärische Mitteilungen des Generalstabes, 1913 IX–X.

e Feststellung der serbischen Grenzüberschreitung 1913 X–XII.

Karton 451 a Haltung Serbiens 14.–31. X. 1913.

Karton 452 f Entsendung von Emissären von Konstantinopel über Sofia nach Albanien zum Zwecke der Insurgierung Albaniens, 1913 XI–XII.

24) Neutralisierung des Kanals von Corfu, 1913 VI–XII.

25) Türkisch-griechische Friedensverhandlungen 1913 IX–XI.

Karton 453 26) Albanesische Angelegenheiten 1913 X–XII.

a Fürstenwahl (nur 1 Telegramm)

d Albanesische Gendarmerie-Organisierung 1913 VIII–XII.

e Administration von Scutati, 1913 X–XII.

Karton 454 b Albanesische Kontroll-Kommission 1913 X–XII.

c Provisorische Regierung 1913 X–XIII.

f Varia 1913 X–XII.

g Frage der Hauptstadt und der diplomatischen und konsularischen Vertretung 1913 X–XII.

h Wappen Albaniens 1913 XII.

27) Friedensverhandlungen zwischen Türkei und Serbien, 1913 X–1914 VI.

Karton 455 28) Verhandlungen über die Inselfrage, 1913 XI–1914 I.

Karton 456 Verhandlungen über die Inselfrage, 1914 II–VII.

Balkan-Konflagration 1912–1913. (Die wichtigsten vom Ref. I gesammelten Kopien-der Dokumente).

Karton 457 Balkan-Konflagration 1912–1913. (Die wichtigsten vom Ref. I gesammelten Kopien-der Dokumente). 1911–1914.

Karton 458 Balkan-Konflagration 1912–1913. (Die wichtigsten vom Ref. I gesammelten Kopien-der Dokumente). 1912 VIII–X.

Karton 459 Balkan-Konflagration 1912–1913. (Die wichtigsten vom Ref. I gesammelten Kopien-der Dokumente). 1912 XI.

Karton 460 Balkan-Konflagration 1912–1913. (Die wichtigsten vom Ref. I gesammelten Kopien-der Dokumente). 1912 XII.

Karton 461 Balkan-Konflagration 1912–1913. (Die wichtigsten vom Ref. I gesammelten Kopien-der Dokumente). 1913 I.

Karton 462 Balkan-Konflagration 1912–1913. (Die wichtigsten vom Ref. I gesammelten Kopien–der Dokumente). 1913 II.

Politische Archiv XV (Bulgarien)
Karton 74 Berichte, Weisungen, Varia 1912.
Karton 75 Berichte, Weisungen, Varia 1913.
Karton 76 Berichte 1914, I-V.
Karton 77 Berichte 1914, VI-XII, Weisungen, Varia 1914.

Politische Archiv XVI (Griechenland)
Karton 63 Berichte, Weisungen 1912.
Karton 64 Berichte, Weisungen 1913.
Karton 65 Berichte, Weisungen, Varia 1914.

Politische Archiv XIX (Serbien)
Karton 63 Berichte, Weisungen, Varia 1912.
Karton 64 Berichte 1913 I-IX.
Karton 65 Berichte 1913 X-XII, Weisungen, Varia 1913.
Karton 66 Berichte, Weisungen, Varia 1914.

Politische Archiv XL (Interna)
Karton 311 Gemeinsame Ministerratsprotokolle 1913-1914 V.

Nachlaß
Nachlaß Berchtold
Karton 1 Memoire. Typoskript der Memoiren Berchtolds, teilweise Tagebuchartig.
Bd. 1 Beginn der Laufbahn bis April 1909
2 Mai 1909-April 1911
3 Jänner 1912-September 1912
4 September 1912-Dezember 1912
Karton 2 Memoire. Typoskript der Memoiren Berchtolds, teilweise Tagebuchartig.
Bd. 5-6 Dezember 1912-Mai 1913
7 6. April 1913-10. August 1913
8 11. August 1913-28. Juni 1914
Karton 4 Abschriftenband; "Politische Briefe. Kopien aus Buchlau"

Nachlaß Szápáry
Karton 1 Balkankriege 1912-1914
Karton 4 Albanien 1906-1914
Karton 5 Albanien

Nachlaß Mensdorff (Albert Mensdorff-Pouilly-Dietrichstein)
Karton 1

Haus-, Hof- und Staatsarchiv 所蔵 "Aufstellungs-verzeichnis des politischen Archivs des Ministerium des Äußern 1848–1918"より

公刊文献・回顧録・未公刊学位論文

【外国語文献】

Afflerbach, Holger, *Der Dreibund* (Wien: Böhlau, 2002).

Agstner, Rudolf, "Die diplomatische Präsenz der Habsburgermonarchie auf dem Balkan nach dem Berliner Kongreß. Zur Geschichte der Palais der k.u.k. Gesandtschaften in Belgrad, Bukarest, Cetinje, Durazzo und Sofia", *Österreichische Osthefte*, Jahrgang 39 (1. Hefte) (1997).

Albertini, Luigi, *The Origins of the War of 1914*, trans. and ed. by Isabella Massey, 3vols. (London: Oxford University Press, 1952).

Anderson, M. S., *The Eastern Question 1774–1923* (London: Macmillan, 1966).

Auffenberg-Komarow, *Aus Österreichs Höhe und Niedergang* (München: Drei Masken Verlag, 1921).

Bach, August, "Die November- und Dezemberkrise", *Berliner Monatshefte* (1935).

Balkanicus, *The Aspirations of Bulgaria* (London: Simpkin, Marshall, Hamilton, Kent, 1915).

Bardolff, Carl Freiherr von, *Soldat im alten Österreich* (Jena: Eugen Diederichs Verlag, 1938).

Bartl, Peter, *Albanien* (Regensburg: Puster, 1995).

Bartlett, C. J., *Defence and Diplomacy* (Manchester: Manchester University Press, 1993).

——— *Peace, War and the European Powers, 1814–1914* (London: Macmillan, 1996).

Bataković, Dušan T., "The Great Powers, Serbia and the Albanian Question", *Balcanica*, vol. 27 (Beograd, 1991).

——— "Prelude to Sarajevo: The Serbian Question in Bosnia and Herzegovina 1878–1914", *Balcanica*, vol. 27 (Beograd, 1996).

Berghahn, V. R., *Germany and the Approach of War in 1914*, 2nd ed. (London: Macmillan, 1993).

Bindreither, Uta, *Beziehungen Österreich-Ungarn und Rumänien 1875–1888* (Wien: Böhlau, 1976).

Bittner, Ludwig, "Die Schwarze Hand", *Berliner Monatshefte* (1932).

Bittner, Ludwig, Alfred F. Pribram, Heinrich Srbik und Hans Übersberger (hrsg.), *Österreich-Ungarns Aussenpolitik von der Bosnischen Kriese 1908 bis zum Kriegsausbruch 1914, Bde. 4–7* (Wien: Österreichischer Bundesverlag, 1930).

Boeckh, Katrin, *Von den Balkankriegen zum Ersten Weltkieg* (München: R. Oldenbourg Verlag, 1996).

——— "Rußland und die Balkanstaaten am Vorabend des Ersten Weltkrieges", *Südost- Forschung*, Bd. 55 (1996).

Bosworth, R. J. B., "The Albanian Forests of Signor Giacomo Vismara: A Case Study of Italian Economic Imperialism during the Foreign Ministry of Antonino di San Giuliano", *The Historical Journal*, vol. XVIII, no. 3 (1975).

Brandenburg, Erich, *Von Bismarck zum Weltkriege* (Berlin: Deutsche Verlagsgesellschaft für Politik und Geschichte, 1925).

Brettner-Messler, Horst, "Die Balkanpolitik Conrad v. Hötzendorfs von seiner Wiederernennung zum Chef des Generealstabes bis zum Oktober-Ultimatum 1913", *Mitteilungen des Österreichschen Staatsarchivs,* Bd. 20, Sonderdruck (1967).

Bridge, F. R., *From Sadowa to Sarajevo* (London: Routledge & Kegan Paul, 1972).

Bridge, F. R., and Roger Bullen, *The Great Powers and the European States System 1815-1914* (London: Longman, 1980).

Brown, Marvin L., Jr., *Heinrich von Haymerle* (Columbia, South Carolina: University of South Carolina Press, 1973).

Buschati, Sander, *Die Entstehung des Fürstentums Albaniens* (Diss. Wien, 1940).

Conrad, Feldmarschal, *Aus meiner Dienstzeit,* Bde. 5 (Wien: Rikola Verlag, 1922).

Copeland, Dale C., *The Origins of Major War* (Ithaca: Cornell University Press, 2000).

Cornwall, Mark (ed.), *The Last Years of Austria-Hungary* (Exeter: University of Exeter Press, 1990).

Crampton, R. J., *The Hollow Detente: Anglo-German Relations in the Balkans, 1911-1914* (London: George Prior Publishers, 1979).

——— "The Decline of the Concert of Europe in the Balkans, 1913-1914", *Slavonic and East-European Review*, vol. LII, no. 126-129 (1974).

——— "The Balkans as a Factor in German Foreign Policy, 1912-1914", *Slavonic and East-European Review*, vol. LV, no. 3 (July 1977).

Czurda, Birgit, *Die diplomatischen Beziehungen zwischen Österreich-Ungarn und Italien von 1903 bis zum Ausbruch des Ersten Weltkrieges* (Diss. Wien, 1966).

Deutschmann, Wilhelm, *Die militärischen Maßnahmen in Österreich-Ungarn während der Balkankriege 1912/13* (Diss. Wien, 1965).

Durišić, Mitar, "Operations of the Montenegrin Army During the First Balkan War", in Béla K. Király and Dimitrije Djordjević (eds.), *East Central European Society and the Balkan Wars* (New York: Columbia University Press, 1987).

Ebel, Ernst, *Rumänien und die Mittelmächte* (Vaduz: Kraus Reprint Ltd., 1965, rpt. 1939).

Eckardstein, Hermann Freiherrn von, *Lebenserinnenrungen und politische Denkwürdigkeiten,* Bde. 3 (Leipzig: Paul List, 1919).

Evans, R. J. W., and Hartmut Pogge von Strandmann (eds.), *The Coming of the First World War* (Oxford: Clarendon Press, 1990).

Faleschini, Moana, *Die diplomatischen Beziehungen zwischen Österreich-Ungarn und Italien vor dem Ersten Weltkrieg unter besonderer Berücksichtigung ihrer Balkanpolitik und der Gründung des Staates Albanien* (Dipl. Wien, 1999).

Fay, Sidney Bradshaw, *The Origins of the World War,* 2nd ed., Revised (New York: The Macmillan Company, 1930).

Fellner, Fritz, *Vom Dreibund zum Völkerbund* (Wien: Verlag für Geschichte und Politik, 1994).

——— "Austria-Hungary", in Keith Wilson (ed.), *Decisions for War, 1914* (London: UCL

Press, 1995).

Fischer, Fritz, *Krieg der Illusionen* (Düsseldolf: Droste Verlag, 1970).

Galántai, József, *Die Österreichisch-Ungarische Monarchie und der Weltkrieg* (Budapest: Corvina Kiadó, 1979).

——— "Austria-Hungary and the War: The October 1913 Crisis? Prelude to July 1914", *Studia Historica* (Academiae Scientiarum Hungaricae), vol. 162 (1980).

Geiss, Imanuel (hrsg.), *Der Berliner Kongreß 1878* (Boppard am Rhein: Harald, 1978).

Gooch, G. P., *History of Modern Europe 1878-1919* (London: Cassel and Campany, 1923).

Gooch, G. P., and Harold Temperley (eds.), *Britsh Documents on the Origins of the War 1898-1914, vols. IX (part II) & X (part I)* (London, 1934-1936).

Grey, Edward, *Twenty-five Years 1892-1916,* vols. 2 (New York: Frederick A. Stokes Company, 1925).

Grothe, Hugo, *Das albanische Problem. Politisches und Wirtschaftliches* (Halle: Gebauer-Schwetsche Druckerei und Verlag, 1914).

Gruić, Slavko, "Persönliche Erinnerungen aus der Julikrisis 1914", *Berliner Monatshefte* (1935).

Hall, Richard C., *Bulgaria's Road to the First World War* (New York: Columbia University Press, 1996).

——— *The Balkan Wars 1912-1913* (New York: Routledge, 2000).

Halpern, Paul G., *The Mediterranean Naval Situation 1908-1914* (Cambridge, Massachusetts: Harvard University Press, 1971).

Hantsch, Hugo, *Leopold Graf Berchtold,* Bde. 2 (Graz: Verlag Styria, 1963).

——— "Die Bedeutung des Bukarester Fridens (10. August 1913) in bezug auf den Ausbruch des ersten Weltkrieges", *Anzeiger der österreichischen Akademie der Wissenschaften,* Nr. 21 (1963).

——— "Erzherzog-Thronfolger Franz Ferdinand und Graf Leopold Berchtold", in Hugo Hantsch, Eric Voegelin und Franco Valsecchi (hrsg.), *Historica: Studien zum Geschichtlichen Denken und Forschen* (Wien: Harder, 1965).

Helmreich, Ernst C., *The Diplomacy of the Balkan Wars 1912-1913* (New York: Russell & Russell, 1969, rpt. 1938).

——— "Ein Nachtrag zu den serbisch-bulgarischen Abkommen von 1912", *Berliner Monatshefte* (1935).

——— "Die tieferen Ursachen der Politik Berchtolds im Oktober 1912", *Berliner Monatshefte* (1932).

Hering, Gunnar, "Die Juden von Saloniki", *Südost-Forschungen,* Bd. 58 (1999).

Hickl, Elisabeth, *Erzherzog Franz Ferdinand und die Rumänienpolitik Österreich-Ungarns* (Diss. Wien, 1964).

Hiller, Gerhard, *Die Entwicklung des Österreichisch-serbischen Gegensatzes 1908-1914* (Diss. Halle, 1934).

Hinterlehner, Hansjörg, *Die Beziehungen zwischen Österreich-Ungarn und Griechenland von den Balkankriegen bis zum Austritt Griechenlands aus der Neutralität (1912-1917)*

(Diss. Wien, 1967).
Hitchins, Keith, *Rumania 1866–1947* (Oxford: Oxford University Press, 1994).
Hobus, Gottfried, *Wirtschaft und Staat im südosteuropäischen Raum 1908–1914* (München: Verlag von Ernst Reinhardt, 1934).
Hoetzsch, Otto (hrsg.), *Die Internationalen Beziehungen im Zeitalter des Imperialismus. Dokumente aus den Archiven der Zarischen und der Provisorischen Regierung, Reihe 1: Das Jahr 1914 bis zum Kriegsausbruch, Bde. 1 & 2* (Berlin: Verlag von Reimar Hobbing, 1931 & 1933).
Howard, Michael, *The First World War* (Oxford: Oxford University Press, 2003).
Jaritz, Wolfganz, *Großmächteinteressen in Albanien von 1850 bis zur Gegenwart* (Diss. Graz, 1994).
Jedin, Hubert (hrsg.), *Handbuch der Kirchengeschichte,* Bd. VI/2 (Freiburg: Herdeg, 1973).
Jelavich, Barbara, *The Habsburg Empire in European Affairs, 1814–1918* (Hamden: Archon Books, 1975).
——— *Russia's Balkan Entanglements 1806–1914* (Cambridge: Cambridge University Press, 1991).
Jelavich, Charles and Barbara, *The Establishment of the Balkan National States, 1804–1920* (Seattle: University of Washington Press, 1986).
Jeřábek, Rudolf, *Potiorek* (Graz: Verlag Styria, 1991).
Joll, James, "The Intellectual Milieu as an Explanation: The Unspoken Assumptions", in Samuel R. Williamson, Jr. (ed.), *The Origins of a Tragedy, July 1914* (St.Louis: Forum Press, 1981).
Kann, Robert A., *A History of the Habsburg Empire 1526–1918* (Berkeley: University of California Press, 1980).
——— *Kaiser Franz Josepf und der Ausbruch des Weltkrieges* (Wien: Hermann Böhlaus Nachf., 1971).
——— *Erzherzog Franz Ferdinand Studien* (Wien: Verlag für Geschichte und Politik, 1976).
——— "Erzherzog Franz Ferdinand und Graf Berchtold als Außenminister, 1912–1914", *Mitteilungen des österreichischen Staatsarchivs,* Bd. 22 (1970).
Kann, Robert A., and Zdenek V. David, *The People of the Eastern Habsburg Lands, 1526–1918* (Seattle: University of Washington Press, 1984).
Keßler, Otto, *Der Balkanbrand 1912/13* (Leipzig: Reflektor-Verlag, 1913).
Kiszling, Rudolf, "Rußlands Kriegsvorbereitungen im Herbst 1912 und ihre Rückwirkungen auf Österreich-Ungarn", *Berliner Monatshefte* (1935).
Koch, H. W. (ed.), *The Origins of the First World War* (London: Macmillan, 1984).
Kolm, Evelyn, *Die Ambitionen Österreich-Ungarns im Zeitalter des Hochimperialismus* (Frankfurt am Main: Peter Lang, 2001).
Kos, Franz-Josef, *Die politischen und wirtschaftlichen Interessen Österreich-Ungarns und Deutschlands in Südosteuropa 1912/13. Die Adriahafen-, die Saloniki- und die*

Kavallafrage (Wien: Böhlau Verlag, 1996).
Krause, Adalbert Gottfried, *Das Problem der albanischen Unabhängigkeit in den Jahren 1908-1914* (Diss. Wien, 1970).
Kritt, Robert R., *Die Londoner Botschafter Konferenz 1912-1913* (Diss. Wien, 1960).
Lebow, Richard Ned, *Between Peace and War* (Baltimore: The John Hopkins University Press, 1981).
Lepsius, Johannes, Albrecht Mendelssohn Bartholdy und Friedlich Thimme (hrsg.), *Die Große Politik der Europäischen Kabinette 1871-1914,* Bde. 33-35 (Berlin: Deutsche Verlagsgesellschaft für Politik und Geschichte, 1922-1927).
Leslie, John, "Österreich-Ungarn vor dem Kriegsausbruch", in Ralph Melville, Claus Scharf, Martin Vogt und Ulrich Wengenroth (hrsg.), *Deutschland und Europa in der Neuzeit,* 2. Halbband (Stuttgart: Franz Steiner Verlag, 1988).
Levy, Jack S., "Preferences, Constraints, and Choices in July 1914", *International Security,* vol. 15, no. 3 (Winter 1990/91).
Lieven, D. C. B., *Russia and the Origins of the First World War* (London: Macmillan, 1983).
Löding, Dörte, *Deutschlands und Österreich-Ungarns Balkanpolitik von 1912-1914 unter besonder Berücksichtigung ihrer Wirtschaftsinteressen* (Diss. Hamburg, 1969).
Löhr, Hanns Cristian, *Die Albanische Frage* (Diss. Bonn, 1992).
Lorey, August L., *Frankreichs Politik während der Balkankriege 1912/1913* (Dresden: Verlag M. Dittert & Co., 1941).
Macfie, A. L., *The End of the Ottoman Empire 1908-1923* (London: Longman, 1998).
Markov, Georgi, "The Bulgarian Delegation at the London Peace Conference (December 1912-May 1913)", *Bulgarian Historical Review,* vol. 12, no. 3 (1983).
Markus, Georg, *Der Fall Redl* (Wien: Amalthea Verlag, 1984).
Marmullaku, Ramadan, *Albania and the Albanians* (London: C.Hurst & Company, 1975).
Martel, Gordon, *The Origins of the First World War* (London: Longman, 1987).
Mason, John W., *The Dissolution of the Austro-Hungarian Empire 1867-1918* (London: Longman, 1997).
Matsch, Erwin, *Der Auswärtige Dienst von Österreich (-Ungarn) 1720-1920* (Wien: Böhlau, 1986).
Maurer, John H., *The Outbreak of the First World War* (Westport: Prager, 1995).
May, Arthur J., *The Hapsburg Monarchy 1867-1914* (Cambridge, Massachusetts: Harvard University Press, 1951).
McCullough, Edward E., *How the First World War began* (Montréal: Black Rose Books, 1999).
Musulin, Freiherr von, *Das Haus am Ballplatz* (München: Verlag für Kulturpolitik, 1924).
Nekludoff, A., *Diplomatic Reminiscences* (London: John Murray, 1920).
Novotny, Alexander, "Der Monarch und seine Ratgeber", in Adam Wandruszka und Peter Urbanitsch (hrsg.), *Der Habsburgermonarchie 1848-1918, Bd. 2: Verwaltung und Rechtswesen* (Wien: Verlag der österreichischen Akademie der Wissenschaften, 1975).
Panajotov, Ljubomir, "L'Alliance balkanique et la guerre de 1912-1913", *Bulgarian Historical*

Review, vol. 11, no. 3 (1982).

Papoulia, Basilike, "Die Problematik des Balkanbundes 1903–1913", in Mathias Bernath und Karl Nehring (hrsg.), *Friedenssicherung in Südosteuropa* (München: Hieronymus Verlag, 1985).

Pauley, Bruce F., *The Habsburg Legacy 1867–1939* (Malabar: Krieger Publishing Company, 1972).

Pininski, Leo Grafen, *Über Balkanfragen, Wettrüstungen und Friedenspolitik. Zwei politische Reden, gehalten in der Delegation des österreichischen Reichsrates* (Wien: Manzsche k.u.k. Hof-Verlags- und Universitäts-Buchhandlung, 1914).

Popović, Cedomir, "Das Sarajewoer Attentat und die Organisation 'Vereinigung oder Tod' ", *Berliner Monatshefte* (1932).

Puto, Arben, *Die nationalen Kräfte gegen das Imperialistische Diktat bei der Organisierung des albanischen Staates (1912–1914) (Referat)* (Tirana: Edition «8 Nëtori», 1983).

——— *L'independance Albanaise et la diplomatie des grandes puissances 1912–1914* (Tirana: Editions «8 Nëntori», 1982).

Putz, Elfriede, *Die Delegationen von Österreich-Ungarn und die österreichisch-ungarische Aussenpolitik von 1908–1914* (Diss. Wien, 1961).

Raabe, Ingrid, *Beiträge zur Geschichte der diplomatischen Beziehungen zwischen Frankreich und Österreich-Ungarn 1908–1912* (Wein: Verlag Notring, 1971).

Radenić, Andrija, "Die Balkanländer in der Strategie Österrich-Ungarns 1867–1878", *Balcanica,* vol. 1 (Beograd, 1970).

Rappaport von Arbengau, Alfred, "Zur balkanischen Seite der Kriegsursachen", *Berliner Monatshefte* (1932).

Rauchensteiner, Manfied, *Der Tod des Doppeladlers* (Graz: Verlag Styria, 1993).

Rechberger, Walther, *Zur Geschichte der Örientbahnen. Ein Beitrag zur Österreichisch-ungarischen Eisenbahnpolitik auf dem Balkan in den Jahren von 1852–1888* (Diss. Wien, 1958).

Rechberger, Walther, "Zur Geschichte der Orientbahnen. Österreichische Eisenbahnpolitik auf dem Balkan", *Österreichische Osthefte* (5. Heft) (1960).

Redlich, Josef, "Hapsburg Policy in the Balkans before the War", *Foreign Affairs,* vol. 6, no. 3 (April 1928).

Remak, Joachim, "1914 – The Third Balkan War: Origins Reconsidered", *Journal of Mondern History,* vol. 43 (1971).

Report of the International Commission: To Inquire into the Cause and Conduct of the Balkan Wars (Washington, D.C.: Carnegie Endowment for International Peace, 1914).

Rossos, Andrew, *Russia and the Balkans: Inter-Balkan Rivalries and Russian Foreign Policy 1908–1914* (Toronto: University of Toronto Press, 1981).

Rothenberg, Gunther E., *The Army of Francis Joseph* (West Lafayette: Purdue University Press, 1998).

Rumpler, Helmut, und Jan Paul Niederkorn (hrsg.), *Der "Zweibund" 1879* (Wien: Verlag der

österreichischen Akademie der Wissenschaften, 1996).
Sagan, Scott D., "1914 Revisted: Allies, Offense, and Instability", *International Security,* vol. 11, no. 2 (Fall 1986).
Sasonoff, S. D., *Sechs Schwere Jahre* (Berlin: Verlag für Kulturpolitik, 1927).
Schanderl, Hanns Dieter, *Die Albanienpolitik Österreich-Ungarns und Italiens 1877-1908* (Wiesbaden: Otto Harrassowitz, 1971).
Schicksalsjahre Österreichs 1908-1919: Das politische Tagebuch Josef Redlichs, Bd. 1, bearbeited von Fritz Fellner (Graz: Hermann Böhlaus Nachf., 1953).
Schmidt, Rainer, *Die gescheiterte Allianz* (Frankfurt am Main: Peter Lang, 1992).
Schulte, Bernd F., *Europäische Krise und Erster Weltkrieg. Beiträge zur Militärpolitik des Kaiserreichs, 1871-1914* (Frankfurt am Main: Peter Lang, 1983).
Schwanda, Herbert Peter, *Das Protektorat Österreich-Ungarns über die Katholiken Albaniens* (Diss. Wien, 1965).
Seton-Watson, Hugh, *The Decline of Imperial Russia 1855-1914* (London: Methuen & Co. Ltd., 1952).
Shanafelt, Gray W., *The Secret Enemy: Austria-Hungary and the German Alliance, 1914-1918* (New York: Columbia University Press, 1985).
Simmons, Robert Elford, *German Balkan Diplomacy, 1906-1913* (Diss. Auburn, 1982).
Singer, Ladislaus, *Ottokar Graf Czernin* (Graz: Verlag Styria, 1965).
Snyder, Glenn H., *Alliance Politics* (Ithaca: Cornell University Press, 1997).
Sondhaus, Lawrence, *The Naval Policy of Austria-Hungary 1867-1918* (West Lafayette: Purdue University Press, 1994).
——— *Franz Conrad von Hötzendorf* (Boston: Humanities Press, 2000).
Sosnosky, Theodor von, *Die Balkanpolitik Österreich-Ungarns seit 1866,* Bde. 2 (Stuttgart: Deutsche Verlags-Anstalt, 1913).
Stavrianos, L. S., *The Balkans 1815-1914* (New York: Rinehart and Winston, 1965).
Stein, Peter, *Die Neuorientierung der österreichisch-ungarischen Außenpolitik 1895-1897* (Göttingen: Musterschmidt, 1972).
Steiner, Zara S., and Keith Neilson, *Britain and the Origins of the First World War,* 2nd ed. (London and New York: Palgrave Macmillan, 2003).
Steinitz, Eduard Ritter von, "Berchtolds Albanische Politik", *Berliner Monatshefte* (1932).
——— "Berchtolds gegen den Balkanbund", *Berliner Monatshefte* (1932).
——— "Berchtolds Politik während des zweiten Balkankrieges. Das Endeergebnis der Krise 1912/13", *Berliner Monatshefte* (1932).
Stevenson, David, *The First World War and International Politics* (Oxford: Oxford University Press, 1999).
Stickney, Edith Pierpont, *Southern Albania or Northern Epirus in European International Affairs, 1912-1923* (California: Stanford University Press, 1926).
Stieve, Friedrich (hrsg.), *Der Diplomatische Schriftwechsel Iswolskis 1911-1914,* Bde. 2 und 3 (Berlin: Deutsche Verlagsgesellschaft für Politik und Geschichte, 1925).

Sugar, Peter F. (General Editor), *A History of Hungary* (Bloomington: Indiana University Press, 1984).
Taylor, A. J. P., *The Struggle for Mastery in Europe 1848-1918* (Oxford: Oxford University Press, 1971).
Thallóczy, Ludwig von, *Illyrisch-Albanische Forschungen*, Bd. 2 (München und Leipzig: Verlag von Duncker & Humblot, 1916).
Tobisch, Manfred, *Das Deutschlandbild der Diplomatie Österreich-Ungarns von 1980 bis 1914* (Frankfurt am Main: Peter Lang, 1994).
Treadway, John D., *The Falcon and the Eagle* (West Lafayette: Purdue University Press, 1998).
Tunstall, Graydon A., Jr., *Planning for War against Russia and Serbia* (New York: Columbia University Press, 1993).
Übersberger, Hans, *Österreich zwischen Rußland und Serbien* (Köln: Verlag Hermann Böhlaus Nachf., 1958).
Van Evera, Stephen, "Offensive, Defense, and the Causes of War", *International Security*, vol. 22, no. 4 (Spring 1998).
Vego, Milan N., *Austro-Hungarian Naval Policy 1904-1914* (London: Frank Cass, 1996).
Vermes, Garbor, *István Tisza* (New York: Columbia University Press, 1985).
Verosta, Stephan, "Die Bündnispolitik der Donaumonarchie vor dem Ersten Weltkrieg", in Erich Zöllner (hrsg.), *Diplomatie und Außenpolitik Österreichs* (Wien: Österreichischer Bundesverlag, 1977).
Vickers, Miranda, *The Albanians* (London: I.B. Tauris Publishers, 1995).
Waltz, Kenneth N., *Man, State and War* (New York: Columbia University Press, 1959).
Wandruszka, Adam, und Peter Urbanitsch (hrsg.), *Die Habsburgermonarchie 1848-1918, Bd. 6, Die Habsburgermonarchie im System der Internationalen Beziehungen (Teil 1 & 2)* (Wien: Verlag der österreichischen Akademie der Wissenschaften, 1989 & 1993).
Wank, Solomon, "The Archduke and Aerenthal: The Origins of a Hatred", *Austrian History Yearbook*, vol. 33 (2002).
Washietl, Engelbert, *Nikola Pašić. Die Gestalt des serbischen Ministerpräsidenten in den ausländischen Gesandtschaftsberichten bis zum Ende des zweiten Balkankrieges 1913* (Diss. Wien, 1965).
Wedel, Oswald Henry, *Austro-German Diplomatic Relations 1908-1914* (California: Stanford University Press, 1932).
Wilhelm, Fürst von Albanien, Prinz zu Wied, *Denkschrift über Albanien* (ohne Datum).
Williamson, Samuel R., Jr., *Austria-Hungary and the Origins of the First World War* (London: Macmillan, 1991).
——— "Influence, Power and the Policy Process: The Case of Franz Ferdinand, 1906-1914", *The Historical Journal*, vol. XVII, no. 2 (1974).
Winnifrith, T. J., *Badland-Borderlands: A Histoty of Southern Albania/Northern Epirus* (London: Duckworth, 2002).
Wittich, Alfred von, "Feldmarschall Conrad und die Außenpolitik Österreich-Ungarns", *Berliner*

Monatshefte (1932).
Young, Eleanor, "The Orient Railways Question", *South Slav Journal,* vol. 16, no. 3–4 (1995).
Young, Harry F., *Prince Lichnowsky and the Great War* (Athens: The University of Georgia Press, 1977).
Zajcev, Viktor, "Die Beziehugen zwischen Rußland und Serbien von 1880 bis 1885", *Südost-Forschungen,* Bd. 53 (1994).
Zambaur, Hortense von, *Die Belagerung von Skutari* (Berlin: Verlag Georg Stilke, 1914).

【邦語文献】


石井　修『国際政治史としての20世紀』（有信堂，2000年）。

ウッドハウス，C. M.（西村六郎訳）『近代ギリシア史』（みすず書房，1997年）［C. M. Woodhouse, *Modern Greece: A Short History,* 5th ed., London: Faber and Faber, 1991］。

大津留　厚「戦時動員法成立の背景――オーストリア・1912年」『大阪教育大学紀要第Ⅱ部門　社会科学・生活科学』第38巻第1号（1989年）。

オーキー，R.（越村勲・田中一生・南塚信吾編訳）『東欧近代史』（勁草書房，1987年）［Robin Okey, *Eastern Europe, 1740–1980: Feudalism to Communism,* London: Hutchinson, 1982］。

奥山倫子「ロシアのバルカン政策（1）（2）」『法学論叢』（京都大学）第127巻第5号，第129巻第1号（1990年8月，1991年4月）。

カステラン，G.（山口俊章訳）『バルカン　歴史と現在――民族主義の政治文化』（サイマル出版会，1994年，抄訳）［Georges Castellan, *Histoire des Balkans: XIVe–XXe siècle,* Paris: Fayard, 1991］。

――――（萩原直訳）『バルカン世界――火薬庫か平和地帯か』（彩流社，2000年）［Georges Castellan, *Le monde des Balkans: poudrière ou zone de paix?,* Paris: Librairie Vuiberty, 1994］。

クレイグ，G. A.／A. L. ジョージ（木村修三・五味俊樹・高杉忠明・滝田賢治・村田晃嗣訳）『軍事力と現代外交』（有斐閣，1997年）［Gordon Alexander Craig and Alexander L. George, *Force and Statecraft: Diplomatic Problems of Our Time,* 3rd ed., New York: Oxford University Press, 1995］。

コーン，H.（稲野強・小沢弘明・柴宜弘・南塚信吾共訳）『ハプスブルク帝国史入門』（恒文社，1982年）［Hans Kohn, *The Habsburg Empire, 1804–1918*, Princeton, N. J.: D. Van Nostrand, 1961］。

ジェラヴィッチ，B.（矢田俊隆訳）『近代オーストリアの歴史と文化』（山川出版社，1994年）［Barbara Brightfield Jelavich, *Modern Austria: Empire and Republic, 1815–1986,* Cambridge: Cambridge University Press, 1987］。

柴　宜弘編『新版世界各国史18　バルカン史』（山川出版社，1998年）。

ジョル，J.（池田清訳）『第一次大戦の起原』（みすず書房，1987年）［James Joll, *The Origins of the First World War,* London: Longman, 1984］。

ジョルジェヴィチ，D.／S. フィシャー・ガラティ（佐原徹哉訳）『バルカン近代史――

ナショナリズムと革命』(刀水書房, 1994年)[Dimitrije Djordjevic and Stephen Fischer-Galati, *The Balkan Revolutionary Tradition,* New York: Columbia University Press, 1981]。
ジロー, R.(渡邊啓貴ほか訳)『国際関係史　一八七一〜一九一四年』(未來社, 1998年)[René Girault, *Diplomatie européenne: Nations et impérialismes 1871–1914,* Paris: Masson & Armand Colin, 1995]。
スケッド, A.(鈴木淑美・別宮貞徳訳)『図説ハプスブルク帝国衰亡史——千年王国の光と影』(原書房, 1996年)[Alan Sked, *The Decline and Fall of the Habsburg Empire 1815–1918,* London & New York: Longman, 1989]。
高橋　進「1914年7月危機」坂本義和編『世界政治の構造変動1』(岩波書店, 1994年)所収。
滝田　毅「1914年『7月危機』におけるオーストリア＝ハンガリー二重帝国の外交政策の転換」『上智史學』第22号(1977年11月)。
テイラー, A. J. P.(倉田稔訳)『ハプスブルク帝国　1809–1918』(筑摩書房, 1987年)[A. J. P. Tayler, *The Habsburg Monarchy 1809–1918: A History of the Austrian Empire and Austria-Hungary,* London: Penguin Books, 1948]。
ツェルナー, E.(リンツビヒラ裕美訳)『オーストリア史』(彩流社, 2000年)[Erich Zöllner, *Geschichte Österreichs: von den Anfangen bis zur Gegenwart,* 8. Auflage, Wien: Verlag für Geschichte und Politk, 1990]。
月村太郎『オーストリア＝ハンガリーと少数民族問題』(東京大学出版会, 1994年)。
トロツキー, L.(清水昭雄訳)『バルカン戦争』(つげ書房新社, 2002年)[Leon Trotsky, *The Balkan Wars, 1912–13: The War Correspondence of Leon Trotsky,* translated by Brian Pearce; edited by George Weissman and Duncan Williams, New York: Pathfinder Press, 1980]。
ナイ, J. S.(田中明彦・村田晃嗣訳)『国際紛争』(有斐閣, 2002年)[Joseph S. Nye, Jr., *Understanding International Conflicts: An Introduction to Theory and History,* 3rd ed., New York: Longman, 2000]。
馬場　優「ドイツ外交における独露再保障条約の意義(1, 2完)」『法学雑誌』(大阪市立大学)第40巻第2号(1994年1月, 2月)。
———「独墺同盟締結」『法学雑誌』第44巻第4号(1998年8月)。
———「オーストリア＝ハンガリーとスクタリ問題(1912〜1913年)——オーストリア＝ハンガリー外相ベルヒトルトの対応を中心に」『法学雑誌』第47巻第4号(2001年3月)。
ファイス, H.(柴田匡平訳)『帝国主義外交と国際金融　1870–1914』(筑摩書房, 1992年)[Herbert Feis, *Europe. The World's Banker 1870–1914, An Account of European Foreign Investment and the Connection of World Finance with Diplomacy before the War,* London: Frank Cass, 1930]。
フィッシャー, F.(村瀬興雄監訳)『世界強国への道　Ⅰ・Ⅱ』(岩波書店, 1972, 1983年)[Fritz Fischer, *Griff nach der Weltmacht: die Kriegszielpolitik des kaiserlichen Deutschland 1914/18,* Sonderausgabe, Dusseldorf: Droste, 1967]。

ヘッシュ，E.（佐久間穆訳）『バルカン半島』（みすず書房，1995年）［Edgar Hösch, *Geschichte der Balkanländer: von der Frühzeit bis zur Gegenwart,* München: C. H. Beck, 1993］。

ベラー，S.（坂井榮八郎監訳／川瀬美保訳）『フランツ・ヨーゼフとハプスブルク帝国』（刀水書房，2002年）［Steven Beller, *Francis Joseph,* London & New York: Addison Wesley Longman, 1996］。

ホブズボーム，E. J.（野口建彦・長尾史郎・野口照子訳）『帝国の時代 2』（みすず書房，1998年）［Eric J. Hobsbawm, *The Age of Empire, 1875-1914*, London: Weidenfeld and Nicolson, 1987］。

モーゲンソー，H.（現代平和研究会訳）『国際政治 2』（福村出版，1986年）［Hans J. Morgenthau, *Politics among Nations: The Struggle for Power and Peace,* 5th ed., Revised, New York, Alfred A. Knopf, 1978］。

矢田俊隆『ハプスブルク帝国史研究』（岩波書店，1977年）。

リーベン，D.（袴田茂樹監修／松井秀和訳）『帝国の興亡――グローバルにみたパワーと帝国』上下（日本経済新聞社，2002年）［Dominic Lieven, *Empire: The Russian Empire and Its Rivals,* London: John Murray, 2000］。

ロスチャイルド，J.（大津留厚監訳）『大戦間期の東欧――民族国家の幻影』（刀水書房，1994年）［Joseph Rothschild, *East Central Europe between the Two World Wars,* Seattle: University of Washington Press, 1974］。

地図および図版出典一覧

【地図】

ix 頁：*Report of the International Commission: To Inquire into the Cause and Conduct of the Balkan Wars*（Washington, D. C.: Carnegie Endowment for International Peace, 1914）の付図をもとに作成。

x 頁：*Report of the International Commission: To Inquire into the Cause and Conduct of the Balkan Wars* の付図をもとに作成。

xi 頁：Bridge, F. R., *From Sadowa to Sarajevo*（London: Routledge & Kegan Paul, 1972）の付図をもとに作成。

91 頁：*Diplomatische Aktenstücke betreffend die Ereignisse am Balkan,* hrsg. v. K.u.k. Ministerium des Äußern（Wien: K.u.k. Hof- und Staatsdruckrei, 1914）の図をもとに作成。

100 頁：*Diplomatische Aktenstücke betreffend die Ereignisse am Balkan* の図をもとに作成。

146-7 頁：HHStA, P.A. XII, Karton 399, Helf, Constanza, 11. Jan. 1913, Nr. 3/res. をもとに作成。

175 頁：柴宜弘編『バルカン史』（山川出版社，1998 年），240 頁の図をもとに作成。

180 頁：Boeckh, Katrin, *Von den Balkankriegen zum Ersten Weltkieg*（München: R. Oldenbourg Verlag, 1996），S. 39 の図をもとに作成。

220 頁：Boeckh, *Von den Balkankriegen zum Ersten Weltkieg,* S. 123 の図をもとに作成。

250 頁：HHStA, P.A. XII, Karton 450, Evidenzbureau des k.u.k. Generalstabes. Evb. Nr. 4300/17 res., 17. Okt. 1913 をもとに作成。

【図版】

2 頁：Aichelburg, Wladimir, *Sarajevo*（Wien: Verlag Österreich, 1999），S. 52.

7 頁：Hantsch, Hugo, *Leopold Graf Berchtold,* Bd. 1（Graz: Verlag Styria, 1963），S. 256-257 の間。

8 頁：Hantsch, *Leopold Graf Berchtold,* Bd. 2, S. 417-419 の間。

10 頁：Markus, Georg, *Der Fall Redl*（Wien: Amalthea Verlag, 1984），S. 64-65 の間。

19 頁：Novotny, Alexander, *Franz Joseph I*（Göttingen: Musterschmidt-Verlag, 1968），S. 80-81 の間。

22 頁：Markus, *Der Fall Redl,* S. 64-65 の間。

66 頁：HHStA, P.A. XII, Karton 393, Szögyény, Berlin, 5. Nov. 1912 Nr. 237.

70-1 頁：HHStA, P.A. XII, Karton 397, Beilagen von 22. Dez. 1912 Nr. 187.

72 頁：Hantsch, *Leopold Graf Berchtold,* Bd. 1, S. 128-129 の間。

76 頁：Massie, Robert K., *Dreadnought*（New York: Ballantine Books, 1992），pp. 672f.

94 頁：Massie, *Dreadnought,* pp. 128f.

107 頁：2 枚とも筆者撮影（1999 年 7 月）。

212 頁：Vermes, Gabor, *István Tisza*（New York: Columbia University Press, 1985）, pp. 347f.

213 頁：Hantsch, *Leopold Graf Berchtold,* Bd. 2, S. 528f.

230 頁：*Zeit*（1912 年 4 月 30 日）.

262 頁：HHStA, P.A. XIX, Karton 64, Beilage zu Bericht Nr. 13 C vom 13. Jan. 1913.

278 頁：Hantsch, *Leopold Graf Berchtold,* Bd. 2, S. 752f.